D1866236

EINHEIT
DIE ICH MEINE
1990-2000

© 2000 by ECO Verlag GmbH, 65343 Eltville/Rhein
Projektleitung: Werner Schulte
Redaktion: Beatrix Schulte
Redaktionsassistenz: Heinrich Hengst, Jochen Lewin, Michael Schulte
Chronik: Anton Curic
Bilder: Archiv Reinhard Appel, Bundesbildstelle Bonn, dpa, Eva Jepsen-Föge
Titelbild: dpa
Titelgestaltung: Roberto Patelli, Köln
Layout: Kompetenz Center Urban, Düsseldorf
Übersetzungen: Irene Gagelmann
Gesamtherstellung: ECO Verlag, Eltville/Rhein, und Ebner Graphische Betriebe, Ulm
Alle Rechte vorbehalten
ISBN: 3-933468-55-8

Reinhard Appel (Hrsg.)

EINHEIT

DIE ICH MEINE

1990-2000

Inhalt

Reinhard Appel

Vorwort

Die Meinungen in diesem Buch sind höchst kontrovers. Der Sammelband enthält sowohl bittere Anklagen über den Zustand des wiedervereinigten Deutschlands wie auch nüchterne Analysen von Fakten und ebenso Zuversicht verbreitende Zukunftsbetrachtungen. Zehn Jahre nach der ersten freien Wahl in der noch existierenden DDR, im März 1990, wird eine »Zwischenbilanz Ost« vorgelegt, die überwiegend von Ostdeutschen verfaßt worden ist. »Im Gegensatz zu den ersten Jahren nach der Wende lassen wir Ossis uns die Welt nicht mehr von den Wessis erklären«, schreibt Tino Schwierzina, der erste frei gewählte Oberbürgermeister Ost-Berlins in seinem Beitrag. Er trifft damit den Kern meiner Motivation für dieses Buch, mit dem ich dazu beitragen will, daß die Stimme unserer ostdeutschen Landsleute zu ihrer persönlichen Befindlichkeit und zu ihren eigenen Themen in der gesamtdeutschen Medienlandschaft stärker zur Geltung kommt. Erfolg und Mißerfolg nach zehn Jahren Wiedervereinigung soll nicht ausschließlich, aber vorwiegend von denjenigen beurteilt werden, die vierzig Jahre in der DDR gelebt haben. Ihr Maßstab und ihr Urteil, ihre Argumente und Empfindungen wie auch ihre Sicht der gegenwärtigen und mutmaßlichen Entwicklung sollten uns vorrangig interessieren. Wie kann man sonst begreifen, weshalb angeblich anstelle der gefallenen Mauer nun eine Mauer in den Köpfen der Ost- und Westdeutschen vorhanden ist und weshalb allenthalben »Ostalgie« in verschiedenen Formen registriert wird, wie beispielsweise auch die Wiederkehr von DDR-Symbolen. Gibt es eine »Verklärung der DDR« oder eine sich verfestigende »Ost-Identität«? Steckt dahinter eine Integrationsverweigerung, eine Realitätsscheu oder die illusionäre Hoffnung, man könnte die Vorteile aus DDR-Zeiten mit den Annehmlichkeiten der freien Marktwirtschaft verbinden?

Durch die Auswahl der Autoren ging es mir darum, ein breites Spektrum von Meinungen, Erinnerungen und aktuellen Analysen aus Ost und West zu bieten, damit sich der Leser sowohl über die unterschiedlichen Zustandsbeschreibungen, wie auch über die geschilderten Enttäuschungen und Hoffnungen ein eigenes Urteil bilden kann.

An der Einschätzung über die Entwicklung in den vergangenen zehn Jahren beteiligten sich (z. T. in Interviews) auf meine Anfrage:

- der erste im März 1990 freigewählte Ministerpräsident der DDR und der erste im Mai 1990 freigewählte Oberbürgermeister Ost-Berlins
- alle Ministerpräsidenten der neuen Bundesländer einschließlich dem Regierenden Bürgermeister Berlins
- der Bundesfinanzminister sowie Bundes- und Landespolitiker aus Ost und West
- Bürgerrechtler der Ex-DDR
- Diplomaten des In- und Auslandes
- Künstler, Literaten, Kulturexperten,
- eine Spitzensportlerin
- Wissenschaftler und Theologen
- Unternehmer und Journalisten

Ich habe jeder Autorin und jedem Autor ein spezielles Thema vorgeschlagen und um kurze, konzentrierte Beiträge gebeten, um den Sammelband, zusammen mit der Chronik, auch als Nachschlagewerk über Daten und Fakten, Entwicklungen und Argumentationen zur Wiedervereinigungs-Wirklichkeit nutzen zu können. Freilich sind in den 41 Beiträgen nicht alle Themen, Aspekte und berechtigte Fragen erfaßt. So ist es mir nicht gelungen – es blieb jedoch ein Einzelfall – von einer prominenten Bürgerrechtlerin eine Antwort zu bekommen auf die Frage, weshalb es den Bürgerrechtlern nicht gelang, politisch stärker Fuß zu fassen.

Als Stichtag für unsere zehnjährige Bilanz wählten wir den 18. März 1990, den Tag der ersten und letzten freien und geheimen Wahl zur »Volkskammer«, die »diesen Namen nun endlich zurecht trug« (de Maizière). Die Wahlen mit einem überraschend hohen Erfolg der CDU, (»konservative Allianz«) erwiesen sich als eigentlicher politischer Gründungsakt der Wiedervereinigung, denn mehr als 80 Prozent der Wähler gaben bei einer sehr hohen Wahlbeteiligung (91 Prozent) *den* Parteien ihre Stimme, die sich für eine rasche Wiedervereinigung eingesetzt hatten. Die Wahlen waren »auch das Plebiszit, der Auftrag zur Herstellung der Einheit Deutschlands«, schreibt der erste demokratisch gewählte Ministerpräsident der DDR, Lothar de Maizière, in seinem Beitrag. Eingeleitet wurde die Wende im geteilten Deutschland sicherlich durch den Fall der Mauer am 9. November in Berlin. Aber damit war noch nicht ganz klar, ob es auch automatisch zur staatlichen Wiedervereinigung kommen, ja ob sie mehrheitlich gewünscht

Reinhard Appel war als Fernsehjournalist im November 1989 live dabei, als die Mauer fiel.

würde (Gisela May: »Ich wollte eine demokratische DDR«), und ob sie überhaupt international durchsetzbar war. Die französische Einstellung beschreibt der damalige Außenminister Roland Dumas, die englische Haltung der langjährige deutsche Botschafter in London, Karl-Günther von Hase. Polens Verhältnis zu einem geteilten und wiedervereinigten Deutschland analysiert Warschaus Außenminister Geremek. Das Ziel, die Aufhebung der Teilung des Nachkriegsdeutschlands auch innerstaatlich und völkerrechtlich zu erreichen, vollzog sich in mehreren Etappen. Der Fall der Mauer am 9. November 1989 war der Tag der Selbstbefreiung von der DDR-Diktatur, der 18. März 1990 mit der ersten freien Wahl der Tag der Selbstbestimmung für die parlamentarische Demokratie und die Wiedervereinigung.

Weil der Tag des Mauerfalls weltpolitisch die Wende im Ost-West-Konflikt markiert, haben wir auch eine Dokumentation der Reden in das Buch aufgenommen, die am 9. November 1999, zum zehnten Jahrestag, von Bundestagspräsident Thierse, vom amerikanischen Präsidenten Bush, dem ehemaligen sowjetischen Präsidenten Gorbatschow, von Bundeskanzler Schröder, von Ex-Kanzler Helmut Kohl im Bundestag und von Bundespräsident Johannes Rau im Fernsehen über die historische Bedeutung des 9. November 1989 gehalten worden sind. George Bush erinnerte daran, daß die Situation damals »auf Spitze und Knopf« stand, weil man nicht wußte, ob die sowjetische Armee trotz der freundschaftlich positiven Einstellung Gorbatschows zur Selbstbestimmung der Deutschen »eingreifen« würde. Ex-Kanzler Kohl berichtet über den besorgten Anruf von Gorbatschow aus Moskau, ob in dem Freudentaumel des Mauerfalls Einheiten oder Einrichtungen der sowjetischen Armee gefährdet seien. Richard von Weizsäcker nennt es deshalb auch »ein historisches Wunder«, daß damals die Beendigung des über vierzig Jahre anhaltenden Kalten Krieges ohne Blutvergießen vor sich gegangen ist. Der Franzose Roland Dumas weist auf das ursprüngliche Veto des sowjetischen Außenministers Schewardnadse gegen die Mitgliedschaft eines wiedervereinigten Deutschlands in der NATO hin. Er macht außerdem unmißverständlich deutlich, daß seine Regierung in den sogenannten »Zwei-plus-Vier-Verhandlungen« die völker-

rechtliche Anerkennung der Oder-Neiße-Grenze zu Polen als unverzichtbare Voraussetzung für die Zustimmung von Paris zur Wiedervereinigung betrachtete. Bis zum 3. Oktober 1990, dem »Tag der Deutschen Einheit«, war sie dann auch völkerrechtlich und innerstaatlich vollzogen worden. Ex-Außenminister Genscher erklärt in diesem Zusammenhang, »daß das Fenster der Geschichte nur für kurze Zeit geöffnet« war.
Zehn Jahre nach der Wiedervereinigung sind die Ansichten über die Zwischenbilanz tief gespalten. Der ehemalige Bürgerrechtler Friedrich Schorlemmer kommt in seinem Resümee zu dem Schluß, daß wir Deutschen »zwar äußerlich zusammengekommen, aber innerlich getrennt geblieben sind«. Die Ostdeutschen seien in einer Gesellschaft angekommen, »in der *der* etwas gilt, der etwas hat«. Aber »Marx« lasse sich halt nicht ohne weiteres in »Markt« umtauschen. Der sächsische CDU-Politiker Heinz Eggert registriert u.a., daß Westdeutsche ein Bild von der DDR gemalt hätten, das wenig mit der Wirklichkeit zu tun gehabt hätte, und er beklagt, daß bis heute Westdeutsche »eine überhebliche Einstellung gegenüber Ostdeutschen« an den Tag legten. Für den Schriftsteller Lutz Rathenow ist heute »die DDR so sehr DDR wie noch nie«. Richard von Weizsäcker wirbt um Verständnis für die kritische Stimmungslage der Ostdeutschen, denn – so schreibt er – für den Westen änderte sich nach der Wende »wenig bis nichts, für den Osten dagegen alles«. Den Menschen gehe es zwar objektiv besser, »trotzdem fühlen sie sich fremd«. Für Joachim Gauck sind die Veränderungen, denen sich die Ostdeutschen unterworfen haben, zu schnell vollzogen worden, und der Journalist Christoph Singelnstein kommt zu dem Schluß: »Die Deutsche Einheit hat die DDR schlicht überrollt.« Der Sprachwissenschaftler Uwe Förster untersuchte den Gebrauch der deutschen Sprache in beiden Teilen Deutschlands zehn Jahre nach der Wende und kommt zu dem Ergebnis, daß man sich in den sprachlich kommunikativen Normen »weitgehend angeglichen« habe. In einem Spannungsfeld zu diesem Satz steht Friedrich Schorlemmers geistreiche Provokation: »Wir benutzen die gleichen Worte, aber wir sprechen doch eine andere Sprache.«
Die Ex-Staatssekretärin für Kultur in der Regierung de Maizière, Frau Ga-

briele Muschter, schreibt, wenn man über vier Jahrzehnte in völlig verschiedenen Gesellschaftssystemen gelebt hat, kann man die Distanzen »nicht in zehn Jahren überbrücken. Es ist ein langer sensibler Weg, der von den Fundamenten her mühsam aufgebaut werden muß«. – Dem früheren Fraktionsvorsitzenden der SPD in der demokratisch gewählten Volkskammer und heutigen Theologieprofessor an der Humboldt-Universität, Dr. Richard Schröder, habe ich die Frage nach der früheren und heutigen Bedeutung der Kirchen in Ostdeutschland gestellt. Seine Meinung ist: »Die Kirche hat sich damals als Kritikerin und nicht als Gegnerin des Regimes artikuliert. Das hat ihr eine Mittlerrolle ermöglicht, dank der die Revolution friedlich verlief... Eine Meinungsführerschaft haben die Kirchen im Übergang von der Diktatur zur Demokratie und dem Rechtsstaat nicht erlangt.«

Die Ministerpräsidenten der neuen Bundesländer kommen durchweg auch dann zu einer positiven Zwischenbilanz, wenn sie in ihrer jeweiligen Region noch große Probleme einräumen müssen, wie beispielsweise Reinhard Höppner aus Magdeburg. In seinem Bundesland Sachsen-Anhalt sind ein Viertel der Menschen im erwerbsfähigen Alter praktisch ohne Arbeit. Kritischer als früher stellen sie »die System-Frage« nach der politischen und wirtschaftlichen Ordnung. Trotzdem spricht Höppner (SPD) angesichts der schwierigen Ausgangsbedingungen in seinem Fazit von einer »außerordentlich erfolgreichen Entwicklung«. Harald Ringstorff (SPD), der Ministerpräsident von Mecklenburg-Vorpommern, verteidigt vehement seine Regierungskoalition mit der PDS, die eine unumkehrbare »historische Entwicklung« und eine der »wichtigsten Etappen auf dem Weg zur inneren Einheit der neuen Bundesrepublik« darstelle. Kurt Biedenkopf, der mehrfach mit absoluter Mehrheit wiedergewählte Regierungschef in Dresden, lädt zu dem Gedanken ein, wie sich wohl das Land Sachsen, die Wiege der Industrialisierung in Deutschland, ohne die Teilung Deutschlands nach dem Krieg entwickelt hätte. Die Frage stellen, heißt sie beantworten, denn obwohl das zerstörte und durch das kommunistische System ausgeblutete Land 1990 eine schlechte Ausgangslage hatte, muß das bisher wieder Erreichte nach dem Urteil von Biedenkopf »bewundert« werden.

Brandenburgs Ministerpräsident Stolpes Zwischenbilanz ist mit kritischen Anmerkungen gespickt: »Viele Menschen sind aufgrund ihrer Arbeitslosigkeit vom Gesamtsystem, vom Modell West, enttäuscht und fühlen sich überflüssig«. Bezeichnend sei beispielsweise, daß der Spendenskandal der CDU im Westen auf das Fehlverhalten einzelner zurückgeführt, im Osten aber mit der System-Frage in Verbindung gebracht würde. Als Vorsitzender des »Forum Ost« der SPD fordert Stolpe eine Amnestie für Beschuldigte in der DDR »bei nicht schwerwiegendem Unrecht«, und er stellt die Frage, ob »noch weitergegauckt werden muß, wenn jemand nicht an Verbrechen beteiligt war«. Joachim Gauck hält dem entgegen, daß sich die »Opfer des Unrechtssystems nicht mit den Tätern aussöhnen« können, wenn das »Gewesene vertuscht und nicht aufgearbeitet« wird. Der Regierungschef Thüringens, Bernhard Vogel, zollt seinen Landsleuten Respekt mit dem Satz: »Man kann auch stolz darauf sein, vierzig Jahre in der DDR gelebt zu haben.« Nach seiner Auffassung muß die soziale Marktwirtschaft im Osten »ihre zweite Feuerprobe« bestehen. Nach der Feuerprobe des »Aufbaus aus den Ruinen« die Feuerprobe des Umbaus von der kommunistischen Zwangswirtschaft zur freien Marktwirtschaft. In diesem thematischen Zusammenhang stellte ich Regine Hildebrandt, die »Personifizierung der Ostbefindlichkeit« (Claus Detjen), die Frage, ob der Preis für die freie Marktwirtschaft im Osten angesichts der hohen Arbeitslosigkeit zu hoch gewesen sei. Ihre Antwort ist für manchen Beobachter vermutlich schockierend, denn sie schreibt mit ausführlichen Begründungen: »Ja, der Preis war zu hoch«, denn »die Arbeitslosenzahlen steigen und die Zahl der Erwerbstätigen nimmt ab«. Eberhard Diepgen, der Regierende Bürgermeister Berlins, der Stadt, in der sich nach dem Fall der Mauer die Chancen und Herausforderungen der Wiedervereinigung auf engstem Raum konzentrieren, stellt dagegen fest, daß die Bereitschaft, sich auf die neuen wirtschaftlichen Bedingungen einzulasssen, »bemerkenswert gestiegen« sei und die Unterschiede zwischen Ost und West »immer stärker schwinden«. In der Meinungsforschung auf empirischer Grundlage lassen sich freilich, je nach dem Blickwinkel des Betrachters, für anhaltende Differenzen wie für steigende Annäherungen einschlägige Beispiele finden, wie Prof. Roth

von der Forschungsgruppe Wahlen feststellt, die monatlich das »Politbarometer« für das ZDF erstellt.
Bundesfinanzminister Eichel hatte ich gebeten, die Leistungen der Steuerzahler für den Aufbau Ost aufzulisten. Die Transfersummen sind astronomisch und für den Normalverbraucher kaum faßbar. Diese Solidarbeiträge, vor allem des Westens, die zu einer hohen Neuverschuldung führten, gehören in das Gesamtbild einer Zwischenbilanz. Auch wenn bislang nicht alle der anfänglich hohen Erwartungen erfüllt werden konnten, schreibt Eichel, habe die Angleichung der wirtschaftlichen und sozialen Lebensverhältnisse »große Fortschritte« gebracht. Der Minister ignoriert nicht, daß seit 1990 in Ostdeutschland fast 3 Millionen Arbeitsplätze verloren gegangen sind, stellt dem aber die vielen Hunderte von Milliarden DM gegenüber, welche die Leistungskraft der Wirtschaft stärken und die Infrastruktur weiter verbessert haben und weiter verbessern werden. Schon heute verfügten die Ostdeutschen über modernste Straßen und Schienenwege, und sie besitzen das modernste Telefonnetz der Welt.
Wenn dennoch viele im Osten glauben, im gemeinsamen Deutschland benachteiligt und auch noch nicht gleichberechtigt zu sein, dann mag das aus verschiedenen Gründen verursacht sein, aber vielleicht auch mit dem mangelnden Fingerspitzengefühl, den Rücksichtslosigkeiten oder gar Kränkungen zu tun haben, die im Verlaufe der Jahre, aber vor allem am Anfang der Wiedervereinigung, von Westlern den Ostlern unbewußt oder sogar bewußt zugefügt worden sind. Mit Arroganz schafft man kein Vertrauen. »Überlegenheitsgefühle der einen produzieren Unterlegenheitsgefühle der anderen«, heißt es in einem Beitrag eines Ostautors. Niemand wird andererseits bestreiten wollen, daß etliche »Wessis« an dem Wiederaufbau eines zusammengebrochenen maroden Staatswesens engagiert, effektiv und in mitmenschlichem Geist mitgewirkt haben. In der Rückschau hadern vor allem unsere älteren Landsleute mit dem Schicksal, sich am Ende des gemeinsam verlorenen Krieges auf der »falschen Seite« Deutschlands befunden zu haben und auch bei hoher Intelligenz und großem Fleiß nicht mehr aufholen zu können, was der Westdeutsche mit gleichen Voraussetzungen an Lebensqualität erreichen »und an riesigen Privatvermögen ansammeln«

(Eggert) konnte. Ist es verwunderlich, wenn sich Ostdeutsche als Menschen »zweiter Klasse« vorkommen, wenn sie hören, daß 85 Prozent des ostdeutschen Industrievermögens in westdeutscher Hand sind? Bringen wir in Bonn, Hamburg oder München genügend Verständnis dafür auf, daß man sich in der DDR, wenn man nicht den Helden spielen wollte, notgedrungen mit den Gegebenheiten abfinden mußte? Ist »Ostalgie« in diesem Sinn auch ein Selbstschutz, um sich der eigenen Vergangenheit, der Lebenswirklichkeit nicht schämen zu wollen? Angela Merkel, die Generalsekretärin der CDU, schreibt in ihrem Beitrag u.a., daß die Mehrheit der Ostdeutschen sich weder mit dem System der DDR identifizierte, noch deren Wirklichkeit akzeptierte. »Sie zog sich in die Nischen zurück oder suchte das Weite«. Abends konnten die Ostdeutschen in eine Traumwelt fliehen »quasi via Fernsehen in den Westen ausreisen«. Trotz Unfreiheit und Repressionen »war ein Leben mit Freude und Trauer, mit Festen in Familie und Freundeskreis möglich«.
Die »Eisschnelläuferin des Jahrhunderts«, Gunda Niemann-Stirnemann (Erfurt) schilderte mir in einem Gespräch anschaulich ihr harmonisches Familienleben in der DDR und wie stolz sie war, »endlich das FDJ-Hemd tragen« zu dürfen. Kann man diese »DDR«-(N)Ostalgie verübeln? Ich habe dennoch in den neuen Bundesländern niemand gefunden, der zur alten DDR zurückkehren will. Gunda Niemann-Stirnemann kann allerdings auch nicht vergessen, wie man nach der Wende ihre sportlichen Erfolge im Westen »nur sehr zögerlich« anerkannte und sie verschweigt nicht, wie sehr sie dafür kämpfen mußte, bei den olympischen Spielen in Nagano die deutsche Fahne tragen zu dürfen. Gibt es nicht auch im Westen Versuche, den Osten auf Distanz zu halten?
Das Blatt »Die Woche« titelte in einem Artikel über die Sicht der Westdeutschen: »ohne Wiedervereinigung lebte es sich viel gemütlicher. Der Osten ist lästig, maßlos, undankbar und kleingeistig.« Schreckliche Vereinfachungen und Verallgemeinerungen, die weder der Normalisierung der Verhältnisse dienen noch dem erformten differenzierten Meinungsbild entsprechen.
Günter Schabowski, ehemals Politbüromitglied, der am 9. November 1989

die Reisefreiheit für DDR-Bürger verkündete, äußert sich zur Frage, ob der Fall der Mauer an diesem Tag »ein Versehen« war. Er schreibt: »Die DDR hat ihre Untauglichkeit aus eigenem Unvermögen bewiesen.« Schabowski schickte uns seinen Beitrag einen Tag, bevor er seine (von ihm akzeptierte) Gefängnisstrafe wegen der von ihm mit zu verantwortenden Mauertoten antrat. Seine Wandlung vom Saulus zum Paulus steckt auch in seiner Formulierung: »Es ist auch ein Stück Freiheit, seine Skepsis unbefangen zu äußern, nicht mehr nur Vorsicht walten zu lassen und immer nur konform salbadern zu müssen.«

Aber welches Deutschland schwebt einem Ostdeutschen mit 40jähriger DDR-Biographie vor? Schorlemmer wünscht sich als Ziel »in einem Deutschland in gegenseitiger Achtung, partnerschaftlicher Verständigung und in überwundener sozialer Schieflage zu leben, ohne Gleichmacherei und ohne der Fiktion eines Einheitsmenschen nachzujagen«. Gunda Niemann-Stirnemann wendet sich entschieden gegen das »Miesmachen« und »Jammern«. Als Angehörige der jungen Generation schreibt sie am Schluß ihres Beitrages, daß die Menschen im Osten heute vieles realistischer sehen und weniger verbittert seien als noch vor ein paar Jahren, und vor allem in ihrem Denken »offener und freier geworden« sind.

Das Fazit der Beiträge in diesem Sammelband lautet, daß der Weg zur Normalisierung der Verhältnisse noch lang ist. Den Abstand von einer zur nächsten Generation mißt man mit zwanzig Jahren. Wir sind auf der halben Strecke. Deshalb nur eine Zwischenbilanz. Eine »Zwischenbilanz Ost«.

Die Herausgabe dieses Buches verdanke ich vor allem dem Verleger, der Verständnis dafür hatte, daß ich nach dem Sammelband über »50 Jahre Bundesrepublik«, der eigentlich »40 und 10 Jahre« hätte lauten müssen, dringend das Bedürfnis empfand, die zehn Jahre wiedervereinigtes Deutschland, besonders auch aus ostdeutscher Sicht, spiegelbildlich beleuchten zu lassen. Die Realisierung des Buches, und d. h., die Organisation und das Lektorat, lag wieder in der bewährten Hand des Historikers und Verlagsleiters Werner Schulte, von dem auch der Titel des Buches in Anklang an ein altes deutsches Lied, (Freiheit, die ich ...) »Einheit, die ich meine«, stammt – ein Titel, der wie ein Mantel alle unterschiedlichen Meinungen umhüllt.

Johannes Rau

Ein besonderer Tag in unserer Geschichte*

Der 9. November ist in unserer deutschen Geschichte ein ganz besonderer Tag. Mit dem 9. November 1938 verbinden sich schlimme Erinnerungen, Erinnerungen an die Reichspogromnacht in vielen deutschen Städten.
Der 9. November 1989 hingegen ist ein großer Tag in unserer Geschichte. Er steht für Freiheit, Bürgermut und für die Hoffnung auf eine gute Zukunft. Alle, die alt genug waren, können sich daran erinnern, wo sie am 9. November 1989 waren und mit welchen Gefühlen und Erwartungen sie die ersten Nachrichten und die ersten Bilder vom Öffnen der Grenze, vom Fall der Mauer gesehen und erlebt haben. Ich war damals in Berlin und Leipzig, und für mich bleibt der 9. November 1989 ein Tag heller Freude, der zeigt, daß uns Deutschen Geschichte auch gelingen kann. Die Bürgerinnen und Bürger der DDR haben die Freiheit selber errungen – in einer friedlichen Revolution mit Kerzen und Gebeten. Sie haben deutsche und europäische Freiheitsgeschichte geschrieben – wie Polen und Ungarn, Tschechen und Slowaken vor und mit ihnen. Zehn Jahre später fällt uns stärker das auf, was nicht oder noch nicht gut ist – und nicht das, was schon gelungen ist. Lassen Sie uns darum nicht vergessen – bei allen Mängeln, die zu Recht kritisiert werden, bei allen Fehlern, die es gegeben hat und gibt: Es hat sich so vieles zum Besseren gewendet. Es geht keine Grenze mehr mitten durch Deutschland, an der auf Menschen geschossen wird und die Menschen und Familien voneinander trennt.
Deutschland lebt mit allen seinen Nachbarn in Frieden und gutem Einver-

* Fernsehansprache zum 10. Jahrestag des Mauerfalls am 9. November 1999

nehmen. Das erfahre ich bei allen meinen Besuchen, und wir alle können darüber froh und dafür dankbar sein.
In Deutschland wird nicht mehr der bespitzelt und zensiert, verhaftet oder ausgewiesen, der anderer Meinung ist als die Regierung. Für alle Deutschen gibt es Reisefreiheit. Der Fall der Mauer ist ein Glück für uns alle gewesen – im Westen und im Osten. Trotz alledem empfinden viele Enttäuschung, gibt es viel Mißmut. Ein wichtiger Grund dafür sind falsche und übertriebene Erwartungen, die zum Teil leichtfertig verstärkt worden sind. Trotz gleicher Sprache und gemeinsamer Geschichte haben wir uns in vierzig Jahren weiter voneinander entfernt, als das den meisten vor zehn Jahren klar gewesen ist. Dazu kommt in den neuen Ländern die Erfahrung von Arbeitslosigkeit und sozialer Unsicherheit. Die DDR hat rechtzeitig aufgehört zu bestehen, bevor die Wirtschaft und das Sozialsystem gänzlich zusammengebrochen wären.
Wir stehen in Deutschland vor großen Aufgaben, die wir in gemeinsamer Anstrengung lösen können: Wir brauchen eine dynamische und nachhaltige Wirtschaft für zukunftssichere Arbeitsplätze. Wir müssen unter veränderten Bedingungen nach sozialer Gerechtigkeit streben, die unser Land zusammenhält. Freiheit braucht Gerechtigkeit, damit die Starken die Schwachen nicht beiseite schieben. Ich sehe in unserem Land genügend Kraft und guten Willen, damit wir die Chancen wahrnehmen, die sich uns bieten. Die »innere Einheit«, die wir brauchen, bedeutet nicht Gleichmacherei zwischen Rostock und Konstanz, zwischen Görlitz und Aachen. Regionale Vielfalt ist eine Bereicherung – wenn jeder die gleichen Chancen hat, aus seinem Leben etwas zu machen.
Meine Bitte an alle in Ost und West, in Nord und Süd lautet: Engagieren Sie sich für unsere gemeinsame Zukunft! Gehen wir aufeinander zu. Dazu hat jeder viele Gelegenheiten. Wenn wir unsere unterschiedlichen Erfahrungen zusammenführen, dann wird im Alltag das Wirklichkeit, was im »Lied der Deutschen« steht: »Einigkeit und Recht und Freiheit sind des Glückes Unterpfand«.
Das gilt für unser deutsches Vaterland – und für unsere gemeinsame Zukunft Europa.

Wolfgang Thierse

Die Chance nutzen*

Was für ein Tag, was für eine Zeit vor zehn Jahren. Kaum glaublich, daß die Mauer sich öffnete, jenes steinerne, für so unüberwindlich gehaltene Monument nicht nur der deutschen Teilung, sondern der Teilung der Welt. Kaum glaublich, daß Ost- und Westberliner sich in den Armen lagen, daß kein Schuß fiel, kein Blut floß. Das Unfaßbare des Vorgangs – es drückte sich in dem am häufigsten verwendeten Wort jener Tage aus: »Wahnsinn«. – Ausdruck für ein überbordendes Gefühl, für das Unerhörte dieses geschichtlichen Moments, in dem Individuelles und Welthistorisches miteinander verschmolzen, Ende und Anfang sich miteinander verbanden, biographische Wenden und historisches Glück.

Welch eine herrliche Zeit: die Selbstbefreiung der Ostdeutschen, der Aufbruch zur Einheit, die Überwindung des Ost-West-Gegensatzes, der Fall der Mauer, die uns Ostdeutsche 28 Jahre eingesperrt hatte und die Westberliner auf andere Weise auch. Symbol unseres Unglücks und bitterste Wirklichkeit eines menschenverachtenden Regimes: 943 Menschen sind seit 1949 an der innerdeutschen Grenze gestorben, davon 764 seit dem 13. August 1961. Wir sollten ihrer gedenken, gerade auch in dieser Stunde glücklicher Erinnerung. Und auch der vielen Tausend, denen in der DDR

* Leicht überarbeitete Fassung der Rede des Bundestagspräsidenten zum 10. Jahrestag des Mauerfalls

der Prozeß gemacht wurde und die wegen »Republikflucht« in der Regel zu mehrjährigen Strafen verurteilt wurden. Und auch der in Nacht-und-Nebel-Aktionen aus den Grenzgebieten Vertriebenen. Und des Leids der Trennung von Familien, von Liebenden. Und der lähmenden Resignation und Verzweiflung der so lange durch die Mauer Eingesperrten, jenes größten Bauwerks, das die SED-Herrschaften zustande gebracht und an dessen Unüberwindlichkeit sie bis fast zur letzten Sekunde gebaut hatten. Mit welch widerwärtigem Eifer war die Mauer über die Jahre hin perfektioniert worden: Betonplattenwand, Metallgitterzaun, Beobachtungstürme, Bunker, Panzersperren, Kfz-Graben, Hundelaufanlagen, Signalzaun, Minen, Selbstschußanlagen …

Und diese Mauer öffnete sich und fiel!

Was mir und vielen auch noch im Rückblick wie ein Wunder erscheinen will, das hatte dennoch Voraussetzungen, hatte eine vielfältige Vorgeschichte, an die zu erinnern, notwendig und hilfreich ist.

Davor lag der 4. November mit der größten Kundgebung des 89er Herbstes auf dem Berliner Alexanderplatz; davor lagen die Monate friedlicher Demonstrationen in Leipzig und anderswo, in denen wir Ostdeutschen unsere Sprache, unseren Mut nach und nach wiederfanden: »Wir sind das Volk.« Davor lag die wachsende Zahl der Ausreisenden, die mit verzweifelter Entschlossenheit auf diesem ihrem Menschenrecht bestanden. Erst dadurch und danach konnte der Ruf »Wir bleiben hier« zu einer Drohung für die SED-Herrschaften werden.

Davor waren die, die das riefen: die Bürgerrechtler, die Oppositionsgruppen, deren Mut und Intelligenz um so größer und respektabler waren, als ihre Zahl zunächst sehr klein war. Frieden, Bewahrung der Umwelt, Demokratie, Menschenrechte, Grundfreiheiten – an diesen Zielen arbeiteten sie lange, bevor diese Ideen die Massen ergriffen.

Und davor lag das Beispiel von »Solidarność« und »Charta 77« und auch der sowjetischen Dissidenten – Vorbilder des Mutes und der Unbeirrbarkeit in Zeiten der Angst und der Feigheit und der Unterdrückung.

Es gilt also, heute an den Beitrag vieler, vieler dankbar zu erinnern. Deshalb begrüße ich Michail Gorbatschow sehr herzlich hier im Deutschen

Bundestag. Er hat mit seiner Politik der Perestroika und des Gewaltverzichts auch innerhalb des Ostblocks ein persönliches Verdienst an der Deutschen Einheit, weil dank auch seiner Politik die Rahmenbedingungen andere waren als in den Jahrzehnten zuvor. Ihr Beitrag zur Deutschen Einheit, Herr Gorbatschow, ist im Gedächtnis und im Herzen der Deutschen dauerhaft aufbewahrt.
Ebenso herzlich begrüße ich George Bush. Es liegt in der Nachkriegsgeschichte begründet, daß Deutschland und die Stadt Berlin ein besonderes Verhältnis zu den Vereinigten Staaten und ihren Präsidenten haben. Ihr entschlossenes Ja und Ihre aktive Unterstützung des deutschen Einigungsprozesses werden den Deutschen unvergessen bleiben.
Ich hoffe, niemandem zu nahe zu treten, wenn ich feststelle, der Deutsche Bundestag war damals vor zehn Jahren nur sehr mittelbar Akteur und die damalige Bundesregierung auch. Ihre Stunden schlugen später, ihre Leistungen erbrachten Bundestag und die Regierung von Helmut Kohl und Hans-Dietrich Genscher in den folgenden Wochen und Monaten bei der Planung und Gestaltung des Einigungsprozesses.
Heute vor zehn Jahren war das ostdeutsche Volk der Held. Seinem Druck mußten die SED-Herrschaften nachgeben. Seine entschlossene Friedfertigkeit und seine grenzenlose Begeisterung bestimmten den Charakter der geschichtlichen Stunde. So viele Umarmungen zwischen den Berlinern aus West und Ost, so viele Verschwisterungen unter den Deutschen waren nie zuvor und danach.
Lachend und weinend erlebten wir Berliner ein wahrlich welthistorisches Ereignis: Die gewaltlose Revolution der Menschen in der DDR hatte zur Öffnung und zum Fall der Mauer geführt, zum Untergang der DDR und zum Ende der Zweiteilung der Welt.
Über diesem vielleicht wirklich glücklichsten Tag der Deutschen in diesem Jahrhundert sollen und dürfen wir die anderen Erinnerungen nicht vergessen, die sich mit dem Datum des 9. November verbinden.
An diesem Tag rief Philipp Scheidemann 1918 von einem Balkon dieses Hauses die erste deutsche Republik aus. An diesem Tag versuchte Hitler 1923 in München seinen ersten Putsch. An diesem Tag begann 1938 in

vielen deutschen Städten die systematische Verfolgung und Vernichtung der Juden.
Alle vier Anlässe des Gedenkens und Erinnerns, die an jedem 9. November zusammenkommen, mahnen uns, wie prekär Demokratie sein kann, wie schnell der Abgrund zwischen Zivilgesellschaft und barbarischer Diktatur überwunden werden kann, wie leicht verspielt werden kann, was wir uns an Menschenwürde und Freiheit erstritten haben und gesichert glauben. Ich sage das, obwohl ich voller Hoffnung bin, daß deutsche Geschichte endlich einmal gut ausgehen kann. Wir haben diese Chance, nachdem wir mit allen unseren Nachbarn im Frieden und in nicht umstrittenen Grenzen leben; wir haben diese Chance, nachdem wir uns zur europäischen Integration nicht nur bekennen, sondern aktiv daran mitarbeiten; wir haben diese Chance als gleichberechtigtes Mitglied der NATO und als Mitglied der Vereinten Nationen mit allen Rechten und Pflichten, denen wir auch nachkommen. Wir haben diese Chance dank einer freiheitlichen und sozialen Demokratie mit einem Grundgesetz, das ausdrücklich gegen Diktatur, gegen Völkermord und gegen Krieg, gegen Menschenverachtung und Unterdrückung in Kraft gesetzt wurde als die wichtigste und unser Selbstverständnis bestimmende Schlußfolgerung aus dem Nationalsozialismus.
Wir haben diese Chance, weil vor zehn Jahren die ostdeutsche Selbstbefreiung in einer friedlichen Revolution gelungen ist. Nutzen wir sie!

Gerhard Schröder

Der Triumph von Freiheit und Demokratie*

Wenn es ein ganz besonderes Datum in der Geschichte der Deutschen gibt, dann ist das der 9. November. An keinem anderen Tag konzentriert sich die Erinnerung an historische Einschnitte so sehr wie an diesem.
Es ist ein Tag der Freude, aber auch ein Tag der Scham und des Nachdenkens. Ein Tag des Aufbruchs, aber auch ein Tag, an dem 1938 der Weg in einen Abgrund an Unmenschlichkeit begann.
Nur wer sich diese Zusammenhänge vor Augen führt, wird den heutigen 9. November als das begehen können, was er inzwischen für die Entwicklung in Deutschland und Europa bedeutet: als einen Tag des Triumphes von Freiheit und Demokratie.
Heute vor zehn Jahren waren wir Deutschen, wie der damalige Regierende Bürgermeister von Berlin, Walter Momper, es spontan ausgedrückt hat, »das glücklichste Volk der Welt«. Das Wort des Tages war: »Wahnsinn«. Unbekannte lagen einander in den Armen.
28 Jahre lang hatte die Mauer, dieses »häßlichste Bauwerk Europas«, Berlin geteilt. 28 Jahre lang waren die Menschen im Osten unseres Landes eingesperrt. In ungleich härterem Maße als der Westen hatte Ostdeutschland für die Folgen der NS-Diktatur büßen müssen.

* Leicht überarbeitete Fassung der Rede des Bundeskanzlers zum 10. Jahrestag des Mauerfalls

Über Jahrzehnte hinweg wurden die Menschen von einer zunehmend ineffektiven Staatswirtschaft um die Früchte ihrer Arbeit gebracht.
Der Staat, den sie sich nicht ausgesucht hatten – übrigens so wenig wie die Menschen im Westen, die das Glück von Marshallplan und Demokratisierung erfuhren – dieser Staat, hielt sie hinter Mauer und Stacheldraht gefangen.
Dagegen und gegen die Bevormundung und Entrechtung hatte sich in den Monaten vor dem 9. November 1989 eine rasch wachsende Massenbewegung gebildet. Von Rügen bis Plauen ließen sich immer mehr Frauen und Männer immer weniger von Polizei und Staatssicherheit einschüchtern.
Zehntausende von DDR-Bürgern stimmten »mit den Füßen« ab. Sie hatten ihre Ausreise beantragt oder durch Flucht über Ungarn und in die Botschaftsgebäude von Warschau und Prag einfach erzwungen.

Im Sommer 1989 öffnete Ungarn die Grenzen nach Österreich und machte so den Weg für viele DDR-Bürger frei, die die Chance nutzten, um in die Bundesrepublik zu gelangen.

Am 9. November reagierte die SED-Führung unter Egon Krenz zwar auf das Leben und die Massendemonstrationen, aber da war es für die SED-Diktatur bereits zu spät.
Privatreisen »nach dem Ausland«, verkündete Günter Schabowski an jenem Abend, sollten ab sofort kurzfristig genehmigt werden. Aber die so

lange Eingesperrten wollten sich ihre Freiheit von niemandem mehr »genehmigen« lassen.
In jener Nacht machten sie die Mauer zum Gespött und brachten sie so zum Einsturz. Zehntausende von Ostberlinern strömten nach Westberlin; Westberliner strebten in den Osten.
An den Grenzübergängen ging die deutsche Teilung im fröhlichen Gedränge und in Freudentränen unter.
An jenem Abend war der Prozeß unumkehrbar geworden, der zusammenwachsen läßt, »was zusammengehört« – wie Willy Brandt es so unnachahmlich formuliert hat. Die Deutschen haben sich vereint, noch bevor Deutschland vereinigt wurde.
Gerade weil wir uns auch zehn Jahre danach noch immer auf dem Weg zur inneren Einheit Deutschlands befinden, ist es so wichtig festzuhalten: Die Mauer wurde nicht in Washington, Bonn oder Moskau zum Einsturz gebracht. Sie wurde von den mutigen und unerschrockenen Menschen eingedrückt, und zwar von Ost nach West.
Ihr Ausruf »Wir sind das Volk!« wurde zu einem mächtigen Symbol für den Kampf um Freiheit und Selbstbestimmung.
Und mit ihrer Zivilcourage haben die Menschen in der damaligen DDR die deutsche Geschichte um etwas Einmaliges bereichert: die Erfahrung, daß friedliche Beharrlichkeit und demokratischer Gemeinsinn Diktaturen zu Fall bringen können, die Erfahrung, daß Freiheit und Demokratie erkämpft werden müssen – aber daß sie auch erkämpft werden können.
Das ist die historische Bedeutung des 9. November 1989. Erstmals in diesem Jahrhundert wurde von Deutschland ein beeindruckendes Signal für Freiheit und Selbstbestimmung nach Europa ausgesandt.
Sicher: Ohne ein Ende des Kalten Krieges, das heißt also: ohne den Reformkurs in der damaligen Sowjetunion hätten die Menschen 1989 ihrem freien Willen nicht so unaufhaltsam Ausdruck geben können.
Deshalb möchte ich an dieser Stelle auch noch einmal ganz persönlich Michail Gorbatschow meinen Dank und meine Anerkennung aussprechen. Seine Reformpolitik hat die Entwicklung von Frieden und Demokratie in Deutschland und in ganz Europa entscheidend gefördert.

Auch den großartigen Beitrag unserer Nachbarn und Verbündeten im Westen will ich hervorheben.
Die feste Verankerung Deutschlands im europäisch-atlantischen Bündnis, aber auch die maßgeblich von Willy Brandt eingeleitete Politik der Entspannung gegenüber dem Osten haben jene Entwicklung ermöglicht, in der die Mauer schließlich ohne jede Gewaltanwendung von den Menschen hinweggefegt werden konnte.
Unser Dank und unsere Anerkennung gelten vor allem auch den Völkern in den heutigen Reformstaaten Ost- und Mitteleuropas. Ihr mutiger Einsatz für Demokratie und Menschenrechte, aber auch ihre Solidarität und Hilfsbereitschaft waren Voraussetzungen dafür, daß der Widerstand gegen das SED-System schließlich erfolgreich sein konnte.
Aber dieser Widerstand der Ostdeutschen hat auch den Nachbarvölkern Impulse für ihren Kampf um die Freiheit gegeben. Das war der große Unterschied zu jener anderen deutschen Revolution des 9. November, der von 1918. Sie hatte zwar den Krieg beenden und die Monarchie zum Abdanken zwingen können, es aber nicht vermocht, eine stabile Demokratie in Deutschland zu etablieren.
Die obrigkeitsstaatlich geprägten Eliten in Wirtschaft, Politik, Militär und Bürokratie blockierten eine demokratische Entwicklung der Republik.
Nur fünf Jahre später, wiederum am 9. November, ließ Hitler seine Putschisten auf die Münchner Feldherrenhalle marschieren.
Zwar konnte die von den Nazis ersehnte »nationale Revolution« verhindert werden. Aber der 9. November 1923 war eben nur die Ouvertüre zu dem, was am 9. November 1938, in der »Pogromnacht«, grausame Realität werden sollte. In jener Nacht wurden in ganz Deutschland jüdische Geschäfte zerstört und geplündert, Synagogen in Brand gesetzt, Juden – die nun überhaupt keine »Mitbürger« mehr waren – durch die Straßen gehetzt, mißhandelt, in Konzentrationslager deportiert, ermordet.
Wir stehen heute in Trauer und Ehrfurcht vor den Opfern der nationalsozialistischen Ausrottungspolitik. Der 9. November 1938 steht für das einzig wahrhaft »Tausendjährige« an Hitlers Reich: nämlich unsere unvergängliche Scham und die unvergeßliche Schande, welche die Natio-

nalsozialisten und ihre Anhänger über Deutschland und die Welt gebracht haben.

Es hat nichts Beschönigendes, wenn ich in diesem Zusammenhang darauf hinweise, daß einige Deutsche diese Scham schon im Augenblick des Geschehens empfanden.

Nicht weit von hier, in der Oranienburger Straße, jagte der Vorsteher des zuständigen Polizeireviers mit einigen Beamten die SA-Horden aus der Neuen Synagoge, in der sie bereits Feuer gelegt hatten, und alarmierte die Feuerwehr.

Vielleicht war dieser Wilhelm Krützfeld kein Held des Widerstandes. Aber er war ein Beweis dafür, daß auch unter barbarischen Verhältnissen eine gewisse Zivilcourage, ein Rest an Menschlichkeit aufgebracht werden konnten.

Alle vier Ereignisse des 9. November in diesem Jahrhundert, hat der Historiker und diesjährige Friedenspreisträger Fritz Stern gesagt, geschehen »in einem europäischen Kontext«. Dies gilt natürlich für den 9. November 1938, aber uneingeschränkt auch für den 9. November 1989. Insofern sind die Revolutionstage im Herbst 1989 wirklich der seltene Fall einer »zweiten Chance« für Deutschland und für Europa. Der 9. November 1989 steht für eine realistische Perspektive auf Frieden, Demokratie, Wohlstand und Freiheit in Europa.

Nicht nur aus Dankbarkeit, sondern im Lichte genau dieser großartigen Perspektive ist und bleibt Deutschland der Anwalt der Beitrittskandidaten zur Europäischen Union.

Zehn Jahre nach dem Fall der Mauer darf Europa nicht ein weiteres Mal geteilt werden; diesmal an einer gedachten »Wohlstandsgrenze« zwischen der Union und ihren östlichen Nachbarn.

Nicht zuletzt die Ereignisse im Kosovo in diesem Jahr haben uns gezeigt, daß nur eine europäische Perspektive die Stabilität und den Frieden in einem Europa der Menschen und der Menschenrechte garantieren kann. Auch für diese europäische Vision steht der 9. November 1989.

Es mag gewiß sein, daß damals viele Hoffnungen geweckt und viele Erwartungen seitdem enttäuscht wurden. Dennoch: Wir haben gemeinsam schon viel erreicht. Und auch wenn es bis zu unserem gemeinsamen Ziel – der Angleichung der Lebensverhältnisse in Ost und West – noch ein Stück des Weges ist, noch eine Zeit dauern wird, auch wenn es Rückschläge geben wird, wissen wir doch, daß wir es gemeinsam schaffen können.

Auch das wollen wir heute in der Hauptstadt Berlin feiern. Es soll ein Fest der Freude und auch des Stolzes werden. Dabei sollte niemand der Versuchung erliegen, die Vergangenheit zu verdrängen.

Das gilt für die schreckliche Vergangenheit des 9. November 1938. Aber es gilt auch für jenes politische System, das durch den Mauerfall beseitigt wurde. In beiden Fällen darf es keinen irgendwie gearteten Schlußstrich unter die geschichtliche – und wo nötig auch gerichtliche – Aufarbeitung geben.

In diesem Sinne können wir den heutigen 9. November als einen Tag der Demokratie und der Freiheit feiern.

Und das ist das Verdienst der Menschen in der damaligen DDR.

George Bush

»Gutes kommt zu dem, der zu warten vermag«*

Eine kurze Weile war ich im amerikanischen Kongreß und eine kurze Weile war ich im Weißen Haus, und seit jeher liebe ich den Geist der Harmonie und Liebenswürdigkeit und das Leuchten, wie ich es heute in diesem Hohen Hause vorfinde, so daß ich es am liebsten modellieren und mit heimnehmen würde in unseren Kongreß und ins Weiße Haus, so schön ist es.
Ich empfinde es als hohe Auszeichnung, an diesem Ort ein paar persönliche Erinnerungen an die historischen Ereignisse vor zehn Jahren wachrufen zu dürfen.
Lassen Sie mich jedoch voranschicken, wie sehr ich mich freue, auch meinen geschätzten Freund Michail Gorbatschow hier anzutreffen. In fast drei Jahren bemerkenswerter Veränderungen haben wir zusammengearbeitet, und als er an Weihnachten 1991 sein Amt abgab, ging es mir wie Präsident Eisenhower beim Abschied Winston Churchills. In seinen Erinnerungen schrieb Eisenhower darüber: »Als er die Insignien seines hohen Amtes ablegte, war mir, als zerbräche eine Partnerschaft, die mir ans Herz gewachsen war, doch das konnte und kann niemals die Zuneigung und Bewunderung schmälern, die ich für ihn persönlich hege.« Mir ergeht es heute

* Leicht überarbeitete Fassung der Rede des ehemaligen Präsidenten der Vereinigten Staaten von Amerika zum 10. Jahrestag des Mauerfalls

nicht anders, und ich bin sicher, dass die Geschichte Michail Gorbatschow freundlich behandeln wird. Er ist der Architekt von Glasnost und Perestroika, jener Zielsetzungen, die das gemeinsame Haus Europa, von dem er vor zehn Jahren sprach, zu bauen halfen, indem er das Recht auf Selbstbestimmung einräumte.

Für jeden, der öffentliche Verantwortung trägt – und das gilt bestimmt für jedes Mitglied dieser erlauchten Versammlung –, kann Politik ein hartes, ja niedriges Geschäft sein. In einer Rede vor dem Reichstag im Jahre 1880 hat Otto von Bismarck einmal gesagt, jeder Deutsche halte sich für berechtigt und mache sich einen Sport daraus, die Regierung mit allen Mitteln zu bekämpfen. Nun denn, sechseinhalb Jahre nach Aufgabe der Präsidentschaft kann ich Ihnen, Herr Bundeskanzler, versichern, daß es in Amerika nicht anders ist.

Blicke ich auf meine vier Jahre als Präsident der Vereinigten Staaten zurück, so kann ich auf vieles verweisen, was schwer war und mich sehr mitnahm – und die Operation Wüstensturm zählte mit Sicherheit dazu. In keiner Situation aber standen die Dinge auch nur entfernt so auf Spitze und Knopf wie in jener, der wir am 9. November 1989 gegenüberstanden. Gewiß hatte sich im Sommer 1989 der Gezeitenstrom der Geschichte zugunsten der Freiheit gewendet, so daß wir, als der Herbst ins Land zog, wohl alle darauf vorbereitet waren, mitzuerleben, wie »die Welt zur Geschichte erwacht«, wie es in einem schönen Lied heißt. Der Wandel lag in der Luft, und fast über Nacht fingen die Menschen in Ost- und Mitteleuropa an, sich der Fremdherrschaft zu erwehren, die ihrer Gesellschaft aufgepfropft worden war. Nach einem Goethe-Wort gehen große Revolutionen nie auf Fehler der Menschen, sondern stets auf die der Regierung zurück. Und so war es auch im November 1989, wenngleich nur wenige Regierende es kommen sahen, wenn überhaupt. Die Menschen auf der Straße waren dabei, ihr Schicksal in die eigene Hand zu nehmen und einen neuen, selbstgewählten Weg zu beschreiten.

Vermutlich wissen alle in diesem Saal, wo sie sich heute vor zehn Jahren befanden, als sie zum ersten Mal die unglaubliche Neuigkeit vernahmen. Ich selbst saß an meinem Schreibtisch im Oval Office, als mein treuer und

so verdienter Sicherheitsberater Brent Scowcroft hereinkam und mir sagte, in den Nachrichten heiße es, die Mauer sei aufgegangen. Sofort begaben wir uns in den kleinen Raum gleich nebenan, schalteten den Fernseher ein und sahen die in Berlin jubelnden Mengen. Es fiele schwer zu beschreiben, welche Gefühle mich da bewegten, als ich zusah, wie sich Deutsche jeglichen Alters an und auf der Mauer versammelten.
An dieser Mauer hatte ich als Vizepräsident gestanden, und mein Freund Helmut Kohl und Bundespräsident von Weizsäcker zeigten mir die Stellen, wo junge Ostdeutsche erschossen worden waren, weil sie in die Freiheit flüchten wollten. Und im Februar 1983 hatte ich mit meinem lieben Freund Manfred Wörner, den wir alle schmerzlich vermissen, ein Städtchen besucht, dessen Mitte der Stacheldrahtzaun durchtrennte, der ganz Deutschland spaltete. Jetzt aber, sechs Jahre später, war ich Präsident der Vereinigten Staaten und sah zu, wie die so lange unmöglich erschienenen Hoffnungen und Träume der Menschheit vor meinen Augen Wirklichkeit wurden. Es war ein nachgerade surrealistisches Bild, das Dalí gemalt haben könnte. Dann aber überfiel uns die Erkenntnis, wessen Ereignisses Zeuge wir wurden. Der Damm war gebrochen, die Freiheit schäumte geradezu in Kaskaden über die Mauer.
Kurze Zeit später kam mein Pressesekretär Marlin Fitzwater mit weiteren Nachrichten und schlug vor, ich solle eine Erklärung vor der Presse abgeben. Das schien sich aufzudrängen, doch obwohl ich überglücklich war über das, was ich sah, mußte ich mich vor übereilten Kommentaren hüten. Zwar häuften sich die Nachrichten immer mehr, aber die Berichte waren noch nicht bestätigt. Wichtiger noch: Ich wußte, wie vorsichtig wir unsere Reaktion auf die frohe Nachricht formulieren mußten. Ich mußte bedenken, welcher Druck auf den Schultern unseres Freundes Michail Gorbatschow lastete. Ich wußte, daß dies nicht der Augenblick zu hämischen Bemerkungen über etwas war, was viele im Westen später als Niederlage Rußlands ausgaben. So galt es denn, Vorsicht walten zu lassen. Deswegen äußerte ich in der kurzen, improvisierten Pressekonferenz im Oval Office zwar meine Freude, enthielt mich aber wohl überlegt jeder Häme.
In meinem Hinterkopf bedrängten mich die Sorgen über ein Zurück-

schlagen der Hardliner, und darum waren meine Antworten auf die von den Medien berichteten Neuigkeiten vorsichtig positiv, zwar nicht zögerlich, aber doch überlegt. Was die Kritiker beim Anblick der unbeschreiblich frohen Ereignisse nicht verstanden, wissen wir heute, zehn Jahre danach: daß nämlich ein arroganter Zug unsererseits die Freude hätte zunichte machen und das Anliegen, auf das so viele Menschen hingearbeitet, für das sie ihr Blut und manche ihr Leben geopfert hatten, einen schweren Rück-

George Bush erwies sich als Freund der Deutschen und unterstützte die Politik Kohls zur Wiedervereinigung.

schlag erleiden konnten. Dennoch hatten führende Köpfe bei uns im Kapitol verlangt, ich solle mich aufmachen zur Mauer in Berlin und auf ihr mit den Studenten tanzen. Das aber wäre nach meiner Meinung einer offenen Provokation gleichgekommen, als drückten wir den sowjetischen Militärs geradewegs die Finger ins Auge. Also hielten wir uns zurück, und ich halte das bis heute für richtig.

Nun aber, zehn Jahre später und nach einiger Überlegung hoffe ich, daß es nicht anmaßend ist, wenn ich meine, daß der Grund, warum sich die Dinge entwickelten, wie es geschah, der Grund, warum das Ringen der Supermächte buchstäblich ohne einen Schuß zu Ende ging, der Grund, warum Deutschland in Frieden und Demokratie vereinigt wurde, zum großen Teil darin lag, daß sich die Handelnden auf der Bühne kannten. Und – Helmut Kohl wird mir gewiß zustimmen –, daß wir drei uns respektierten.

Doch nicht zu vergessen, und meine Vorredner riefen es uns beredt ins Gedächtnis: Es waren nicht die Regierenden in Bonn oder Washington oder Moskau, sondern die Menschen auf der Straße, die das alles überhaupt in Gang setzten. Dennoch fiel es letztlich uns Regierenden zu, auf die dadurch möglich gewordenen Ereignisse zu reagieren und ihren Ausgang zu gestalten. Ganz einfach gesagt, befanden wir uns in einem heiklen Tanz.

Mehr als Worte zu beschreiben vermögen, kam uns dabei zu Hilfe, daß wir Amerikaner uns rückhaltlos auf Helmut Kohl und seine fähige Mannschaft verlassen konnten, und daß wir beide, Helmut und ich, fest an das Engagement Michail Gorbatschows glaubten, der damals unter unglaublichem Druck stand, an sein unbeugsames Engagement für Reformen. Immer noch stellte sich uns, auf jeden Fall mir, zu Recht oder zu Unrecht, die bange Frage, ob die Armee eingreift, ob wir uns einem weiteren Prager Frühling gegenübersähen. Wir wußten es nicht, doch schließlich ging alles gut aus.

Darum können wir heute feiern, heute, an diesem strahlenden Tag. Gutes kommt zu dem, der zu warten vermag, sagt ein Sprichwort. Welch große Freude, diesen besonderen Tag an der Seite meiner früheren Kollegen verbringen zu können. Vielleicht genügt es, wenn ich sage, daß Barbara und ich verstehen, welche Gefühle John Kennedy 1963 nach seinem trium-

phalen Besuch hier bewegten, als die Air Force One am Nachmittag in den Himmel stieg. Körperlich völlig ausgelaugt, aber geistig beflügelt sagte Kennedy damals: »Einen Tag wie diesen werden wir unser Lebtag nicht mehr erleben.« Genau so empfinden es Barbara und ich heute.
Möge Gottes Segen auch weiterhin das freie, vereinigte, demokratische Deutschland begleiten.

Michail Gorbatschow

Die größten Helden der Wiedervereinigung waren das deutsche und russische Volk*

Ich bin schon früher in Berlin gewesen und das nicht nur einmal; ich sprach bei verschiedenen Anlässen. Diesmal ergreife ich das Wort vor den Abgeordneten des gesamtdeutschen Parlaments, und zwar im Gebäude des Reichstages, das in einer bestimmten Zeit für viele eine Konzentration des Bösen darstellte und dessen Fall als Triumph des Guten erschien.

Sehr vieles mußte sich verändern, damit das heutige Ereignis stattfinden konnte, damit ich, wie auch Präsident Bush, vor Ihnen, die Sie das vereinigte, demokratische Deutschland vertreten, sprechen können.

Heute feiern nicht nur die Deutschen, sondern alle Europäer, ja die ganze Welt feiert den zehnten Jahrestag des Falls der Berliner Mauer. Und dies ist verständlich, denn die Berliner Mauer ist ein bedeutsames Symbol. Sie war das Ergebnis eines tiefen Einschnitts in der Weltentwicklung auf dem Scheitelpunkt globaler Prozesse und Widersprüche. Ihre Zerstörung ist das Ergebnis grundlegender Veränderungen in Europa und in der Welt, Veränderungen, die die Interessen und Schicksale des überwiegenden Teils der Menschheit betrafen. Der Weg zu ihrem Fall war lang und qualvoll. Daher

* Leicht überarbeitete Fassung der Rede des ehemaligen Präsidenten der Sowjetunion zum 10. Jahrestag des Mauerfalls

habe ich hier mit großem Interesse und großer Aufmerksamkeit die Reden der Vertreter des vereinten Deutschlands gehört, insbesondere die Reden derjenigen, die diese Ereignisse in der DDR, in Ostdeutschland, erlebt haben.
Heute, aus einem gewissen geschichtlichen Abstand, sind die Ursachen für den Fall der Mauer offenkundiger. Es mußten vor allem in der Sowjetunion, die den Weg zur Freiheit und Demokratie eingeschlagen hatte, grundlegende Veränderungen stattfinden. 1989 haben die sowjetischen Menschen zum ersten Mal in ihrer tausendjährigen Geschichte ihr Recht auf freie Selbstbestimmung verwirklicht. Die Beziehungen zwischen der UdSSR und den Vereinigten Staaten von Amerika mußten sich grundlegend ändern. Dies verdanken wir den unvergleichlichen Bemühungen, der erwiesenen Weitsicht und der Verantwortung sowohl seitens der sowjetischen Führung als auch seitens der Präsidenten der Vereinigten Staaten von Amerika, Ronald Reagan und George Bush. Es mußten demokratische Revolutionen in den Staaten Ost- und Mitteleuropas stattfinden, in deren Verlauf die Völker dieser Staaten ihr Recht auf freie Selbstbestimmung verwirklicht haben.
Zwei Prozesse entwickelten sich gleichzeitig und beeinflussten sich gegenseitig. Zum einen wurde die Konfrontation durch Dialog und Vertrauen ersetzt; zum anderen wurden die Völker, die ihr Selbstbestimmungsrecht erlangten, tätig.
Für die Deutschen bedeutete die Verwirklichung der freien Selbstbestimmung die nationale Einigung. Bei den Deutschen auf beiden Seiten der Mauer war der Drang zur Vereinigung beispiellos. Die Entscheidung der Geschichte, Deutschland nach dem Krieg zu teilen, wurde revidiert. Und damit konnte kein Politiker rechnen, am allerwenigsten einer, der das neue Denken zum Grundsatz seines Handelns gemacht hatte. Aber die Tatsache, daß die Wiedervereinigung gerade damals und gerade auf diese Art und Weise stattgefunden hat, ist ein Verdienst der Völker selbst.
Die Deutschen in Westdeutschland haben Konsequenzen aus der nationalen Katastrophe gezogen, die der Nationalsozialismus und der Krieg gebracht hatten. Sie veränderten sich selbst, ließen sich durch ihre Herzen und Seelen leiten und verwandelten die Bundesrepublik Deutschland in

einen demokratischen und friedliebenden Staat. Die westdeutschen Politiker bereiteten konsequent den Boden für die Beseitigung der Folgen des Krieges in den Beziehungen zur Sowjetunion und anderen Ländern.
Die Deutschen in der DDR nutzten nicht nur auf politischer Ebene, sondern auch auf kultureller Ebene die Möglichkeiten zur Wiederherstellung der guten Beziehungen mit unserem Volk. Dies spielte eine äußerst wichtige Rolle bei der Beseitigung von Mißgunst und Feindseligkeit und all den Belastungen und Mißständen, die uns der Krieg hinterlassen hatte. Zwischen Tausenden und Abertausenden Deutschen und Russen gestalteten sich wahrhaft freundschaftliche Beziehungen.
Das russische Volk ist seinerseits dem Bestreben der Deutschen nach guten Beziehungen mit offenem Herzen entgegengekommen. Es hatte Verständnis für ihren Willen, in einem vereinten Deutschland zu leben. Die Völker der Sowjetunion haben all dieses ruhig aufgenommen, als normalen Vorgang, verbunden mit der Hoffnung auf die einmalige Chance beiderseits nützlicher russisch-deutscher Beziehungen.
Hätte es diese grundlegenden Veränderungen in der Bundesrepublik Deutschland, den Willen ihrer Bürger zur Einheit, den mächtigen Drang zur Einheit in der DDR nicht gegeben, hätten die Politiker nichts ausrichten können. Und wenn ich gefragt werde, wer der größte Held der deutschen Wiedervereinigung sei: Bush, Kohl, Gorbatschow oder sonst jemand, dann sage ich, in Anerkennung unserer gewissen Verdienste, daß die größten Helden das deutsche Volk und das russische Volk waren.
Und dennoch möchte ich hier einige Worte über die Generation der Politiker sprechen, die unmittelbar in alle komplizierten und gefährlichen Wechselfälle der Vereinigung mit einbezogen waren. Es ist dies die Generation, der die Welt die Beendigung des Kalten Krieges verdankt. Großer Respekt gilt meinen Kollegen der damaligen Zeit: Helmut Kohl, mit dem es uns gelungen war, wie er es einmal ausdrückte, »die Geschichte am Schopfe zu packen«; Hans-Dietrich Genscher, mit dem wir die deutsche Frage zu erörtern begannen; großen Respekt zolle ich der Weisheit Richard von Weizsäckers, mit dem ich für das gegenseitige Verständnis äußerst wichtige Gespräche geführt habe. Und natürlich muß man hier an diesem

Tag und in diesem Saal den Schöpfer der neuen Ostpolitik, den großen Deutschen Willy Brandt nennen.
Ich bin zutiefst davon überzeugt – und habe auch allen Grund dazu –, daß die Rolle von George Bush und James Baker unverzichtbar und groß war. Sie haben der Welt gezeigt, wie Amerika seine nationalen Interessen, seine Macht und seine Autorität zum Wohle der internationalen Interessen einsetzen kann und soll. Ich begrüße heute Herrn Präsident George Bush.
Es ist Ihnen sicherlich aufgefallen, wie wir bei unserem gestrigen Treffen nach Jahren weiter bemüht waren, unsere Beziehungen zu klären, einander spitzfindige Fragen zuzuwerfen. Ja, wir hatten das Privileg, einander zu vertrauen, und wir haben gründlich gearbeitet. Dabei haben wir beide nie vergessen, daß hinter jedem von uns das eigene Volk, die eigenen nationalen Interessen standen. Damit war uns eine große Verantwortung auferlegt worden. Daß wir so waren, daß die Beziehungen sich so entwickelten, wie wir es jetzt sehen, war damals von großer Bedeutung, als wir innerhalb von Minuten und Stunden Entscheidungen treffen mußten. Wir haben uns gestritten, hatten Meinungsverschiedenheiten, manchmal gingen wir im harten Streit auseinander, aber ungeachtet dessen fanden wir Lösungen, die den objektiven Bedürfnissen des Geschichtsverlaufs in dem Augenblick entsprachen.
In Camp David sagte Präsident Bush, als er unsere Position kritisierte, derzufolge das vereinigte Deutschland neutral werden und keinem Bündnis angehören sollte: »Vertrauen Sie Deutschland etwa nicht? Es ist doch ein neues Deutschland?« Darauf antwortete ich: »Erlauben Sie bitte: Sie wollen das neue Deutschland in der Umarmung der NATO halten. Also vertrauen Sie Deutschland nicht.« So haben wir die Probleme oft hart diskutiert. Und dann gelangten wir zu dem einzig richtigen Schluß: Die Deutschen vereinigen sich, sie sind ein souveränes Volk und bestimmen selbst, wo sie stehen, mit wem sie befreundet sind und welche Beziehungen sie unterhalten möchten. Ich denke, dies war richtig, es war ein richtiger Ansatz, der Früchte trägt.
Schließlich möchte ich folgendes sagen: Die Wiedervereinigung Deutschlands eröffnete vor dem Hintergrund der allgemeinen weltweiten Veränderungen eine Perspektive für den Übergang der Weltgemeinschaft zu

einer neuen, friedlichen Etappe der Weltgeschichte. Im November 1990 wurden in Paris die berühmte Pariser Charta und das Wiener Abrüstungsabkommen unterzeichnet. George Bush warf damals die Frage einer neuen Weltordnung auf. Mich hat diese Idee beeindruckt; ich teile sie allerdings auch heute noch. Meines Erachtens verspielen wir gegenwärtig diese Chance. In der Tat wurde in den zwei Jahren nach dem Mauerfall auf den Grundsätzen des Vertrauens, der gemeinsamen Suche nach Lösungen und des gemeinsamen Handelns einiges Konkrete und Grundlegende getan. Und diese Grundsätze wurden in einer so schwierigen Situation wie der Krise am Persischen Golf bereits erprobt. Im Grunde war dies ein Test für die neuen Beziehungen.

Allerdings wurde dieser Prozeß durch den Zerfall der Sowjetunion auf tragische Weise unterbrochen. Danach hat man über unser Erbe, denke ich, nicht auf beste Art und Weise verfügt. Ich sehe den Hauptgrund dafür einerseits darin, daß im Westen die Auffassung vertreten wurde, den Kalten Krieg gewonnen zu haben, mit all den daraus resultierenden Folgen, einschließlich der Politik, der Realpolitik. Andererseits lag es daran, daß Rußland aus unterschiedlichen Gründen in der Weltpolitik nicht jene Rolle spielen konnte, die die Sowjetunion zu Zeiten der Perestroika zu spielen begonnen hatte.

Den Deutschen fallen die Schritte zur Erfüllung der Wiedervereinigung mit neuen Inhalten nicht leicht. 1992 traf ich mich mit Helmut Kohl, wir saßen mit unseren Ehefrauen in freundschaftlicher Atmosphäre an einem Tisch und unterhielten uns. Er sagte: »Weißt Du, Michail, mit der Wirtschaft ist es schwierig, aber wir werden es, wie es scheint, Schritt für Schritt schaffen.« In der Tat waren dafür größere Anstrengungen erforderlich als erwartet. Nun ja, Sie wissen, Politik ist schließlich kein Zugfahrplan. Vielmehr haben wir es mit einer Vision, einer Orientierung, einer Wahl zu tun; und der Schaffensprozeß selbst gibt manchmal die Antwort darauf, was zu tun ist. Was das Volk anbelangt, so sagte Helmut Kohl, hätten die vierzig Jahre der Trennung große Bedeutung, »...denn als wir wieder zusammenkamen, sprachen wir zwar eine Sprache, waren ein Volk, aber wir verstanden einander oft nicht.« Es wird also eine, vielleicht zwei Generationen

dauern, bis die Probleme des neuen, vereinten Deutschlands harmonisch gelöst werden können.
Auch in dieser schwierigen Aufgabe möchte ich Sie unterstützen, Ihren Mut stärken. Als ich gestern abend mit einigen Deutschen sprach, sagte ich: »Ich weiß, Sie haben viele Probleme«, und sie antworteten: »Ja, ja, ja!« Ich erwiderte: »Darf ich Ihnen eine Möglichkeit anbieten, die Sie sofort beruhigen wird: Tauschen Sie Ihre Probleme gegen die russischen Probleme.« Alle riefen sogleich: »Nein, nein, nein! Lösen Sie nur Ihre Probleme, wir lösen die unseren.«
Ich denke, daß die Deutschen den größten Teil des Weges schon gegangen sind und auch den Rest bewältigen werden. Ich möchte Ihnen allen, meine lieben Freunde – denn das Parlament repräsentiert das ganze Volk –, viel Erfolg bei Ihrer Arbeit wünschen. Ich sehe, wie schwierig sich die Beziehungen innerhalb des nun vereinigten Deutschlands gestalten. Aber so ist das Leben nun einmal. In vielen Fällen bedarf es der Zeit. Wahrscheinlich wird die Lösung der Übergangsprobleme einige Generationen dauern.
Ich will nicht verheimlichen, daß es auch Erscheinungen gibt, die bei mir auf Unverständnis stoßen. Verzeihen Sie mir meine Schwäche, Sie kennen sie, ich spreche immer ehrlich, freundschaftlich, und die parlamentarische Terminologie fällt mir schwer. Und deshalb möchte ich auf freundschaftliche Weise sagen, daß es einige Erscheinungen in Ihrem öffentlichen Leben gibt, die bei mir auf Unverständnis stoßen. Ich meine zum Beispiel das Verhalten des Staates gegenüber einigen Politikern der ehemaligen DDR. Es ist doch sonderbar, daß heute ausgerechnet die Personen der DDR-Staatsführung vor Gericht stehen, die vor zehn Jahren den Beschluß faßten, die Mauer durchlässig zu machen, die Personen, die keinen anderen Weg eingeschlagen und keinen anderen Beschluß gefaßt haben.
Abschließend möchte ich sagen, daß das Bild, welches das festliche Berlin unserer Tage bietet, mich in meiner Überzeugung bestärkt, daß wir in den schwierigen Monaten der Jahre 1989 und 1990, als es um die Wiedervereinigung Deutschlands ging, im großen und ganzen richtig gehandelt haben. Dies gibt uns Hoffnung für die Zukunft.

Helmut Kohl

Die Einheit – ein Geschenk und eine Chance für die Zukunft*

Zehn Jahre sind nun seit den bewegenden Bildern vergangen, Bildern der Freude und des Glücks der Deutschen über den Fall der Mauer, über die Beendigung der gewaltsamen Trennung unserer geteilten Nation, Bildern, die von hier aus, von Berlin, um die Welt gingen. Diese Bilder bezeugten, daß die Mehrheit der Deutschen in Ost und West auch nach vier Jahrzehnten nicht bereit war, die Teilung unseres Vaterlandes als endgültiges Urteil der Geschichte hinzunehmen.

Die Bilder erzählen auch die Geschichte eines Triumphs der Freiheit. Möglich wurden diese Bilder nicht zuletzt durch den Mut und die Kraft der Menschen, die sich überall in den Städten und Gemeinden der damaligen DDR gegen die Diktatur erhoben. Sie haben sich nicht durch Drohungen und Gewalt einschüchtern lassen; sie haben friedlich demonstriert, bis Mauer und Diktatur fielen.

Die Männer und Frauen, ob in Leipzig, Ostberlin, Dresden oder an einem anderen der vielen Orte der damaligen DDR, traten für die Freiheit, für die Herrschaft des Rechts und für die Achtung der Menschenwürde ein.

---

* Leicht überarbeitete Fassung der Rede des ehemaligen Bundeskanzlers zum 10. Jahrestag des Mauerfalls

Diese Sehnsucht nach den uns verbindenden Werten hat sich über Jahrzehnte in den Ländern des ehemaligen Ostblocks erhalten.
Ich denke in dieser Stunde mit besonderer Dankbarkeit an unsere Freunde in Ungarn.
Ich denke ebenso an das Jahr 1956 wie an jenen Sommer 1989, als die Grenze zwischen Ungarn und Österreich fiel.
Ich denke an unsere Freunde in Prag, an den Prager Frühling des Jahres 1968, aber auch an vieles, was von dort als Botschaft um die Welt ging.
Ich denke mit ganz besonderer Herzlichkeit an unsere Freunde in Polen, an den Kampf der Solidarność, an jene Männer und Frauen, die – wie die Männer und Frauen damals, vor weit über 100 Jahren, auf dem Hambacher Schloß beim Hambacher Fest – gesungen haben: »Noch ist Polen nicht verloren.« – Diese Botschaft ging damals um die Welt und später auch wieder.
Wir erinnern uns in Dankbarkeit und Anerkennung – es war gut, daß dies heute in einer so menschlich bewegenden Weise hier auch vom Pult aus gesagt wurde – an die vielen Männer und Frauen, an die Bürgerrechtsbewegung, die für Menschenrechte und Demokratie gelebt, gekämpft und gelitten haben.
Ihr Mut und ihre Taten sind ein wesentlicher Bestandteil deutscher Geschichte.
Im Jahr 1989 riefen die Demonstranten, wenige Schritte von hier entfernt, Ihnen, Michail Gorbatschow, zu. Sie hatten Vertrauen zu Ihnen; denn Sie waren der, der mit seinem neuen Denken und der Perestroika die Wende der sowjetischen Politik begründete – eine Wende, die auch eine neue Zukunft für die Völker der Sowjetunion bedeutete. Ihre Politik, Michail Gorbatschow, verhalf auch den Reformbewegungen in allen Ländern des damaligen Warschauer Paktes zum Sieg.
Ich habe es gestern gesagt, und ich wiederhole es: Nach einem Telefonat mit Ministerpräsident Nemeth, in dem wir letzte Gespräche über die Öffnung der Grenze führten, fragte ich Sie telefonisch: »Was halten Sie von dieser Regierung?« Sie sagten ganz knapp und prägnant: »Das sind gute Leute.« – Da wußten wir: Die Grenze geht auf.

Ihr Name ist untrennbar mit dem Ende des Kalten Krieges und des Rüstungswettlaufes verbunden. Ohne Ihr Wirken und – das muß man hinzufügen – das Ihrer Mitstreiter in Moskau wäre die friedliche Revolution in der DDR nicht denkbar gewesen. Ich danke Ihnen ganz herzlich, daß Sie hier heute zu uns gesprochen haben und wie Sie zu uns gesprochen haben: als ein Freund unseres Volkes. Ich sage das mit großer Dankbarkeit, und ich füge ganz persönlich hinzu: Wir erinnern uns in dieser Stunde an Ihre Gattin Raissa Gorbatschowa, die Sie in diesen Jahren herzlich begleitet und uns viel geholfen hat.
An dem Abend morgen vor zehn Jahren ließen Sie mir die Frage zukommen, ob die Gefahr bestehe, daß diese friedliche Demonstration überbordet, ob Einheiten und Einrichtungen der Roten Armee gefährdet seien. Wir wissen heute ziemlich sicher, daß diese Gefahr bestand, daß es Kräfte gab – in Ostberlin wie auch in Moskau –, die es gerne gesehen hätten, wenn die Vorkommnisse an jene erinnert hätten, die in Berlin vor Jahrzehnten, 1953, stattgefunden haben. Sie sagten damals, Sie vertrauten uns. Unsere und meine Botschaft, daß mit den Rufen der Menschen auf den Straßen »Wir sind das Volk!« und »Wir sind ein Volk!« die Sehnsucht nach Frieden und Freiheit deutlich werde, haben Sie verstanden – weil das neue Denken unterwegs war. Das hat uns in einer der kritischsten Stunden unserer Geschichte geholfen. Die Soldaten blieben in ihren Kasernen, und die dramatischen Veränderungen, die zur deutschen Einheit führten, nahmen ihren Fortgang. Dies war und bleibt eine der entscheidenden Voraussetzungen dafür, daß wir Deutsche die Einheit gewinnen konnten.
Unsere wichtigsten Weggenossen waren dabei unsere amerikanischen Freunde und Verbündeten, allen voran der Präsident der Vereinigten Staaten von Amerika George Bush.
Lieber George, ich bin froh, daß du hier bist, und ich bin besonders froh, daß die Stadt Berlin, unsere Hauptstadt, dich mit dem Ehrenbürgerrecht ausgezeichnet hat. Das ist eine Auszeichnung für dich, aber auch eine Auszeichnung für Berlin und für uns alle in Deutschland.
Als Amerikaner, von den großen Ideen der Freiheit und Selbstbestimmung

ganz selbstverständlich überzeugt, stand George Bush immer zu seiner Überzeugung, daß ein freies und souveränes Deutschland ein wiedervereinigtes Deutschland sein müsse. Durch sein persönliches Engagement für die Sache der Deutschen war es möglich, viele andere, die Probleme mit dieser historischen Entwicklung hatten, zu überzeugen. Ich sage es in einem Satz, George: Für uns Deutsche war und ist der Präsident George Bush ein Glücksfall.

In der unglaublich kurzen Zeit von knapp elf Monaten wurde die Deutsche Einheit Wirklichkeit. Viele andere – ich nenne noch einmal die ungarische Regierung, die im Sommer 1989 die Grenze öffnete – hatten Anteil an unserem Erfolg. Die Vision, meine Damen und Herren, liebe Landsleute, und der Traum, das in der Präambel des Grundgesetzes verankerte Ziel, in »freier Selbstbestimmung die Einheit und Freiheit Deutschlands zu vollenden«, wurde am 3. Oktober 1990 erreicht. Ich denke, es ist gut, wenn wir uns – bei aller Dankbarkeit – daran erinnern, daß dies gelegentlich auch bei uns, im Westen unseres Vaterlandes, durch die Jahre hindurch langsam zu einer bloßen Formel geriet. Dann wurde es Wirklichkeit, und dafür haben wir zu danken.

Es geschah mit Zustimmung all unserer Nachbarn. Vergleichbares hat es in der europäischen Geschichte nie gegeben. Nach all dem, was auch an einem Tag wie dem heutigen nachklingt, war auch nicht zu erwarten, daß Vergleichbares gerade den Deutschen zuteil werden wird.

Daß wir dieses Ziel erreicht haben – auch dies gehört in diesen Saal, in diese Stunde –, verdanken wir auch der Arbeit derer, die in den Jahrzehnten der Geschichte der alten Bundesrepublik politische Verantwortung getragen haben. Ich nenne hier alle meine Amtsvorgänger – Konrad Adenauer, Ludwig Erhard, Kurt Georg Kiesinger, Willy Brandt und Helmut Schmidt –, ich nenne auch ausdrücklich die erste frei gewählte Regierung der DDR und Ministerpräsident Lothar de Maizière.

Wir Deutsche haben nach den großen Katastrophen zweier Weltkriege und den schlimmen Taten, die in deutschem Namen vielen Menschen angetan wurden, am Ende dieses Jahrhunderts großes Glück erfahren. Ich denke, wir sollten die Einheit daher als ein Geschenk und als eine Chance

für die Zukunft begreifen und bei allen Sorgen des Tages – die berechtigt sind – nicht in Kleinmut verharren.
Das Geschenk der Einheit verpflichtet uns, so sehe ich es, immer wieder, den Bau des Hauses Europa mit kräftigen Schritten voranzutreiben. Denn ohne diesen Weg nach Europa wäre die Deutsche Einheit nicht möglich gewesen. Ohne die Politik der europäischen Integration, der Aussöhnung mit unseren Nachbarn und der Abkehr von nationalstaatlicher Machtpolitik des 19. und 20. Jahrhunderts hätte es keine Deutsche Einheit gegeben und – was noch wichtiger ist für die Zukunft – gäbe es keine friedliche Zukunft für Deutschland in Europa.

Helmut Kohl wird auf einer Veranstaltung in Erfurt am 20.2.1990 von den Volksmassen gefeiert.

Für ein Land im Herzen Europas mit 80 Millionen Einwohnern und mit einer beachtlichen wirtschaftlichen Stärke ist es entscheidend, daß wir unseren Nachbarn und Freunden mit Offenheit und Sensibilität begegnen. Wenn wir in wenigen Wochen in das neue Jahrhundert gehen, sollten wir diese wichtige, entscheidende Erfahrung mit hinübernehmen.
Wir müssen uns bewußt sein, daß es für uns niemals eine Rückkehr in die Enge eines nationalstaatlichen Denkens geben darf.
Das ist keine Abkehr vom gelebten deutschen Patriotismus. Wir werden

unsere Identität als Nation in Europa nicht aufgeben. Thomas Mann hat es, wie ich denke, zeitlos so formuliert: »Wir sind deutsche Europäer und europäische Deutsche.«

Deshalb ist es wichtig, daß wir immer wieder daran denken, daß die einzigartige Freundschaft mit unseren französischen Nachbarn von uns allen gepflegt wird.

Wichtig ist auch – das muß von uns immer wieder neu bedacht werden –, daß uns genauso, wie die Aussöhnung mit Frankreich möglich war, die Freundschaft und Partnerschaft mit unseren polnischen Nachbarn gelingen möge. Polen ist für uns genauso ein Teil des Hauses Europa wie Frankreich und Deutschland.

Gerade auch in Anwesenheit von Michail Gorbatschow möchte ich sagen: Zu einer glücklichen Zukunft unseres alten Kontinents gehören auch stabile wirtschaftliche und politische Verhältnisse in den Nachfolgestaaten der Sowjetunion.

Ich appelliere deshalb an alle Verantwortlichen, aber nicht nur an andere, sondern insbesondere an uns selbst, an die Mitglieder dieses Hohen Hauses, daß wir in unserer Unterstützung für Rußland, die Ukraine und die übrigen Staaten, die damals die Sowjetunion bildeten, nicht nachlassen. Wer jetzt hilft, der hilft bei einer Investition in die Zukunft Europas. Das dürfen wir gerade an einem solchen Tag nicht vergessen.

Und lassen Sie uns weiterhin die über Jahrzehnte bewährte transatlantische Partnerschaft mit den Vereinigten Staaten pflegen. Sie ist ein hohes Gut, George Bush, und eine wichtige Voraussetzung für Frieden und Freiheit in Europa.

Meine Damen und Herren, dies sind wichtige Aufgaben für uns Deutsche im neuen Jahrhundert. Es liegt jetzt auch an uns, daß es ein Jahrhundert des Friedens und der Freiheit, der Zusammenarbeit und der Freundschaft zwischen den Völkern wird. Das ist die Botschaft der Geschichte an diesem Tag, der in die Geschichte unseres Volkes eingeht als einer der ganz großen Tage der Freude und der Dankbarkeit. Das Wort »Dankbarkeit« möchte ich dabei noch einmal unterstreichen.

Kurt Biedenkopf

Der Freistaat Sachsen – zehn Jahre danach

Eine Zwischenbilanz

Wer die Dimensionen der Aufgabe ermessen will, die sich uns Deutschen, vor allem aber den Deutschen im bisher unfreien Teil Deutschlands mit der wiedergewonnenen Einheit stellten, der muß sich fragen: Wie hätten sich Sachsen, wie der Osten Deutschlands sich entwickelt, wäre Deutschland nicht geteilt worden? Hätte der Freistaat Sachsen am Wiederaufbau und der Entwicklung Deutschlands nach dem Kriege unter den gleichen Bedingungen teilnehmen können wie die westdeutschen Länder, dann wiese dieses Land heute etwa den gleichen Lebensstandard, die gleiche Wirtschaftskraft und die gleiche Infrastruktur auf wie Baden-Württemberg oder Hessen. Die vielen Unternehmen, die nach der Teilung Deutschlands den Osten verließen, weil sie vertrieben oder enteignet worden waren, wären noch in Sachsen. Auto Union wäre in Zwickau, Siemens in Berlin, alle wichtigen Unternehmen in Sachsen. Das Bürgertum des Landes hätte, wie im Westen, mit seinem Wissen und Können eine neue wirtschaftliche Basis aufgebaut. Die Städte erstrahlten in altem und neuem Glanze. Die Infrastruktur wäre vorbildlich, die Landschaft ähnlich gepflegt und touristisch erschlossen wie in Bayern.
Die Wiege der Industrialisierung Deutschlands stand in Sachsen. Zu Beginn des 20. Jahrhunderts war es ein reiches Land. Sein Bruttoinlandprodukt pro Kopf der Bevölkerung war das höchste in Europa. Noch in den dreißiger Jahren war es das höchste in Deutschland. Rund 30 % der Automobile und rund 50 % der PKWs mit 8-Zylindermotoren kamen aus Sachsen. Dresden gehörte zu den reichsten Städten Deutschlands.

Die Kultur des Landes war in aller Welt berühmt. Eine Jahrhunderte zurückreichende Entwicklung von Handwerk, Handel und Industrie, eine breite bürgerliche Mittelschicht und eine geschulte Arbeitnehmerschaft boten die Grundlage für eine leistungsfähige, in ihren Aktivitäten breit angelegte, vorwiegend mittelständige Wirtschaft. Die Wissenschaften blühten. Die Künste wurden allerorten gepflegt. Vieles davon war durch den Krieg beschädigt, oder, wie Dresden, in seiner Kernsubstanz zerstört worden. Aber das Wissen und Können war – wie im Westen – in einer großen Zahl von Unternehmen nach wie vor vorhanden. Mit seiner Hilfe hätten die wissenschaftlichen Einrichtungen und die Leistungsfähigkeit einer freien Bevölkerung das Land, wie schon öfter in seiner Geschichte, wieder aufgebaut. Seine Bevölkerung hätte einen bedeutenden Beitrag zum Prozeß der Erneuerung Deutschlands geleistet, der später mit dem Begriff *Wirtschaftswunder* beschrieben wurde.
Die Geschichte ging einen anderen Weg. Deutschland wurde geteilt. Der Osten Deutschlands geriet von der Nazi-Diktatur in die nächste, diesmal unter der kommunistischen Herrschaft der Sowjetunion. Sachsen und die anderen ostdeutschen Länder mußten in großem Umfang Reparationen an die östliche Siegermacht leisten. 1952 wurden die Länder aufgelöst. Die Freiheit der Bürger wurde beseitigt. Die Wirtschaft und das Leben der Menschen wurden der Herrschaft einer Zentralplanwirtschaft und ihrer Bürokratie unterworfen. Erst die größeren, später auch die kleineren Unternehmen wurden verstaatlicht, unternehmerische Freiheit und Initiative beseitigt. Das Bürgertum wurde vertrieben.
Hunderttausende, die für einen erfolgreichen Wiederaufbau unverzichtbar gewesen wären, verließen das Land. Sie gingen nach Westdeutschland und trugen dort mit ihrem Wissen und Können zum Wiederaufbau des freien Teils Deutschlands bei. Der Träger des Nobelpreises 1999 für Medizin, Professor Blobel, ist nur ein Beispiel unter Tausenden. Mit seinem Abitur, das er in Freiberg in Sachsen erwarb, wurde ihm mitgeteilt, er könne wegen politischer Unzuverlässigkeit an keiner Universität der DDR studieren. Um studieren zu können, mußte er seine Heimat verlassen.
Ostdeutschland wurde auf vielfältige Weise ausgebeutet. Seine Bausubstanz

verkam. »Ruinen schaffen ohne Waffen« nannten es die Menschen. Die Umwelt wurde in großem Umfang zerstört, die Infrastruktur verfiel. Die Wissenschaften, vor allem die Geisteswissenschaften, konnten sich nicht frei entwickeln. Bespitzelung und Mißtrauen herrschten allerorten. Aber selbst unter diesen Bedingungen leisteten die Menschen Erstaunliches. Sie meisterten ihr Leben, so gut es ging. Sie schufen sich in ihrer großen Mehrheit kleine Räume privater Existenz. Und sie hatten auch nach Jahrzehnten der Herrschaft des vormundschaftlichen Staates noch die Kraft, die Diktatur zu überwinden und den Weg zur Einheit Deutschlands zu bahnen.
Wer sich dieser Ausgangslage für die große Aufgabe nach der Wende und der wiedererlangten Einheit Deutschlands bewußt bleibt, der kann nicht umhin, zu bewundern, was inzwischen erreicht worden ist: in Sachsen und im Osten Deutschlands. Zwei Quellen sind es, aus denen sich das zweite deutsche Wunder, die friedliche Wiedervereinigung in Freiheit, bis heute speist: der Einsatz der Menschen im Osten Deutschlands und die nationale Solidarität aller Deutschen.
In Sachsen – wie in den anderen ostdeutschen Ländern – waren es vor allem die Bürgerinnen und Bürger selbst, die das Land weiterbrachten, den Aufbau bewältigten, neue Arbeitsplätze schufen, Beschädigtes renovierten und Neues aufbauten. Dank ihrer Leistungen, ihres Einsatzes und ihrer Entschlossenheit ist das Land schöner und lebenswerter geworden.
Dabei war es nicht leicht, den Umbruch zu bestehen, den die wirtschaftliche Vereinigung Deutschlands im Osten auslöste. Die Unternehmen waren zum großen Teil nicht wettbewerbsfähig. Nur wenigen gelang der erfolgreiche Wechsel aus den Zwängen der Planwirtschaft in die Selbständigkeit der Marktwirtschaft. Hunderttausende von Arbeitsplätzen verschwanden. Ganze Regionen verloren ihre industrielle Basis. Kaum ein Bürger, der heute noch seinen alten Arbeitsplatz innehätte. Das gesamte Leben änderte sich. Neues Recht, neue Ordnungsvorstellungen, neue Verantwortlichkeiten mußten praktisch über Nacht erlernt werden. Aber wir haben diese und viele andere Herausforderungen inzwischen weitgehend bestanden.
Dabei konnten wir uns auf die nationale Solidarität aller Deutschen stüt-

zen und verlassen. Sie wurde fast selbstverständlich gewährt. Im späteren Rückblick wird sie einmal als eine der großen Leistungen der Deutschen im letzten Abschnitt eines Jahrhunderts bewundert werden, das über Deutschland und Europa so viel Unglück brachte. Drei bis vier Prozent des jährlichen Bruttoinlandproduktes stellten vor allem die Westdeutschen seit 1991 für den Aufbau und die Erneuerung, aber auch für die Angleichung des Lebensstandards der Ostdeutschen zur Verfügung. Zu keinem Zeitpunkt wurden diese Transfers politisch in Frage gestellt. Keine Partei oder politische Kraft kam seit der Wende auf den Gedanken, aus der Last der Unterstützung Ostdeutschlands politisches Kapital zu schlagen.

So war es möglich, wenn auch erst in einem längeren Zeitraum, den Osten Deutschlands zu erneuern. Die Aufgabe ist noch lange nicht bewältigt. Noch immer gibt es große Probleme, die darauf warten, gelöst zu werden. Die nach wie vor hohe Arbeitslosigkeit gehört ebenso dazu wie die noch immer geringere wirtschaftliche Leistungskraft. Zunehmend sind die Probleme jedoch keine ostdeutschen mehr, sondern gesamtdeutsche. Indem beide Teile Deutschlands zusammenwachsen, nehmen sie auch gemeinsam an den Aufgaben und Herausforderungen teil, die ganz Deutschland gestellt sind.

Aber die Zwischenbilanz ist positiv. Die große Mehrheit in Sachsen und weit darüber ist überzeugt: Wir sind dem Ziel, blühende Landschaften zu schaffen, ein Stück näher gekommen. Sie sind stolz auf ihre bisherigen Leistungen und auf ihr Land. Unsere Städte und Dörfer sind schöner geworden. Die schweren Umweltschäden aus der Vergangenheit sind weitgehend überwunden.

Die Umwelt ist sauberer, die Flüsse sind klarer geworden. Häuser und Straßen wurden erneuert oder neu gebaut. Viele neue Siedlungen sind entstanden. Unsere Landwirtschaft und die Ernährungswirtschaft sind wieder leistungsfähig. Unsere Landschaft ist gepflegt und zieht immer mehr Touristen an. Die große Mehrheit der Bevölkerung ist mit ihren Wohnverhältnissen zufrieden. Sie genießen ihre Freizeit in Freiheit, sie nutzen ihre Reisefreiheit.

Das Vereinsleben in Sachsen blüht. Tausende von Bürgerinnen und Bürgern beteiligen sich in Städten und Gemeinden am kulturellen Leben. In ganz

Deutschland werden wir um die kulturellen Angebote beneidet, die sich in allen Teilen des Landes entwickelt haben, nicht nur in den großen Städten. Überall im Land sind kleine und mittlere Unternehmen neu entstanden, viele andere haben ihre Leistungsfähigkeit wiedergewonnen und bewähren sich im Wettbewerb. In den Städten haben sich neue Industrien angesiedelt. Chemnitz gewinnt seine Bedeutung als Industriestadt zurück. In Zwickau werden wieder Autos gebaut, die Zulieferindustrie erstreckt sich weit ins Land hinein. Die Handels- und Messestadt Leipzig entwickelt sich zur Medienstadt. In Dresden und Umgebung ist die Halbleiterindustrie eingezogen. Überall bauen die Unternehmen auf traditionsreichem Boden auf und erobern die Zukunft. Alle geben sie den Menschen Arbeit und tragen zum Wohlstand des Landes bei.

Immer mehr Menschen besuchen unser Land. Unsere großen Städte sind ebenso wie unsere Erholungsgebiete zu Touristenattraktionen geworden. Dresden und Leipzig nehmen in der Rangfolge der Städte, gemessen an den Besucherzahlen, Spitzenpositionen ein.

Die Kindergärten bieten allen Kindern im Vorschulalter einen Kindergartenplatz – wenn wir uns auch wünschten, daß es noch mehr Kinder wären, die sie besuchten. Unsere Schulen erfüllen ihre Aufgaben, auch wenn im Schulhausbau noch viele Defizite zu überwinden sind. Die neu entwickelte Mittelschule hat sich bewährt und wird von niemandem mehr in Frage gestellt. Das 12jährige Abitur hat sich durchgesetzt. Seine Qualität braucht keinen Vergleich zu scheuen. Inzwischen mehren sich in westlichen Bundesländern die Bestrebungen, es dem Freistaat Sachsen gleichzutun.

Unsere Hochschulen haben sich erneuert. Sie sind leistungsfähig und bewähren sich im Wettbewerb um qualifizierte Kräfte und Nachwuchs. In einer Zeit, in der Wissen und Können das Kapital als knappe Ressource ablösen und zur eigentlichen Quelle von Wohlstand und Lebensqualität werden, wächst auch den Hochschulen eine neue Verantwortung zu. Sie bleiben Orte von Forschung und Lehre. Aber sie werden auch zu Ausgangspunkten unternehmerischen Handelns und zu Schulen des Unternehmertums. Sie schlagen Brücken zwischen Hochschule und Gesellschaft und ermutigen Entscheidungen zur Selbständigkeit. Denn für all dies gilt:

Die »Produktion von Wissen« ist die Voraussetzung für die Wohlfahrt aller Bürger.
Und schließlich: Der Freistaat ist angesehen in Deutschland und darüber hinaus. Sein Wort hat Gewicht. Seine Ideen und Initiativen finden Beachtung. Andere Bundesländer arbeiten mit ihm zusammen bei der Lösung gemeinsamer Probleme – unabhängig von parteipolitischer Orientierung.
Das zweite Jahrzehnt der deutschen Einheit stellt uns vor allem vor drei Aufgaben: 1. Der weitere Aufbau unserer Wirtschaft, der Ausbau der Beschäftigung und damit der weitere Abbau der Arbeitslosigkeit. Insbesondere die gemeinsame Entwicklung von Wegen zur Überwindung der Folgen der Langzeitarbeitslosigkeit. 2. Die Vorbereitung der Verhandlungen über die Anschlußregelungen zum Solidarpakt. Damit sichern wir eine wesentliche Grundlage für die weitere Entwicklung im Osten Deutschlands und für die Überwindung der Lasten der Vergangenheit. 3. Die Mitwirkung des Freistaates – wie der ostdeutschen Länder insgesamt – an den Reformen und Veränderungen, die unser Land braucht und die schon viel zu lange darauf warten, angepackt zu werden: im Bund und in Europa.
Zu diesen Reformen kann Ostdeutschland wertvolle Erfahrungen beisteuern. Sie stammen nicht nur aus der Aufbauarbeit der letzten zehn Jahre. In dieser Zeit standen westdeutsches Recht, westdeutsche Strukturen und Institutionen, aber auch westdeutsche Besitzstände auf dem Prüfstand der deutschen Einheit. Die Erfahrungen, die man mit ihnen in Ostdeutschland gemacht hat, werden eingehen in die gemeinsame Reformarbeit.
Aber auch die Erfahrungen, die die Menschen während der Zeit der Trennung im unfreien Teil Deutschlands gemacht haben, sind für ganz Deutschland wertvoll. Es sind die Erfahrungen mit bürokratischer Diktatur, dem alles bevormundenden Staat und der Unfreiheit, die mit beidem untrennbar verbunden ist. Sie werden uns auf dem Weg in das 21. Jahrhundert helfen, nie wieder den Versuchungen eines allmächtigen Staates und seiner Vormundschaft zum Opfer zu fallen.
Auf all diesen Wegen können der Freistaat Sachsen und die anderen Länder Ostdeutschlands, zusammen mit Berlin, dazu beitragen, daß Deutschland fit wird für das 21. Jahrhundert.

Eberhard Diepgen

Die »Mauer im Kopf« schwindet

Eine Zwischenbilanz der deutschen Einheit läßt sich zehn Jahre nach der Wiedervereinigung am Beispiel Berlins besonders anschaulich darstellen. Hier konzentrierten sich nach dem Fall der Mauer die Chancen, aber auch die Herausforderungen der inneren Wiedervereinigung auf engstem Raum. Mauer und Stacheldraht haben in Berlin die schrecklichsten Wirkungen hinterlassen. Bis 1990 lag das freie Berlin hermetisch abgeschottet wie ein Fremdkörper zwischen Berlin (Ost) und der DDR. Der Aufbau der Infrastruktur, die Wiederherstellung der alten Verbindungen auf Straße und Schiene waren verständlicherweise die ersten Aufgaben nach der Wiedervereinigung. Dann folgte die Renovierung und Modernisierung der Wohnungen, aber auch der öffentlichen Gebäude wie Schulen und Krankenhäuser oder der Gas- und Wasserleitungen.

Allerdings scheint die materielle Wiedervereinigung in den vergangenen zehn Jahren teilweise besser geglückt zu sein als die mentale, vielleicht wurden die sozialen und gesellschaftlichen Unterschiede auch unterschätzt. Nach der Wiedervereinigung entschied mitunter die Breite einer Straße zwischen Ost und West und damit über die Höhe der Löhne und Gehälter, über den Arzt- und Klinikbesuch, über die Mieten und andere Kosten. Menschen mit einer westlichen und östlichen Biographie wurden für die gleiche Arbeit unterschiedlich bezahlt. Was zwischen östlichen und westlichen Bundesländern insgesamt weniger auffiel, entwickelte sich in einer

Stadt wie Berlin rasch zum Politikum. Es war daher für die Berliner Politik von Anfang an klar, daß die Angleichung der Lebens- und Arbeitsbedingungen in einer aus Ost und West zusammenwachsenden Stadt wie Berlin oberste Priorität haben mußte.
Die Kommentare und Meinungen zum zehnten Jahrestag des Mauerfalls fielen unterschiedlich aus. Manche waren nicht ermutigend. »Deutschland ist und bleibt geteilt im zehnten Jahr nach dem Einheitsbeschluß«, kommentierte beispielsweise die Berliner Morgenpost. »Das zeigen die Rufe nach dem Wiederaufbau der Mauer. Das zeigen die Wahlergebnisse. Das zeigt aber auch die Gehaltsschere zwischen Ost und West. Es fehlt eine Perspektive für die nächsten Jahre.«
Ausländische Beobachter schlossen sich dieser Sicht an. So schrieb der Deutschlandkenner Andrei S. Markovits: »Die kulturellen Unterschiede zwischen Ost und West sind nicht nur viel tiefer, als ich es mir je hätte vorstellen können – sie wachsen von Tag zu Tag.« Und Peter Schneider meinte provokativ: »Man redet über die ‚Mauer im Kopf', als handele es sich dabei um etwas Schlechtes, irgendwie Ungehöriges. Warum eigentlich? Nichts scheint mir so ratlos und verlogen, wie die unablässigen Aufrufe zur »inneren Einheit«. ›Vive la différence!‹ rufen die Franzosen.«
Aber ist es wirklich so, daß die Gräben nach der Einheit noch vertieft wurden? Daß alle Anstrengungen, die unternommen wurden, um die Bedingungen und Chancen der Menschen in Ost und West auf ein gleiches Niveau zu stellen, einen gegenteiligen Effekt erzeugten? Die Berliner Sicht kann eine solche Meinung nicht teilen. Vielmehr zeigen die Untersuchungen ein differenziertes Bild.
In Berlin läßt sich im Jahre zehn der Einheit sogar feststellen, daß eine »Mauer im Kopf«, von der viele vermuten, daß sie noch existiert, immer stärker schwindet. Eine Studie des USUMA-Instituts hat im Auftrag des Senats im September 1999 überraschende Ergebnisse gezeigt. Dabei ging es dem Institut nicht so sehr um die Frage nach den äußeren Bedingungen, sondern nach inneren Einstellungen und Werten. USUMA fand heraus, daß die Berliner in Ost und West mittlerweile eine nahezu identische Lebenseinstellung eint. Ost- und Westberliner im Jahre zehn nach dem

Fall der Mauer stimmen bei den grundsätzlichen gesellschaftspolitischen Werten heute völlig überein! Mittlerweile sind die Unterschiede, die noch vor einigen Jahren bestanden, fast vollständig weggefallen. Das gilt vor allem für Werte, die allgemein als »westlich« gelten wie etwa die Kompromißbereitschaft oder auch »das Leben genießen«. Es handelt sich also um Werte, die den Bürgern der ehemaligen DDR nicht so geläufig waren.
Für diesen signifikanten Wandel lassen sich eine Reihe von Gründen ausmachen. Zunächst ist die Bereitschaft der Menschen mit einer DDR-Biographie bemerkenswert gestiegen, sich auf die neuen, vor allem wirtschaftlichen Bedingungen, im geeinten Deutschland einzulassen. So gab es Anfang der 90er Jahre einen Geburtenknick in den neuen Ländern, der sich aus einer Unsicherheit gegenüber den wirtschaftlichen und politischen Grundlagen der neuen Bundesrepublik erklären läßt. Mittlerweile hat sich die Entwicklung normalisiert. Die Bevölkerungsanalytiker prognostizieren für die kommenden zehn Jahre ein deutliches Anwachsen der Zahl von Kindern, die unter sechs Jahren sind, insbesondere im Ostteil der Stadt.
Diese Veränderung ist auch aus den enormen Anstrengungen für die Deutsche Einheit zu erklären, aus den Investitionen und dem Engagement, das in den vergangenen Jahren durch die Politik und die Wirtschaft unternommen wurde. Zunächst vollzog sich der Prozeß des Zusammenwachsens besonders augenfällig im Hoch- und Tiefbau, bei den Verkehrsverbindungen auf Straße und Schiene sowie bei der Renovierung von Schulen, Krankenhäusern, Wohnhäusern, Gas- und Wasserleitungen. Hinzu kam die Zusammenlegung der Verwaltungen und der Betriebe. Vieles, was verständlicherweise im geteilten Berlin doppelt vorhanden war, wurde zusammengeführt.
Darüber hinaus galt es, die in Berlin besonders brisante unterschiedliche Lohn- und Gehaltsstruktur auszugleichen. Polizisten, Busfahrer, Sachbearbeiter erhielten verschiedene Löhne und Gehälter für dieselbe Arbeit im gleichen Einsatzfahrzeug oder am selben Schreibtisch, je nachdem, ob ihr Wohnort oder Arbeitsort in den östlichen oder westlichen Bezirken lag. Diese Ungerechtigkeit mußte so rasch wie möglich beseitigt werden. Das Land Berlin hat daher gleichen Lohn für gleiche Arbeit für die öffentli-

chen Angestellten, wegen der notwendigen bundesweiten Einheitlichkeit aber noch nicht für die Beamten durchgesetzt. Hier muß dringend nachgearbeitet werden. Die Betroffenen brauchen eine verläßliche und überschaubare Perspektive.

Dennoch haben sich die wirtschaftlichen Verhältnisse zwischen Ost und West in den vergangenen Jahren angenähert. Zehn Jahre nach dem Fall der Mauer sind die Einkommensverhältnisse in Berlin weitgehend angeglichen. Das mittlere Pro-Kopf-Einkommen beträgt im ehemaligen Berlin (West) und im ehemaligen Berlin (Ost) einheitlich 1.600 DM netto im Monat, das Haushaltseinkommen liegt in beiden Stadthälften bei durchschnittlich 2.800 DM (Statistisches Landesamt). Der Lebensstandard ist in den östlichen und westlichen Bezirken insgesamt viel ähnlicher als zwischen Bezirken der Innenstadt und der Peripherie. Hier entwickeln sich die wirklichen Unterschiede, unabhängig von der westlichen oder östlichen Lage.

Bei allen notwendigen weiteren Bemühungen, den Einheitsprozeß voranzubringen, darf daher nicht übersehen werden, daß schon viel erreicht worden ist. In Berlin haben die Menschen mittlerweile nahezu die gleichen Ausgangsbedingungen und die gleichen Chancen. Dies betrifft nicht nur die Einkommensverhältnisse, sondern auch die Möglichkeiten der Ausbildung und persönlichen Weiterentwicklung. Die Stadt bietet vor allem durch die Vielfalt ihrer Einrichtungen im Wissenschafts- und Technikbereich, aber auch in der Kultur hervorragende Möglichkeiten. Es ist diese Mischung aus unmittelbaren Lebensbedingungen und -chancen sowie der Politik der Angleichung, die es Berlin in den vergangenen zehn Jahren ermöglicht hat, kontinuierlich und unspektakulär zusammenzuwachsen. Alles Weitere hängt nunmehr wesentlich von der wirtschaftlichen und gesellschaftlichen Entwicklung Berlins als deutsche Hauptstadt im geeinten Europa ab.

Roland Dumas

Die Zwei-plus-Vier-Verhandlungen

oder die Vollendung der deutschen Wiedervereinigung

Das zweite Halbjahr 1989 war geprägt von einer Reihe historischer Ereignisse. Sowohl in Frankreich als auch in Deutschland erweckten feindselige Kommentare und Fehlinterpretationen sehr bald den Eindruck, daß in erster Linie die Wiedervereinigung, die Beurteilung des Falles der Berliner Mauer und schließlich die Zwei-plus-Vier-Verhandlung zwischen Deutschland und Frankreich zu Schwierigkeiten und Zwistigkeiten geführt hätten.

Zum Glück ermöglicht es der Rückgriff auf Archive heute, jedes Mißverständnis zu klären. Aber was hat man nicht alles zu diesem Thema gesagt oder geschrieben?

Erinnern wir uns nun also daran, daß sich Frankreich in seiner Eigenschaft als EWG-Präsident in erster Linie mit diesen Ereignissen konfrontiert sah. Ob es sich nun um die Reisen des französischen Staatspräsidenten oder seine offiziellen Erklärungen handelte, es war für die französischen Spitzenpolitiker unverzichtbar zu wissen, was sich in Ostdeutschland ereignete, worüber wir weitaus weniger informiert waren als über die Ereignisse im Westen. Die offiziellen Aufzeichnungen der damaligen Gespräche bringen hierüber Klarheit.

Am 20. Dezember 1989 traf sich François Mitterrand mit Manfred Gerlach. Die von den Mitarbeitern beider Seiten aufgenommenen Protokolle sind maßgebend. Sie bringen die wirklichen Empfindungen weitaus besser zum Ausdruck als die späteren Kommentare.

François Mitterrand eröffnete den Dialog mit den folgenden Worten: *»Man kann die Bundesrepublik nicht betreten, ohne von der Wiedervereinigung zu sprechen. Es war die erste Frage, die man mir in Bonn am vergangenen 2. und 3. November stellte. In Ostdeutschland handelt es sich auch um eine Volksbewegung, die sich zu Wort gemeldet hat. Ich persönlich finde das legitim. Aber es gibt zwei Staaten mit ihrer eigenen Geschichte. Wie reagiert man hier?«* In seiner Antwort hierauf beschwor Herr Gerlach dann die Möglichkeit »gewalttätiger Bewegungen« in Ostdeutschland, bevor er die Stärke unterstrich, mit der sich die Wiedervereinigungsbewegung bemerkbar mache: *»Es besteht eine zunehmende Forderung nach Vereinigung oder sofortiger Einheit«.*

Anschließend analysierte Herr Gerlach die internationale Situation, wie sie aus diesen, auf die Vereinigung abzielenden Bewegungen resultieren könnte: *»Es geht nicht allein um die Deutschen, sondern auch um Nachbarländer, Grenzen, Sicherheit, um den Prozeß von Helsinki und um Abrüstung.«* Etwas später fügte er hinzu: *»Vorstellbar ist eine staatenbündische Struktur. Das wird die Zukunft zeigen«.*

Daraufhin erklärte François Mitterrand: *»Ich nehme gegenüber der Wiedervereinigung keinerlei ablehnende Haltung ein. Für Frankreich ist das kein Problem. Wir werden uns auf 80 Millionen Deutsche einstellen. Wir befinden uns nicht unter der Herrschaft Karls V.«* (sic!). Auf das Thema der Grenzen eingehend, sagte der französische Staatspräsident: *»Das Infragestellen der Grenzen wäre für die UdSSR ein ernstes Problem. Und wir haben kein Interesse daran, in Europa die Grenzen von vor 1914 wieder zu errichten. Das ist kein Vorbild, das wäre kein Erfolg«.* Und schlußfolgernd: *»Wir bereiten das nächste Jahrhundert vor und nicht das vergangene. Gerne sehe ich Ihr Land eines Tages, wenn es das möchte, in diesen Prozeß eintreten«.*

Ich habe diese Zitate bewußt verwendet und verkürzt, um aufzuzeigen, was es für ein Treffen war, das dann später so diskutiert wurde. Man wird in den Äußerungen des französischen Staatspräsidenten nicht ein Wort fin-

den, das von Seiten Frankreichs eine Ablehnung oder Verzögerung der Wiedervereinigung beider, zu der Zeit nebeneinander existierenden deutschen Staaten zum Ausdruck bringt. Wer würde es vor der Geschichte wagen zu sagen, daß es von Seiten des Staatsoberhauptes eines so wichtigen Staates wie Frankreich nicht legitim sei, sich bei der Frage nach der Zukunft unserer Völker nicht sehr deutlich zu Wort zu melden?
Im gleichen Tenor und mit demselben Verständnis verlief das Gespräch mit Herrn Modrow. Das Protokoll spricht in seiner Deutlichkeit für sich.
Die Reise nach Kiew? Staatspräsident François Mitterrand unternahm sie auch in seiner Eigenschaft als EWG-Präsident. Auch sie ist Thema solch aggressiver Kommentare gewesen.
In seinen Gesprächen mit den Staatsoberhäuptern der DDR spricht François Mitterrand diese Reise an. Er begann damit, an die Versammlung des Europäischen Rates in Straßburg zu erinnern, die, wie jeder weiß, ein entscheidender Schritt zur deutschen Wiedervereinigung war.
François Mitterrand: »*Wir haben über Osteuropa, die DDR und den Ministerrat*[1] *gesprochen, in dem wir die Entscheidung getroffen haben, innerhalb von sechs Monaten ein Abkommen auszuhandeln. Wir haben Ihre Teilnahme an der BRD angesprochen, und ich habe über all das in Kiew mit Gorbatschow gesprochen. Er war mit dieser Perspektive einverstanden*[2].« Nichts ähnelte mehr einer Ermutigung von Seiten Frankreichs zur Vereinigung der DDR mit Westeuropa als die Vorschläge François Mitterrands.
Unter diesen Umständen hat Frankreich, der Annäherung der beiden deutschen Länder, ihrer Vereinigung positiv gegenüberstehend, an der Verhandlung der »Zwei-plus-Vier« teilgenommen. Es blieb allerdings das äußerliche Problem, eine Erblast aus dem Zweiten Weltkrieg, zu lösen, um die volle Souveränität eines vereinigten Deutschlands wiederherzustellen. Das war das Ziel dieser Verhandlung, bei der Frankreich durch meine Vermittlung seinen vollen Platz eingenommen hat.

1 EG-Ministerrat
2 Vom Autor unterstrichen.

Die Kompromißformel ist zwischen Hans-Dietrich Genscher und mir ausgemacht worden. Die erste Schwierigkeit betraf die zu treffenden Vorkehrungen. Wer sollte wen zu dieser Versammlung einladen? Sollten die vier Alliierten des letzten Krieges die beiden deutschen Länder zum Zusammentreffen mit ihnen einladen, oder sollte es genau andersherum sein? Ich schloß mich sehr schnell den Argumenten des Vizekanzlers an: Es sollte nichts getan werden, was die Gefühle der Deutschen verletzen könnte.

Seit Ottawa[3] verlief die Verhandlung sozusagen durch die Hintertür, nahezu geheim zwischen den vier Großmächten und der Bundesrepublik Deutschland. Vor allem war aber die UdSSR beteiligt.

Die Verhandlungen waren weit genug fortgeschritten, als Schewardnadse mich beiseite nahm und das Gespräch ohne Umschweife auf den Punkt brachte: »*Nichtsdestotrotz muß ich meine Kollegen in Ostdeutschland informieren. Das wird aber kein Problem sein*« (sic!).

Daraufhin wollten alle ehemaligen Kriegsverbündeten in den Verhandlungen ein Wörtchen mitreden, als sie Wind davon bekommen hatten, was zur Debatte stand. Als erstes meldeten sich die Niederländer, dann die Italiener zu Wort. Den zweiten erwiderte der sonst diplomatischere und gewandtere Hans-Dietrich Genscher unerwartet hart: »Nein. Sie machen da nicht mit. Das betrifft Sie nicht«. Damit war klar, daß die »6« unter sich bleiben würden.

Mit dem somit festgelegten Rahmen konnte die Diskussion beginnen. Die Angelegenheit wurde zügig (von Mai bis September 1990) als historische Verhandlung von höchster Wichtigkeit behandelt.

Bei der ersten zu klärenden Frage ging es darum, ob es einen Friedensvertrag geben würde oder nicht. Kohl und Genscher wollten davon nichts wissen: »*Wir werden den Versailler Vertrag nicht noch einmal machen*«, erklärte Hans-Dietrich Genscher. »*Das Deutschland von 1990 ist nicht das von 1945*«.

3 Die Verhandlung fand im Rahmen des großen, sogenannten »open sky« West-Ost-Gipfeltreffens statt, das das freie uneingeschränkte Überfliegen der Ost- und Westzonen ermöglichen sollte.

Er hatte nicht Unrecht. Tatsächlich war seit dem Ende des Zweiten Weltkrieges ein halbes Jahrhundert vergangen, sind seit dem Sieg zwei Generationen geboren worden, war die Bundesrepublik Deutschland Mitglied der Nordatlantischen Allianz geworden und stellte einen Großteil der konventionellen Truppen Europas. Sie hatte aktiven Anteil an der Ordnung Europas. Das bedeutete für uns, daß all diese Faktoren berücksichtigt und jede Geste vermieden werden mußte, die die Deutschen verletzt oder verärgert hätte.

Die Akteure der Zwei-plus-Vier-Verhandlungen zur deutschen Wiedervereinigung (v.l.): die Außenminister James Baker (USA), Eduard Schewardnadse (Sowjetunion), Hans-Dietrich Genscher (BRD), Roland Dumas (Frankreich), Markus Meckel (DDR) und Douglas Hurd (Großbritannien).

Der Großteil der diplomatischen Arbeit war am ersten Tag der Verhandlung von Ottawa bereits abgeschlossen. Es mußten im Rahmen der »Zwei-plus-Vier« nur noch die Konferenzen und Treffen organisiert werden, die reihum in den einzelnen Hauptstädten stattfinden sollten.
Meiner Meinung nach waren die beiden letzten Treffen angesichts ihrer Tragweite und dem, was dabei auf dem Spiel stand, von größter Bedeutung. Alle Länder zeigten bei diesen Verhandlungen ihr wahres Gesicht.

Großbritannien brachte seine Reserviertheit zum Ausdruck; eher von Seiten Frau Thatchers – durch ihre demütigenden Bemerkungen gegenüber den Deutschen[4] – als von Seiten der Minister, die sich zumindest untereinander einig waren.
Frankreich zog es vor, sich an das Problem der Oder-Neiße-Linie zu klammern, wobei es sich für die Rückkehr Deutschlands zur Souveränität nach außen aussprach. Für Präsident Mitterrand und mich mußte die Oder-Neiße-Linie unantastbar bleiben. Diese Frage wiederholte sich häufig bei den Gesprächen mit Bundeskanzler Kohl und Vizekanzler Genscher. Im Laufe dieser Begegnungen stellte ich fest, daß die Positionen der beiden ganz und gar nicht übereinstimmten.
Der amerikanische Präsident Bush brachte durch seinen Mittelsmann James Baker zum Ausdruck, daß für die Vereinigten Staaten von Amerika das eigentliche Thema die Teilnahme oder Nichtteilnahme des vereinigten Deutschlands an der NATO sei.
Bundeskanzler Helmut Kohl brachte immer wieder den »verletzten deutschen Patriotismus« ins Gespräch und seine Bereitschaft, die sowjetischen Ansprüche bei der Finanzierung der Umstrukturierung zu berücksichtigen.
Bei den vertraulichen Gesprächen unter vier Augen äußerte Hans-Dietrich Genscher mir gegenüber wiederholt: »*Das wird uns sehr teuer zu stehen kommen!*«.
Was Michail Gorbatschow anbetrifft, so bekamen wir von seiner Seite mal Rücken-, mal Gegenwind, ein ständiger Wechsel zwischen Starrheit und Entgegenkommen. Er stellte seine Bedingungen, mal reserviert, mal Besorgnis über die innere Situation der UdSSR äußernd.
Zu Beginn der Gespräche kam es für ihn oder seinen Außenminister nicht in Frage, daß das vereinigte Deutschland der NATO angehören würde. Als Herr Schewardnadse im Mai 1990 in Bonn beim Treffen der Außenminister dieses Thema ansprach, ging er soweit, daß er die Drohung äußerte:

4 War das britische Regierungsmitglied Herr Ridley nicht sogar soweit gegangen, zu erklären, daß er Hitler in der wirtschaftlichen Führung Deutschlands in Westeuropa vorziehen würde?

»Eine solche Perspektive[5] *würde die Sicherheitsinteressen der UdSSR stark beeinträchtigen und in militärischer Hinsicht eine strategisch gefährliche Situation schaffen. Ich möchte zu verstehen geben, daß dies kein Spiel für uns ist und wir nicht bluffen«.* Schewardnadse meinte seine Worte ernst. Beweis dafür ist, daß er Kohl Vorschläge machte, die vor allem in die Richtung folgender Lösung gingen: die Neutralität Deutschlands, eine Doppelzugehörigkeit zum damals noch existierenden Warschauer Pakt und zur NATO oder die zeitliche Trennung von innen- und außenpolitischen Aspekten der Wiedervereinigung, was eine mehrjährige Verlängerung der Rechte der Siegermächte und eine Beschränkung der Souveränität des neuen Deutschlands bedeutet hätte. Wäre dieser Plan angenommen worden, so wäre der Zwei-plus-Vier-Prozeß an diesem Punkt stehengeblieben.
Die UdSSR konnte dem Druck der Westalliierten jedoch nicht lange standhalten. Schließlich akzeptierte sie den Prozeß und seine Endgültigkeit und gab sich mit kleineren Anordnungen wie dem Erhalt von Gedenkstätten, die in Ostdeutschland zu Ehren der »tapferen sowjetischen Armee« gebaut worden sind, zufrieden! – Die Partie war gewonnen. Sie war es schließlich offiziell in Moskau, anläßlich des allerletzten Zusammentreffens der »6« und nach einem letzten Widerstand, diesmal seitens der britischen Delegation, worüber Hans-Dietrich Genscher in seinen Memoiren objektiv geschrieben hat.
Präsident Mitterrand hat mir während des gesamten Verlaufs der Verhandlung freie Hand gelassen, um sie zu einem Abschluß zu bringen. Ich hatte also Handlungsspielraum, meinem deutschen Partner vorzuschlagen, die polnische Seite in die Gespräche miteinzubeziehen. So wurden aus den »Zwei-plus-Vier« die »Drei-plus-Vier«. Dienten diese Verhandlungen nicht der Regelung des Problems des neuen Deutschlands mit den ehemaligen Siegermächten? Sicher, aber mußte man nicht auch an die angrenzenden Länder denken?
Der letzte Weltkrieg war wegen Grenzkonflikten mit Polen ausgebrochen.

5 Die Zugehörigkeit des vereinigten Deutschlands zur NATO.

Man erinnerte sich an die Geschichte von Danzig und die Propaganda, die in diesem Zusammenhang gemacht wurde. Es war also wünschenswert, daß dieses Problem in Zukunft nicht wieder zutage treten würde; daher mein Vorschlag, die polnische Regierung zu den Gesprächen einzuladen.

Dies wurde bei der letzten Begegnung in Paris getan. Wir haben in Paris die polnischen Führungskräfte empfangen, die sich an uns gewandt hatten. Diese Erweiterung war die Geburt einer neuartigen Art der Begegnung. Wir haben diese Gespräche zu »dritt« (Deutschland, Polen, Frankreich) in Erinnerung an Goethe und Schiller das »Dreieck von Weimar« genannt. Es war gut, so zu verfahren, daß die »Zwei-plus-Vier« ihren Platz diesem Dreieck, auf dem die Zukunft Europas ruhte, überließen.

Unsere Nachfolger haben diese Idee wieder aufgenommen. Sie haben sie sogar weiterentwickelt, indem sie die Ebene der jährlichen Begegnung auf die drei Hauptstädte erweitert haben. Die Versammlungen finden von nun an auf Ebene der Staatsoberhäupter statt.

So hatten die Verhandlungen der »Zwei-plus-Vier«, nachdem sie ihr Ziel erreicht hatten, sich durch diese Initiative verlängern und konstituieren können. Die ungewöhnliche Konferenz der »Zwei-plus-Vier« hat dem Frieden und der Sache des vereinten Europas gedient.

Heinz Eggert

Warum wirken »WESSIS« auf »OSSIS« immer wieder arrogant? Oder umgekehrt?

Es ist schon seltsam. Müßten die Deutschen insgesamt nach zehn Jahren Deutscher Einheit nicht Gott auf Knien danken? Die Ostdeutschen, weil Gott sei Dank der Honecker-Spuk vorbei ist. Die Westdeutschen, weil sie ihn nicht erleben mußten. Und beide gemeinsam, weil bei allen Schwierigkeiten, den vorgefundenen und den selbstgemachten, vom Fakt der Deutschen Einheit auch nach zehn Jahren nur mit unbändiger Freude gesprochen werden kann, weil es – Gott sei Dank – so gekommen ist. Und weil kein Blut vergossen wurde. Gemeinsame Gesangbücher des Dankes müßten sie herausgeben. Aber statt dessen, so scheint es, stürzen sie sich wie die Lemminge in die deutsch-deutsche Befindlichkeitsfalle. Das können sie ja auch. Das haben sie gelernt. Das liegt ihnen. So entgehen sie auch der Gefahr, sich gemeinsam verändern zu müssen.

In dieser sozio-kulturellen Selbstbefriedungsphase, angesichts der natürlich zu vernachlässigenden Weltproblematik, treffen sie sich in ihrer gemeinsamen Überheblichkeit. Und geben zur besseren Anschaulichkeit statt Dankesbücher »Sachbücher« heraus. Aus ihnen ist ersichtlich, wie schwer sie es haben, die Deutschen, oder es sich machen. Und das Ausland steht staunend davor. Und glaubt es nicht. Denn aus den »Sachbüchern«, deren Autorennamen wir der Nachwelt nicht überliefern müssen, können wir, wenn wir denn wollen, lernen, daß die Ostdeutschen faule, unfähige, verantwortungslose und demokratieunfähige Jammerlappen sind, die man zu früh kollektiv auf den Nachttopf gesetzt hat, so daß aufgrund der psychischen Verformung eine Änderung wohl nicht in Sicht sein kann. Oder was für ein gemeiner, arroganter, hinterhältiger, schmierig schauspielernder und die armen Ostdeutschen übertölpelnder Typ der Westdeutsche ist. Und daß es in der sozialistischen DDR wärmer zugegangen sei als im kalten DM-Kapitalismus. Da überzeugt auch nicht der Verweis darauf, daß es in einem Stall, der nie aufgemacht wird, immer wärmer ist. Uninteressant. Stammtischklischees werden »wissenschaftlich untersetzt«. Interessant: gnadenlose Klischees über die Ostdeutschen und den Westdeutschen. Die Ostdeutschen als Regelfall, der Westdeutsche als Ausnahme. Nun gehen ja Klischees nie an der Wirklichkeit vorbei. Sie tummeln sich zwar an der Oberfläche und verdecken die eigentlichen Abgründigkeiten, sind aber immer durch real existierende Beispiele zu belegen. Jeder von uns kennt solche Typen. Natürlich gibt es die »Glücksritter der Anfangsjahre«, die die Unsicherheiten der Anfangsjahre nutzten, um andere übers Ohr zu hauen und für sich selbst Kasse zu machen. Abgebrochene BWL-Studenten, die als Wirtschaftsberater auftauchten, Heerscharen von Versicherungsvertretern, die alles versicherten, was nicht zu versichern war, amtsgeile Politiker, die aus guten Gründen im Westen nie gewählt worden waren, forsche junge Leute, die sich im Westen aus guten Gründen erst einmal bei einer Anzeigenzeitung hätten bewähren müssen, wurden Korrespondenten von angesehenen Tages- und Wochenzeitungen. Sie waren aufgrund von purem Glück in eine Position gerutscht, die ihnen weder vom Wissen noch vom Können her zustand. Aber sie nahmen es als selbstverständlich an. Der Einäugige ist unter den Blinden König. Dachten sie. Denn die Erleuchtung kam nicht aus dem Osten, sondern hatte aus dem Westen zu kommen. Das hatten sie begriffen. Sie waren davon überzeugt, daß es sich beim Einheitsprozeß um einen Quantensprung vom Niederen zum Höheren, vom Gescheiterten zum Siegreichen, vom Nichtbewährten zum Bewährten handelt. Ihre Rolle war daher definiert. Denn sie kamen ja aus dem Westen. Aber das war nicht nur ihre Überzeugung. Es war eine landläufige Überzeugung,

die wissentlich und unwissentlich lange vorbereitet war und auf die sie sich jetzt stützten. Es war die Wirkung der jahrzehntelangen Ignoranz und Arroganz vieler Verantwortlicher in Politik und Medien der alten Bundesrepublik, die die Wirklichkeit in der DDR nur durch die Brillen ihrer eigenen Vorurteilskraft wahrnahmen. Wie viele haben im Westen, vom warmen Kissen der sozialen Marktwirtschaft aus, die sozialistischen Experimente in der DDR mit Sympathie beobachtet und gestützt? So daß selbst 1989 in Thesen ernsthaft behauptet werden konnte, die Erneuerung in der DDR könne nur aus der Nomenklatur der SED erfolgen, nicht aus den Reihen der Opposition. Das wurde auch noch ernsthaft diskutiert. Interessant ist doch, daß sich die Experten in der Bundesrepublik Deutschland, ob auf dem Geistesgebiet, ob in der Journalistik oder in der Wirtschaft zum größten Teil getäuscht haben. Sie haben ein Bild von der DDR gemalt, das sie letztlich selber geglaubt haben. Und sie haben damit ein Bild vermittelt, das wenig mit der Wirklichkeit zu tun hatte und im ersten Stadium der Einheitsbemühungen beleidigend für die Ostdeutschen war. Ich erinnere nur an den Versuch, die Banane als Einheitsfrucht darzustellen. Deshalb glauben ja auch noch viele im Westen Deutschlands, sie hätten uns nicht nur die Bananen, sondern auch die Freiheit gebracht. Hier wurde der Grundstein gelegt für eine überhebliche Einstellung, die bis heute anhält.
Dazu kam die Unsicherheit der Ostdeutschen. Sie schien argumentativ die Überheblichkeit der anderen zu stützen. Denn wie ist es, wenn man lernen muß, mit dem grundlegenden Wandel aller Lebensverhältnisse umzugehen? Sich dem Neuen zu öffnen, ohne es kritiklos zu übernehmen. Wie ist das eigentlich, wenn auf einmal viele Koordinationsmuster wegfallen? Löhne, Mieten, Ämter, Straßennamen sich ändern. Wenn man nicht mehr weiß: Ist mein Beruf überhaupt noch anerkannt, wo werde ich morgen arbeiten, gehört das Haus, das ich einmal gekauft habe, wirklich mir, was ist eine Versicherung…? Wie ist unsere soziale Absicherung? Als wir beispielsweise den Antrag auf Kindergeld bekamen, habe ich zwei Stunden gebraucht, um den Antrag auszufüllen. Andere haben ihn weggeschmissen, weil sie dachten, es sei eine Werbesache und haben daher kein Kindergeld bekommen. Ein älterer Mensch, der in Rente geht und einen Rentenantrag ausfüllen muß, der

kommt ja auch nicht auf den Gedanken, daß er zu Lebzeiten noch einmal in den Genuß derselben kommen könnte. Wir haben zu Ostzeiten über Bürokratie gelacht und wissen erst heute, was das ist.

Dazu kam die Erfahrung der Ostdeutschen: Wer Geld hat, kann etwas bewegen! Das ist eine zum Teil bittere Erkenntnis für manchen ehemaligen DDR-Bürger. Eine Vermögensbildung konnte unter den »politisch-ökonomischen« Verhältnissen des real existierenden Sozialismus nicht stattfinden, während sich im Westen riesige Privatvermögen anhäuften: Aber zum Kapitalismus gehört Geld. Dieses aber hatten sie nicht. Eine Vermögensbildung war fast unmöglich im real existierenden Sozialismus. 1974 habe ich an der Universität in Rostock meine Diplomarbeit über Jugendseelsorge geschrieben und habe daraufhin durch die Vermittlung eines Professors vom Bertelsmann-Verlag eine vierbändige Ausgabe »Jugendseelsorge« geschenkt bekommen. Ich weiß heute noch, wie entsetzt ich war, als ich hörte, daß das Werk insgesamt um die 500 D-Mark gekostet hat. Wenn ich den Betrag mal sieben nehme, war das ungefähr das Jahresgehalt eines Pfarrers in der DDR – in Mark der DDR versteht sich. Als ich jetzt meine Bezügeabrechnung über 16 Dienstjahre bei der Kirche bekam, ergab es die stattliche Summe von 109.000 DDR-Mark. Ich vermute einmal, daß ein Pfarrerkollege im Westen in 16 Jahren etwas mehr verdient hat. Gut, wenn nicht verdient, so doch bekommen.

Diese Vergleiche werden immer wieder einmal angestellt. Die einen nehmen sie als Bestätigung für die These, daß die Ostdeutschen das Arbeiten lernen müssen. Denn sonst wären ja die Erträge zu sehen. Manche Ostdeutschen sehen sie auch weiterhin als ständige Benachteiligung. Es wäre sehr verhängnisvoll, wenn dem Glauben nicht entgegengetreten wird, daß dadurch, daß ein Staat bankrott gegangen ist, nicht auch automatisch die Lebensleistung der Menschen, die in diesem Staat gelebt haben, entwertet wird. Wahr ist: auch eine Lebensleistung, die sich nicht in D-Mark ausgezahlt hat bzw. ausdrücken läßt, ist eine Lebensleistung und bleibt eine Lebensleistung. Aber diese Erkenntnis paßt nicht in die Vorurteile. So trifft Reaktion auf Gegenreaktion. Zu ihnen paßt die gängige Praxis, daß jeder im Osten sich durchleuchten lassen muß, aber nicht in der Art des

vorsichtigen Beurteilens, sondern eher des Urteilens über die Lebensläufe der einen bzw. der anderen. Und jetzt kommt die Spitze herablassender Überheblichkeit: Den Ostdeutschen wird von Westdeutschen nicht nur erklärt, wie es in Zukunft auszusehen hat, sondern ihnen wird auch ihr Leben in der DDR erklärt. Wie sie wann und wo richtig hätten reagieren müssen. Daß das auch richtig vermarktet werden kann, wissen nicht nur neunmalkluge Journalisten. Auch im Sport, in der Kunstszene, im Literaturbetrieb urteilt man über Gutes und Schlechtes, im Übermaß Angepaßtes und schwer erkämpftes Freies pauschal in Bausch und Bogen, denn es geht um Förder- und Futtertöpfe. Und die waren lange schon besetzt. Teilung überwinden heißt doch nicht teilen. Oder? Prüfen Sie einmal nach, wie viele ehemalige Ostdeutsche im zehnten Jahr der Einheit im Fernsehen bundesweit Politik moderieren dürfen. Da reicht eine Hand zum Abzählen. Gerne stelle ich die Frage an Menschen, die im Westen großgeworden sind, wie denn ihr Leben unter den Bedingungen einer Diktatur verlaufen wäre. Erstaunlich ist doch, da der politische Druck einer Diktatur in den alten Bundesländern nicht besteht, daß man dort auch nicht mehr Rückgrat entdecken kann und zuviel Opportunismus vorfindet. Aber: Das alles sollten wir uns nicht gegenseitig vorrechnen. Wir sollten es ehrlich und offen aussprechen. Die Schwierigkeiten, die wir in Deutschland teilweise haben, hängen nicht unbedingt mit der Einheit zusammen. Mein Eindruck war und ist teilweise immer noch, man spielt die alten Spiele eines in sich geschlossenen Systems, das sich schon lange geöffnet und damit verändert hat. Die neue Situation in Europa und in der Welt stellt Innovationsansprüche an das vereinte Deutschland. Das vereinte Deutschland stellt Innovationsansprüche an seine Bürger. Auch deshalb mag – und wir wissen, daß Veränderungsangst ein allgemein menschliches Phänomen ist – manchem Deutschen die Einheit schwerfallen. Deshalb lieber in die warmen Wasser der Vorurteile als in den frischen Wind der Veränderung!
Steigen wir einmal aus den warmen Wassern der Vorurteile heraus – die arroganten Westdeutschen, die faulen Ostdeutschen. Mein Eindruck ist, daß die Faulen und die Arroganten in ganz Deutschland relativ gut ver-

teilt sind. Diese können für uns Deutsche sehr blamabel werden, wenn sie »gebündelt« im Ausland auftreten.
Sie unterliegen nämlich einem verhängnisvollen Irrtum: Sie verwechseln den eigenen Wert mit dem Wert der D-Mark und glauben, weil die Kaufkraft wächst, wird sich auch ihr Wert steigern. Eine Erfahrung, die ich immer wieder mache, wenn ich meine Freunde in Prag besuche – da stellt sich die Scham manchmal schon von ganz alleine ein. Vorurteile lassen sich also nur durch ein offenes Miteinander ausräumen. Das gilt für Ost- und Westdeutsche gleichermaßen. Wenn wir klug sind, lernen wir voneinander. Wenn?

Hans Eichel

Aufbau Ost: eine solidarische Aufgabe für ganz Deutschland

Die Überwindung der Teilung Deutschlands und Europas war das zentrale Ereignis des letzten Jahrzehnts. Durch eine friedliche Revolution von unten wurde in einem durch Diktatur und Planwirtschaft geprägten Land der Weg freigemacht für die freiheitlich-demokratische Grundordnung und die Soziale Marktwirtschaft. Seither ist viel geschehen. Die politische Einheit Deutschlands im Rahmen des zusammenwachsenden Europa ist vollendet. Die Angleichung der wirtschaftlichen und sozialen Lebensverhältnisse hat große Fortschritte gemacht. Doch nicht alle der anfänglich hohen Erwartungen konnten bislang erfüllt werden. Die wirtschaftliche Leistungskraft der neuen Länder bleibt immer noch deutlich hinter derjenigen der alten Länder zurück, trotz bewundernswerter Anpassungsbereitschaft der Menschen und ihrer Fähigkeit, sich auf neue Verhältnisse in einer radikal veränderten Alltags- und Berufswelt einzustellen. Und die Erwerbslosigkeit bleibt bedrückend hoch. Der Aufbau Ost ist damit auf viel längerer Wegstrecke, als viele es erwartet hatten. Jedoch kann der wirtschaftliche Aufholprozeß nicht allein durch große Summen aus öffentlichen Kassen bewältigt werden. Gefordert ist vor allem ein hohes Engagement der Wirtschaft. Für dieses müssen wir, die Bundesregierung, aber auch die Länder und Gemeinden, die Rahmenbedingungen verbessern. Die Bundesregierung leistet hierzu mit der Konsolidierung des Bundeshaushaltes und der Reform der Einkommen- und Unternehmensteuer einen zentralen Beitrag.

1. Wo kommen wir her?

Die bisherigen Erfolge beim Aufbau Ost lassen sich nur vor dem Hintergrund der Ausgangslage richtig würdigen. Der Wiederaufbau nach dem Zweiten Weltkrieg erfolgte wegen der zunächst hohen Reparationszahlungen und der ineffizienten Planwirtschaft langsamer als im Westen. Dennoch konnten die Bürger in der DDR sich einen – wenn auch begrenzten – Wohlstand schaffen. Doch die Fundamente dieses Wohlstands waren brüchig. Erst mit der Einführung der Marktwirtschaft wurden diese Mängel in ihrem vollen Umfang sichtbar: Der Kapitalstock war in weiten Teilen veraltet. Die Produktivität betrug kaum 30 % des westdeutschen Niveaus. Die Produktpalette war wenig wettbewerbsfähig. Der industrielle Bereich war überdimensioniert und auf Großbetriebe zugeschnitten. Mittelständische Unternehmen gab es praktisch nicht. Der Dienstleistungssektor war unterentwickelt. Die Güterversorgung der Bevölkerung war in Menge und Qualität, verglichen mit dem Westen, stark beschränkt. Die Infrastruktur (Schiene, Straße, Telekommunikation) war marode und völlig unzureichend. Das Ausmaß der Umweltbelastung und -zerstörung war enorm.

Im letzten Jahrzehnt des DDR-Regimes konnte selbst das bescheidene Niveau des öffentlichen und privaten Konsums nur noch mit wachsendem Substanzverzehr und zunehmender Auslandsverschuldung erkauft werden. Die DDR war 1989 damit weit entfernt, auf dem zehnten Platz der Weltrangliste der Industriestaaten zu stehen, wie dies lange Jahre von der SED verkündet worden war. Tatsächlich war die DDR 1989 ökonomisch kaum mehr überlebensfähig.

2. Was hat die Politik geleistet? Was leistet sie heute?

Die Politik hat den wirtschaftlichen Umstrukturierungsprozeß in den neuen Ländern von Anfang an mit erheblichen Mitteln gefördert. Die öffentlichen Haushalte haben die neuen Länder seit 1991 mit Mitteln in Höhe von jährlich mehr als 4% des Inlandsprodukts der alten Länder und rund einem Drittel des Inlandsprodukts der neuen Länder begünstigt. In diesen Zahlen sind bereits die Steuereinnahmen und andere Einnahmerückflüsse aus den neuen Ländern berücksichtigt. Die Transfers der öffentlichen Hand überbrücken hierbei die Lücke zwischen dem hohen Niveau der Nachfrage im Osten und der im Vergleich zum Westen niedrigen Leistungsfähigkeit: Von jeder in den neuen Ländern ausgegebenen Mark werden schätzungsweise nur etwa zwei Drittel durch die einheimische Produktion erwirtschaftet.

Bei ausgewogener Betrachtung der bisher geleisteten Zahlungen muß berücksichtigt werden, daß ein Teil der Leistungen den Grundprinzipien der föderalen Finanzverfassung folgt, die für ganz Deutschland gilt: Um ähnliche Lebensverhältnisse sicherzustellen, erhalten finanzschwächere Länder einen Nettozufluß aus dem Topf der öffentlichen Einnahmen. Ebenso erfolgen im Rahmen der Arbeitslosen- und Rentenversicherung Finanztransfers von West nach Ost. Was jahrzehntelang für die alten Länder gegolten hat, findet nun auch für die neuen Länder Anwendung. Allerdings sind aufgrund des größeren wirtschaftlichen Abstands zwischen West und Ost wesentlich größere Transfers nötig.

Spezielle Leistungen für die neuen Bundesländer betreffen vor allem die Bereiche Wirtschaftsförderung, aktive Arbeitsmarktpolitik, Sonderregelungen im Bund-Länder-Finanzausgleich, die steuerliche Sonderförderung sowie Sonderprogramme der Bundesförderbanken. Dabei entspricht es der Integrationslogik, daß Sonderregelungen bei bundesweiten Programmen sowie Sonderprogramme für die neuen Länder schrittweise und dem Integrationsfortschritt angemessen auf eine gleichberechtigte Teilnahme an einheitlichen bundesweiten Programmen hingeführt werden. Ein Vergleich zwischen den ersten Jahren nach der Wiedervereinigung und heute zeigt, daß dieser Prozeß – weitgehend unbemerkt – bereits erheblich fortgeschritten ist. Er darf im Interesse der gewollten Integration nicht gestoppt werden.

Die finanziellen Lasten, die sich aus der Überwindung der Erblast der

DDR ergeben haben, hat der Bund zum größten Teil getragen. Dazu wurde die Verschuldung des Bundes über Gebühr ausgeweitet. Sie erhöhte sich – einschließlich der Sonderrechnungen – von 600 Mrd. DM im Jahr 1990 auf fast 1,5 Bio. DM im Jahr 1999. Aufgrund dessen stieg für den Bund das Verhältnis der Zinsausgaben zu den Steuereinnahmen (Zinssteuerquote) auf zuletzt 22 %. Die Zinssteuerquote bewegt sich damit in einer Größenordnung, die bei den Ländern nur von Bremen überschritten wird. Diese Schuldendynamik und der damit verbundene Anstieg der Zinslasten für unsere Kinder und Enkel muß gebrochen werden. Das von mir eingeleitete Zukunftsprogramm 2000 ist ein erfolgreicher Schritt dorthin. Diesen Kurs der finanziellen Solidität wird die Bundesregierung weiter verfolgen. Nicht zuletzt deshalb, weil durch die Begrenzung der Zinslasten des Staates die finanzielle Grundlage für die Fortsetzung der Hilfen an die neuen Länder über das Jahr 2004 hinaus geschaffen wird.

Wirtschaftsförderung

Die Wirtschaftsförderung hat in den vergangenen Jahren maßgeblich zu den bislang erreichten wirtschaftlichen Fortschritten beigetragen. Die Schwerpunkte liegen auf Investitionen in den Bereichen Infrastruktur, gewerbliche Wirtschaft, Städtebau, Wohnungsbau, Forschung und Innovation sowie Beseitigung ökologischer Altlasten. Wegen der flächendeckenden Defizite in allen Wirtschaftsbereichen und bei der öffentlichen Infrastruktur wurde die Wirtschaftsförderung nach der Wiedervereinigung ebenfalls weitgehend flächendeckend ausgestaltet. Nach zehn Jahren Wirtschaftsförderung bietet sich nunmehr ein regional differenziertes Bild.

Arbeitsförderung

Hauptziele der Arbeitsförderung sind die soziale Abfederung des Anpassungsprozesses und verbesserte Beschäftigungschancen für Erwerbslose. Die neue Bundesregierung hat hierbei den Schwerpunkt von passiven Lohnersatzleistungen auf eine aktivierende Arbeitsmarktpolitik verlagert. Im Rahmen des erfolgreichen Sofortprogramms gegen Jugendarbeitslosigkeit wurden überdurchschnittlich viele Mittel für die neuen Länder bereitgestellt.

Steuerliche Förderung

Seit 1990 wurden Betriebe und der Mietwohnungsbau in den neuen Ländern durch Investitionszulagen und großzügig gestaltete Sonderabschreibungen im Rahmen des Fördergebietsgesetzes unterstützt. Dies war eine Hauptstütze für den ostdeutschen Investitionsboom. Allein über die steuerliche Förderung wurde von 1991 bis 1997 ein Investitionsvolumen von 500 Mrd. DM angeschoben. Allerdings ist die steuerliche Förderung über ihr Ziel hinausgeschossen, was teilweise ein erhebliches Überangebot auf dem Immobilienmarkt zur Folge hatte. Daher gibt es seit 1999 nur noch Investitionszulagen. Diese kommen heute vor allem ertragsschwachen ostdeutschen Unternehmen zugute, die bislang die progressionsabhängigen Sonderabschreibungen kaum nutzen konnten. Auch der Mietwohnungsbau wird seit 1999 nur noch durch das Investitionszulagengesetz gefördert.

Finanzausgleich

Der Finanzausgleich wurde durch den Solidarpakt von 1993 bis zum Jahr 2004 neu geordnet. Das Ziel war, beide Teile Deutschlands in eine einheitliche Finanzverfassung zu integrieren. Kernelement ist der Länderfinanzausgleich, in dem Ausgleichszahlungen der finanzstarken an die finanzschwachen Länder geleistet werden. Die neuen Länder erhielten hiervon 11,2 Mrd. DM im Jahr 1998. Vorgelagert erhalten die finanzschwächsten Länder im Umsatzsteuervorwegausgleich zusätzliche Einnahmen, wovon 13,5 Mrd. DM an die neuen Länder gingen. Der Bund hat den Umsatzsteuervorwegausgleich durch die Abgabe von 7 Umsatzsteuerpunkten an die Länder im Rahmen des Solidarpakts finanziert. Nachgelagert leistet der Bund nicht zweckgebundene Bundesergänzungszuweisungen zur weiteren Angleichung der Finanzkraft, wovon 1998 weitere 18,5 Mrd. DM in die Haushalte der neuen Länder flossen. Zum Finanzausgleich hinzu tritt das Investitionsförderungsgesetz Aufbau Ost, im Rahmen dessen die neuen Länder und Berlin Finanzhilfen des Bundes für besonders bedeutsame Maßnahmen in Höhe von 6,6 Mrd. DM jährlich erhalten. Insgesamt erhalten die neuen Länder und Berlin über diese Transferwege rund 50 Mrd. DM jährlich.

Kredite mit Sonderkonditionen

Aus dem ERP-Sondervermögen des Bundes sind seit 1991 rund 500.000 Kredite in die neuen Länder vergeben worden, mit einem Kreditvolumen von insgesamt 78 Mrd. DM. Die Förderbanken des Bundes, die Kreditanstalt für Wiederaufbau und die Deutsche Ausgleichsbank, haben seit 1991 Kredite in Höhe von 100 Mrd. DM in die neuen Länder vergeben, hiervon alleine 72 Mrd. DM im Rahmen des Wohnraum-Modernisierungsprogramms der Kreditanstalt für Wiederaufbau. Im Rahmen dieser und anderer Programme hat der Bund die Sanierung von 4,8 Mio. Wohnungen und den Neubau von 400.000 Wohnungen unterstützt.

Strukturfonds der EU

Hinzu kommen die Strukturfonds der Europäischen Union, die Förderprogramme der öffentlichen Hand in den neuen Ländern mitfinanzieren. Der Europäische Regionalfonds verstärkt überwiegend die Gemeinschaftsaufgabe des Bundes und der Länder zur »Verbesserung der regionalen Wirtschaftsstruktur«. Aus Mitteln des Europäischen Sozialfonds werden Programme zur arbeitsmarktpolitischen Flankierung des Umstrukturierungsprozesses und zur Förderung von Problemgruppen des Arbeitsmarktes kofinanziert. Im Zeitraum von 1991 bis 1998 standen aus beiden Fonds in konstanten Preisen gerechnet 22 Mrd. DM für die neuen Länder zur Verfügung.

3. Was wurde erreicht?

Die Lebensverhältnisse in den neuen Ländern haben sich im Zusammenwirken von unternehmerischer Initiative, dem Aufbauwillen der Menschen und den vielfältigen Hilfen der öffentlichen Hand stark verbessert. Der Anpassungsprozeß ist ein gewaltiges Stück vorangekommen:

- Das Bruttoeinkommen je Arbeitnehmer (vor Steuern) liegt mittlerweile bei 77 % des Westniveaus, das Nettoeinkommen je Arbeitnehmer (nach Steuern und Transfers) bei 86 % und die Durchschnittsrenten sogar bei 110 %.
- Die materielle Situation der Bürger, insbesondere die Versorgung mit

Gütern und Dienstleistungen, hat sich seit der Wiedervereinigung drastisch verbessert. Die Ausstattung der Haushalte mit dauerhaften Konsumgütern hat das Westniveau fast erreicht.

- Die Leistungskraft der Wirtschaft hat deutlich zugenommen. Die Produktivität hat sich gegenüber 1991 fast verdoppelt und liegt heute bei 60 % des Westniveaus. An vielen Orten sind neue, hochproduktive Industrien entstanden.
- Die Marktwirtschaft ist aufgeblüht: Mittlerweile sind 8 % aller Erwerbstätigen selbständig. Es gibt rund 550.000 mittelständische Unternehmen, die 3,2 Mio. Arbeitnehmer beschäftigen.
- Die Fortschritte im Gesundheitswesen, im Wohnungs- und Städtebau der neuen Länder sind unverkennbar. An mehr als der Hälfte der Wohnungen sind Modernisierungs- und Sanierungsmaßnahmen durchgeführt worden, über eine halbe Million Wohnungen wurden neu gebaut.
- Besonders augenfällig sind die Fortschritte im Bereich der Infrastruktur. 6 Mio. neue Telefonanschlüsse wurden gelegt. Die neuen Länder haben mittlerweile das modernste Telefonnetz der Welt. Zudem wurden 11.700 km Bundesstraßen und 5.400 km Schienenwege modernisiert oder neugebaut.
- Nachhaltig verbessert wurde schließlich auch die Umweltsituation. Von Luft, Wasser und Boden gehen heute, anders als 1989, keine extremen Gesundheitsgefahren mehr aus.

Auf der anderen Seite sind seit 1990 netto fast 3 Mio. Arbeitsplätze verlorengegangen. Ein Großteil dieser Beschäftigungsverluste ist darauf zurückzuführen, daß die alten Strukturen dem marktwirtschaftlichen Wettbewerb nicht gewachsen waren. Heute steht in den neuen Ländern drei Erwerbstätigen ein Erwerbsloser gegenüber. Der Einbruch der Jahre 1990 und 1991 konnte somit noch nicht wettgemacht werden.

4. Was bleibt noch zu tun?

Die Bekämpfung der hohen Arbeitslosigkeit bleibt daher die zentrale Aufgabe. Nur wenn alle Beteiligten, der Staat, die Unternehmen und die Ta-

rifparteien, gemeinsam an diesem Ziel arbeiten, können hier Erfolge erzielt werden.
Von Seiten der Wirtschaft ist zu erwarten, daß sie weiterhin hohe Anstrengungen unternimmt, um noch vorhandene strukturelle Defizite abzubauen: durch kräftige Investitionen am und durch mutige Entscheidungen für den Standort Ost.
Die Tarifparteien sollten durch maßvolle Lohnabschlüsse dazu beitragen, den nach wie vor erheblichen Überhang bei den Lohnstückkosten (Löhne im Verhältnis zur Produktivität) auch von der Kostenseite her abzubauen. Im Rahmen des »Bündnisses für Arbeit, Ausbildung und Wettbewerbsfähigkeit« haben sich Gewerkschaften und Wirtschaftsverbände für eine verläßliche, längerfristige Tarifpolitik ausgesprochen, die vorrangig der Beschäftigungsförderung dient.
Eine Politik für den Aufbau Ost kann auf Dauer nur als ein Teil einer gesamtdeutschen Wachstumspolitik erfolgreich sein. Eine dynamische deutsche Wirtschaft ist letztlich der beste Beitrag zur Lösung der Probleme im Osten. Die Bundesregierung schafft mit ihrer Steuer- und Haushaltspolitik wichtige Voraussetzungen hierfür. Mit einer konsequenten Haushaltskonsolidierung werden finanzielle Spielräume für durchgreifende Steuerentlastungen eröffnet, die bis 2005 auf jährlich 70 Mrd. DM ansteigen. Dies wird der deutschen Wirtschaft insgesamt und damit auch den ostdeutschen Unternehmen neuen Schwung geben.

Uwe Förster

»Goldbroiler« und »Brathähnchen«

Deutschland – auch sprachlich vereinigt?

Herbst 1997. Ich betrete die Humboldt-Universität zu Berlin. Zum ersten Mal. Mein Fühlen und mein Denken kehren zurück ins Frühjahr 1955. Damals mache ich einen letzten Versuch, in der DDR zum Studium zugelassen zu werden. Meine Hoffnung richtet sich auf eine ausgefallene Fächerkombination: Bibliothekswissenschaft und Medizin. Ich bespreche die Sache mit dem Gynäkologen Helmut Kraatz, damals Dekan seiner Fakultät. Er ist von meinem Plan fast begeistert. Als er merkt, daß die Freude überspringt, dämpft er sie: »Das letzte Wort haben allerdings andere Leute«. Dabei macht er mit dem rechten Zeigefinger eine elliptische Bewegung auf das linke Revers seines Sakkos – nonverbale Kommunikation in der DDR zwei Jahre nach Stalins Tod. Der offiziellen Ablehnung folgt eine *Bewährung in der Produktion* – ohne Erfolg.

Im Senatssaal angekommen, erhebt sich mein Nachbar, ein älterer Herr: »Gestatten, Feudel«. Ich erwidere den Gruß und werde mir erst geraume Zeit später klar, wem ich da begegnet bin, einem Manne, der – zusammen mit Werner Neumann – daran beteiligt war, die beiden deutschen Staaten auch sprachlich zu spalten. Sein »Skalpell« war weltweit bekannt und genoß hohes Ansehen: Das *Wörterbuch der deutschen Gegenwartssprache*. Es erschien 1961 bis 1977 im Akademie-Verlag zu Ostberlin und war das erste

mehrbändige deutsche Wörterbuch im 20. Jahrhundert. Auf halber Strecke, vom 4. Bande an, wurde die Grundkonzeption radikal geändert: Der Wortschatz sollte auf der Grundlage der marxistisch-leninistischen Weltanschauung dargestellt werden. Betroffen davon waren die Auswahl der Stichwörter und der Beispiele, die Bedeutungsangaben und die kommentierenden Bemerkungen. Vieles sollte »völlig verschwinden«, nämlich jene Zeichen und Begriffe, die ausschließlich der bürgerlichen Ideologie angehören und die wahren Verhältnisse unrichtig widerspiegeln (Arbeitgeber, Arbeitnehmer, Geisteswissenschaften). Es wurde die Totenglocke für die objektive Lexikographie geläutet. Der Wortschatz sollte einerseits um sozialistische Neuprägungen erweitert werden, andererseits aber wurde 1974 zur Amputation des deutschen Wortschatzes aufgerufen, nachdem man zehn Jahre vorher erklärt hatte, daß das Buch »die deutsche Sprache der bildungstragenden Schicht der Gegenwart darstellen« soll. Zwar haben die Wörterbuchmitarbeiter versucht, die Weisungen der SED zu unterlaufen, aber vollständig konnte dies nicht gelingen.
Die unerwünschten Wörter lebten im Volk weiter. Die geschichtliche Entwicklung hat die deutsche Sprache weder arm machen noch beschädigen können. Mit den neuen Verhältnissen waren auch einst verfemte Wörter wie Management, Showgeschäft oder Mittelschule und Pension (im Sinne von »Ruhegeld für Beamte«) wieder da. Mit Dirigismus ist das Leben der Sprache nicht zu beeinflussen. Dies gilt für alle Zeiten und für alle Verhältnisse.

Die nationalsprachliche Variante DDR

Die sprachliche Spontaneität blieb erhalten. Dies zeigen die Demosprüche vom Herbst 1989, als es u. a. hieß: *Unser Vorschlag für den 1. Mai: die Führung zieht am Volk vorbei.* Das DDR-Volk bestimmt (nach Jahrzehnten des *Zettelfaltens*) in freier und geheimer Wahl eine Zusammensetzung der Volkskammer, von der alle erwarten mußten, daß sie den Anschluß der DDR an die BRD beschließen würde. Die Folge: *Neufünfland* wird westdeutsch – auch sprachlich. Die vielen, welche dies heute beklagen, schelten den Wählerwillen – fair? Der Souverän, vom Blick auf die D-Mark geblendet, hätte wissen müssen, daß mit seiner Entscheidung auch gute DDR-Einrichtungen Geschichte würden, so die medizinische Spezialbehandlung einzelner Krankheiten, genannt *Dispensär*. Diese DDR-Vokabel ist – wie viele andere auch, die gebetsmühlenartig wiederholt werden – inzwischen Sprachgeschichte. Der linguistische Eifer, mit dem die spezielle DDR-Lexik seit Jahrzehnten »untersucht« wird, ist ein billiger Jakob, gewinnbringend nur für die von Kongreß zu Kongreß eilende linguistische Zunft.

Um die Unterschiede zwischen dem Deutsch in Ost und in West zu demonstrieren, hat man lange Wortlisten zusammengetragen. Häufig kontrastiert man ein östliches Lexem mit einem westlichen Synonym, beispielsweise: *Dreiraum-/Dreizimmerwohung, Plastetüte/Plastikbeutel, Kaufhalle/Supermarkt, Fakt/Tatsache, Kommandostrich/Spiegelstrich, Polilux/Overheadprojektor, werte Reisende/sehr geehrte Reisende, auf dieser Strecke/auf diesem Gebiet, Kollektiv/Team.* Fachsprachlich jedoch heißt es wie eh und je in ganz Deutschland *Patientenkollektiv.*

Wenn Deutschland einmal sprachlich vereint sein wird, dann wird jeweils ein Bestandteil der aufgeführten Wortdubletten zwar noch bestehen, aber als historisch eingeordnet werden, so wie es heute schon für hunderte von Wortpaaren gilt. Dafür nenne ich – als Kind des Erzgebirges – nur ein Beispiel: Der *Biathlon* hatte einen Vorgänger namens *Patrouillenlauf.*

Eine Berliner Forschungsgruppe unter der Leitung von Ruth Reiher hat festgestellt, daß die DDR-Lexik im Zentrum (Berlin) schneller schwindet als an der Peripherie (beispielsweise in Dresden und Greifswald). Dazu hätte es keiner Feldforschung bedurft. Wollte doch schon Bismarck für den Fall eines drohenden Weltuntergangs nach Mecklenburg ziehen, weil dort alles fünfzig Jahre später geschieht. Es gibt auch Unterschiede in der Aussprache: Der Bundesangestelltentarif (BAT) wird in den neuen Ländern als Kurzwort gesprochen (Bat), während im Westen Deutschlands die einzelnen Buchstaben artikuliert werden (Be/a/te). Hinsichtlich der geographischen Namen ist der Osten Deutschlands endonymenfreudig, während im Westen die deutschen Exonyme bevorzugt werden (Poznan/Posen).

Es gab eine Fülle DDR-genuiner Vokabeln, die mit dem, was sie bezeichnet haben, untergegangen sind. So *Abschnittsbevollmächtigter* (»Volkspolizist, der für die öffentliche Ordnung und Sicherheit in einem bestimmten Abschnitt, Wohngebiet verantwortlich ist«), *Kaderabteilung* (»Abteilung eines Betriebes, einer Verwaltung, die für die Einstellung, die berufliche, politische Entwicklung und die Qualifizierung der Arbeiter und Angestellten zuständig ist«) oder *Patenbetrieb* (»Betrieb, der mit anderen sozialen Einrichtungen oder Gruppen einen Patenschaftsvertrag abgeschlossen hat«). Geblieben sind nur wenige Wörter und Wendungen, die nicht *Rotlichtbehandlung* unterlagen, beispielsweise der *grüne Pfeil* (»Erlaubnis zum Rechtsabbiegen vor roter Ampel«) und *Rotkäppchen* (»Sektmarke seit 1894«).

Es gibt gravierende Ost-West-Sprachunterschiede, die man nicht einsammeln kann wie Pilze, weil sie **unter** der sprachlichen Oberfläche liegen: Nur jeder Fünfte ist getauft im Kernland Luthers; Dutzende von sprichwörtlichen Redensarten aus seiner Bibelübersetzung sind in den *neuen Ländern* weder aktiv noch passiv verfügbar. Vergleichbares gilt für das antike Sprach- und Bildungsgut. Nachdem die zuständige Ministerin, Margot Honecker, es für richtig befand, daß es für angehende Mediziner genüge, einen lateinischen Terminologiekurs zu besuchen, kann man mit kaum einem dieser, meist tüchtigen Ärzte über ein lateinisches Sprichwort zum Konsens kommen. Bildungsbetrug an einer ganzen Generation!

Im Gegensatz zu den meisten westdeutschen Sprechern sind fast alle ostdeutschen vorsichtig und verhalten – dies ist mehr eine Frucht vierzig-

Das Sorbische ist als Minderheitensprache in der Bundesrepublik anerkannt.

jähriger Diktatur als wohltuendes Understatement. Anglizismen (und Amerikanismen) dieser Art sind zwischen Elbe und Oder unbeliebt. Im Geschäftsleben allerdings gibt es schon seit einiger Zeit sprachliche Auswüchse amerikanischer oder britischer Herkunft, so die Firmierung *Hits for Kids* (Spielwarengeschäft), *BodyCare* (Fitnessstudio) oder *Backpack* (kleiner Rucksack).

Die Ossis sind wahrscheinlich auch deshalb keine Anglizismenaktivisten, weil die meisten von ihnen den selbsternannten *Freunden* ablehnend gegenüberstanden. Von den wenigen sprachlichen Übernahmen sind heute nur noch einige lebendig, so der (ältere) *Samowar*, die *Datsche* und die *Soljanka* (ursprünglich eine Restesuppe, die es in fast jedem russischen Dorf (*Selo*) gab). In der Schülersprache der 50er Jahre hieß es gelegentlich *sie drugen* (russ.: drug = dt.: Freund), wenn man meinte, daß ein Pärchen miteinander »geht«. Der Russischunterricht war unbeliebt, die Sprachkenntnisse blieben in der Regel bescheiden. Sonst hat diese schöne Sprache die Herzen der Ossis wohl gerührt, wenn Volkslieder *Vecernyj zvon* (Abendglocke) oder *Odnozvucno gremit kolokolcik* (Einsam klingt das Glöckchen ...)

Zweisprachiges Ortsschild im Kreis Bautzen.

zu hören waren. Kaum vorstellbar, daß sich ein Liebespaar *pokojnoj noci* (gute Nacht) ins Ohr flüsterte. In der offiziellen Politsprache gab es eine ganze Reihe von Lehnübersetzungen. Besonders ermüdend waren endlose Genitivtreppen vom Typ *der Vorsitzende des Vollzugskomitees des Stadtsowjets der Deputierten der Werktätigen.*
Eine slawische Sprache, das Sorbische, ist in der Bundesrepublik Deutschland als Minderheitensprache gesetzlich anerkannt.

Eine Feime voller Nudeln

Selbst dem Nichtphilologen fällt auf, daß die Palette der deutschen Mundarten vielfältiger geworden ist. Wird das Thüringische noch ohne negatives Begleitgefühl hingenommen, so stößt eine andere Mundart bei vielen auf Ablehnung: das Sächsische, und zwar wegen seiner Wort- und Satzmelodie und wegen der häufig entrundeten Vokale (*Scherm statt Schirm*). Auch das Sächsische hat eine landesspezifische Lexik, so steht *Ulle* für »schlechte Laune«, *Feime* für »Miete zur Aufbewahrung von Feldfrüchten oder Holz« und *Schmiege* für »Zollstock« (weil dieser an das zu Messende angeschmiegt wird). Die *Frontstadt* Westberlin hat das Brandenburg-Berlinische trotz der staatlichen Teilung in der ganzen Sprachgemeinschaft weitgehend lebendig gehalten. Fast nur der Fachmann kann das Niederdeutsche westlich und östlich der Elbe voneinander unterscheiden (die Differenzen liegen im Vokalismus). Deshalb klingt den Wessis das Mecklenburgische nicht gerade fremd. Gleiches trifft zu für die Mundart von Vorpommern. Dieses Wort war in der DDR verpönt. Man sprach von den Mundarten im Norden der DDR. Die Arbeit am Pommerschen Wörterbuch in Greifswald ließ die DDR 1968 einstellen, erst nach der Wende konnte sie wieder aufgenommen werden. Darin wird man eines Tages lesen, daß die *Kartoffel* in Mittelpommern *Nudel* heißt.
Das vereinte Deutschland macht uns auch schmerzlich bewußt, daß durch eigene Schuld großräumige und ausdrucksstarke Mundarten für immer verloren sind, so das Sudetendeutsche, das Schlesische und das Ostpreu-

ßische. Bald wird der letzte Sprecher dieser Idiome gestorben sein, und wir können diesen Varietäten nur noch in Wörterbüchern begegnen, die gar nicht so selten Grabkammern sind.

Sprachliche Spezifika – wie lange noch?

Sprachlich gesehen bringt die Wiedervereinigung Verlust und Gewinn: Der SED-ideologische Wortschatz geht unter, alte Kultur- und Fachsprachen (beispielsweise die der Jurisprudenz und der Volkswirtschaft) werden in den neuen Ländern wieder integriert. Alte Sprachbrücken, beispielsweise zum Baltikum und zu den deutschen Sprachinseln in Rumänien, sind wieder ungehindert passierbar, obwohl die Deutsch-Sprechenden dort immer weniger werden, weil sie – bis auf die alten Menschen – fast alle für immer in die Bundesrepublik Deutschland streben.
»Zehn Jahre nach der Wende hat sich der Gebrauch der Sprache in den neuen Bundesländern weitgehend den sprachlich-kommunikativen Normen der alten Bundesrepublik angepaßt« – so Ruth Reiher, die Expertin für die deutsch-deutsche Sprachentwicklung an der Berliner Humboldt-Universität. Ihr widerspricht ihr Kollege Horst Dieter Schlosser (Frankfurt am Main). Für ihn ist die *innere Einheit* der Deutschen »noch lange nicht erzielt«, die »kommunikativen und sprachlichen Analysen der noch bestehenden Differenzen« würden uns noch lange beschäftigen. Es werden aber Unterschiede bleiben, so wie zwischen anderen Regionen auch. Dies um so mehr, als die Gegenüberstellung von alten und neuen Ländern deutscher Zunge nicht nach Jahrzehnten, sondern nach Jahrhunderten zu rechnen ist. Die Herrschaft über Erfurt beispielsweise übte einst der Erzbischof von Mainz aus – die Ähnlichkeit der Wappen beider Städte erinnern noch heute daran.
Wer nur dem untergegangenen DDR-Wortschatz vom Typ *Goldbroiler* nachtrauert, ist arm: Er hat nicht begriffen, daß Werden und Vergehen ein Hauptcharakteristikum der Sprache ist. Sich ihrer unbevormundet bedienen zu können – auch dies ein demokratisches Grundrecht.

Literaturhinweise zur deutsch-deutschen Sprachforschung:
Reiher, Ruth, und Rüdiger Läzer: Wer spricht das wahre Deutsch? Erkundungen zur Sprache im vereinigten Deutschland. Berlin 1991.
Reiher, Ruth und Rüdiger Läzer: Von Buschzulage und Ossinachweis. Ost-Westdeutsch in der Diskussion. Berlin 1996
Reiher, Ruth et al. (Hrsg.): Mit sozialistischen und anderen Grüßen. Porträt einer untergegangenen Republik in Alltagstexten. Berlin 1995
Schlosser, Horst Dieter: Die deutsche Sprache in der DDR zwischen Stalinismus und Demokratie. Historische, politische und kommunikative Bedingungen; zweite, mit einem aktualisierenden Nachwort versehene Auflage. Köln 1999
Manfred W. Hellmann: Wende-Bibliographie. Literatur und Nachschlagewerke zu Sprache und Kommunikation im geteilten und geeinigten Deutschland ab Januar 1990, 1999 (auch als CD-ROM).

Joachim Gauck

Die Versöhnung mit der Vergangenheit ist ein langer Prozeß

Der Fall der Mauer und die damit verbundenen Ereignisse bis hin zu den ersten freien Volkskammerwahlen der DDR waren für mich beglückende Erfahrungen. Ich hätte mir damals nicht träumen lassen, daß so etwas so schnell möglich werden könnte. Zwar hatte ich immer geglaubt, ein solches Regime, das auf Unrecht und Lüge aufbaut, könne nicht ewig Bestand haben. Aber es schien doch immerhin so etabliert zu sein, daß ich davon ausging, meine Kinder würden den Zusammenbruch des Systems dereinst erleben, aber doch ich nicht. Zudem hatte man sich ja auch im Westen allgemein mit der Existenz dieses Systems abgefunden und mit den Verhältnissen arrangiert. Doch die Menschen im Osten haben gezeigt, daß die Deutschen imstande sind, für Freiheit und Demokratie eine Revolution zu wagen, eine friedliche, unblutige obendrein. Auch in der Nachbetrachtung können wir darüber sehr glücklich sein.
Gleichwohl ist noch vieles zu tun. Deutschland befindet sich auch über zehn Jahre nach dem Mauerfall immer noch auf dem Weg zur inneren Einheit, die noch lange nicht verwirklicht ist. Veränderungs- und Übergangsprozesse, wie wir sie vor Augen haben, erfordern große Zeiträume. Viele haben das so nicht erwartet, und es ist zu spüren, wie die Aufgaben, die uns die Wiedervereinigung gestellt hat, an den Kräften zehren und die Menschen ermüden. Vielen Ostdeutschen gehen die Entwicklungen zu

schnell; sie fühlen sich von der Freiheit und den Chancen, die die offene Gesellschaft bietet, eher geängstigt als herausgefordert. Die Euphorie der ersten Zeit ist verflogen. Manches, was man sich gewünscht und erhofft hat, ist anders gekommen. Wo vorher Bewegung im Volk war, hat bei vielen nun eine Lähmung eingesetzt. Manche, die vorher Veränderungen gewollt hatten, wollen diese nun nicht mehr. Sie wenden sich innerlich zurück und sehen die DDR in schöneren Farben, als sie es damals getan haben, als sie noch bestand. Sie wollen die negativen Züge des Unrechtssystems nicht mehr wahrhaben und ein Tuch des Vergessens über all diese Dinge legen. Dies ist eine Entwicklung einer Minderheit in der Bevölkerung, die bedenklich stimmt.

Man wird die Vergangenheit nicht los und geht nicht mit Bereitschaft auf die Zukunft zu, wenn man das Zurückliegende immer weiter mit sich schleppt. Das Gewesene aufzuarbeiten und offen über die Jahrzehnte der Diktatur zu sprechen, ist deshalb unbedingt erforderlich. Dies ist ein gesellschaftliches Erfordernis, aber es hat auch eine private Dimension. Denn die Opfer des Unrechtssystems können sich mit den Tätern, mit denen sie ja in einer friedlichen, demokratischen Gemeinschaft leben sollen, nicht aussöhnen, wenn das, was gewesen ist, vertuscht und nicht aufgearbeitet wird. Der Friede einer solchen Gesellschaft bleibt dauerhaft gestört, denn die ehemaligen Opfer kommen nicht zu ihrem Recht, auf das sie Anspruch haben, zumal wenn sie womöglich im Vergleich zu manchen ehemaligen Tätern auch in der neuen Gesellschaft wiederum zu den Benachteiligten gehören. Die Unterdrückten und die Opfer lechzen geradezu nach Versöhnung, wie Wolf Biermann es einmal ausdrückte. Wenn aber die ehemaligen Täter nach wie vor behaupten können, es sei alles gar nicht so schlimm gewesen damals, oder sie hätten gar nichts Schlimmes getan und es nur gut gemeint, dann werden die ehemaligen Opfer noch einmal zu Opfern: Denn zum zweiten Mal bekommen sie von den Usurpatoren der Macht und deren Helfern die Wirklichkeit erklärt – und der Wahrheitssinn der Opfer wird verhöhnt.

Dieses neuerliche Unrecht wird verhindert, wenn die Fakten offengelegt werden. Die Erinnerung wird maßgeblich durch die Konfrontation mit der

schriftlichen Überlieferung eines Regimes gefördert, und dazu gehören auch die Stasi-Akten. Die peniblen Buchhalter derjenigen, die die Macht usurpiert hatten, sind es also selbst, die für diese Möglichkeit gesorgt haben. Das Angebot, das wir der Bevölkerung mit der Aktenöffnung gemacht haben, trifft auf große Akzeptanz. Wir konnten das in diesem Ausmaß, als wir die Behörde schufen, gar nicht sehen. Das Interesse ist nach wie vor sehr groß, wenn auch nicht ganz so wie in den ersten Jahren nach der Wende. Noch immer werden aus der Bevölkerung jeden Monat 10.000 neue Anträge auf Akteneinsicht gestellt. Hinzu kommen etwa gleich viele Anträge von öffentlichen Stellen. Dadurch sind lange Wartezeiten entstanden. Die Flut von Anträgen versuchen heute noch etwa 2700 Mitarbeiter zu bewältigen. Die 180 Kilometer Aktenmaterial können gar nicht alle systematisch druchgearbeitet werden. Das Material, das völlig ungeordnet aufgefunden worden ist, wird aufgearbeitet. Für die noch fehlenden 30 Prozent werden wir noch fünf Jahre benötigen. Doch um die bereits eingegangenen und die immer noch hinzukommenden Anträge zu bearbeiten, wird es die Behörde sicherlich noch zwanzig bis dreißig Jahre geben müssen.
In einem Rechtsstaat gibt es gesetzlich festgelegte »Schlußstriche«: So werden seit Ende 1999 keine Stasi-Akten mehr zur Verfolgung von Straftaten herangezogen – außer bei Kapitalverbrechen wie Mord und Totschlag. Ab 2005 soll es keine Überprüfungen mehr für den öffentlichen Dienst in Ostdeutschland geben. Davon aber abgesehen müssen die Akten weiterhin für die Forschung und für die privat Interessierten zugänglich bleiben. Mancher, der kurz nach der Wende gar nicht so genau wissen wollte, was in den Akten über ihn verzeichnet worden war, stellt heute nun doch einen Antrag, um herauszufinden, wer es damals war, der ihm geschadet hatte, und auf welche Weise dies geschehen war.
In regelmäßigen Abständen werden Stimmen laut, man solle endlich einen Schlußstrich unter die Vergangenheit ziehen. Doch das einmal begangene Unrecht wäre mit seinem Verschweigen nicht aus der Welt. Es würde das Verhältnis zwischen ehemaligen Opfern und Tätern fortdauernd vergiften. Warum soll man den Opfern das Wissen, das die Täter besitzen, vorenthalten? Dies würde dem Grundsatz der Gleichheit widersprechen. Das Verschwei-

gen und Nichtbearbeiten von Schuld hat in der gleichberechtigten demokratischen Auseinandersetzung etwas Störendes und auch Zerstörendes. Auf der anderen Seite soll es keine öffentlichen Bußszenarien geben; es geht nicht darum, an den Pranger zu stellen und mit dem Finger auf andere zu zeigen. Sondern es geht darum, daß die damaligen Täter die Fakten, die ja auf dem Tisch liegen, nicht leugnen oder beschönigen. Die Opfer haben das Verlangen nach glaubwürdigen Erklärungen der Täter, nach erkennbaren Zeichen der Bereitschaft, die Verfehlungen einzusehen. Privat geschieht dies übrigens öfter, öffentlich selten; mir selbst sind nur wenige Beispiele bekannt.

Mancher Handlanger der Unterdrücker hofft immer noch, unentdeckt zu bleiben und ungeschoren davonzukommen. Die Akten können dabei mithelfen, diese Täter ausfindig zu machen; es werden sicherlich noch Tausende enttarnt werden. Es wäre aber wohl besser gewesen, dieser ganze Aufklärungsprozeß hätte noch innerhalb der DDR stattgefunden, vor der Vereinigung mit der Bundesrepublik. Denn es ging um etwas, das die Unterdrückten mit den Unterdrückern abzumachen hatten.

Daß manche im Osten Deutschlands daraus den Eindruck gewinnen, die Ostdeutschen seien ein Volk von Verrätern, und diese falsche Identifizierung durch die herablassende Haltung des einen oder anderen Westdeutschen bestätigt wird, macht die Sache nicht einfacher. Zum einen hat es auch im Westen 20.000 bis 30.000 inoffizielle Mitarbeiter der Stasi gegeben. Das ist natürlich eine Minderheit, genauso aber wie es im Osten, in der DDR, nur eine Minderheit von Spitzeln gab. Der Großteil der Menschen wollte mit der Stasi nichts zu tun haben und ließ sich auch nicht für deren Zwecke einspannen. Man ließ sie aber eben nicht frei gewähren, die Westdeutschen hatten es da leichter. Die Ostdeutschen sind ein Volk von verhinderten Citoyens; und als sie die Gelegenheit bekamen, das Joch abzuschütteln und die Freiheit zu wählen, nämlich 1989, haben sie es getan. Diese Leistung verdient großen Respekt, zumal wenn man bedenkt, mit welcher historischen Last die Ostdeutschen zu kämpfen hatten.

1945 hatten die Deutschen zwölf Jahre Diktatur hinter sich. Während die Ostdeutschen noch weitere 44 Jahre aufgebürdet bekamen, ist aber auch

im Westen das demokratische Bewußtsein nicht von heute auf morgen dominant geworden. Noch 1948 glaubten nach einer Allensbach-Umfrage 57 Prozent der Deutschen, der Nationalsozialismus sei eine gute Sache gewesen. Ohnehin schönt die Erinnerung zumeist das Gewesene; der Mensch neigt allgemein dazu, den Umständen, die er als Zeitgenosse miterlebt und mitgetragen hat, das Problematische zu nehmen. Die Erinnerung wird damit selektiv. Das geschah, als die Deutschen in der Nachkriegszeit auf die Hitler-Diktatur zurückblickten, und das geschieht auch jetzt wieder – nur daß jetzt statt Autobahnen die Kindergärten genannt werden. Wie sehr aber unter der Unfreiheit und der Einschränkung der Bürger- und Menschenrechte gelitten wurde, wird dabei ausgeblendet.
Mit der wirtschaftlichen Prosperität der 50er Jahre konnte sich im Westen ein demokratisches Selbstbewußtsein entwickeln. Als Schüler lernte man, was es heißt, eine Schülerzeitung zu machen, einen Klassensprecher zu wählen. Später erfuhr man, was es bedeutet, in einem Unternehmen in der Personalvertretung zu sein, was freie Gewerkschaften können und nicht können. Man lernte die Rolle von politischen Parteien kennen und erfuhr sich als Subjekt des Gemeinwesens. Wenn auch nicht jeder partizipieren wollte, so gab es doch für jedermann ein Partizipationsangebot.
All dies wurde den Ostdeutschen von den neuen Diktatoren vorenthalten. »Beuge dein Haupt, habe Angst, sei vorsichtig, und passe dich an!« Diese schon im Nazi-Deutschland eingeübte Untertanenhaltung führte auch in der Gesellschaft der DDR zum Erfolg, nicht Eigeninitiative und Kreativität. Partizipation gab es nur für die, die der Sache der Diktatur dienten. Freie Persönlichkeitsentfaltung war allenfalls in Nischen möglich und war gesellschaftlich unerwünscht; gefördert wurde sie jedoch nur bei jenen, die sich im Kreise der Herrschaft befanden und hier ein gewisses Maß an Schutz erfuhren.
Daß die Ostdeutschen dies so erlebten, lag nicht in ihrer Schuld, sondern an der historischen Entwicklung. Um so achtenswerter ist die Leistung der Revolution in der DDR, gegen die Unterdrücker aufzustehen und zu sagen: »Wir sind das Volk!«
Allen Schwierigkeiten der Übergangszeit zum Trotz ist die große Mehr-

heit der Ostdeutschen demokratisch gesinnt. Im Gegensatz zur Nachkriegszeit ist der Anteil jener, die bewußt in die Zukunft blicken und ihre Verantwortung als Demokraten tragen wollen, viel größer. Zudem entwickelt Aufklärung einen Automatismus. Wenn die Menschen einmal den Standpunkt der Naivität verlassen haben, können sie sich in diesen Standpunkt nicht künstlich zurückversetzen. Wer als Staatsbürger einmal am Napf des Wissens gesessen und erfahren hat, daß man Politik mit Aufklärung und Wahrheit betreiben kann, der weiß auch, wie Politik im Sinne von Verführung und Unterdrückung möglich ist – aber er wird es nicht mehr wollen. Deshalb sehe ich keine Chance dafür, daß sich die Wahrheitsvertuschung und diktatorische Strukturen noch einmal durchsetzen. Weder von links noch von rechts sehe ich diese Gefahr. Deutschland ist in dieser Hinsicht doppelt geimpft. Gefahr entsteht eher aus der Mitte der Gesellschaft, wo sich gelegentlich die Überzeugung breitmacht, der Staat habe einem nichts zu bieten, also müsse man auch seine persönliche Verantwortung nicht tragen. Privates Wohlleben in Freiheit, verbunden jedoch mit Verantwortungslosigkeit, wird zur Libertinage, die für die Demokratie gefährlich ist. Solche Ungebundenheit macht nicht glücklich, sondern führt zur Unfreiheit inmitten der Freiheit. Und es ist ein Verrat an den eigenen Entwicklungsmöglichkeiten, wenn man die einmal erworbene Freiheit nicht nutzen und die Verantwortung, die in dieser Freiheit auch liegt, nicht übernehmen will.

Eine funktionierende Demokratie bedarf der Mitwirkung von Bürgern, die ihre Verantwortung gerne wahr- und ihre Geschicke in die Hand nehmen. Ein Teil der Menschen im Osten braucht dazu noch mehr Ansporn als bisher. Dies ist eine Aufgabe aller Demokraten in unserer Republik. Arroganz gegenüber den Entmutigten, die sich frühere Verhältnisse zurückwünschen, ist jedoch nicht angebracht, sondern die Auseinandersetzung auf gleicher Augenhöhe. Es bedarf einer funktionierenden Streitkultur. Dazu gehört auch die vollständige Aufarbeitung mit der Vergangenheit der Diktatur der DDR und die Offenlegung der Wahrheit. Eine Demokratie muß dies aushalten können, und die deutsche Demokratie wird sicher gestärkt daraus hervorgehen.

Hans-Dietrich Genscher

Das Fenster der Geschichte war nur für kurze Zeit offen

Lange Zeit galt die Lösung der Deutschen Frage als das schwierigste Problem der internationalen Politik. Und das gewiß zu Recht. Die Geschichte der deutschen Vereinigung beginnt nicht im Herbst 1989, sondern sie beginnt mit der Integration der alten Bundesrepublik in die westlichen Gemeinschaften, EU und NATO. Sie machte einen großen Sprung nach vorn mit der Entspannungspolitik nach Osten, d. h. mit den Ostverträgen der Bundesrepublik Deutschland, mit dem Moskauer Vertrag, dem Warschauer Vertrag, dem Vertrag mit der damaligen ČSSR und dem Grundlagenvertrag mit der damaligen DDR und schließlich mit der aktiven Rolle Deutschlands im KSZE-Prozeß. Mit dieser Politik wurden die Rahmenbedingungen für eine grundlegend veränderte Lage in Europa geschaffen.

Die westlichen Werte fanden Eingang in das Ost-West-Verhältnis. Sie wurden zur Berufungsgrundlage von Bürgerrechtlern, Ausreisewilligen, Menschen, die ihre Angehörigen im Westen besuchen wollten. Außerdem mußten wichtige Abrüstungsprojekte verwirklicht werden. Entscheidend dabei war die Durchsetzung der doppelten Nullösung bei den nuklearen Mittelstreckenraketen gegen starke Widerstände innerhalb der damaligen Bundesregierung und die Verhinderung einer neuen Rüstungsspirale im Herzen Europas durch Modernisierung nuklearer Kurzstreckenraketen,

die, in der Bundesrepublik stationiert, die DDR, Polen und die Tschechoslowakei hätten erreichen können.
Diese Auseinandersetzung fand im Frühjahr 1989 statt, als die Weichen längst auf die Überwindung der Teilung Deutschlands und Europas gestellt waren. Die Begegnungen der Bundesregierung im Frühsommer 1989 mit der amerikanischen und sowjetischen Führung in Deutschland signalisierten ebenso wie unsere Stellung in der Europäischen Union festes Vertrauen unserer Nachbarn in West und Ost in die deutsche Politik.
Im Blick auf die sich abzeichnende deutsche Vereinigung gab ich im September 1989 vor der Vollversammlung der Vereinten Nationen die Erklärung ab, daß Deutschland die deutsch-polnische Grenze an Oder und Neiße nicht in Frage stellen werde. Auch das war ein vertrauensbildender Schritt. Als ich am 30. September 1989 auf dem Balkon der deutschen Botschaft in Prag stand und sagen konnte: »Der Weg ist frei!«, spürte ich, daß die Öffnung der Botschaft in Prag auch die Öffnung des Tors zur Deutschen Einheit ankündigte. Es geöffnet zu haben, ist den Menschen in der damaligen DDR zu verdanken, die friedlich Freiheit und Einheit einforderten. Sie taten dies als Teil einer europäischen Freiheitsrevolution, die nacheinander alle südosteuropäischen Staaten im sowjetischen Machtbereich ergriff. Für mich ist das Jahr 1989 das europäischste Jahr dieses Jahrhunderts.
Auf dem Weg zur deutschen Vereinigung konnten wir uns in besonderer Weise auf Präsident Bush und seinen Außenminister Baker verlassen. Unersetzlich war im Jahr 1989, daß Gorbatschow und Schewardnadse sich ihrer Verantwortung stellten, nachdem sie seit 1985 mit Perestroika und Glasnost den Weg für die friedliche Vereinigung Deutschlands und Europas geöffnet hatten. Das taten sie, obwohl sie von vielen im Westen verhöhnt und verdächtigt wurden. Als der Bundeskanzler und ich im Februar 1990 in Moskau ankamen, hatte uns James Baker, der unmittelbar davor in Moskau war, die Zustimmung der sowjetischen Führung zur deutschen Vereinigung signalisiert.
Zugleich war der Weg frei für die Einsetzung der 2-plus-4-Verhandlungen. Die Außenminister der USA, Großbritanniens, Frankreichs, der

Sowjetunion, der Bundesrepublik und der DDR setzten diese Verhandlungen im Februar 1990 in Ottawa ein, wo wir alle an der sogenannten »Open-Sky-Konferenz« teilnahmen. In zähen Verhandlungen kamen wir in Bonn, Berlin, Paris, Moskau Schritt für Schritt voran. Als es um die Durchsetzung der Freiheit der Bündniszugehörigkeit ging, konnten wir in diesen Verhandlungen und ich in meinen bilateralen Gesprächen mit Außenminister Schewardnadse eine große Annäherung erzielen. Den Durchbruch brachte der Besuch Gorbatschows in Washington. Dort erklärte er gegenüber Präsident Bush sein Einverständnis mit der NATO-Zugehörigkeit des vereinten Deutschlands. Auf dieser Grundlage konnten der Bundeskanzler und ich im Juli 1990 im Kaukasus mit Gorbatschow und Schewardnadse die Stärke der deutschen Streitkräfte nach der Vereinigung, den Abzugstermin für die sowjetischen Streitkräfte aus der früheren DDR und die Zahlungen für die zurückkehrenden sowjetischen Streitkräfte regeln. Auf dem Weg zu dem bekannten Bild am Holztisch ergriff Frau Gorbatschow meine Hand und sagte, hoffentlich wüßten wir, was Gorbatschow jetzt tue, er müsse sich auf alle unsere Zusagen verlassen können.
Nachdem noch in letzter Minute aufkommende Schwierigkeiten ausgeräumt werden konnten, wurde der 2+4-Vertrag am 12. September 1990

Ein Bild macht Geschichte: (v.l.) Hans-Dietrich Genscher, Michail Gorbatschow, Eduard Schewardnadse und Helmut Kohl trafen sich 1990 im Kaukasus, um die letzten Probleme auf dem Weg zur Deutschen Einheit zu lösen.

in Moskau unterzeichnet. Als ich meine Unterschrift unter diesen Vertrag setzte, zitterte meine Hand. Ich hatte es mir immer gewünscht, und nun wurde es Wirklichkeit: Der Weg zur deutschen Vereinigung war frei! Dennoch durften wir in unseren Anstrengungen nicht nachlassen. Wir erarbeiteten die Charta für ein neues Europa. Am 21. November 1990 wurde sie in Paris unterzeichnet. Am 14. November hatte ich den deutsch-polnischen Grenzvertrag in Warschau unterschrieben. Das geschah in der Verantwortung, ein und für allemal den Teufelskreis von Unrecht und neuem Unrecht, der die Völker Europas immer wieder in Kriege gestürzt hatte, zu unterbrechen. Nach allem, was von 1933 bis 1945 geschehen war, war es unsere moralische Pflicht, diesen Schritt zu tun. Dennoch war es die schwerste Unterschrift, die ich je geleistet habe.
Als im März 1991 der Oberste Sowjet in Moskau den 2+4-Vertrag ratifizierte und der sowjetische Botschafter in Bonn mir die Urkunde überreichte, trat der 2+4-Vertrag in Kraft. Nun war Deutschland wieder souverän. Gleichberechtigt und ebenbürtig allen anderen Staaten der Welt. Es war ein langer Weg gewesen bis zu diesem Tage im März 1991. Nur der Wille zur Freiheit der Deutschen hatte ihn möglich gemacht. Erleichtert und mit großer innerer Erregung zeigte ich dem Plenum des Deutschen Bundestages die Ratifikationsurkunde.
Nur wenige Monate später: Putsch in Moskau! Es wurde deutlich: Das Fenster der Geschichte war nur kurze Zeit weit geöffnet gewesen.

Bronisław Geremek

Polen, Deutschland und Europa

Heute zu sagen: »Ich bin ein Berliner«, würde keinen Akt der Tapferkeit oder der Solidarität darstellen. Der Zeitpunkt scheint eher geeignet für eine Reflexion – verständlich vom Gesichtspunkt eines polnischen Historikers und Politikers – über die politischen Assoziationen zu Berlin, über das Gestalt annehmende Bild der Berliner Republik und über deren Bedeutung für die Zukunft Polens, Deutschlands und Europas.

Vor dem Jahre 1989 kannte ich Berlin so gut wie überhaupt nicht. In der »Hauptstadt der DDR« war ich nur einmal für wenige Stunden. In West-Berlin wurde mir zwar ein Fellowship im Wissenschaftskolleg zuerkannt, allerdings verweigerte man mir damals die Ausgabe meines Passes. Ich lernte Berlin erst nach 1989, vorwiegend durch die Teilnahme an zahlreichen internationalen Konferenzen, kennen. Eine Verbindung zu Berlin entstand für mich auch durch das Aspen Institute, welches mich in seine Gremien sowie in die gemeinsam mit Carnegie Endowment for International Peace gebildete Balkankommission einberief, die während zweier Jahre an einem Bericht über die Situation auf dem Balkan arbeitete.

Ich möchte hiermit über ein Berliner Treffen berichten – über mein Treffen mit Willy Brandt im September 1990. Diesem Treffen sind eine Reihe Mißverständnisse zwischen der »Solidarność« und der SPD vorangegangen. Die deutschen Sozialdemokraten waren der Meinung, daß die polnische »Solidarność«-Bewegung die Ordnung in Europa gefährde und die Chancen, wel-

Empfang für die Teilnehmer der Konferenz an der Pariser Universität Sorbonne (v.l.): Bronisław Geremek, der französische Premierminister Michel Rocard und Willy Brandt.

che die deutsche »Ostpolitik« erarbeitet hatte, zunichte mache. Als Willy Brandt beschloß, nach dem Kriegszustand Polen zu besuchen, schlug ich ein Treffen der beiden Friedensnobelpreisträger in Danzig vor. Brandt lehnte jedoch Gespräche mit »Solidarność« ab und traf sich in Warschau lediglich mit Vertretern des Klubs der Katholischen Intelligenz. Einige Jahre später, bereits nach dem Umbruch von 1989, nahm ich gemeinsam mit Willy Brandt an der Sorbonne an einer Debatte über zeitgenössische Politik teil. Einer der französischen Studenten stellte Brandt die Frage, warum er so konsequent der »Solidarność« seine Unterstützung verweigert habe. Er antwortete, er hatte eine so rasche Entwicklung und den Zerfall der sowjetischen Dominanz in diesem Teil Europas nicht vorhergesehen. Deshalb war er der Meinung, man müsse in einer Weise handeln, welche es ermöglicht, die Folgen der kommunistischen Herrschaft zu mindern und den darunter leidenden Menschen zu helfen. Heute freue er sich über die Befreiung Polens ebenso wie über die Wiedervereinigung Deutschlands. Ich war von der Ehrlichkeit dieser Antwort und von der Bereitschaft, eigene Fehler zuzugeben, beeindruckt. Ich nahm, ohne zu zögern, die Einladung Brandts zur Berliner Tagung der SPD für 1990 an. In meiner Rede auf diesem Parteitag sprach ich darüber, daß »wir die Wiedervereinigung Deutschlands brauchten, um der Teilung Europas ein Ende zu setzen«. Ich erinnerte auch daran, daß »wir, Leute der ›Solidarność‹«, behaupteten, die Deutschen hätten das Recht auf die Wiedervereinigung und das Recht, über ihr nationales Schicksal zu bestimmen. Wir behaupteten dies bereits zu einem Zeitpunkt, zu dem die Wiedervereinigung als ein »unrealistischer Traum galt«. Willy Brandt sagte mir dann, es sei sehr wichtig, daß ich es in Berlin sage, da die Stadt selber sich an ihre Wiedervereinigung noch nicht gewöhnen könne.

Ich weiß nicht, ob mir damals die besondere Berliner Dimension bewußt war. Die polnische Kriegsgeneration, der ich angehöre, assoziierte Berlin vorwiegend mit der Tradition der preußischen Vormachtstellung und mit dem Dritten Reich. Später war Berlin jahrzehntelang eine geteilte Stadt, von einer Mauer durchschnitten, die an die Mauer des Warschauer Ghet-

Die Luftbrücke der Allierten wurde zum Synonym für den Freiheitswillen des Westens. Das Denkmal in Tempelhof erinnert an die Verteidigung dieser »Enklave der Freiheit« 1948/49.

tos erinnerte: Es war ein Symbol der Verleugnung der europäischen Tradition und ein Zeugnis der Teilung Europas. Hier stießen zwei Welten aufeinander. West-Berlin stand für den Westen überhaupt, die Stadt war ein Schaufenster der westlichen »prosperity«, sie stellte aber auch ein Zeugnis der westlichen Solidarität dar. Das Denkmal in der Nähe vom Flughafen Tempelhof erinnert an ein ungewöhnliches und einzigartiges Kapitel des Kalten Krieges, das kaum jemanden unberührt läßt: Ich meine hier die Luftbrücke, welche eine Enklave der Freiheit in der Welt der sowjetischen Dominanz verteidigte. Und schließlich verbindet sich mit Berlin auch die Erinnerung an den Berliner Aufstand vom 17. Juni 1953, nach dem Bertold Brecht der regierenden Partei in der DDR riet, sich ein anderes Volk zum Herrschen zu suchen. Dies waren die spontanen Assoziationen zu Berlin.

West-Berlin wurde auch zu einer kulturellen Metropole von außergewöhnlicher Lebendigkeit, welche eher in dem Bewußtsein, »between and betwixt« zu sein, als in der Verbundenheit mit der deutschen Identität und Tradition gründete.

Vielleicht war dieses jedoch auch eine Art deutscher Identität, wie sie Thomas Mann ein halbes Jahrhundert zuvor in den »Betrachtungen eines Unpolitischen« beschrieb, und welche von Tonio Kröger so formuliert wurde: »Ich stehe zwischen zwei Welten, bin in keiner daheim und habe es infolgedessen ein wenig schwer«. In der kulturellen Atmosphäre Berlins war jedoch stets eine Unruhe, ein Zweifel am eigenen Überleben zu spüren. Gerade diese Unruhe wurde vom ungarischen Denker Istvan Bibó für ein Charakteristikum des historischen Schicksals mitteleuropäischer Nationen erklärt. In diesem Sinne war West-Berlin – zumindest für einen Betrachter aus dem Osten – eine mitteleuropäische Metropole.

Die Freie Universität war während jener Jahre eine führende Institution dieser kulturellen Ausstrahlung Berlins. Das Wort »frei« in ihrem Namen stand nicht nur für die politische und strukturelle Unabhängigkeit der Universitäten in der europäischen Tradition, es bezeichnete auch die Sendung dieser Lehrstätte im Dienste der Freiheit – so sahen wir in Warschau, Prag oder in Budapest die Arbeit der Philosophen, Soziologen oder Historiker dieser Universität. Diese Arbeit trug zum Bild West-Berlins als einer Enklave und eines Vorboten der freien Welt in der Welt der kommunistischen Dominanz bei. Ich wähle hier bewußt die Sprache der Propaganda und deren Klischees, da einige Klischees treffend – obwohl vereinfachend – die Wirklichkeit zu beschreiben vermögen.

Diese Wirklichkeit Berlins stellt bereits ein abgeschlossenes Kapitel dar, sie gehört der Geschichte an. Berlin, indem es zur wirklichen Hauptstadt des wiedervereinigten Deutschlands wurde, hat jetzt die Schlüsselfragen zur Zukunft der Bundesrepublik und zu ihrem Platz in Europa zu stellen. Es geht um die Frage, wie die Berliner Republik im Verhältnis zu ihrer Bonner Vorgängerin sein wird, ob sie den europäischen Kurs mit gleicher Kraft wie die Bonner Republik fortsetzen wird und ob sie, wie jene auch, das Bewußtsein der Verantwortung für die deutsche Vergangenheit mit einer als vorrangig betrachteten Verantwortung für die Zukunft Europas zu verbinden wissen wird. Schließlich – last but not least – stellt sich die Frage nach dem künftigen Verhältnis der Berliner Republik zu Polen. Die polnische Grenze ist weniger als hundert Kilometer von Berlin entfernt, und Warschau ist die zu Berlin nächstgelegene Hauptstadt. Dieser Umstand könnte allerdings nur eine geographische und keine politische Wirklichkeit ausdrücken.

Es könnte übermütig erscheinen, bereits heute Antworten auf diese fundamentalen Fragen formulieren zu wollen, ich möchte jedoch zumindest einige Eingangsbemerkungen vorstellen, um die Beständigkeit und die aus ihr resultierende Kontinuität der grundlegenden politischen Trends zu veranschaulichen.

Die europäische Integration scheint eine der wenigen positiven Erscheinungen in der Bilanz des 20. Jahrhunderts zu sein. Es sollten natürlich an dieser Stelle alle Strukturen, welche die Staaten Europas verbinden, in Betracht gezogen werden: die Strukturen der staatlichen Zusammenarbeit, wie OSZE und Europarat, oder die der regionalen, wie die Ostsee- oder Schwarzmeerkooperation. Als ein unanfechtbarer Erfolg können allerdings vorrangig die Europäische Union und das Nordatlantische Bündnis gewertet werden. Die NATO ist ein politisch-militärischer Pakt, welcher

Nordamerika mit Europa verbindet, der gemeinsamen Verteidigung dient, jedoch auch die Aufgaben der Weltsicherheit in immer breiterem Umfang wahrnimmt. Ich bin überzeugt, daß das Bestehen und die Stabilität dieses Bündnisses im Interesse der europäischen Mitgliedsstaaten liegen, man kann jedoch eine Situation nicht ausschließen, in der das Bündnis einer Isolationspolitik auf der einen und der Sorglosigkeit und Kurzsichtigkeit auf der anderen Seite zum Opfer fällt. Von der Geschlossenheit und Beständigkeit des Bündnisses zeugen sowohl die Bilanz eines halben Jahrhunderts der sicheren und friedlichen Entwicklung in Europa als auch der Beschluß über die Erweiterung der NATO. Man soll jedoch nicht übersehen, daß der eigentliche Integrationsprozeß, welcher im Rahmen der NATO beinahe ausschließlich den militärischen Bereich betrifft, von den Entscheidungen einzelner nationaler Regierungen aufgehalten werden kann und demzufolge auch umkehrbar ist.

Was die Europäische Union betrifft, deutet vieles darauf hin, daß die Evolution zum großen Teil unumkehrbar oder zumindest schwer umkehrbar ist. Es bildete sich bereits ein Geflecht von Kooperationen und gegenseitiger Abhängigkeit heraus, es entstanden gemeinsame Institutionen, welche von den parallelen nationalen Vertretungs- und Exekutivinstitutionen unabhängig sind; kulturelle Bedingungen für ein übernationales Zusammenleben im Rahmen der Union wurden geschaffen. Man kann mit Recht behaupten, daß am Ende des Jahrhunderts das Bestehen der Union nicht nur im Willen der nationalen Regierungen und Parlamente, sondern auch im weit fortgeschrittenen Integrationsprozeß gründet.

Gleichzeitig jedoch befindet sich die Europäische Union in einem für sie kritischen Moment. Die Konflikte erzeugende Konkurrenz um die Rohstoff- und Absatzmärkte zwischen den Staaten wurde mit Erfolg eliminiert, und die wirtschaftliche Zusammenarbeit führte zum Entstehen eines realen gemeinsamen Marktes, welcher das Prinzip der ökonomischen Freiheit mit den unentbehrlichen Regulationen verbindet.

Allerdings war seit den Anfängen der europäischen Gemeinschaften im Programm ihrer Gründungsväter stets auch die Idee der Solidarität präsent. Diese europäische Solidarität bildete sich im Laufe der Geschichte angesichts der Bedrohung von Außen heraus: durch die Mongolen die Türken oder durch ein totalitäres System. Eine solche äußerliche Bedrohung ist derzeit nicht in Sicht – obwohl gelegentlich versucht wird, den Mythos einer solchen Bedrohung seitens Amerikas oder Rußlands zu schaffen. Es muß also eine positive Grundlage für die europäische Solidarität gefunden werden, was allerdings schwieriger ist. Interessenskonflikte gewinnen Oberhand, und der Egoismus oder Isolationismus stellen das Prinzip der Solidarität in Frage: Es kann sowohl der Egoismus der sogenannten Nettozahler als auch jener der Benefizienten sein. Das nationale Interesse – das heißt das partikuläre Interesse einzelner Staaten der EU – wird zum wichtigsten Bezugspunkt der politischen Entscheidungen; es ist, als ob die Lehre der europäischen Geschichte immer schwächer würde. Die Rückkehr des Begriffes »nationales Interesse« in den Diskurs der europäischen Politik könnte ohne tiefergehende Folgen bleiben, wenn ihm das Bewußtsein eines gesamteuropäischen Interesses entgegengestellt würde: Dies bleibt allerdings aus. Ich bin überzeugt, daß eine Rückbesinnung auf das Bewußtsein für das gemeinsame europäische Interesse in der öffentlichen Meinung eine Bedingung für die Überwindung des gegenwärtig erschütterten Zustandes der europäischen Integration darstellt. Erst dann wird der Prozeß der Einführung des Euro die Dimension einer einigenden Wirklichkeit erlangen. Erst dann auch wird die Frage der Erweiterung der Europäischen Union um die Länder Ostmitteleuropas – darunter auch Polen – seine eigentliche Dimension gewinnen, nämlich die Dimension der Einigung Europas.

Genau in dieser Perspektive ist das deutsch-polnische Verhältnis zu sehen. Die Veränderung, welche sich hier vollzog, ist begrenzt und kann unter dem Gesichtspunkt der Versöhnung beider Völker – parallel zu jener zwischen Frankreich und Deutschland – betrachtet werden. Im Falle der Polen und der Deutschen ist dieser Prozeß allerdings eine verhältnismäßig frische Angelegenheit. Das kommunistische Regime zog aus der Bekräftigung der Überzeugung von der steten, sich aus der Vergangenheit herleitenden Gefahr eines deutschen Expansionismus beträchtlichen Nutzen: Auf diese Weise legitimierte die regierende Partei sich selbst und ihre Unterwürfigkeit gegenüber der Sowjetunion, welche zur einzigen Macht, die Deutschland Einhalt bieten könne, erklärt wurde. Es war durch die historischen Erfahrungen der Polen begründet, daß gerade dieses Thema eine viel größere Resonanz als alle anderen Themen der offiziellen Propaganda erreichte. Beträchtliche Anstrengung und lange Arbeit waren erforderlich, um eine Veränderung dieser Haltung herbeizuführen, das Klischee einer deutschen Bedrohung zu überwinden und einen Dialog der Versöhnung zu statuieren. Die Entwicklung neuer wirtschaftlicher und politischer Beziehungen zwischen den beiden Ländern stützte sich in Polen auf die Überzeugung, Deutschland sei sehr stark in europäische und euroatlantische Strukturen eingebunden, und es unterstütze entschieden die Bestrebungen Polens nach voller Teilnahme an eben diesen Strukturen.

Gewisse, verständliche Schichten des Mißtrauens bleiben jedoch bestehen. Sie waren die Ursache dafür, daß der politische Diskurs des deutschen Wahlkampfes in Polen mit Argwohn und Besorgnis verfolgt wurde. Das gleiche betraf die Erklärung der neuen deutschen Regierung, welche eine gewisse – den Normen des politischen Spiels durchaus entsprechende – Diskontinuität gegenüber dem Programm ihrer Vorgänger betonte. Die Frage nach der Richtung der weiteren Entwicklung der deutschen Politik bleibt jedoch berechtigt. Es geht hier nicht darum, was Gerhard Schröder und Joschka Fischer wollen – ihre Besuche in Warschau zu Beginn der Amtszeit der neuen Regierung stellten eindeutig positive Signale dar –, es geht vielmehr darum, was die von der neuen Koalition regierten Deutschen wollen, an der Schwelle zu einem neuen Jahrhundert und angesichts eines Generationswechsels in der deutschen Politik. Die Wiedervereinigung Deutschlands schwächte, entgegen allen Befürchtungen, in keiner Weise die europäischen Integrationsprozesse, ganz im Gegenteil – sie öffnete neue Möglichkeiten für die Integration. Die Worte Henry Kissingers, Deutschland sei »zu groß für Europa und zu klein für die Welt«, haben ihre Aktualität nicht verloren, und es stellt sich die Frage, welchen Gebrauch das wiedervereinigte Deutschland aus seiner Macht machen wird. Die Antwort auf diese Frage verbindet in besonderer Weise die deutsche Erinnerung und das deutsche Zukunftsdenken.

Ich glaube nicht, daß ein Generationswechsel eine kollektive Amnesie oder eine Relativierung der Vergangenheit legitimieren könnte. In der Tat haben die Deutschen die Wahl zwischen zwei Traditionen: Die eine wird versinnbildlicht durch Willy Brandts Kniefall vor dem Denkmal des Warschauer Ghettos, durch das Testament Konrad Adenauers, der drei große Versöhnungen postulierte, und schließlich durch Roman Herzogs Ehrung des Warschauer Aufstandes. Die andere beruhte auf einer Übertragung der Verantwortung für die Handlungen Deutschlands im 20. Jahrhundert auf die »anderen« – auf die deutsche Bourgeoisie, auf den internationalen Kapitalismus und schließlich auf den Westen. Indem ich für die Erinnerung eintrete, möchte ich kein kollektives Schuldbewußtsein fordern, nicht einmal in diesem Sinne, wie Jaspers die »Schuldfrage« verstand, ich trete einfach für das Wissen um die eigene Vergangenheit ein, welches negative Versuchung und Nostalgien zu verhindern vermag. Eine solche Verantwortung für die eigene Geschichte verbindet das deutsche nationale Interesse mit der Festigung und der Erweiterung der europäischen Integration, sie verbindet Deutschland mit Europa. Und auch mit Polen.

Polen hat bereits, gemeinsam mit ganz Mitteleuropa, neun Jahre der Systemtransformation und einer mühevollen Anpassung an die Erfordernisse der Europäischen Union hinter sich. Polen, das beinahe zweieinhalbmal so groß ist wie die ehemalige DDR, bewältigte dies aus eigener Kraft. Es überwand den wirtschaftlichen Tiefstand durch mutige Anwendung einer »Schocktherapie« und erreichte dadurch nicht nur wieder das Niveau des Nationalprodukts von vor der Transformation, sondern konnte dieses sogar noch um mehr als ein Fünftel überschreiten und jahrelang eine hohe Wachstumsrate einhalten. In Polen werden derzeit fundamentale System, Wirtschafts- und Sozialrefomen durchgeführt. Als ein Resultat des Modernisierungsprozesses in Polen entstanden in Deutschland mehrere zehntausend Arbeitsplätze. Während sie sich für den Beitritt in die Europäische Union aussprechen, sind sich die Polen auch des damit verbundenen Risikos und der Gefahren bewußt, jedoch die führenden politischen Kräfte setzen alles daran, die Öffentlichkeit im eigenen Staat für die Idee der europäischen Integration zu gewinnen. Deshalb auch ist Polen bereit, der

Europäischen Union beizutreten, und erwartet den Zeitpunkt, an dem die EU bereit sein wird, unser Land aufzunehmen.

Die deutsche Unterstützung für den Beitritt Polens in die EU stellt keine verhandlungstechnische Frage und keine barmherzige Beihilfe dar, sondern bedeutet die Wahl einer politischen Strategie von fundamentaler Bedeutung für die deutsche Politik. Sie könnte die Prioritäten der Ostpolitik aus der Perspektive der Berliner Republik bestimmen, und, begleitet von einer Vorrangstellung der französich-deutsch-polnischen Zusammenarbeit, könnte sie für das Gesamtbild der europäischen Politik von großer Bedeutung sein. Ich glaube, daß die Entscheidung, Polen zum Partner der deutschen Ostpolitik zu wählen, nicht die einzig mögliche ist. Sie steht aber im Einklang mit dem deutschen genauso wie mit dem polnischen Interesse, und sie stimmt auch mit der Vision eines sich einigenden Europas des kommenden Jahrhunderts überein. Polen ist auch ein bedeutender Handelspartner Deutschlands geworden: Bereits heute sind die Umsätze Deutschlands im Handel mit Polen größer als die mit Rußland und China.

In der Geschichte Deutschlands zeichnet sich eine besondere Rolle dieses Landes als eines großen Randgebietes der westlichen Zivilisation ab. Und dementsprechend kann auch das historische Schicksal Polens unter dem Gesichtspunkt seiner Lage am westlichen Rand Osteuropas betrachtet werden. Diese geschichtliche Parallelität könnte um die Jahrhundertwende die Rolle eines wichtigen Vehikels der europäischen Idee übernehmen.

So auch ist meine Schlußfolgerung. Ich sprach über die Schwächen und Gefahren, über die Schreckgespenster der Geschichte, über die Kontinuität gewisser negativer Tendenzen und über die Umkehrbarkeit positiver Prozesse. Obwohl ich mit der Skepsis eines Intellektuellen belastet bin, bin ich ein optimistischer Politiker. Eine kluge Verbindung von großen Visionen und pragmatischen Interessen, ein Miteinander von Real- und Idealpolitik wird, unter der Bedingung, daß keine von ihnen das Exklusivrecht zur Generierung des Zukunftsprojektes für sich vereinnahmen wird, eine Verwirklichung der Chancen Polens, Deutschlands und Europas ermöglichen.

Wilfried Goosmann

Den Druck beim Wiederaufbau macht immer die Presse

Die Zeitungen in den neuen Bundesländern

Es war im Oktober 1999 im Barocksaal der Thüringer Staatskanzlei, ziemlich genau zehn Jahre nach der Wende. Wir, die Zeitungsgruppe Thüringen, überreichten die Siegerurkunden im von uns gestifteten ersten Thüringer Gründerpreis an junge Unternehmen des Landes, und der Schirmherr, unser Ministerpräsident Dr. Bernhard Vogel, hatte erkennbares Vergnügen an diesem Termin. Da wurde mir schlagartig bewußt, wie sehr die Zeitungen, unsere und viele andere, dazu beigetragen haben, daß in der ehemaligen DDR in so kurzer Zeit etwas wieder aufgebaut werden konnte, was es in der Zeit der Parteiherrschaft nicht gegeben hatte: ein Markt.

Der Gründerpreis der Zeitungsgruppe Thüringen heißt bezeichnenderweise »Marktlücke«, und wenn man eine solche stopft, ist das in freien Gesellschaften meist von wirtschaftlichem Erfolg gekrönt. Ich möchte in diesem Beitrag eine andere Lücke schließen, eine, die sich gerade erst zu entwickeln beginnt: die Gedächtnislücke.

Je mehr junge Menschen auf dem Boden der ehemaligen DDR heranwachsen, die bereits in Freiheit geboren sind, desto weniger kann und will sich ein Großteil der Gesellschaft in Erinnerung rufen, was den heutigen und den früheren Status signifikant unterscheidet, und ich will versuchen, das für die Zeitungen zu formulieren. Als eine der stärksten treibenden Kräfte beim Wiederaufbau der östlichen Bundesländer haben sie es nämlich verdient.

Vom Verkünder der herrschenden Meinung zum kritischen Begleiter der Herrschenden

»In den Jahren sozialistischer Diktatur«, so schrieb der heutige Geschäftsführer des Bundesverbandes Deutscher Zeitungsverleger 1990 im Jahrbuch dieser Organisation, »hatten die Medien in der DDR die Aufgabe, gleichermaßen Förderer und Verkünder der herrschenden Meinung und Wahrer des politischen Systems zu sein. DDR-Journalisten mußten bei ihrer Arbeit die von Lenin festgelegten Grundaufgaben der Medien wahrnehmen, als kollektive Propagandisten, Agitatoren und Organisatoren bei der Gestaltung und Entwicklung der sozialistischen Gesellschaft mitzuwirken.«

Die Redakteure der 15 großen SED-Zeitungen, für jeden Parteibezirk eine, die zusammen zwei Drittel der Auflage in der DDR-Tagespresse stellten, waren also Befehlsempfänger der Partei, konkret deren für Medien zuständigen ZK-Generalsekretärs Joachim Herrmann, der bezeichnenderweise zeitgleich mit Erich Honecker entmachtet wurde. Denn der unblutigen, aber gewaltigen Revolution im Volk hatten sich auch die Zeitungen angeschlossen. Bis auf das bis zum Schluß uneinsichtige überregionale Sprachrohr »Neues Deutschland« und die Blätter aus dem Berliner Verlag erklärten sich im Januar 1990 alle SED-Zeitungen unabhängig von der Partei. Die Dimension eines solchen Entschlusses kann nur ermessen, wer weiß, daß die Partei alles in der Hand hatte: Sie bezahlte die Redakteure; sie bestimmte die Auflagenhöhe und den Preis der Zeitungen; ja, sie bestimmte sogar, wer die Zeitungen bekam: statt Pressemarkt *Zu*teilung und *Ver*teilung der Zeitungen durch den Staat, dem selbstverständlich auch die Druckereien gehörten. Der Begriff »volkseigener Betrieb« war ja stets eine Lüge.

Von Befehlsempfängern zu Dienstleistern

Als die ersten Vertreter von Westzeitungen ihren Fuß auf das bisher verbotene DDR-Gebiet setzten, da rieben sie sich die Augen, als sie erfuhren, daß die Verlage noch nicht einmal ihre Abonnenten kannten. Die kannte nur die DDR-Post mit ihrem Vertriebsmonopol, die die gedruckten Zeitungen nachts en bloc in den VEBs abholte und sie verteilte, ohne daß die Verlage wußten, an wen. Fast unnötig zu sagen, daß die DDR-Post auch die Kioske betrieb.

Ein Zeitungsabo kostete im Schnitt 3 Mark. Aber man konnte nicht einfach eine Zeitung bestellen; der Staat entschied ja, wer eine zu haben hatte. Zu jener Zeit hatte ein Bürger folgende Zeitungen zu lesen: die überregionalen Parteiblätter »Neues Deutschland« und »Junge Welt« und daneben die regionale Parteizeitung. Das machte 3 mal 3 gleich 9 Mark, die in jedem Fall dem Konto belastet wurden.

Mancher leistete sich aber neben diesen Zeitungen noch ein Blatt von einer der sogenannten »Blockparteien«, weil die hier und da und zwischen den Zeilen einen Hauch von Unabhängigkeit spüren ließen, in Thüringen etwa das LDPD-Blatt TLZ, und zahlte dann 12 Mark im Monat.

Ich erwähne das deshalb, weil eines der großen Probleme nach der Etablierung eines freien Zeitungswesens der Bezugspreis war und ich mich noch genau erinnere, daß die erste Preiserhöhung bei der von uns später verlagswirtschaftlich betreuten TLZ von 3 auf immerhin 12 Mark ein viel geringeres Problem war als vermutet: In den Augen der meisten Leser war die »Erhöhung« sozusagen kostenneutral, weil nun niemand mehr gezwungen war, etwas anderes als sein Lieblingsblatt zu lesen.

Von Pflichtblättern zur Lieblingslektüre

Pressefreiheit nach demokratischem Verständnis schließt auch Pressevertriebsfreiheit ein. Mit anderen Worten: Zu freien Zeitungen gehören auch freie Verlage. Unser Problem waren nicht die Redaktionen. Die Redakteure hatten ihr Handwerk ja gelernt; nur daß sie es jetzt erfreulicherweise in den Dienst der guten, demokratischen Sache stellten. Unser Problem, und eines, das uns viele Jahre lang Arbeit bis in die Nächte hinein beschert hat, waren die Verlagsgeschäfte. Nicht, daß uns etwa die fehlenden LKWs im Fuhrpark den Schlaf geraubt hätten; die konnte man, als es darum ging, den Vertrieb der Zeitungen selbst zu organisieren, mit dem nötigen Geld eines gut verdienenden Mutterhauses leicht beschaffen – genauso wie die neue Technik für die Zeitungsherstellung, ohne die umfangreichere und farbigere Zeitungen gar nicht denkbar gewesen wären. Investitionen in Sachen, wie teuer auch immer, waren es nicht, die die riesige Hürde darstellten. Es war schlicht die Tatsache, daß es in der DDR keine gelernten Verlagskaufleute gegeben hatte und folglich auch keine von Haus aus qualifizierten Mitarbeiter für die riesige Aufgabe, die vor uns lag: den Aufbau einer funktionierenden Verlagswirtschaft.

Von Patenschaften zu Freundschaften

Es erfüllt mich heute noch mit stolz und Genugtuung, wenn ich daran denke, mit welcher ebenso einfachen wie genialen Idee wir es dennoch geschafft haben. Sie hieß Patenschaften und stammte von meinem langjährigen Lehrmeister, dem damaligen Vertriebschef des WAZ-Konzerns, Dr. Heinz Gaßdorf. Der stellte der jungen Zeitungsgruppe Thüringen für jeden Platz, für jede Geschäftsstelle, erfahrene Mitarbeiter aus dem Westen als Berater zur Seite – immer ein Pate aus dem Westen für ein »Patenkind« im Osten.

Was dabei nicht nur an Erfahrungen vermittelt worden ist, sondern durch die Zusammenarbeit an Sympathie und an Freundschaften entstanden ist, gehört zu den schönsten Erfahrungen, die sich für die Beteiligten an den Begriff »Wiedervereinigung« knüpfen.

Die Personalsuche hat das natürlich nicht überflüssig gemacht. Angesichts der Gegebenheiten blieb uns gar nichts anderes übrig als die Reduktion auf die simple Frage: Wo sind Menschen mit Organisationstalent und gesundem Menschenverstand? Ob jemand zuvor den Fuhrpark für Redakteure organisiert hatte und ob er oder sie bei der Nationalen Volksarmee oder in

einer landwirtschaftlichen Produktionsgenossenschaft Dienst getan hatte – darauf konnten wir wenig Rücksicht nehmen. Denn wir wollten heimische Mitarbeiter, Menschen mit der nötigen Sensibilität für die Befindlichkeit unserer Leser und Anzeigenkunden.
Heute bilden wir die Mitarbeiter mit den gefragten Qualifikationen selbst aus – als inzwischen größter Ausbilder von Verlagskaufleuten in den neuen Bundesländern.

Vom Zentralismus zur lokalen Präsenz

Doch noch einmal zurück in das Jahr 1990. Unser Ziel war es, ein flächendeckendes lokales Netz von Geschäftsstellen in Thüringen aufzubauen, eines mit einem perfekten, kundennahen Service. Bei funktionierenden Regionalzeitungen ist das – neben wirklich guten und leserfreundlichen Lokalteilen – eine wesentliche Basis des Geschäftes.
Daß das so ist, haben mit dem Fortschreiten des Aufbaus eines entsprechenden Angebotes die ehemals großen DDR-Zeitungen schnell zu spüren bekommen. Unvergessen ist, wie die Auflage des »Neuen Deutschland« innerhalb eines halben Jahres, von Dezember 1989 bis Juni 1990, von fast einer Million auf nur noch 350.000 absackte und die der »Jungen Welt« sogar von 1,5 Millionen auf 400.000.
Im Westen fühlten sich in dieser Situation viele daran erinnert, wie auch dort die Parteienpresse nach dem Zweiten Weltkrieg bis zur Bedeutungslosigkeit verloren hat. Die Menschen, wenn sie die Wahl haben, wollen unabhängige Zeitungen. Sie haben keine Neigung, sich politisch indoktrinieren zu lassen.
»Die Menschen« – das sagt sich heute so leicht hin. Wo dieser Begriff konkret gemeint ist, als Abonnent Müller und als Abonnentin Weber, da war das *das* Startproblem überhaupt, mit dem alle zu tun hatten, die in den neuen Bundesländern am Aufbau der neuen Zeitungslandschaft mitwirkten.
In unserem Fall, bei der Zeitungsgruppe Thüringen, war das nicht anders; es ist nur etwas eleganter gelaufen als anderswo.
Wie wir an unsere Abonnenten gekommen sind, das ist eine Geschichte

für sich, und sie ist so originell, daß sie verdient, festgehalten zu werden – als Beispiel für jenen Erfindungsreichtum, der nicht nur in Ausnahmesituationen erfolgreiche Häuser von weniger erfolgreichen unterscheidet.
Ich erzähle die Geschichte am Beispiel von Gera in Ostthüringen, wo unser Pilotprojekt zum Aufbau eines Stadtvertriebs mit rund 70.000 Auflage lief.

Von der Unkenntnis zur Abonnenten-Adresse

Die Adressen der Zeitungsbezieher kannte wie gesagt nur die DDR-Post, und die stellte sich zu Beginn unserer Verhandlungen auf den Standpunkt, die Abonnenten gehörten ihr. Mit Mühe und dank einer gemeinsamen Reise in den Westen haben wir den Postbeamten dann klargemacht, daß eine Zeitung, und ganz besonders eine Regionalzeitung, ihren eigenen Vertrieb haben müsse.
Wir konnten den Postamtsleiter dazu bewegen, die Adressen der Abonnenten aufschreiben zu lassen. Für jede Adresse bekamen sie einen Groschen. So sind wir nach und nach an 70.000 Adressen in Gera gekommen, die wir natürlich alle sorgfältig in unserer EDV erfaßten.
Parallel hieß es Zusteller finden, und in vielen Fällen konnten wir die Postboten zusätzlich für diese Aufgabe gewinnen, die am Anfang den Auftrag einschloß, jeden einzelnen Bezieher persönlich zu besuchen und einen Abo-Auftrag von ihm zu bekommen. Das war gar nicht so einfach in einer Zeit, in der sehr viele schräge Vögel mit der Unerfahrenheit der ehemaligen DDR-Bürger dubiose Haustürgeschäfte machten und die Leute, inzwischen auch aufgeklärt durch unsere eigenen Zeitungen, mißtrauisch geworden waren.
Darum statteten wir jeden unserer Zusteller mit einem Ausweis aus und kündigten die Besuche wieder und wieder in der Zeitung an, nicht ohne das auszufüllende Formular dabei abzubilden.
An einige Zeitungsbezieher kamen wir trotz aller dieser Bemühungen nicht heran. Da half nur noch eines: die Warnung im Blatt, daß, wer jetzt nicht bald unterschreibe, demnächst seine Zeitung nicht mehr geliefert be-

komme. Als es dann so weit war und einige ehemalige Bezieher tatsächlich keine Zeitung mehr bekamen, führte das zu den einzigen Menschenschlangen vor Zeitungsgeschäftsstellen, die ich in meinem Leben je gesehen habe.

Vom rechtsfreien Raum zu klaren Verhältnissen

Im Nachhinein betrachtet bewegten wir uns damals, unmittelbar nach der Wende, in einem merkwürdig rechtsfreien Raum. Viele erfolgreiche Kooperationen zwischen Ostzeitungen und Westverlagen begannen ja einfach nur mit Hilfe, Hilfe an allen Ecken und Enden. So auch bei uns. Mal schafften wir eine Ladung Werbemittel in den Osten, dann Pinsel, Farbe und Tapeten und was man sonst für die Renovierung von kundenfreundlichen Räumen braucht, dann Computer als Reaktion auf den wachsenden Wunsch nach Anzeigen in der Zeitung, der ohne zeitgemäße Satztechnik gar nicht zu befriedigen war.

Es muß wohl das persönliche Vertrauen, geboren aus dieser Hilfe ohne daraus abgeleiteten Anspruch, gewesen sein, das die Redaktionen, die während der Wende Mitarbeitergesellschaften gegründet haben, bewog, in Verhandlungen mit den Westverlagen einzutreten, um sich dann, wie in unserem Fall, den verlagswirtschaftlichen Fähigkeiten ihres Partners anzuvertrauen.

Natürlich hatte auch die Treuhandanstalt in Berlin, deren Aufgabe es ja war, das DDR-Vermögen bestmöglich zu vermarkten, ein gewichtiges Wort in diesen Fragen mitzureden. Dennoch ist es natürlich kein Zufall, daß die ehemaligen SED-Bezirkszeitungen in der Regel dort zu den Westverlagen fanden, wo es gute und verläßliche persönliche Beziehungen gab. Oft haben auch bedeutende Politiker allein durch ihre Herkunft für den nötigen Goodwill gesorgt – der Pfälzer Helmut Kohl etwa in der Verbindung Freie Presse, Chemnitz, mit der Rheinpfalz in Ludwigshafen oder der aus Halle an der Saale stammende Hans-Dietrich Genscher in der Verbindung zwischen der Mitteldeutschen Zeitung und dem Kölner Verlagshaus M. DuMont-Schauberg.

Von der Subvention zum selbstverdienten Geld

Die Redakteure, die zu DDR-Zeiten alle ihr Gehalt von der ZENTRAG in Berlin bekommen hatten, hatten schnell verstanden, daß die Verlage, die früher subventioniert wurden, nun ihr Geld selbst verdienen mußten, und das bedeutete, die Zeitungen so gut zu machen, daß die Leute freiwillig Geld dafür ausgaben und die Anzeigenkunden sie gern benutzten, um ihre Werbebotschaften über dieses Medium zu verbreiten.
Es war klar, daß es dazu gewaltiger Investitionen in die Produktqualität bedurfte. Mit Blättern von acht Seiten Umfang, trist und ohne Farbe gedruckt, konnte man in der neuen Welt mit ihrem neuen Wettbewerb nicht bestehen. Aber Umfänge von 68 Seiten und durchgehende Farbigkeit, wie sie heute an der Tagesordnung sind – das konnten nur potente und erfahrene Partner bieten.

Vom »Ossi« zum »Thüringer« und zum »Sachsen«

Doch alle wirtschaftliche Potenz und alle Erfahrung wäre nichts wert gewesen ohne Vertrauen, und das ist – wie ich mit Freude feststelle – nicht nur im Hause Zeitungsgruppe Thüringen, sondern auch in den anderen großen Zeitungshäusern der neuen Bundesländer zwischen den Töchtern im Osten und den Müttern im Westen über die Jahre so gewachsen, daß es schon lange keine »Wessis« und »Ossis« mehr gibt, sondern nur noch Rheinländer, Westfalen und so weiter hier und Thüringer, Sachsen und so weiter dort.
Bleibt die Frage, wieso die Versuche ebenfalls großer und erfahrener Zeitungshäuser, in den neuen Bundesländern direkt nach der Wende mit neuen, eigenen Blättern zu reüssieren, außer bei ganz wenigen kleinen Lokalzeitungen durch die Bank gescheitert sind und sich stattdessen die generalüberholten, nach der Wende oft unter neuem Namen erscheinenden DDR-Altzeitungen am Markt durchgesetzt haben.

Von der Illusion zum Marktgesetz

Von Fall zu Fall mag es daran gelegen haben, daß das eingesetzte Team nicht aus ortskundigen Leuten bestand und mithin mit der Mentalität der Region zu wenig vertraut war, um eine erfolgreiche Zeitung machen zu können. Wahrscheinlicher ist aber, daß sich auch hier wieder ein altes Marktgesetz der Zeitungslandschaft bewahrheitet hat, und das heißt: Es ist fast unmöglich, gegen eine Erstzeitung mit Tradition zu gewinnen.
Die Bindung der Leser an eine Heimatzeitung kann so groß sein, daß sie sogar längere Zeiten des Nichterscheinens dieser Zeitung übersteht. Nur so ist es ja zum Beispiel zu erklären, daß im Westen nach dem Zweiten Weltkrieg die Altzeitungen, die erst ab 1949, nach dem Fall des Lizenzzwanges, wieder erscheinen durften, an nicht wenigen Plätzen den inzwischen am Markt etablierten neuen Zeitungen ihre alte Marktposition wieder abtrotzen konnten. Eine neue Zeitung mußte schon – wie die WAZ, die größte unter den Lizenzzeitungen – sehr gut und sehr erfolgreich sein, um das Wiederaufkommen der Altzeitungen als Sieger zu überstehen.

Von der Monokultur zur Vielfalt

Wenn ich mich frage, was wir bei der Zeitungsgruppe Thüringen richtig gemacht haben, um aus dem Wettbewerb im Zeitungsmarkt der neuen Bundesländer erfolgreich hervorzugehen, dann darf ich einen Punkt nicht vergessen, der von höchster medienpolitischer Bedeutung ist: Wir haben die Pluralität der von uns zu gestaltenden Zeitungslandschaft gesichert.
Das heißt nichts weniger, als daß wir den Lesern an den meisten Plätzen eine Zeitungsalternative ermöglichen, und dies, obwohl das den beteiligten Partnern rein betriebswirtschaftlich nicht immer auf Anhieb vernünftig erscheinen mag. So kann der Leser zum Beispiel in Erfurt zwischen der Thüringer Allgemeine und der Thüringischen Landeszeitung wählen und in Jena zwischen der Ostthüringer Zeitung und der TLZ. Noch in kleinsten Lokalausgaben halten wir es ganz überwiegend mit dem Prinzip des redaktionellen Wettbewerbs.

Dahinter steckt natürlich mehr als nur unser Vergnügen an einer möglichst vielfältigen Zeitungslandschaft. Wir wären keine Tochter des WAZ-Konzerns, wenn nicht auch wirtschaftliches Kalkül mitspielte. Und das heißt hier ganz schlicht: Wettbewerb ist gut für die Produkte und damit auch gut fürs Geschäft. Außerdem ist ein Markt, auf dem sich bereits zwei Zeitungen tummeln, kaum noch ein geeigneter Platz für weitere Wettbewerber.

Vom Mißtrauen zur Glaubwürdigkeit

Zu den Erfolgsprinzipien des WAZ-Konzerns und seiner Töchter hat es aber stets, und so auch in den neuen deutschen Bundesländern, gehört, all jene Dienstleistungen zentral zu organisieren, die den redaktionellen Inhalt einer Gruppe von Zeitungen nicht tangieren. Dazu gehört neben der Technik und dem Vertrieb der Anzeigenverkauf. Von Anfang an haben wir den Flächentarif praktiziert, das heißt, man konnte bei uns auch in den Städten der ehemaligen DDR nicht etwa eine bestimmte Zeitung mit Anzeigen belegen, sondern stets nur die an diesem Platz von uns betreuten Zeitungen, Betonung auf dem Plural. Was mich zurückführt an den Beginn meines Beitrages: das Erlebnis in der Staatskanzlei bei der Vergabe des Thüringer Gründerpreises. Denn was die jungen Thüringer Unternehmen dort gewonnen haben, war nicht etwa, wie es sonst bei solchen Wettbewerben üblich ist, Bargeld. Nein, sie erhielten von uns Anzeigenvolumina in unseren Zeitungen – wohl wissend, daß ein Unternehmen nur dann groß werden kann, wenn es hervorragende Produkte oder Dienstleistungen anbietet, wohl wissend aber auch, daß das alles nichts nützt, wenn diese Produkte und Dienstleistungen nicht hinreichend beworben werden.
Es gehört zu meinen schönsten Erfahrungen als Geschäftsführer der größten Gruppe regionaler Abozeitungen in den neuen Bundesländern, daß die ehemaligen DDR-Bürger dies mit so rasanter Geschwindigkeit gelernt haben, und es erfüllt mich mit Freude für ein faszinierendes Produkt, daß die Zeitungen inzwischen auch in den neuen Bundesländern als das glaubwürdigste aller Medien angesehen werden und mithin auch als der in seiner Wirkung durch nichts zu übertreffende Werbeträger.

Gregor Gysi

Über die Rolle der PDS im vereinigten Deutschland

Im Osten ein beachtlicher, im Westen ein nicht zu unterschätzender Einflußfaktor

Jedes Ende birgt die Chance eines neuen Anfangs in sich. Als die SED im Herbst und Winter des Jahres 1989 als Staatspartei wie ein Kartenhaus zusammenbrach, stand für viele Mitglieder die Frage: Was nun? Ein Teil der Mitglieder trat laut oder leise aus der Partei aus, ein anderer sandte die Mitgliedsbücher an die noch existierenden Strukturen zurück, und wiederum ein anderer, damals noch der größte Teil der Mitgliedschaft, drängte auf eine Neugeburt, einen neuen Anfang. Es gab verschiedene Vorschläge. Zwei blieben übrig: Auflösung der SED und Zurückführung auf den Ausgangspunkt 1946 – Wiedergründung von KPD und SPD. Dafür gab es viele Fürsprecher, der Vorschlag scheiterte an den Interventionen der SPD der BRD, der SPD der DDR und nicht zuletzt am Einspruch der KPdSU. Es blieb der Vorschlag der Umgestaltung der zentralistischen SED in eine demokratische, neue sozialistische Partei, denn immerhin hatte die Partei noch mehr als anderthalb Millionen Mitglieder, einen über 40.000 Mitarbeiterinnen und Mitarbeiter umfassenden hauptamtlichen Funktionärskörper, eine beträchtliche Anzahl von Betrieben, Institutionen und Einrichtungen. Eine

Staatspartei löst man nicht auf wie einen Verein. Die uns das heute noch als verkannte oder verhinderte Möglichkeit vorwerfen, verkennen den Ernst der Situation, welche die Auflösung der ehemaligen Staatspartei für einen friedfertigen Übergang zu neuen staatlichen und gesellschaftlichen Formen und Strukturen heraufbeschworen hätte. So entschied sich eine große Mehrheit des Sonderparteitages der SED im Dezember 1989 für eine demokratische Neugeburt der Partei und ihre Umbenennung in »Partei des Demokratischen Sozialismus«. Die Partei wurde in kurzer Zeit zum Schmuddelkind der Nation, ihre Mitglieder zum verbalen Abschuß freigegeben. Viele hielten diesen Bruch nicht aus und kapitulierten vor den Angriffen; anderen war die Richtung einer wirklich demokratischen Umgestaltung der Partei nicht genehm, nicht wenige gingen aus Opportunismus. Es gab also ehrenwerte und weniger ehrenwerte Motive. So reduzierte sich die Mitgliedschaft bis Ende der neunziger Jahre auf knapp unter 100.000, davon waren viele früher in der SED. Auch darauf baut sich die Bezeichnung der PDS als »Nachfolgepartei« in fast jeder Meldung und Information der Medien, in den Diskussionen an den Stammtischen und in den Parlamenten auf. Andererseits bedeuten die genannten Zahlen, daß weniger als fünf Prozent der Mitgliedschaft der SED heute in der PDS versammelt sind. Wo sind eigentlich die verbliebenen 95 Prozent gelandet, und warum bedauern alle anderen Bundestagsparteien, daß sie ihre Mitgliederlisten nicht früher für ehemalige SED-Mitglieder geöffnet haben? Es scheint in der Diskussion um die »Nachfolgepartei« doch etwas schwieriger zu sein, als manche außerhalb vermutet haben.

Aus der mehrfach totgesagten PDS ist inzwischen eine Partei geworden, die im Osten ein beachtlicher, im Westen ein nicht zu unterschätzender Einflußfaktor geworden ist. »Wenn es die PDS nicht gäbe, müßte man sie erfinden – aber nur aus einem einzigen Grund: Weil der deutsche Westen den deutschen Osten vor allem via PDS wahrnimmt. Gäbe es die PDS und ihre Erfolge nicht, dann wäre der gemeine Westdeutsche an der Entwicklung der jungen Bundesländer ungefähr so interessiert wie an Neuigkeiten aus dem Landkreis Rhön-Grabfeld«, so der Kommentator der Süddeutschen Zeitung, Heribert Prantl. Er hat Recht, aber die Partei ist inzwischen mehr. Die PDS ist heute – so die überwiegende Auffassung in der Politikwissenschaft – eine demokratische Partei, sie ist eine ostdeutsche Volkspartei, hat ihren festen Platz im bundesdeutschen Parteiensystem aber auch dadurch gefunden, daß sie das politische Spektrum um eine Kraft links von der SPD bereichert.

Wer sich wirklich ernsthaft auf die Suche begibt, worin die Gründe für die Akzeptanz der PDS liegen, warum sie die einzige bundespolitische Partei ist, die – mit einer Ausnahme – seit der Wende bei allen Wahlen auf der Ebene des Bundes und der Länder, bei Europa- und Kommunalwahlen zugelegt hat, warum sie gebraucht wird, kommt nicht umhin, eine differenzierte Bewertung der PDS, ihrer Mitgliedschaft und ihrer politischen Inhalte, ihres Selbstverständnisses und ihrer Visionen vorzunehmen. Da reicht es nicht, nur festzustellen, daß die Uhren im Osten der Republik zehn Jahre nach dem Fall der Mauer noch immer anders gehen. Und wer gar die Partei unter der Überschrift »rotlackierte Faschisten« mit rechtsextremen Parteien gleichsetzt, hat schlicht keine Ahnung oder ist böswillig, läßt politische Kultur mit Absicht verludern.

Wer sich ernsthaft und ohne vorgefaßte Meinung mit der Geschichte der DDR beschäftigt, wird schnell feststellen können, daß die SED 1946 zunächst einen Neubeginn verkörperte, schon in den achtziger Jahren kein monolithischer Block mehr war, daß Mitglieder der SED einen eigenen Anteil an der friedlichen Herbstumwälzung 1989 hat-

Gregor Gysi mit einem frischgedruckten Plakat auf der Wahlparty seiner Partei am Abend des 27.9.1998 in Berlin. Der PDS war mit knapp 5 Prozent der Einzug in den Bundestag gelungen.

ten. Das Loyalitätsgefüge innerhalb der SED war bereits 1987/88 zusammengebrochen. Der Aufbruch zu einem demokratischen Sozialismus erfolgte in der Bürgerbewegung, aber auch aus den Reihen der SED. Die Erfolge der PDS erklären sich vornehmlich aus ihrer Erneuerung und aus ihrer Nähe zu Bürgerinnen und Bürgern. Nie bestand die Gefahr des Entstehens eines neuen Linksextremismus durch sie – eine beachtliche Leistung der PDS. Sie bekannte sich im Gegensatz zu anderen politischen Parteien zu ihrer Verantwortung, zu ihrer Schuld, und sie versuchte schon in ihrer Konstituierungsphase, die Ursachen für Stalinismus und Poststalinismus aufzudecken, und entschuldigte sich beim Volk der DDR. Manches war unvollkommen, manches auch halbherzig, aber es geschah und wurde von den Bürgerinnen und Bürgern der DDR zur Kenntnis genommen. Das ist einer der Gründe, warum über zwei Drittel der Ostdeutschen die PDS inzwischen als normale demokratische Partei ansehen und sie nicht als linksextremistische Partei ablehnen.
Die PDS hat sich bundesweit einen Ruf als Partei der sozialen Gerechtigkeit, als Antikriegspartei und als Partei der Ost-West-Angleichung schwer erarbeitet. Für viele Ostdeutsche ist die PDS auch ein Stück Heimat, das man nicht verlieren möchte, sie ist nicht nur politisch, sondern auch soziologisch, kulturell und organisatorisch in der ostdeutschen Gesellschaft fest verankert. Sie ist die Partei, die sich von ihrer Mitgliedschaft und Geschichte her am überzeugendsten für gleiche Lebenschancen der Ostdeutschen einsetzt. Sie wird im Osten als wichtiges demokratisches Gegengewicht zu der erdrückenden Übermacht der West-Parteien und als Anwältin der Interessen der Ostdeutschen wahrgenommen. Daraus entsteht eine gewichtige Verantwortung für die Gestaltung der Einheit Deutschlands. Die Zweifelnden, die Enttäuschten und die in ihren Rechten Beschränkten mit auf den Weg in das größere Deutschland zu nehmen, ist eine anerkennenswerte Arbeit der PDS. Und nicht zuletzt macht sie das auch für viele Westdeutsche interessant. Denn viele ostdeutsche Probleme sind künftig auch westdeutsche Probleme. Trotz des identitätsstiftenden westdeutschen Antikommunismus, der Vorbehalte und der kulturellen Differenz sehen immer mehr Westdeutsche in der PDS eine notwendige soziale und demokrati-

sche Opposition. Mag diese Akzeptanz zunächst als Äußerung von Protest verstanden werden, liegt es in der Hand der PDS selbst, ihre Kompetenzbewertung durch realistische Politikangebote auch im Westen zu erhöhen.

Wahlkampf der PDS im Berliner Stadtbezirk Prenzlauer Berg im April 1990.

Das Bemühen der PDS, den Platz einer demokratischen, sozialistischen Partei im nun größer gewordenen Deutschland auszufüllen, findet zunehmend in Ost und West Akzeptanz. Mit der endgültigen Etablierung der PDS im bundesdeutschen Parteiensystem ist die Bundesrepublik europäischer, normaler geworden. Was in vielen Ländern Europas gelebte Normalität seit Jahrzehnten ist, muß in Deutschland mühsam erkämpft werden. Nicht wenige Bürgerinnen und Bürger der Bundesrepublik verstehen, daß auch hier eine links von der SPD stehende Partei gebraucht wird, und zwar um so mehr, als diese in die Mitte rückt. Wäre die PDS nur die umbenannte SED, könnte sie die Sozialdemokratie kaum in Verlegenheit bringen. Aber sie ist eben auch etwas von heute und morgen. Die Geschichte hat viele Fragen unseres Jahrhunderts noch nicht beantwortet, sie nimmt einen ganzen Fragebogen mit ins nächste Jahrhundert.

Wer über den Osten redet, muß heute auch über die PDS reden. Auch wenn sie vielfach noch als Reparaturbrigade zur Behebung von Wendeschäden betrachtet wird, hat sie sich auf den Weg zu einer bundesweiten sozialistischen Partei begeben. Sie leistet in den Kommunen eine beachtenswerte Arbeit, sie hat in Sachsen-Anhalt und in Mecklenburg-Vorpommern ihre landespolitischen Feuertaufen bestanden, sie wirft bundespolitisch Fragen auf, die in anderen Parteien nicht diskutiert werden, sie findet bei anderen Parteien Europas zunehmend Anerkennung, sie bemüht sich um eine demokratische Oppositionskultur – mit all dem leistet sie einen Beitrag, den andere Bundestagsparteien so nicht leisten wollen oder können. Indem ihre Existenz allmählich als Normalität empfunden wird, werden auch die kulturellen und sozialen, die geistigen und föderalistischen Mauern in Deutschland kleiner werden. Allein das könnte ausreichen, sich zu freuen, daß es in der Bundesrepublik eine Partei des demokratischen Sozialismus gibt, soweit sie fortfährt, sich demokratisch, programmatisch und kulturell zu erneuern.

Karl-Günther von Hase

Großbritannien und die Wiedervereinigung

Britische Erwartungen und Befürchtungen gegenüber einem wiedervereinigten Deutschland hängen weitgehend davon ab, welche Erfahrungen das Vereinigte Königreich mit der Deutschen Einheit seit dem Ausgang des 19. Jahrhundert gemacht hat.
Disraeli sagte 1871 als Vertreter der Konservativen im Unterhaus: »Die Ergebnisse des Krieges 1870/71 haben die ›Balance of Power‹ vollständig zerstört. England werde unter den Folgen der deutschen Einheit am meisten zu leiden haben. Nicht ein einziger Grundsatz in der Führung der britischen Außenpolitik habe noch Bestand. Man sehe sich einer neuen Welt, neuen Einflüssen, neuen und bisher unbekannten Faktoren und Gefahren gegenüber.«
Einige Zeitgenossen Disraelis sahen es anders. So schrieb Lord Salisbury 1877 an Bismarck: »Keine anderen zwei Länder haben so wenige Rivalitäten und so viele gemeinsame Ziele, und daher sollte zwischen keinen anderen zwei Ländern die Verständigung so gut sein. Wir sind in der Tat die einzige Nation nördlich der Alpen, die mit uneingeschränkter Genugtuung dem Erfolg des Deutschen Reiches zusehen konnte.«
Insbesondere für Deutschland tragisch hat sich dann die düstere Prognose von Disraeli erfüllt. Das Beispiel zeigt, daß die nachbarliche Einschätzung weitgehend von der jeweiligen eigenen Interessenlage des Betrachters abhängt. Unter Völkern sollte man daher nicht euphorisch von »Freunden«, sondern von »Interessen« reden.

Churchill hat das Grundgesetz der Interessenpolitik sehr unbefangen in seinen Memoiren formuliert: »Wir müssen bedenken, daß die Politik Englands sich nicht danach richtet, welche Nation die Herrschaft über Europa anstrebt. Es handelt sich nicht darum, ob es Spanien ist oder die französische Monarchie oder das französische Kaiserreich oder das deutsche Kaiserreich oder das Hitlerregime. Es handelt sich nicht um Machthaber oder Nationen, sondern lediglich darum, wer der größte oder potentiell dominierende Tyrann ist. Wir sollten uns daher nicht vor der Beschuldigung fürchten, daß wir eine profranzösische oder antideutschte Einstellung hätten. Wenn die Verhältnisse umgekehrt lägen, könnten wir ebenso deutschfreundlich und antifranzösisch sein. Wir folgen einem Gesetz der Politik, nicht einer bloßen Zweckmäßigkeit, die durch zufällige Umstände, Neigungen oder Abneigungen oder andere Gefühle bestimmt wird.« Das heißt auf heute bezogen, es gibt in den Augen der Briten nur eine Rechtfertigung für Großbritanniens Präsenz in Europa: Sie muß den britischen Interessen dienen. Nach einem Bekenntnis der Briten gibt es für sie keine moralischen oder philosophischen Gründe für die EU-Mitgliedschaft. Die Erwartungen und Befürchtungen, die Großbritannien gegenüber der Wiedervereinigung Deutschlands hat, werden folgerichtig allein von den Interessen Großbritanniens bestimmt.

Die ersten Reaktionen auf die für alle Beteiligten überraschend gekommene Wiedervereinigung waren in Großbritannien nicht unfreundlich. Insbesondere der Fall der Mauer wurde von einer deutlichen Mehrheit der britischen Bevölkerung begrüßt. Weniger in der Bevölkerung als im Kreis der Führungseliten setzte dann aber eine kritischere Beurteilung der möglichen Folgen einer deutschen Wiedervereinigung für Großbritannien ein. In der Bevölkerung bildeten sich vier zahlenmäßig schwankende Gruppen: Befürworter, Abwartende, Gleichgültige und aktive Gegner.

An der Spitze der Kritiker, und zeitweise in aktiver Gegnerschaft, stand die damalige (1979 – Nov. 1990) Premierministerin Margaret Thatcher, die sich gegenüber der Presse und in ihren Memoiren zu dieser Politik unmißverständlich bekannt hat. In der britischen Geschichte wird Margaret Thatcher immer einen wichtigen und ehrenvollen Platz einnehmen. In

Deutschland sah sie ein traditionell expansives Land und die Europäische Gemeinschaft in der Gefahr durch ein wiedervereinigtes Deutschland dominiert zu werden. In ihrer Sorge um die Unabhängigkeit Großbritanniens ging sie so weit, auf ihrem Landsitz Chequers ein Seminar mit hochkarätigen britischen Historikern über den deutschen Volkscharakter abzuhalten. Hierüber ist in der Presse beider Länder viel berichtet worden. Es bleibt festzuhalten, daß Margaret Thatcher das Recht, eine solche Konferenz abzuhalten, nicht bestritten werden kann. Das Gesamtergebnis der Diskussion war offenbar nicht eindeutig. Natürlich wurden dabei auch die in der britischen Boulevardpresse oft zitierten, wenig schmeichelhaften, angeblich den Nationalcharakter der Deutschen repräsentierenden Eigenschaften wie Angst, Agressivität, Überheblichkeit, Rücksichtslosigkeit, Selbstgefälligkeit, Minderwertigkeitskomplex, Sentimentalität u. a. erörtert. Aber bemerkenswert und wichtiger war eine Übereinstimmung der Teilnehmer, daß Westdeutschland sich nach 1945 gewandelt habe und eine verläßliche Demokratie geworden sei. Es wurde auch nicht unterstellt, daß eine Vereinigung Deutschlands, die zum Zeitpunkt der Chequers-Konferenz (24.03.1990) noch nicht perfekt war, die positive Entwicklung Deutschlands negativ beeinflussen würde.

Margaret Thatcher ist ihrer kritischen Einstellung zu Deutschland und Europa treu geblieben. Bis zuletzt hat sie versucht, Verbündete für ihre negative Haltung zur Wiedervereinigung Deutschlands zu gewinnen. Das hat wohl auch zu ihrem Sturz Ende November 1990 beigetragen. Edward Heath, ihr innerparteilicher Gegner und Vorgänger als Chef der Konservativen Partei, der Großbritannien in die EG geführt hatte, urteilt in seinen kürzlich (1998) erschienenen Memoiren über Margaret Thatchers Haltung zur Wiedervereinigung wie folgt: »Unterstützung für die Einheit Deutschlands war seit den späten vierziger Jahren ein ständiges Charakteristikum der britischen Außenpolitik. Durch das Aufgeben dieser Politik unterminierte Frau Thatcher ›auf einen Schlag‹ (at a stroke) das Vertrauen, das eine ganze Generation von deutschen Politikern in uns gesetzt hat.

Westdeutschland hatte stets als Musterschüler (model member) der Euro-

päischen Gemeinschaft gehandelt und ein vereintes Deutschland hatte keinen Plan, Europa zu dominieren (taking over Europe).«
John Major, der konservative Nachfolger Margaret Thatchers, gewann die Wahl zum Parteivorsitz. Er begann die Einstellung Großbritanniens zu Europa zu verbessern. Seine erste, wichtige Auslandsreise als Premierminister führte ihn nach Bonn, wo er erklärte, der »Platz Großbritanniens liegt im Herzen Europas«. Diese Aussage blieb aber mehr Rhetorik als konsequente und faktische politische Neuorientierung. Hierzu fehlte Major eine sichere Mehrheit im Unterhaus. Er mußte ständig besorgt sein, die antieuropäische Minderheit in der Konservativen Partei, die weiterhin die Meinung Margaret Thatchers vertrat, in seine Politik miteinzubinden. Alle seine Versuche, die Euroskeptiker in seiner Partei zu isolieren, scheiterten.
Viele Briten scheuen sich davor, Souveränitätsrechte aufzugeben und Mitglied eines politisch integrierten Europas zu werden. Sie sind höchstens zu einer Freihandelszone mit starkem britischen Einfluß bereit. Einige Inselbewohner würden sich sogar lieber den USA anschließen, »wo man sich als neuer Staat hinter Hawaii wohler fühlen würde, als in der EU.«
Eine deutlichere Änderung der britischen Europapolitik kam erst mit Tony Blair, dem neuen Parteivorsitzenden der Labour Partei. Er kündigte unter Beibehaltung mancher alter Standpunkte seiner Partei vor allem eine neue Steuer- und Europapolitik an. Nicht zuletzt damit gewann er die Wahlen zum Unterhaus am 1. Mai 1997 mit großer Mehrheit. Die zentrale Frage für die neue Labour-Regierung war die Wirtschafts- und Währungsunion. Noch vor der Wahl zum Unterhaus hatte Labour erklärt, daß über die Teilnahme an der Wirtschafts- und Währungsunion ein nationales Referendum abgehalten werden müsse und daß eine britische Mitgliedschaft gleich von Beginn der Euro-Einführung an wenig wahrscheinlich sei. Die Verpflichtung zu einem Referendum vor dem Beitrittsentscheid hängt bis zum heutigen Tage wie ein Damoklesschwert über der Labour-Regierung. Ein negativer Ausgang eines solchen Referendums ist nicht auszuschließen, denn nach Meinungsumfragen lehnen etwa zwei Drittel der Wähler und einflußreiche euroskeptische Medien die Aufgabe des Pfundes für den

Eine deutliche Änderung erfuhr die britische Europapolitik erst unter Premierminister Tony Blair, hier auf dem G-8-Gipfel 1999 in Köln, wo ihn eine begeisterte Menschenmenge feierte.

Euro ab. Es bleibt aber festzustellen, daß die Regierung Blair sich zu einer Politik verpflichtet hat, die Großbritannien näher an Europa heranführt, und diese mit viel Geschick und Flexibilität betreibt.

Die Frage nach den Erwartungen und Befürchtungen Großbritanniens gegenüber dem wiedervereinigten Deutschland hängt letzten Endes davon ab, wie sich die Zusammenarbeit beider Länder in Europa gestalten wird und welches Gewicht sie dabei ihren eigenen Interessen geben werden. Kompromißbereitschaft ist von beiden sowohl im nationalen wie auch im gemeinsamen europäischen Interesse gefordert. Die Frage, wo diese Interessen liegen, muß ständig überprüft und in unserer wechselvollen Welt von Zeit zu Zeit neu definiert und neuen Entwicklungen angepaßt werden.

Ein Blick in die mittelfristige Zukunft der Einstellung Großbritanniens zur Wiedervereinigung ist durchaus ermutigend. Die Schatten der Vergangenheit zweier Weltkriege werden kürzer und moderne Kommunikationsmittel, von denen die Jugend in beiden Ländern mehr und mehr Gebrauch macht, werden helfen, nationale Grenzen, Vorurteile und gegenseitige Unwissenheit zu überwinden. Das gemeinsame Interesse Großbritanniens und Deutschlands fordert, diese Möglichkeiten zu nutzen und eine Politik zu betreiben, die die Welt sicherer, gerechter und anständiger macht.

Volker Hassemer

Stadtplanung für das vereinte Berlin

I. Der Niedergang der DDR war unter anderem auch im Stadtbild, in der Stadtsubstanz des ehemaligen Ostberlin abzulesen. Es war deshalb eine außergewöhnliche, nicht nur finanzielle Herausforderung, die auf das vereinte Berlin dort wartete. Einen hohen Prozentsatz unserer Anstrengungen, unserer Ideen und eben auch unserer materiellen Mittel hatten wir deshalb dort zu investieren; weit mehr als es dem Flächenanteil des Ostteils an der Gesamtstadt entsprach.
Dieses besondere Problem wurde so aber auch eine besondere Entwicklungschance für das ganze Berlin. Nach Abschluß der großen Bauphase wird das ehemalige Ostberlin das modernste Berlin sein. Berlin wird mit seinem östlichen Teil über besonders moderne, aktuell modernisierte Stadtbereiche verfügen. Was in Berlin in den vorangegangenen Jahrzehnten ein besonderes Problem war, erwies sich zuweilen nach 1989 als besondere Chance.

II. Dies begann schon damit, daß uns der Neuanfang im durch Teilung und eben auch noch seit dem Kriegsende zerstörten und zerrissenen Berlin die Möglichkeit eröffnete, nach unseren Analysen und Zielsetzungen die Lage des wichtigsten, des 1-A-Zentrums der Stadt neu zu definieren. Wir legten es dorthin, wo die Stadt die beste räumliche Dimension dafür hatte, wo sie am großstädtischsten war und noch weiter werden konnte: in das östliche Zentrum, rund um die Spreeinsel, zwischen Brandenburger Tor und Alexanderplatz.

Am neuen Grenzübergang Potsdamer Platz sichert auf der linken Seite ein West-Berliner Polizeibeamter und auf der rechten Seite ein DDR-Volkspolizist das Geschehen ab. Nach 28 Jahren der Abriegelung wird die innerdeutsche Mauer teilweise abgerissen und mit der Öffnung neuer Sektoren- und Grenzübergänge begonnen.

DDR-Volkspolizisten bewachen am 11.11.1989 die Ostseite der Mauer am Brandenburger Tor, während sie von tausenden Schaulustigen auf der Mauer beobachtet werden.

Zeichen der Wiedervereinigung: Ein nach Westen fahrender DDR-Bürger tauscht mit einem Passanten der BRD einen Händedruck. Am 11.11.1989 durften DDR-Bürger erstmals seit 28 Jahren den Autobahn-Grenzübergang Helmstedt/Marienborn ungehindert in Richtung Westen passieren.

Bis zu einer Million Menschen strömten bis zum 12.11.1989 aus Ostberlin zu Fuß oder im Auto über die bestehenden Sektorenübergänge nach Westberlin.

Menschen aus ganz Deutschland feierten am 10.11.1989 vor dem Brandenburger Tor die Öffnung der Grenzen. Tausende kletterten auf die Mauer, die Berlin 28 Jahre durchtrennt hatte.

»Writings on the wall«: Der 18.3.1990 – »Das Datum!!!« – Der Tag, an dem in der DDR die ersten freien Volkskammerwahlen stattfanden.

Geschichte wird entsorgt. Eine Ideologie hat abgedankt, was bleibt, sind leere Phrasen.

Dieser Protest blieb ungehört – die überwältigende Mehrheit der Deutschen feierte den 3.10.1990.

Aufbruchstimmung 1989 in der DDR. Großdemonstrationen auf dem Alexanderplatz am 4.11.1989. Niemand ahnte, daß schon wenige Tage später die Mauer fallen sollte.

Ein Jahr später: Am 4.11.1990 protestieren Tausende auf dem Berliner Alexanderplatz gegen den Abbau sozialer Sicherung.

Am 30.6.1989, einem Tag vor der Währungsunion, geben die Ostberliner mit vollen Händen ihr letztes DDR-Geld aus.

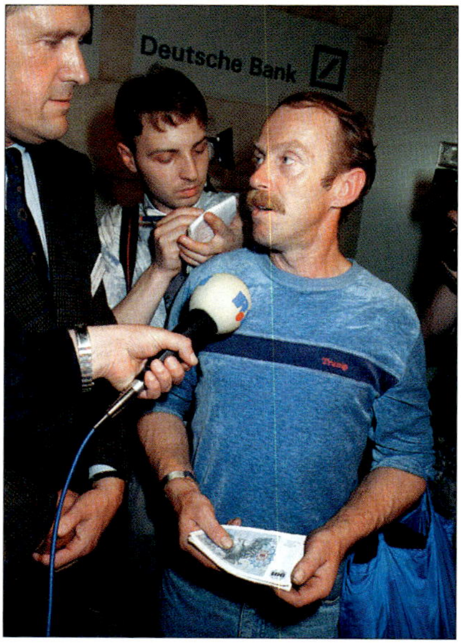

Ein 41jähriger Kohlenfahrer aus Berlin erhält als erster DDR-Bürger am 1.7.1990 um 0.00 Uhr bei der Bank seine 2.000 DM.

Hier ist Berlin die große Stadt, hier kann sie noch stärker dazu werden. Die Umgebung von Kurfürstendamm und Gedächtniskirche reicht da nicht heran. Das westliche Zentrum wird auch in Zukunft attraktiv sein mit seiner stabilen und vielfältigen Funktionsmischung, mit der wunderbaren Dimension des Ku'damms und vor allem auch seiner Nebenstraßen. Die große Geste Berlins ist aber eher im östlichen Teil zu finden und möglich. Diese politische Entscheidung korrigierte eine Entwicklung, die nicht erst nach dem Zweiten Weltkrieg ihren Anfang hatte. Schon nach dem ersten, mit dem Ende der Kaiserzeit, war das Berliner Zentrum aus dem Osten in den bürgerlichen Westen gewandert. Nach dem Fall der Mauer ergab sich nun die historische Möglichkeit der Korrektur. Und damit war zugleich eine Leitlinie für andere wichtige Entwicklungen vorgegeben:

a) Insbesondere natürlich für die Plazierung von Regierung und Parlament. In der Friedrichstadt und ihrer engsten Umgebung fanden wir den Platz, auf kurzen Wegen fast alle Ministerien zu plazieren. Zusätzlich brachten wir das Kanzleramt im Alsenviertel in eine neue Beziehung zum Reichstagsgebäude, dem Sitz des Deutschen Bundestags, und den zusätzlichen Flächen, die das Parlament in seiner unmittelbaren Nachbarschaft sollte nutzen können.

Hier im Alsenviertel, früher »In den Zelten«, wo, außerhalb der Stadtmauer, die ersten »aufrührerischen« politischen Reden gehalten wurden, war dieses neue Zentrum der Spitzen von Legislative und Exekutive glänzend aufgehoben. Wenngleich außerhalb der ehemaligen Stadtmauer, so doch in unmittelbarem räumlichen Zusammenhang mit dem alten Berliner Zentrum.

Dieses Zentrum sollte zwar kurze Wege für die politischen Institutionen des Bundes bieten, andererseits aber nicht zu einem Regierungsviertel werden. Mit der Museumsinsel, den Theatern, den beiden Opernhäusern und natürlich der Humboldt-Universität und weiteren kulturellen und wissenschaftlichen Institutionen ist sichergestellt, daß Kultur und Wissenschaft auch in Zukunft die Majorität in der Berliner Stadtmitte haben werden.

b) Die neue Definition der Stadtmitte hatte aber auch Konsequenzen für Wirtschaft und Handel. Das vielleicht eindrucksvollste Zeichen dafür war die Planung für die Friedrichstraße, vor dem Krieg ja eher eine Meile, die nicht den besten Ruf hatte. Jetzt wurde dieses Rückgrat der Friedrichstadt als wichtigste Einkaufsstraße Berlins geplant, und so ist sie auch inzwischen gewachsen. Im Stadtgefüge auch deshalb gut plaziert, weil sie mit dem traditionell kulturellen und wissenschaftlichen Ensemble des Gendarmenmarktes eine reizvolle Spannung erzeugt.
Bewegt man sich weiter über die Jägerstraße mit SAT 1 als großem Sender mitten im Geflecht der alten Stadt, über das Auswärtige Amt im erweiterten Haus der früheren SED-Zentrale und noch früher der Reichsbank bis hin zum Gebäude des ehemaligen Staatsrats, wo nach dem Umzug zunächst das Bundeskanzleramt untergebracht wurde, dann erlebt man den Spannungsbogen, der zwischen der ehemaligen alten Stadtmauer im Westen und dem Alexanderplatz gespannt ist. Die beiden äußeren Stränge dieses Kraftzentrums liegen zwischen dem Potsdamer Platz auf der einen und dem Brandenburger Tor auf der anderen Seite – jeweils mit dem Endpunkt des Alexanderplatzes, der früher in Berlin der »Ostplatz« war.

Rund um das Reichstagsgebäude entsteht im Berliner Spreebogen das neue Regierungsviertel.

c) Die nach 1989 mögliche Neuplanung sieht diesen Alexanderplatz als den zukünftig wichtigsten städtischen Platz des ganzen Berlin. Die hier gezeichneten Kraftströme, die sich vom Westen her auf ihn zubewegen, deuten an, daß er diese Rolle – die er nie in der Vergangenheit Berlins gespielt hat – ausfüllen kann. Zusätzlich stärken ihn die Attraktivität der Spandauer Vorstadt auf seiner Seite und auf der anderen die auf ihn zulaufenden Hauptstraßen aus dem Nordosten Berlins – insbesondere natürlich die herausgehobene Magistrale der Karl-Marx-Allee.
Diese neue städtische Aufgabe kann der Alexanderplatz allerdings nur dann übernehmen, wenn er auch eine neue urbane Qualität erhält. Dies war der Grund für die neuen Planungen. Das Konzept von Hans Kolhoff, den Platz wieder in den Dimensionen der Vergangenheit aufzubauen, jedoch nicht mehr als Verkehrsknoten, sondern umgeben von Bauten in der Qualität derer, die von Peter Behrens bereits dort existieren, dient diesem Ziel. Gesamtstädtisch sind die um ihn gruppierten Hochhäuser, die im übrigen nicht unmittelbar am Platz selbst stehen, der Fingerzeig für den gesamtstädtischen Orientierungsanspruch, den diese städtische Mitte erhebt.
Angesichts des Gewichts der Spreeinsel spreche ich bewußt nicht von Stadtmitte. Berlin hat mit der Dualität von Alexanderplatz und seiner Umgebung und der Spreeinsel mit den Linden eine städtische und eine nationale Mitte. Was die eine leistet, kann die andere nicht ersetzen. Beide allerdings betonen auf ihre Art dieses neue 1-A-Zentrum der Stadt.

III. Probleme werden zu Chancen: Insgesamt hat unsere Stadtentwicklungsplanung dem östlichen Teil der Stadt neue, zusätzliche, seine Bedeutung im gesamten Stadtorganismus erhöhende Funktionen zugewiesen. Das gilt für das Zentrum, das gilt aber auch in anderen Teilen von ehemals Ostberlin. Hierfür drei gewichtige Beispiele:
a) Der für die Stadt wichtigste Technologieschwerpunkt entsteht in Adlershof. Dafür waren die Grundlagen zu Zeiten der DDR bereits gelegt. Hier nämlich war die Akademie der Wissenschaften der DDR, hier war das Fernsehzentrum. In Zukunft entwickelt sich in Adlershof die sicher-

lich interessanteste Mischung von Wissenschaft, Forschung und wissenschaftsorientierten privaten Unternehmungen des neuen Berlin. Dieses über 450 ha große Areal wird zugleich zusätzliche Aufmerksamkeit auf die städtische, insbesondere aber auch landschaftliche Attraktivität des Südostens Berlins rund um Köpenick lenken. Daß dies dann so etwas wie die erste Station vom zukünftigen Großflughafen in Schönefeld aus Richtung Innenstadt ist, erzeugt weitere erwünschte Synergien.

b) Ein anderer Schwerpunkt, das Ostkreuz, verdankt seine Betonung in der neuen Planung dem Konzept für Entwicklungsschwerpunkte im Stadt- und Verkehrsgeflecht Berlins. Die Kreuze, die die Radialen mit dem Innenstadtring von Bahn und Straße bilden, sollten als Ballungsgebiete im Stadtgeflecht betont werden. Besondere Bedeutung haben dabei die beiden Kreuze im Osten und im Westen. War im Westen mit der Umgebung der Messe und des ICC schon einiges an Konsequenzen gezogen, so bot sich das Ostkreuz als neuer Entwicklungsschwerpunkt höchst willkommen an. Dies auch deshalb, weil in seiner Umgebung mit dem Treptower Park und dem Plänterwald sowie der Stralauer Halbinsel attraktive naturräumliche Qualitäten direkt vor der Haustür liegen.

c) Das Mosaik der neuen Schwerpunktsetzungen im östlichen Teil Berlins wäre unvollständig, würde man den Nordosten unterschlagen. Durch die Großsiedlungen war dort die Ausgangssituation besonders schwierig. Diese Siedlungen waren ja einerseits zur DDR-Zeit durchaus gesuchte Wohnlagen. Andererseits mußte man nach 1989 im Gesamtvergleich der Attraktivität und der weiteren Entwicklungen der Teilregionen der wiedervereinigten Stadt befürchten, daß sich auf Dauer dort ein Auszug gutsituierter Mieter und ein Einzug von Nachfragern entwickeln könnte, die woanders (in Kreuzberg, Neukölln usw.) nicht mehr konkurrenzfähig waren.

Die erste Schlußfolgerung daraus lag auf der Hand: Mit zusätzlichen Einkaufsmöglichkeiten, stadtgestalterischen Mitteln, weiteren Arbeitsplätzen sollten aus Schlafstätten Städte gemacht werden. Die zweite ging noch einen Schritt weiter: Wir entschieden, in den Rücken und in die Umgebung dieser Siedlungen weitere Wohnlagen zu plazieren, die zum einen von der relativ großen Nähe zum Stadtzentrum und zum anderen zu attraktiven Erholungsgebieten am Stadtrand und vor allem jenseits von ihm profitieren konnten, die aber insbesondere helfen sollten, den Ruf dieser großen Teilregion Berlins aufzuwerten.

IV. Man muß betonen, daß all diese Entwicklungen im ehemaligen Ostberlin nicht etwa im Gefolge von Abrissen bestehender Bausubstanz geplant wurden. Wir entschieden uns, im Osten wie aber auch im Westen die Entwicklung des neuen Berlins nicht wieder mit Abrissen zu starten. »Weiterbauen« war unser Grundsatz; modernisieren und für die Zukunft stabil machen auch dort, wo man architektonisch oder auch städtebaulich mit dem unzufrieden sein konnte, was in den vergangenen Jahrzehnten entstanden war.
Vor allem war das verfolgte Ziel immer mehr, als nur Häuser neu zu bauen oder zu modernisieren. Immer ging es um eine Stärkung des gesamten Stadtorganismus, um Betonung und gegebenenfalls auch um Neuorientierung von Funktionen, die im Interesse der Gesamtstadt zu erfüllen waren. Dies war die Richtschnur für die Stadtplanung. Die neugewonnenen Funktionen sind deshalb im Ergebnis auch die bedeutendsten Veränderungen im östlichen Berlin gegenüber dem Stand der Dinge im ehemaligen Ostberlin.

Regine Hildebrandt

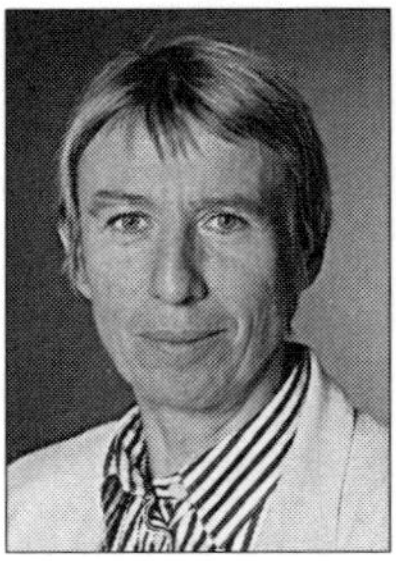

Der Preis war zu hoch ...

Mauern auf Ostdeutschlands Weg in die Marktwirtschaft

Wenn ich die »real existierende Marktwirtschaft« in Ostdeutschland betrachte, die den »real existierenden Sozialismus« mit seiner Planwirtschaft eruptiv abgelöst hat, dann muß ich konstatieren: Ja, so war der Preis zu hoch!

Das Modell soziale Marktwirtschaft als Grundgesetzauftrag

Entgegen der andauernden Propaganda in der DDR (»Not und Elend« der Arbeiterklasse im Kapitalismus, Massenarbeitslosigkeit, Ausgrenzung) sahen wir DDR-Bürger in der Bundesrepublik Deutschland eine soziale Marktwirtschaft sich entwickeln, die den meisten Menschen weitgehende persönliche Entwicklungschancen und einen erstaunlichen Wohlstand ermöglichte – und das alles in demokratischen Strukturen mit Meinungsfreiheit und Bewegungsfreiheit. Diese soziale Marktwirtschaft übte eine erhebliche Faszination auf uns aus.
Die Basis für die Herausbildung der deutschen Variante war die Gleichrangigkeit der beiden Ziele wirtschaftlicher Erfolg und sozialer Ausgleich. So wurde es auch erneut 1997 unter Bezug auf das Grundgesetz im gemeinsamen Wort der evangelischen und der katholischen Kirche »Für eine Zukunft in Solidarität und Gerechtigkeit« formuliert: »Ziel ist eine bewußt sozial gesteuerte Marktwirtschaft durch eine staatlich gewährleistete Wirtschaftsordnung mit den Prinzipien

- eines in seinem Gebrauch dem Wohl der Allgemeinheit verpflichteten Privateigentums (Grundgesetz Art. 14, Abs. 2),

- eines funktionierenden Wettbewerbs
- und einer sozialstaatlichen Absicherung des Einkommens der Nichterwerbstätigen.

Ziel unserer Bemühungen ist die Verwirklichung des Menschenrechts auf Arbeit: Träger von Wirtschafts-, Arbeitsmarkt-, Tarif- und Sozialpolitik haben größtmögliche Anstrengungen zur Beteiligung aller an der Erwerbsarbeit zu unternehmen.« Diese Form der Marktwirtschaft hatten wir für uns erhofft.

Soziale Marktwirtschaft – in Ostdeutschland nicht angekommen

Zehn Jahre nach der deutschen Einheit ist die Arbeitslosigkeit in Ostdeutschland doppelt so hoch wie in Westdeutschland, ohne enorme Arbeitsförderungsmaßnahmen wäre sie dreimal so hoch; das durchschnittliche Pro-Kopf-Einkommen derer, die Arbeit haben, liegt bei ca. 70 Prozent, das Pro-Kopf-Vermögen bei 28 Prozent, das Grund- und Wohneigentum pro Haushalt bei 36 Prozent, das Produktivvermögen bei 14 Prozent des westdeutschen Wertes.

Die Angleichung der Verhältnisse in Ost und West ist nicht in Sicht. Seit 1996 stagniert das Wirtschaftswachstum in Ostdeutschland, der Zuwachs im Westen ist größer als im Osten, das heißt, die Schere wird größer. Die Arbeitslosigkeit verringerte sich im Westteil des Landes, im Ostteil stieg sie an. Die absolute Differenz der durchschnittlichen Geldvermögen in Ost und West hat sich in den Jahren nach der Vereinigung vergrößert!

Wie war das möglich?

Betrachtet man die sozialökonomischen Tatsachen, so stellt man »ein gravierendes Versagen der Vereinigungspolitik« (Edelbert Richter) fest. Ostdeutschland sollte in die Marktwirtschaft integriert werden, aber in diesem Prozeß wurden die Ostdeutschen von den wesentlichen Bedingungen der Marktwirtschaft, nämlich Arbeit und Eigentum, weitgehend ausgeschlossen. Abhängig Beschäftigte müssen in Ostdeutschland bei der Suche nach Arbeit erleben, daß das Arbeitsamt nun schon seit zehn Jahren für 30 bis 40 Arbeitslose eine einzige zu vermittelnde Arbeitsstelle bereithält. Ostdeutsche auf dem Weg in die Selbständigkeit registrieren, daß bei wenig Eigenkapital

und wenig Produktivvermögen auch keine Kredite zu erhalten sind – und zum Akquirieren von öffentlichen Fördermitteln fehlen die Eigenanteile. Wie konnte es zu diesen Verhältnissen kommen?
Ich erinnere mich als Mitglied der Bürgerbewegung »Demokratie Jetzt« lebhaft an den Vorschlag von Wolfgang Ullmann, das volkseigene Vermögen der DDR durch Vergabe von Anteilrechten den DDR-Bürgern zukommen zu lassen. Es wurde mit 40.000 Mark der DDR für jeden Menschen, vom Säugling bis zum Greis, gerechnet. Die SPD der DDR machte sich diesen Vorschlag zu eigen.
Hatten die Ostdeutschen überhaupt ein solches Produktivvermögen?
Detlev Rohwedder, Leiter der Treuhandanstalt (THA), schätzte 1990 das Produktivvermögen auf 600 Milliarden. Das mag zu hoch veranschlagt sein, aber -209 Milliarden, wie die THA-«Eröffnungsbilanz« vom Oktober 1992 auswies, waren eindeutig die Folgen der Treuhand-Tätigkeit und nicht das reale Vermögen. Sicher hatte die DDR 49 Milliarden Auslandsschulden, und sicher waren auch Betriebe marode, denn 50 Prozent der Industrieausrüstungen waren älter als zehn Jahre (in der Bundesrepublik 30 Prozent). Aber 50 Prozent waren jünger als zehn Jahre, zum Teil neuester technischer Standard Westeuropas. Nur ein Drittel der Industrie der DDR wurde von Experten 1990 für nicht sanierungsfähig gehalten.
Der Verlust des Produktivvermögens begann mit der Gestaltung der Währungsunion: Der bisher übliche Kurs 4,3:1 wurde auf 1:1 umgestellt, damit kam schlagartig der Export zum Erliegen. Das war also genau das Gegenteil von dem, was nötig ist, um international konkurrenzfähig zu werden. Der »Guardian« nannte das eine »ökonomische Atombombe«; Edelbert Richter nennt es anschaulich »die Beseitigung der Krankheit des Patienten durch Totschlag.« Darüber hinaus wurden die Vermögen der Betriebe durch Zurechnung angeblicher Schulden reduziert (Bankeneinnahmen: 10 Milliarden DM Zinsen pro Jahr) und damit die Möglichkeiten aktiver Sanierung erschwert oder gar verhindert. Schließlich kam es infolge der schnellen objektweisenden Privatisierung durch die Treuhand zu einer Verschleuderung des Volkseigentums in ungeahntem Ausmaß. Daß jetzt nur 6 Prozent der Treuhand-Unternehmen in ostdeutscher Hand sind, ist

schon erschreckend! Ein solcher Vermögensverlust wie in der DDR ist in keinem der östlichen RGW-Länder bei der Privatisierung der Wirtschaftsunternehmen erfolgt – und dies, obwohl die ostdeutschen Unternehmen leistungsstärker waren.

Alternativen hätte es gegeben, sie wurden auch diskutiert: z. B. Sanierung vor Verkauf, wie es in der Bundesrepublik bei VW, Salzgitter AG u. a. praktiziert wurde. Auch Beteiligungsprivatisierungen wären möglich gewesen.

Weitere erhebliche Vermögensverluste für Ostdeutsche ergaben sich durch den Grundsatz »Rückgabe vor Entschädigung« und durch den Umtausch 2:1 für zwei Drittel des Geldvermögens der Ostdeutschen. Auch hier waren Alternativen in der Diskussion, sind aber nicht realisiert worden.

Als Ergebnis des Wirtschaftszusammenbruchs kam es zu einer erschreckenden Massenarbeitslosigkeit. Mehr als 50 Prozent der Ostdeutschen wurde vom Arbeitsmarkt verdrängt: der hohe Prozentsatz von berufstätigen Rentnern, dazu fast eine Million Erwerbstätige über 55 Jahre durch Altersübergangsgeld oder Vorruhestandsgeld, ferner der enorm hohe Anteil von Menschen in Arbeitsförderungsmaßnahmen (Fortbildung und Umschulung, ABM usw.) – und die hohe registrierte Arbeitslosigkeit.

Schließlich entwickelte sich auch in Ostdeutschland die »stille Reserve«: ausgebildete Menschen, die erwerbstätig sein möchten, aber weder Arbeit haben noch Lohnersatzleistungen bekommen – sie tauchen in der Regel nicht einmal mehr in der Statistik auf. Besonders betroffen sind Frauen, von denen in der DDR 92 Prozent berufstätig waren (im Westen ungefähr 50 Prozent) bei gutem Qualifikationsniveau (Frauen ohne Berufsabschluß Ost: 6 Prozent, West: 30 Prozent).

Die innere Emigration der Ostdeutschen

Diese Arbeitslosigkeit ist für die Ostdeutschen besonders frustrierend, weil im »Arbeiter- und Bauernstaat« DDR die abhängige Beschäftigung der Menschen in Erwerbsarbeit nicht nur die Grundlage für den Lebensunterhalt, sondern auch für die gesellschaftliche Anerkennung des Einzelnen und für die gesellschaftliche Kommunikation war (vom Sport über die Kultur bis zur Sozialfürsorge). Sie war gering bezahlt – aber durch vielfältige Subventionen, beispielsweise von Grundnahrungsmitteln, Mieten und öffentlichem Nahverkehr, war ein kalkulierbares, bescheidenes, jedoch materiell gesichertes Leben damit möglich. Eine Akkumulation von Vermögen und Eigentum erheblichen Ausmaßes konnte es allerdings nicht geben. Für praktisch alle Menschen war die Erwerbsarbeit ein notwendiger, ganz wesentlicher und sicherer Teil ihres Lebens.

Doch jetzt gibt es so gut wie keine Familie in Ostdeutschland, die von der Arbeitslosigkeit nicht direkt betroffen wäre – finanziell und mental.

Hinzu kommt der extreme Ausbildungsplatzmangel infolge des Zusammenbruchs der Unternehmen und des Fehlens ausreichend vorhandener neuer Ausbildungsplätze und ausbildungswilliger Betriebe.

In jedem Jahr seit der Wende fehlen in Ostdeutschland 30.000 bis 40.000 Ausbildungsplätze für Jugendliche in den Unternehmen. Daraus ergeben sich Kosten in Milliardenhöhe pro Jahr für Bund und Länder, weil durch Sonderprogramme öffentlich finanzierte Ausbildung organisiert werden muß, damit wenigstens Alternativen zur Arbeitslosigkeit ermöglicht werden. Aber die jungen Leute und ihre Familien sind entmutigt, wenn sie auf unzählige Bewerbungen nur Absagen erhalten, zum Ausbildungsbeginn keinen Ausbildungsplatz haben und dann hinterher in öffentlich finanzierten Alternativen aufgefangen werden, die ihnen zwar einen anerkannten Berufsabschluß, aber keine tarifgerechte Ausbildungsvergütung bieten können. So sieht dann der Start ins Arbeitsleben aus!

Diese Gegebenheiten beeinträchtigen die Gemütslage der Menschen trotz enormer Verbesserung in vielen Bereichen des Lebens erheblich. Die Lebenszufriedenheit hat in den letzten Jahren in Ostdeutschland (Elmar Brähler, Leipzig 1994/99) wegen der Arbeitslosigkeit und der daraus resultierenden Finanzlage der Familien abgenommen, während sie im gleichen Zeitraum in Westdeutschland gewachsen ist. Auch der Psychotherapeut Hans-Joachim Maaz, Halle/Saale, konstatiert Unzufriedenheit bei den Ostdeutschen: Viele haben den Eindruck, daß der »real existierende Kapitalismus« ihnen keine wirkliche Zukunft bietet; sie empfanden ihr Leben in der DDR als »gutes Leben« unter schlechten Bedingungen. Die

jetzige Arbeitslosigkeit und der dadurch bedingte Geldentzug sind für sie ängstigender und demütigender, als einst als »Klassenfeind« verunglimpft worden zu sein, denn »damals war man ja noch wer.« Der »Zivilisationsschub durch Freiheit und Demokratie« wird von vielen als Phrase empfunden wie früher »für Frieden und Sozialismus – alles zum Wohle des Volkes«, denn die »Freiheit« ist am Arbeitsmarkt beendet. Da herrschen Streß, Härte, Kampf, Konkurrenz.
Ein großer Teil der Ostdeutschen hat diese Sicht auf die Dinge, weil sie von der Teilhabe an Arbeit und Eigentum, den wesentlichen Säulen der sozialen Marktwirtschaft, weitgehend ausgeschlossen sind. Sie sind mit der Wende eben nicht in die Marktwirtschaft integriert worden, sondern in eine Versorgungswirtschaft, die ihnen das Existenzminimum sichert. Sie sind nicht motiviert und aktiviert, sondern geradezu gehindert worden, in der Marktwirtschaft etwas zu leisten, was sich für sie lohnt; sie sind durch diese Gegebenheiten zu Passivität, ja Hilflosigkeit verurteilt worden. Das Fatalste, was passieren kann und auch schon passiert, ist, ihnen diese Passivität nun auch noch zum Vorwurf zu machen – als durch sie selbst verschuldet, möglicherweise sogar gewollt!

Strategie für sozialere Marktwirtschaft in Ost und West

Was ist zu tun? Es muß neben der Arbeitsförderung auf hohem Niveau mit bewährten Wirtschaftsförderungsprogrammen Produktivvermögen für die Ostdeutschen geschaffen werden zur Stärkung der Eigenkapitalbasis der Unternehmen und zur Weckung von Initiative und Kreativität der Menschen. In der Diskussion befinden sich u. a. Modelle der Beteiligung der Arbeitnehmer am Produktivvermögen, Zuschüsse für Arbeitnehmer, die Teile des Einkommenszuwachses in Betriebskapital einbringen, Verknüpfung öffentlicher Förderung privater Unternehmen mit Arbeitnehmer-Kapitalbeteiligung.
Reicht das aus? Mit Sicherheit nicht. Es muß eingebettet sein in eine Strategie für Ost und West, die unsere Marktwirtschaft wieder sozial macht. Nach Maaz kommt als Folge der Fehlentwicklung nach der Vereinigung

eine Chance aus dem Osten durch eine Vielzahl von Menschen, die mit wachsendem Selbstbewußtsein artikulieren: »Wir sind anders!« Und: »Wir wollen sozialere Beziehungsstrukturen.«
Statistische Erhebungen ergaben auch für die Altbundesbürger, daß die Wertschätzung von »sozialer Gerechtigkeit« in den letzten Jahren wieder deutlich zugenommen hat. Und das ist nötig und wichtig! Wir brauchen den gesellschaftlichen Konsens, daß wirtschaftlicher Erfolg und sozialer Ausgleich wirklich gleichrangig sind. Und wir brauchen Lebensperspektiven für alle – und das bedeutet für die meisten: Angebote von Erwerbsarbeit.
Aber ist die Vollbeschäftigung unter den jetzigen Rahmenbedingungen überhaupt noch möglich? Ist dieses Politikziel heute überhaupt realistisch? Vieles spricht dagegen. Die Arbeitslosenzahlen steigen – in Ostdeutschland zwischen 1991 und 1998 von 1,17 Millionen auf 1,37 Millionen. Die Zahl der Erwerbstätigen nimmt ab – im gleichen Zeitraum von 7,3 Millionen auf 6 Millionen. Das Wirtschaftswachstum ist oftmals durch enorme Produktivitätsfortschritte nicht mit Beschäftigungszuwachs kombiniert. Brandenburg zum Beispiel hat jahrelang das größte Wirtschaftswachstum der Ostländer, hat das höchste Bruttoinlandsprodukt je Einwohner und trotzdem deutlich steigende Arbeitslosenzahlen und damit jetzt einen ungünstigen Platz unter den neuen Bundesländern.
Auch die Arbeitsmarktprognose bis 2010 des Instituts für Arbeitsmarkt- und Berufsforschung (IAB) der Bundesanstalt für Arbeit weist einen fallenden Arbeitskräftebedarf auf bei hohem Erwerbspersonenpotential.
Aber: Viele Gründe sprechen auch für die prinzipielle Möglichkeit der Vollbeschäftigung.
Wir haben erfolgreiche Beispiele in der EU: Dänemark (durch Umverteilung der Lebensarbeitszeit, Vorruhestand, Sabbatical, Jobrotation) und die Niederlande (durch Teilzeit, Berentung bei Erwerbsunfähigkeit). Diese Vorgänge können eine hohe Dynamik entwickeln: So hat sich in Dänemark die Arbeitslosigkeit zwischen 1994 und 1997 von 12 Prozent auf 7 Prozent senken lassen – insgesamt 120.000 Arbeitslose weniger.
Für die Bundesrepublik Deutschland hat das IAB 1996 eine Gesamtstrategie erarbeitet, die eine Halbierung der Arbeitslosigkeit in vier Jahren er-

möglichen würde, und zwar durch eine Kombination von angebots- und nachfrageorientierten Maßnahmen:

1. Arbeitszeitreduzierung durch Überstundenabbau und Teilzeiterweiterung.
2. Lohnzurückhaltung (Steigerung entsprechend dem Produktivitätszuwachs).
3. Reduzierung der Lohnnebenkosten durch Überführung in indirekte Steuern.
4. Verstärkte öffentliche Investionsförderung.

Durch weitere wissenschaftliche Gremien ist dieser prinzipielle Ansatz bestätigt worden – nur umgesetzt worden ist er nicht! Jetzt hat sich bei den Punkten 2 und 3 durchaus etwas getan bei uns, aber andere europäische Länder sind eben weiter, zum Beispiel Großbritannien bei der Ökosteuerreform und Frankreich bei der Arbeitszeitverkürzung.

Positiv wird sich auch die beschäftigungsspezifische Strategie der EU auswirken. Im Vertrag von Amsterdam 1997 ist die Verpflichtung der Mitgliedsstaaten festgeschrieben, für einen hohen Beschäftigungsstand in der Gemeinschaft Sorge zu tragen, die Politikfelder der Gemeinschaft auf dieses Ziel auszurichten und die beschäftigungspolitischen Aktivitäten auf europäischer Ebene aufeinander abzustimmen. Über beschäftigungspolitische Leitlinien (Luxemburg 1997) soll ein ständiger Prozeß gestaltet werden: nationale Aktionspläne, EU-Bericht zur Beschäftigung, Schlußfolgerungen, Modifizierung der Leitlinien. Alles in allem spricht mehr für die Möglichkeit, Vollbeschäftigung erreichen zu können, auch wenn sie nicht so ausgestaltet sein wird, wie wir sie kannten: 40-Stunden-Woche, ununterbrochene Erwerbsbiographien, wenige Arbeitgeber. Nun gilt es, alle Möglichkeiten zu nutzen, um dieses Ziel auch wirklich zu erreichen.

Hierbei, wie auch bei der Durchsetzung der sozialen Marktwirtschaft insgesamt, ist es nötig, den gesellschaftlichen Konsens herzustellen und daraus Kräfte zu mobilisieren, die die Gesellschaft solidarischer machen – Kräfte, die die sozialeren Beziehungsstrukturen, die wir uns in Ostdeutschland auf Grund unserer Lebenserfahrungen wünschen, Wirklichkeit werden lassen. Das wäre dann die Marktwirtschaft, mit der wir uns auch in Ostdeutschland identifizieren können.

Reinhard Höppner

Wir können stolz sein

Eine Zwischenbilanz für das Land Sachsen-Anhalt

Das Wort Bilanz erweckt den Eindruck, man könne, den Statistikern folgend, Zahlenreihen untereinanderschreiben und sich so erschließen, was mit uns und unserem Land in den letzten zehn Jahren passiert ist. Wir erleben dies oft im Wettbewerb der neuen Bundesländer untereinander ebenso wie in dem ständig präsenten Vergleich zwischen Ost und West. Da ist es eine Hilfe, daß dieses zehnte Jahr der Deutschen Einheit zusammenfällt mit der Jahrhundertwende, die uns nötigt, auch die großen Linien deutscher Geschichte in den Blick zu nehmen. Ein Jahrhundert liegt hinter uns, in dem die Deutschen mit zwei Weltkriegen viel Leid über ihre europäischen Nachbarn und die Welt gebracht haben. Dieses Leid fiel auf uns Deutsche am Ende des Zweiten Weltkrieges zurück, mit der Zerstörung unserer Städte, mit Vertreibung und schließlich mit der Teilung Deutschlands. Wer hätte damit rechnen können, daß dieses Jahrhundert noch einen so guten Ausgang nehmen würde, daß die Deutschen am Ende dieses Jahrhunderts noch die Chance bekommen würden, im freundlichen Einvernehmen mit ihren Nachbarn die Einheit in einer größer und damit auch neu gewordenen Bundesrepublik gestalten zu können. Chancen und Probleme jeder Region Deutschlands können eigentlich nur unter diesem Vorzeichen bewertet werden. Das gilt sowohl für den Osten, in dem viel zu schnell über das noch nicht Erreichte im Ost-West-Verhältnis geklagt wird, wie auch für den Westen, wo viel zu schnell die Zukunftsprobleme, die wir in Deutschland zu Beginn des neuen Jahrhunderts zu lösen haben, auf die Probleme der Einheit geschoben werden.
Wer bereit ist, in großen Linien zu denken und auch einmal einen Blick

über die deutschen Grenzen hinaus zu werfen, kann nur dankbar auf eine außerordentlich erfolgreiche Entwicklung der letzten zehn Jahre zurückblicken. Das gilt auch, in gewisser Hinsicht sogar besonders, für das Land Sachsen-Anhalt, das zweifellos nach dem Konkurs des Staatsbetriebes DDR die schwierigsten Ausgangsbedingungen bei dem Neuaufbau einer Wirtschaft unter marktwirtschaftlichen Bedingungen hatte. In unserem Land lagen die größten, alle Bereiche der Wirtschaft bestimmenden Großbetriebe: die Chemie in Buna, Leuna und Bitterfeld, der Bergbau mit Braunkohle, Kupfer und Kali, von dem neben einem Kalibetrieb nur noch ein Braunkohletagebau in Profen übrig ist, während der Kupferbergbau um den Preis von Zehntausenden Arbeitslosen praktisch von einem Tag auf den anderen stillgelegt wurde. Das Mansfelder Land hat sich davon bis heute noch nicht ansatzweise erholt. Dazu gab es im Norden des Landes den Schwermaschinenbau. Von mehreren Kranbaubetrieben ist nahezu nichts übriggeblieben. Das SKET in Magdeburg wurde zum Symbol für ein Sterben auf Raten dieser das Land prägenden Schwerindustrie.

Gemessen an dieser Ausgangsposition können wir heute wirklich stolz auf das Erreichte sein: Die Chemieindustrie ist als wichtiger Wirtschaftsfaktor erhalten geblieben. Renommierte Firmen wie elf in Leuna, DOW in Buna, Bayer in Bitterfeld und Radici in Zeitz haben sich engagiert, hochmoderne und leistungsfähige Industrieanlagen aufgebaut, die für gute Wachstumszahlen sorgen. Hier ist weitsichtig Industriepolitik betrieben worden, Sanierung mit gewaltiger öffentlicher Förderung, ohne die die Deindustrialisierung einer ganzen Region nicht aufzuhalten gewesen wäre. Freilich zeigt sich hier auch besonders deutlich, daß wir nicht nur die Schwierigkeiten der Umgestaltung der Planwirtschaft in marktwirtschaftliche Strukturen zu verkraften hatten, sondern auch ein Zukunftsproblem der Industriegesellschaft lösen müssen, das durch den Technologiesprung in den neunziger Jahren ausgelöst wurde. Ein Zehntel der Beschäftigten produziert praktisch heute die gleichen Werte wie 1990. Das ist ein Baustein dafür, daß Sachsen-Anhalt trotz dieser Erfolge immer noch die höchste Arbeitslosigkeit unter allen Bundesländern hat.

Erstaunlicherweise kommen auch Maschinenbau- und Metallbereich nach

schwieriger Umstrukturierung und harter Durststrecke zusehends wieder in Tritt. Die Automobilzuliefererbetriebe gewinnen immer größere Marktanteile. Einige Unternehmen, die fast vollständig vom zusammengebrochenen Ostmarkt abhängig waren, haben sich in wenigen Jahren mit neuen Produkten einen völlig neuen Markt erobert – eine gewaltige Leistung, auf die wir stolz sein können. Auch Landwirtschaft und Ernährungswirtschaft haben den Sprung in die Marktwirtschaft erfolgreich bewältigt. Die landwirtschaftlichen Betriebe sind EU-weit konkurrenzfähig. Erzeugnisse aus Sachsen-Anhalt genießen inzwischen auch über die Grenzen des Landes hinweg einen guten Ruf. Beide Bereiche hatten in den letzten Jahren zweistellige Zuwachsraten. Die Zukunftsbranchen wie Biotechnologie, Medienwirtschaft, Medizin- und Umwelttechnik haben sich in Sachsen-Anhalt etabliert und wachsen kontinuierlich. Herausragendes Beispiel für die Schaffung neuer Arbeitsplätze im Dienstleistungsbereich aus der jüngsten Zeit ist die Ansiedlung eines sogenannten Call-Centers mit demnächst 1.500 Arbeitsplätzen.
Deutlich sichtbar und im wahrsten Sinne des Wortes »erfahrbar« sind die positiven Veränderungen unserer Infrastruktur: Straßen und Autobahnen, Eisenbahnlinien, Wasserstraßen wurden grundsaniert oder neu gebaut. Wenn im Jahr 2000 die A14 zwischen Halle und Magdeburg fertiggestellt ist, wird dies der schnellste Bau einer neuen Autobahn im Nachkriegsdeutschland sein. Mit dem sechsspurigen Ausbau der A2 wird Sachsen-Anhalt seine Position in der Mitte (eines größer werdenden) Europas künftig noch besser nutzen können. Diese Projekte sind auch ein Beispiel dafür, daß der Aufbau Ost keineswegs nur ein Gewinn für die östlichen Bundesländer ist, sondern ein Gewinn für ganz Deutschland und eine Notwendigkeit im Blick auf die Erweiterung der Europäischen Union Richtung Osten.
Das sichtbarste Zeichen für die gewaltigen Veränderungen der letzten Jahre ist das Bild unserer Städte und Dörfer, das sich grundlegend gewandelt hat. Sie sind bunter und lebenswerter geworden. Viele »Platten« sind ebenso saniert worden wie die soliden, aber teilweise verfallenen Häuser aus früherer Zeit. Neue Wohnsiedlungen sind entstanden. Mancherorts ist es durch eine clevere Kombination mit bundesweit bedeutsamen Ereignissen

gelungen, ganze Stadtteile oder Regionen auf Vordermann zu bringen. Bestes Beispiel: die Bundesgartenschau 1999 in Magdeburg, die deutlich mehr als 2,3 Millionen Besucher angelockt hat. Sie ist geradezu ein Symbol für die Aufgabe, die vor uns stand, und für die Art, in der wie sie bewältigt haben. Das Gelände, auf dem sie gestaltet wurde, bestand aus den Trümmerbergen des Zweiten Weltkrieges, über die schon Gras gewachsen war, aus einem Müllberg, den wir in den vierzig Jahren DDR angehäuft hatten, insgesamt aus einem besetzten Gelände, denn es war Kaserne und Truppenübungsplatz der sowjetischen Armee. Daraus ist eine blühende Landschaft geworden, die den Magdeburgern Selbstbewußtsein und Selbstvertrauen gegeben hat und die Besucher aus aller Welt nötigte, ihr Vorurteil über den Osten zu revidieren.

Leider bleibt solcher Erfolg noch auf Inseln beschränkt. Es ist uns zum Beispiel noch nicht gelungen, die Reichhaltigkeit der Kulturlandschaft Sachsen-Anhalt, die Tatsache, daß es das an Denkmalen reichste Land unter allen deutschen Bundesländern ist, ins Bewußtsein der Menschen zu bringen. Auf der Straße der Romanik findet man selbst in kleinsten Dörfern gewaltige Schätze aus einer Zeit, in der diese Region deutsche und europäische Geschichte geprägt hat. Wer weiß schon, daß dieses Land durch Telemann, Händel, Johann Sebastian Bach, Schütz und Fasch untrennbar mit Barockmusik verbunden ist, daß wir nicht nur Luthers Land sind, sondern auch Katharina die Große, Bismarck oder Nietzsche aus Sachsen-Anhalt stammen?

Noch immer gilt Bitterfeld als Synonym für Umweltverschmutzung. Dabei gibt es deutliche Verbesserungen im Bereich der Umwelt. Saubere Luft, eine verbesserte Wasserqualität unserer Flüsse oder die Schaffung von Naturschutzgebieten sind dafür gute Beispiele. Sachsen-Anhalt hat – vielleicht mehr als die anderen östlichen Bundesländer – Imageprobleme.

Allerdings stellen wir bei nüchternem Blick fest, daß die Aufgabe größer ist, als viele sich 1990 vorgestellt haben. Wir sind beim Aufbau Ost bestenfalls auf der Hälfte des Weges. Die Wachstumsraten Ost, die bis 1994 deutlich über denen des Westens lagen, sind in den letzten Jahren wieder unter Westniveau gesunken. Der absolute Abstand vergrößert sich also wieder. Daraus folgt – und das haben auch die Bundesverfassungsrichter in ihrem Urteil zum Länderfinanzausgleich grundsätzlich anerkannt –, daß der Osten noch weitere 10–15 Jahre besonderer Hilfen bedarf. Unsere Aufgabe für das kommende Jahrzehnt besteht darin, diese Hilfen so zu verwenden, daß wir danach auf »eigenen Füßen« stehen, unseren »Unterhalt« durch eigene Kraft erarbeiten können. Dazu gilt es zuallererst, die wirtschaftliche Basis weiter zu stärken. Sachsen-Anhalt wird sich auf den Erfolgen der Vergangenheit – wir sind das Bundesland mit den meisten ausländischen Direktinvestitionen – nicht ausruhen, sondern weiter engagiert mit seinen Standortvorteilen um Investoren werben. Vor allem die gute Qualifikation unserer Arbeitskräfte und die schnellen, unkomplizierten Genehmigungsverfahren sind hier zu nennen.

Neben dem wirtschaftlichen Aufbau, dem Abbau der Arbeitslosigkeit, der weiteren Verbesserung unserer Infrastruktur, diesen eher »harten« politischen Aufgaben, gibt es weitere, die für den weiteren Prozeß des Zusammenwachsens zwischen Ost und West mindestens ebenso bedeutsam sind, weil sie die Emotionen der Menschen ansprechen. Ich will beispielhaft zwei nennen.

Da ist zunächst das Gefühl vieler Ostdeutschen, in diesem gemeinsamen Deutschland immer noch nicht gleichberechtigt zu sein. Das hat auch mit vielen Verletzungen zu tun, die es im Zusammenhang mit dem Einigungsprozeß gegeben hat. Ein deutlicher Beleg ist für viele die immer noch unterschiedliche Bezahlung in Ost und West. Im öffentlichen Dienst (wo derzeit im Osten 86,5 Prozent des Westniveaus gezahlt werden), aber auch in anderen Branchen brauchen wir eine möglichst klare Angleichungsperspektive, um den Ostdeutschen nicht das Gefühl ewiger Benachteiligung zu geben. Mein Plan für den öffentlichen Dienst sieht eine Angleichung in neun Jahren vor. Dann wären wir am Ende des Jahrzehnts am Ziel. Es gibt aber auch immer noch Unterschiede bei der Anerkennung von Ausbildungen oder beim Umgang mit der Vergangenheit. Ich weiß, bei einem solch radikalen Übergang lassen sich Ungerechtigkeiten nicht vermeiden. Es wird aber zehn Jahre nach der Herstellung der deutschen Einheit erforderlich sein, sich noch einmal konsequent den noch verbleibenden Un-

gerechtigkeiten und Ungleichbehandlungen zuzuwenden und zu prüfen, wo sie überwunden werden können.
Der zweite Problemkreis betrifft die Frage, wie wir uns gemeinsam in Ost und West über die Aufgaben der Zukunft verständigen können. Mir ist nicht bange, daß wir diesen Aufgaben nicht gewachsen sein könnten. Dazu bedarf es allerdings der Bereitschaft zur Veränderung auch im Westen Deutschlands. Wir haben natürlich die vielen Möglichkeiten und Chancen, die die Ordnung der Bundesrepublik Deutschland uns gibt, in den letzten Jahren kennen- und schätzen gelernt. Allerdings sind uns auch die Schwächen dieser Wettbewerbsgesellschaft besonders deutlich bewußt geworden. Wenn ein Viertel der Menschen im erwerbsfähigen Alter praktisch ohne Arbeit ist, dann wird die Frage, ob die Ordnung der Bundesrepublik wirklich gut ist, natürlich viel kritischer beantwortet. Was besser ist, muß ja noch lange nicht gut sein. Mit der Einheit ist die Entwicklung der Gesellschaft und Demokratie der Bundesrepublik ja keineswegs an ihr Ende gekommen. Die Ostdeutschen wollen in die Frage, wie wir unsere Gesellschaft in Zukunft gestalten wollen, ihre eigenen Erfahrungen einbringen. Dazu brauchen wir das partnerschaftliche Gespräch, in dem nicht immer der eine der Lehrende und der andere der Lernende ist oder im Blick auf die Vergangenheit der eine selbstbewußt und der andere schuldbewußt.
Die Ostdeutschen haben in den letzten zehn Jahren einen Härtetest in Sachen Veränderung hinter sich gebracht. Ich sage ihnen manchmal, daß sie dadurch vielleicht besser auf die vor uns liegenden Veränderungen vorbereitet sind als mancher wohlstandsgewohnte Bürger im Westen. Aber die Lösung der Zukunftsaufgaben ist kein Ost-West-Problem. Hören wir also auf, uns gegenseitig befremdet anzusehen. Schauen wir gemeinsam in die Zukunft, deren Gestaltung unsere unterschiedlichen Erfahrungen braucht. Schließlich sind Probleme dazu da, gelöst zu werden. Und dies kann bei gutem Teamgeist richtig Freude machen. Dabei ist Vielfalt und Unterschiedlichkeit schön und hilfreich. Zusammenwachsen heißt ja nicht, uniform zu werden, sondern gemeinsam zu wachsen an den Aufgaben, die das Leben heute und die Zukunft uns stellen. Wenn das gelingt, dann wäre das die »Einheit, die ich meine«.

Lothar de Maizière

Der Wille zu einer gemeinsamen Zukunft

Die Wahlen vom 18. März 1990 waren nicht nur die ersten freien, allgemeinen und geheimen Wahlen zu einer Volkskammer, die diesen Namen nun endlich zu Recht trug, sondern sie waren auch das Plebiszit, der Auftrag zur Herstellung der Einheit Deutschlands. Die Volkskammer wählte am 12. April die Regierung, die den wohl eigenwilligsten Auftrag erhielt, den eine Regierung überhaupt bekommen kann. Er lautete: Macht euch so schnell wie möglich überflüssig; verabschiedet den Staat, den ihr leiten und repräsentieren sollt, aus der Weltgeschichte.

Es waren spannende Monate, bis wir am 2. Oktober im Schauspielhaus die DDR aus der Geschichte verabschieden konnten und am 3. Oktober vor dem Reichstag das geeinte Deutschland begrüßt wurde.

Welche entscheidenden Schritte mußten wir tun? Ich nenne fünf:

Erstens: Wir mußten den Kommunen Kompetenzen und Handlungsmöglichkeiten zurückgeben. Nur so konnten wir uns vom Diktat des Zentralismus befreien. Die Menschen sollten in Fortsetzung ihrer Erfahrungen an den Runden Tischen Demokratie vor Ort gestalten können. Hier zeigte sich erstmals in besonders deutlicher Weise die Aufbauhilfe West-Ost in Form der Entsendung von vielen, vielen Kommunalbeamten und Verantwortungsträgern.

Zweitens: Mit der Wiedereinführung der Länder haben wir wieder an die föderalen Strukturen angeknüpft, die 1952 nach der zweiten SED-Parteikonferenz unter vorsätzlicher Verneinung der historisch gewachsenen Eigenständigkeiten zerstört wurden. Wir haben damit die Geschichte der Länder wieder in ihr Recht gesetzt. Doch für uns war die Bildung der Länder mehr als die Einführung neuer und damit auch grundgesetzkompatibler Strukturen. Wir wollten damit den Menschen ihre landesbezogene Identität zurückgeben. Ihre Heimat sollte auch wieder ihren alten Namen tragen. Wir erleben es täglich, wie stolz die Menschen sind, sich wieder Mecklenburger, Brandenburger, Sachsen-Anhaltiner, Thüringer oder gar Sachse zu nennen, als ob man Letztere nicht schon an ihrer Sprache erkennen könnte.

Drittens: Am 1. Juli 1990 wurde mit der Währungs-, Wirtschafts- und Sozialunion der erste große Schritt in Richtung Einheit vollzogen. Es war ein mutiger Schritt, für den es in der Geschichte kein Beispiel gab. Der abrupte Übergang von der sozialistischen Kommandowirtschaft zur sozialen Marktwirtschaft war risikoreich, aber wir mußten ihn systembedingt gehen, um die gewünschten Veränderungen initiieren zu können.

Viertens: Der Einigungsvertrag, den wir am 31. August 1990 im Kronprinzenpalais »Unter den Linden« unterzeichneten, ist eins der wichtigsten Vertragswerke der deutschen Nachkriegsgeschichte. Er schuf Sicherheit und Klarheit über die vielen Fragen, die sich beim Aufbau und beim Vollzug der Einheit stellten. Er reicht weit über die Wirtschafts- und Sozialpolitik hinaus und trug entscheidend dazu bei, daß im geeinten Deutschland Rechtssicherheit und Rechtsfrieden im wesentlichen gewahrt werden konnten.

Fünftens: Mit der Unterzeichnung des 2-plus-4-Vertrages am 12. September 1990 in Moskau haben wir, nachdem Helmut Kohl zuvor im Kaukasus einige besonders schwere Steine beiseite gerollt hatte, auch die außenpolitischen und sicherheitspolitischen Bedingungen – ich nenne nur den Streitpunkt der NATO-Mitgliedschaft des geeinten Deutschland – einvernehmlich regeln können. Dieser Vertrag ist ein historisches Dokument. Er markiert nicht nur das Ende der Nachkriegszeit, sondern – davon bin ich fest überzeugt – auch das Ende der Geschichte, die mit dem Reichstagsbrand begonnen hatte. Letztlich gaben die Siegermächte mit

ihrem Verzicht auf ihre Verantwortung für Deutschland als Ganzes uns, den Deutschen, unsere volle Souveränität wieder.
Wir alle wissen, daß mit dem Beitritt der DDR am 3. Oktober zum Geltungsbereich des Grundgesetzes die Einigung nicht abgeschlossen war und ist. Viele neue Schwierigkeiten stellen sich uns in den Weg. Es wäre weder klug noch ehrlich, dies nicht zu sagen. Lassen Sie mich exemplarisch zwei benennen.
Im Jahre 1990 haben wir es versäumt – vielleicht fehlte uns auch die Kraft dazu –, uns einen klaren Überblick über den Zustand der ostdeutschen Wirtschaft zu verschaffen. Dadurch kam es zu einer gewaltigen Unterschätzung der Anpassungslasten, und zwar sowohl, was den Zeitraum anbelangte, als auch, was die Kosten betraf. Dies führte dadurch, daß anvisierte Ziele nicht erreicht wurden, daß das viel zitierte »Blühen der Landschaften« etwas länger auf sich warten ließ, zu Motivationseinbrüchen. Die enormen Leistungen und der Fleiß der Ostdeutschen in einer einmaligen Aufholjagd wurden – zumindest zunächst – so nicht erkannt und ausreichend gewürdigt. Und auf der anderen Seite wurde – und ich sage: durchaus nicht ganz zu Unrecht – gefragt, ob denn mit den vielen Millionen und Milliarden auch immer zweckmäßig umgegangen werde und ob denn nicht gelegentlich auch ein Wort des Dankes angebracht wäre. Ich sage dieses Wort des Dankes hier ausdrücklich. Ich sage es ganz leicht, und es fällt mir auch nicht schwer.
Das zweite Problem, das ich benennen will, ist, daß wir die Mühseligkeiten des sozialen Lernprozesses, dem sich die Ostdeutschen – ein ganzes Volk – unterwerfen mußten, unterschätzt haben.
Dadurch, daß dieser Lernprozeß eine Einbahnstraße war – nur der »Ossi« mußte lernen, der »Wessi« war der Lehrer, und mancher war dabei auch etwas beckmesserisch –, kam es zu Mißverständnissen und wechselseitigem Trotzverhalten.
Wenn ich sage, wir haben die Mühseligkeiten der sozialen Lernprozesse unterschätzt, so meine ich damit auch, daß wir vielleicht die Belastbarkeit der Menschen nicht richtig eingeschätzt haben. So gesehen laufen der Transformationsprozeß – das ist nicht nur in Ostdeutschland so, sondern

ich habe das auch in anderen Reformstaaten Mittel- und Osteuropas erlebt – und auch der jetzt damit verknüpfte Globalisierungsprozeß auf die anthropologisch hochinteressanten Fragen hinaus: Wieviel Freiheit braucht der Mensch, aber wieviel Freiheit kann der kaum daran gewöhnte Mensch ertragen, und was vermittelt in dieser scheinbar grenzenlosen Freiheit das auch notwendige Gefühl der Geborgenheit? Genau dieses Feld, das die PDS in nostalgischer Rückbesinnung für sich bearbeitet und wozu deutliche Antworten der Demokraten noch ausstehen, ist eines der größten Probleme für uns.

Ich möchte den Gedanken aufgreifen und nur eines dazu sagen: Amnestie ist der Verzicht des Staates auf seinen Strafanspruch; Amnesie ist Vergessen. Das ist etwas Unterschiedliches.

Der 9. November 1989 leitete einen der größten Wandlungsprozesse in Mittel- und Osteuropa ein. Als Ergebnis haben wir Dinge erleben müssen, die wir kaum für möglich gehalten hatten: Die Tschechen und Slowaken gingen auseinander, Jugoslawien explodierte in blutigen Kriegen, und die Sowjetunion zerfiel mit bisher noch nicht absehbaren Folgen. Im Gegensatz zu diesen Prozessen des Zerfalls und des Auseinandergehens sind wir Deutschen zusammen gegangen. Wir haben unsere Nation vereint und schreiten gemeinsam nach Europa.

Als Frankreich 1871 nach einer schweren Niederlage auch national in eine Sinnkrise geraten war, befaßte sich der damals sehr bekannte Philosoph Renan mit dem Begriff »Nation« und definierte ihn durch zwei Aspekte, nämlich zum einen durch die Feststellung, eine gemeinsame Vergangenheit zu haben, und zum anderen durch den festen Willen, eine gemeinsame Zukunft haben zu wollen. – Beides, insbesondere aber der Wille, eine gemeinsame Zukunft haben zu wollen, steht für mich auch im zehnten Jahr nach dem Fall der Mauer völlig außer Zweifel. Daß dies möglich geworden ist, verdanken wir dem 9. November 1989.

Gisela May

Ich wollte eine demokratische DDR

Als die Alliierten 1945 Deutschland besetzten, sahen wir – meine Eltern und ich – dies als Befreiung von der schrecklichen Nazidiktatur an. Aus diesem Grunde empfingen wir Sowjets, Amerikaner, Briten und Franzosen wie Freunde, nicht als Feinde. Wir lebten in Leipzig und kamen somit in die sowjetische Einflußsphäre, was uns jedoch keineswegs beunruhigte, waren wir doch selbst Kommunisten. So gestalteten sich auch die persönlichen Begegnungen mit den Sowjets von Anfang an positiv. Beispielsweise bescherte uns die sowjetische Militäradministration in Leipzig einen russischen Kulturoffizier, der in der deutschen Literatur unglaublich belesen war. Er sprach nicht nur gut deutsch, er konnte auch Goethes »Faust« auswendig rezitieren. So war es nur logisch, daß er darauf drängte, so schnell wie möglich Theater und andere Kultureinrichtungen wieder zu eröffnen.

Mein Vater, der während der Nazizeit seine Familie durch eine kaufmännische Tätigkeit ernährte, konnte endlich nach dem Krieg seiner eigentlichen Begabung und Leidenschaft nachgehen, nämlich zu schreiben: Theaterstücke, Prosa und Kabarettchansons. Zusammen mit dem Komponisten Joachim Werzlau gründete er das erste literarische Nachkriegskabarett in Leipzig im September 1945 unter dem Titel »Die Rampe«.

Meine Mutter hatte bis 1935 in einer Gruppe kommunistischer Schauspieler auf der Bühne gestanden. Als diese von den Nazis verboten wurde,

blieben viele dieser Künstler aber einander verbunden und gingen im gastfreundlichen Haus meiner Eltern ein und aus. In dieser Atmosphäre wuchs ich auf, und bald stand auch für mich fest: Ich werde Schauspielerin.
Zum Programm des Kabaretts meines Vaters gehörten die antifaschistischen und antimilitaristischen, zutiefst humanistischen Texte eines Tucholsky und Brecht. Die Entnazifizierung und Demokratisierung Deutschlands waren vorrangige Ziele der Alliierten, und das Kabarett unterstützte diese Ziele von Anfang an. Als dann aus der sowjetischen Zone mit Gründung der DDR ein eigener Staat wurde, waren wir zuversichtlich, denn wir hofften, es würde möglich sein, auf deutschem Boden eine echte Alternative zum westlich-kapitalistischen System zu schaffen.
Ich war voller Idealismus und wünschte mir ein System, in dem nicht alles vom Geld und von materiellen Werten bestimmt würde. Ich erhoffte mir ein soziales Miteinander im Gegensatz zum kapitalistischen Ellenbogendenken sowie eine blühende, an den Bedürfnissen der Menschen ausgerichtete Kultur.
Dabei ist es eigentlich ein Zufall, daß ich im Osten Deutschlands blieb. Ich hatte mich nach dem Besuch der Schauspielschule auch an westlichen Theatern beworben, doch Zusagen erhielt ich aus dem Osten. So führte mich mein Weg unter anderem über Danzig, Görlitz, Schwerin und Halle bis endlich nach Berlin, wo ich schließlich im von Bert Brecht gegründeten »Berliner Ensemble« landete. Aber ich glaube nicht, daß ein Engagement im Westen etwas an meiner politischen Einstellung geändert hätte. Ich bin immer eine Idealistin gewesen und habe mir die Utopie von einer besseren, sozial gerechten Gesellschaft erhalten. Daß sich auch viele prominente Emigranten nach ihrer Rückkehr aus dem Exil für die DDR entschieden hatten – ich denke nur an Arnold Zweig, Anna Seghers, Brecht, Eisler – empfand ich als Bestätigung, an dem mühsamen Aufbau einer Alternative zum alles erobernden westlichen System und Lebensstil mitzuarbeiten. Etwa ein Drittel der Welt war ja damals bereit, dieses historische Experiment zu wagen. Daher wende ich mich auch gegen die im Westen oftmals vorgebrachte Kritik, der Antifaschismus sei »von oben«« von der Regierung verordnet und von der Bevölkerung gar nicht verinnerlicht wor-

den. Die konsequente Vorgehensweise gegen die Faschisten war in meinen Augen sinnvoller als das, was im Westen geschah, wo nicht selten frühere Nazigrößen bald wieder Führungspositionen besetzten. So mag es nicht verwundern, daß ich es bedauerlich finde, daß das »Experiment« DDR nicht funktioniert hat. Bis in die 70er Jahre hinein habe ich geglaubt, der Staat hätte eine gute Lebensgrundlage und eine Zukunft vor sich. In diesen Jahren erfuhr die DDR ja auch weltweite staatliche Anerkennung bis hin zur Mitgliedschaft in der UNO. Doch dann wurden mehr und mehr die Mängel des Systems deutlich. Zuletzt, als Gorbatschow auf der politischen Bühne auftrat und uns sozusagen »freigab«, war die Bevölkerung nicht mehr gewillt, die Mängel und Beschränkungen hinzunehmen, allen voran die Reisebeschränkung. Diese Reisebeschränkung hatte einen großen, wenn nicht den größten Anteil daran, daß man die Bevormundung des Staates einfach nicht mehr akzeptieren wollte. Abgesehen von dieser fehlenden Freiheit waren es zweifellos materielle Gründe, die das Volk bewegten. Viele Bürger gaben sich da Illusionen hin, was das Leben in der BRD betraf, die ich persönlich nicht geteilt habe, weder vor noch nach Öffnung der Mauer. Man konnte sich doch wenn schon nicht persönlich, so zumindest durch das Westfernsehen durchaus darüber informieren, wie es sich »drüben« lebte und daß auch das Leben in der Bundesrepublik kein Honigschlecken war: hohe Arbeitslosigkeit, Konkurrenzkampf, hohe Kriminalität, Drogenkonsum, Obdachlosigkeit. Durch meine Auslandsengagements hatte ich das alles in vielen Ländern des Westens kennengelernt, nicht zuletzt auch im »gelobten Land« des Kapitalismus, den USA: Ich konnte mich mit den krassen Unterschieden zwischen Arm und Reich nicht abfinden. In der DDR waren meines Erachtens soziale Sicherheit und Gleichberechtigung besser gewährleistet. Das wird heute vielen in den neuen Bundesländern erst jetzt wieder klar, rückt mehr in den Vordergrund als die errungene Freiheit. Um so mehr stellt sich die Frage, warum das »Experiment« DDR letztlich nicht funktionierte und was zum Zusammenbruch geführt hat. Einen wesentlichen Grund sehe ich darin, daß auf Mißstände leider nicht deutlich genug aufmerksam gemacht worden ist, und zwar zu einem Zeitpunkt, als noch für Korrekturen Gelegenheit bestanden hätte. Aber es herrschte eine unbeschreibliche Schönfärberei, gerade in den Behörden. An der Basis in den Betrieben wurde heftig diskutiert und Kritik geäußert. Auch in den kulturellen Gremien wurde Unmut geäußert, und es gab scharfe kritische Aussprachen. Die mittleren Funktionäre aber waren meist Karrieristen. Hier wurde die Kritik entschärft und die Lage beschönigt. Bis es ganz oben bei Honecker ankam, war alles bestens und »in Butter«. Ich frage mich, inwieweit der Staatsratsvorsitzende überhaupt ein zutreffendes Bild von der realen Lage der Bevölkerung hatte. Ich nehme an, er wollte es so genau gar nicht wissen. Trotzdem hätten wir Intellektuellen energischer protestieren und auf Fehlentwicklungen aufmerksam machen müssen.

Das Kabarett der DDR hatte in dieser Beziehung sogar eine wichtige Ventilfunktion. Hier konnte vieles zur Sprache kommen, worüber sonst öffentlich geschwiegen wurde. Ins Fernsehen ließ man uns zwar damit nicht, dazu waren wir zu kritisch. Dort wollte man an ein Millionenpublikum heran, für das die großen TV-Shows im Stil von »Ein Kessel Buntes« gedacht waren. Sicher, wir haben nicht gegen den Sozialismus insgesamt opponiert, denn wir standen grundsätzlich zu diesem System, aber die Schwächen, die Fehler aufs Korn zu nehmen, das war in aller Regel möglich und wurde vom Publikum in immer ausverkauften Vorstellungen bejubelt und »von oben« geduldet.

Ohne Frage befand sich das Kabarett in einer schwierigen Lage: Einerseits wurden wir staatlich subventioniert und am Bändel gehalten. Häufig genug kam jemand von der Kulturabteilung der SED in die Generalproben und sagte: »Dieser Beitrag muß raus!« Andererseits ließ man uns manches durchgehen, was im Fernsehen nicht möglich gewesen wäre. Die SED ging davon aus, daß man vor 200 Leuten im Publikum keinen besonderen Schaden anrichten konnte, wenn man mal nicht ganz linientreu war. Im Gegenteil, als Ventilfunktion für die Menschen wurde das Kabarett durchaus anerkannt. Und das Publikum sagte oft nach dem Besuch einer Vorstellung: »Was die alles dürfen!« Vielleicht war das Kabarett in der DDR sogar wichtiger und letztlich auch einflußreicher als das »freie« in Westdeutschland, wo man zwar alles sagen durfte, was man wollte, aber auch nichts

Die Schauspielerin und Chansonette Gisela May feierte auf der Bühne große Erfolge, hier 1979 bei einem Brecht-Abend.

richtig bewegen konnte, weil ja ohnehin alles erlaubt war. Das DDR-Kabarett war eine Nische der politischen Kritik und hat dadurch sicherlich auch zu den Veränderungen im Bewußtsein der Bevölkerung beigetragen, die zu den Veränderungen auf politischer Ebene führten.

Dennoch haben sich nach dem Fall der Mauer meine Befürchtungen hinsichtlich der negativen Begleiterscheinungen des Kapitalismus leider in vielen Bereichen bestätigt. Den Menschen im Osten, die es ohnehin schwerer gehabt haben als die im Westen, geht es häufig noch schlechter als zuvor, denn die hohe Arbeitslosigkeit betrifft vor allem den Osten. Aus den Möglichkeiten, die das marktwirtschaftliche System bietet, haben zu wenige Vorteile ziehen können. Viele mußten die schmerzliche Erfahrung machen, daß das Leben in der freien Marktwirtschaft ein harter Konkurrenzkampf ist, daß es zwar Gewinner, immer aber auch Verlierer gibt. So ist die Euphorie der Tage des Mauerfalls ziemlich verflogen, zumal die Westdeutschen bei der Wiedervereinigung die bessere Position hatten, weil sie seit Jahrzehnten in die westliche Wirtschaft eingebunden waren und nach dem Krieg rasch die volle Unterstützung seitens der Amerikaner genossen. Dem gegenüber mußten sich die Ostdeutschen an den »großen Bruder« Sowjetunion halten, der selbst genug Probleme hatte.

Auch zehn Jahre nach dem Zusammenbruch der DDR halte ich es für richtig, den Versuch unternommen zu haben, eine Alternative zum westlichen Kapitalismus auszuprobieren. Dieser Versuch war die Mühen wert, und die Menschen der ehemaligen DDR können durchaus selbstbewußt auf das, was sie unter erschwerten Bedingungen in vier Jahrzehnten geleistet haben, zurückblicken. Man hätte sich nur gewünscht, daß es mehr Freiheit gegeben hätte – vor allem die Freiheit zu reisen. In einer wirklich demokratischen DDR wäre es vielleicht nie zu solch einem Zusammenbruch gekommen.

Abschließend mag vielleicht eine kleine Geschichte, die mir in lebendiger Erinnerung geblieben ist, am besten verdeutlichen, warum ich an diese Alternative geglaubt und für sie gearbeitet habe: Ich trat damals in Polen auf. Eine Frau kam nach der Vorstellung zu mir in die Garderobe und erzählte mir, ihre ganze Familie sei von den Nazis umgebracht worden. Sie habe sich geschworen, nie wieder ein deutsches Wort zu sprechen. An diesem Abend habe sie aber die Texte von Brecht und sein Friedenslied gehört, und sei durch diese Botschaft so bewegt worden, daß sie nun wieder die deutsche Sprache akzeptieren könne. Es war diese Botschaft von Brechts Friedenslied, in deren Geist die DDR entstanden war. Und ich war an diesem Abend glücklich über einen Beruf, der solche Empfindungen auszulösen vermag, die weit über den künstlerischen Erfolg hinausgehen.

Markus Meckel

Die Gründung der SDP 1989 und ihre Perspektive auf Freiheit und Einheit

1. Wie kam es zur Gründung der Sozialdemokratischen Partei in der DDR (SDP)?

Im Januar 1989 faßten Martin Gutzeit und ich den Beschluß, eine Sozialdemokratische Partei zu gründen, und in den darauffolgenden Monaten sprachen wir verschiedene Freunde aus der Opposition und im Bekanntenkreis an, um sie für diese Gründung zu gewinnen – erfolglos. Einerseits wollte man weder Parteien noch eine parlamentarische Demokratie – man sprach lieber von Basisdemokratie ohne klare Vorstellung von angemessenen Strukturen –, andererseits klang es vielleicht zu utopisch und schien zu gefährlich. Wir fanden jedenfalls lange keine Verbündeten. So entschlossen wir uns, einen Text zu verfassen, der weitergegeben werden konnte und das Projekt möglichst klar darstellen sollte, um so vielleicht eher Mitstreiter gewinnen zu können.
Natürlich hatte dieser Gedanke der Parteigründung eine lange Vorgeschichte. In den siebziger und achtziger Jahren waren wir in verschiedenen Zusammenhängen und oppositionellen Gruppen politisch aktiv. Viele dieser Gruppen waren im Zusammenhang mit der Nachrüstungsdebatte Anfang der achtziger Jahre entstanden und begannen ihre Arbeit mit Friedensfragen, andere waren in Fragen des Umweltschutzes aktiv, beschäftigten

sich mit Bildungsproblemen, Frauenfragen oder zunehmend auch mit Menschenrechten. Die meisten wollten eigentlich gar nicht das System ändern, sondern setzten sich in diesen verschiedenen Problemfeldern für eine andere Politik ein. Doch machten sie die Erfahrung, als staatsfeindlich angesehen und kriminalisiert zu werden. So führte diese politische Arbeit zunehmend zu einer kritischen oder ablehnenden Haltung gegen das System der SED-Herrschaft. Die meisten dieser oppositionellen Gruppen trafen sich in Kirchen, verstanden sich als Teil der Kirche oder hatten engen Kontakt mit den Kirchen, welche ja die einzigen unabhängigen Großinstitutionen in der DDR waren.

Diese politischen Gruppen hatten eine nicht zu unterschätzende Funktion zur Selbstvergewisserung, als Informationsquelle und für das Gespräch und die Durchdringung der Probleme, etwa im Sinne politischer Bildung. Sie waren für den einzelnen wichtig, der hier Hilfe, einen Zusammenhalt und eine Stütze fand, um in konkreten Situationen auch »NEIN« zu sagen. Sie waren gewissermaßen Schulen des aufrechten Gangs. Gerade diese die einzelnen Menschen in ihrem Alltag begleitende und stützende Dimension der Gruppen machte ihre Stärke aus. Außerdem waren sie natürlich Ort gemeinsamen Handelns in politischen Aktionen, seien es Eingaben, Erklärungen oder andere die Öffentlichkeit suchende Aktivitäten.

Die Vernetzung dieser Gruppen schuf Kommunikation und half, Informationen leichter zu erhalten und zu verbreiten sowie Partner für Aktionen und die Bearbeitung verschiedener Themen zu erhalten. Sie war eine Voraussetzung ebenso für die Mahnwachen und Solidaritätsaktionen nach den Verhaftungen im November 1987 und Januar/Februar 1988 wie auch für die Wahlbeobachtung im Mai 1989, mit welcher erstmalig der gängige Wahlbetrug nachweisbar war. Das alles war viel, aber zunehmend nicht genug. So konnte zwar viel diskutiert, aber letztlich zu wenig getan werden. Auch der ständigen Paralyse durch die Machenschaften der Stasi war in diesen Gruppen nur schwer zu wehren.

Zu wirklich langfristigem und programmatischem Handeln zu kommen war sowohl wegen des geringen Organisationsgrades als auch der Unverbindlichkeit und Zersplitterung wegen unmöglich. In diesen Gruppen ver-

sammelten sich Leute, denen die gesellschaftlichen Verhältnisse in der DDR ein gemeinsames Problem waren und die etwas ändern wollten. Was dann aber geschehen sollte, was man positiv wollte, war offen und mußte in immer wiederkehrenden Gesprächen jeweils neu geklärt werden. Da es keine festen Strukturen gab, wiederholte sich dieser Prozeß ständig und vergangene Ergebnisse wurden bei neuer, fluktuierender Zusammensetzung immer neu zur Disposition gestellt.
Auf diesem Hintergrund suchten wir nach neuen Strukturen der oppositionellen Arbeit. Wir wollten demokratische Organisationsformen mit eindeutiger Mitgliedschaft und klaren, durch Wahlen zustande gekommenen und zeitlich begrenzten Mandaten sowie die Verbindlichkeit klarer Regeln und programmatischer Beschlüsse, wodurch wir mehr Stabilität und Klarheit der politischen Arbeit erhalten würden. Damit hofften wir auch die Einflußmöglichkeiten der Staatssicherheit beschränken zu können. Zwar würde sie weiterhin Leute einschleusen können, doch müßten diese sich dann innerhalb der klaren Regeln und Programme bewegen – um nicht ausgeschlossen zu werden. Gerade auch die spätere Erfahrung mit Ibrahim Böhme hat diese These bestätigt – er konnte zwar vieles behindern und stören und hat viel Unheil verursacht, doch mußte er den Schein wahren, sich als Sozialdemokrat geben und andere für sie gewinnen. Es ist ihm nicht gelungen, das Schiff der ostdeutschen Sozialdemokratie vom Kurs abzubringen.
Im Frühjahr 1988 faßten Martin Gutzeit und ich zunächst eine Vereinsgründung ins Auge – »Bürgerbeteiligung« sollte der Name sein; eine klare Struktur und Mitgliedschaft sollte der Verein haben und sich zumindest einige wichtige programmatische Orientierungen geben. In der zweiten Jahreshälfte kamen wir von diesem Vorhaben jedoch ab und planten ab Januar 1989 die Gründung einer sozialdemokratischen Partei. Wir wollten nicht mehr nur Diskussionsforen schaffen, sondern suchten nach politischen Alternativen für die DDR. Dafür wurden langfristige Konzepte und Programme gebraucht, die zu entwickeln waren. Wer unsere Positionen nicht teilte, sollte eigene entwickeln. Es war der Versuch, über das unbestimmte Allgemeine der Debatten und über je einzelne Forderungen an die

Herrschenden hinaus zu einem politischen Handeln zu kommen, in welchem die Pluralität unterschiedlicher Interessen und politischer Programme anerkannt wird. Wir wollten mit dem eigenen Tun auch andere zu vergleichbarem Handeln herausfordern.
Dieser Denkansatz bedeutete eine grundsätzliche Bestreitung des Wahrheits- und Machtmonopols, das die SED für sich beanspruchte. Wir legten so bewußt die Axt an die Wurzeln der SED-Diktatur. Eine zusätzliche Schärfe erhielt unsere Absicht für die SED dadurch, daß wir nicht nur eine Partei, sondern ausgerechnet eine sozialdemokratische Partei gründen wollten. Das traf ins Herz von Selbstverständnis und Identität der SED, denn damit zogen wir gewissermaßen die sozialdemokratische Hand aus dem Händedruck des SED-Parteiabzeichens und demaskierten die SED als das, was sie lange war – als kommunistische Partei.
Mit der Gründung einer sozialdemokratischen Partei stellten wir uns bewußt sowohl in die Geschichte der deutschen Sozialdemokratie wie der Sozialistischen Internationale. Die SPD war die älteste deutsche Partei, die für Freiheit und Demokratie kämpfte, in der die Betroffenen, Unterdrückten die Zuständigkeit für die eigenen Verhältnisse selbst in die Hand nahmen. Dabei war die Orientierung an den sozialdemokratischen Grundwerten für uns von besonderer und aktueller Bedeutung. Außerdem wollten wir uns damit auch international in einen Kontext stellen, der mit den Namen Willy Brandt (Nord-Süd-Kommission), Olof Palme (Palme-Bericht zur Abrüstung) und Gro Harlem Brundlandt (Umwelt und Entwicklung) verbunden war.
Man muß sich die Schwierigkeit unseres damaligen Unternehmens bewußtmachen: Zwei Personen beschließen innerhalb einer Diktatur, eine Partei zu gründen, die eine Volkspartei werden soll. Wir wollten ja keinen Freundeskreis Gleichgesinnter, sondern eine demokratische Partei für Bürger aller Bevölkerungsschichten und eine politische Alternative zu dem System, in dem wir lebten. Von dem Problem, daß wir zwei zudem noch als evangelische Pastoren die sozialdemokratische Partei gründeten, will ich gar nicht reden. Wir waren uns der Anmaßung, die das bedeutete, durchaus bewußt, doch sahen wir dazu keine Alternative.

Deutlich war uns: Wir brauchten einen klar definierten Anfang, der die Menschen in ihrer Situation trifft und anspricht und sie zu selbstbestimmtem Handeln herausfordert, ihnen dafür aber auch eine konkrete Option anbietet. Es mußte von Beginn an eine klare Kontur erkennbar sein. Man sollte sehen, was wir wollten, doch durfte auch nicht alles programmatisch bis ins Detail festgelegt sein. Denn es mußte noch genug Raum bleiben zur selbstgestaltenden Initiative, da nur so eine wirkliche Identifizierung mit dieser Partei möglich sein würde. Der einzelne mußte sich ernst genommen wissen und herausgefordert sein, sich aktiv in die anstehenden Entscheidungsprozesse einzubringen. Er durfte sich nicht nur zum Ausführungsorgan degradiert fühlen für das, was andere gedacht und festgelegt hatten.
Deshalb enthält der am 24. Juli 1989 geschriebene Aufruf programmatisch auch nur wenige, gleichwohl zentrale Stichworte.
Einige davon seien zitiert:
- Rechtsstaat und strikte Gewaltenteilung,
- Parlamentarische Demokratie und Parteienpluralismus,
- Sozialstaat mit ökologischer Orientierung,
- Soziale Marktwirtschaft mit striktem Monopolverbot zur Verhinderung undemokratischer Konzentration ökonomischer Macht,
- Relative Selbständigkeit der Regionen (Länder), Kreise, Städte und Kommunen.

Mit dem letzten Programmpunkt waren wir übrigens auch die ersten, die eine Wiederherstellung der Länder anstrebten – eine Forderung, die schon wenige Monate später parteiübergreifend konsensfähig und ein gutes Jahr später Wirklichkeit war!
Dieser Aufruf wurde von mir bei einem Seminar zum 200. Jahrestag der Bürger- und Menschenrechtserklärung der Französischen Revolution am 26. August 1989 in der Berliner Golgathagemeinde einem größeren Teilnehmerkreis aus der Opposition der ganzen DDR vorgetragen.
Er schlug ein wie eine Bombe.
Arndt Noack, Studentenpfarrer in Greifswald und alter Studienfreund, hatte Martin Gutzeit und mich gedrängt, schnell an die Öffentlichkeit zu gehen und sich angeschlossen, im letzten Augenblick auch Ibrahim Böhme.

So veröffentlichten wir den Aufruf mit vier Unterschriften und unseren Adressen. Ein Anfang war gemacht. Noch am 26. August legten wir den 7. Oktober 1989 für die geplante formelle Gründung fest, den 40. Jahrestag der DDR.
Viele folgten diesem Aufruf, ergriffen vor Ort die Initiative, suchten den Kontakt zu uns, gründeten sich in den Städten und Gemeinden als sozialdemokratischer Ortsverband und schlossen sich mit uns zusammen. So wurde die Sozialdemokratische Partei in der DDR (SDP) zu einer wichtigen Kraft im Herbst 1989, in dem die Diktatur gestürzt und Freiheit und Demokratie erkämpft wurden.
Allein schon die Tatsache, daß sich im Herbst 1989 nicht mehrere sozialdemokratische Parteien gegründet hatten und es der SED nicht gelungen war, sich entsprechend einfach umzudefinieren, sehe ich als einen herausragenden Erfolg unseres notwendig anmaßenden Tuns an.

2. Freiheit, Demokratie und Deutsche Einheit

Ähnlich wie bei der Revolution von 1848 ging es auch 1989/90 sowohl um Freiheit und Demokratie als auch um die Einheit Deutschlands. Während Freiheit und Einheit 1848 gleichermaßen Ziel waren, gibt es zu 1989/90 für die unterschiedlichen Akteure und ihre Ziele sowie ihre grundsätzliche Verhältnisbestimmung heute sehr unterschiedliche Sichtweisen und Interpretationen.
Vor einigen Jahren erklärte z. B. Oskar Lafontaine im Deutschen Bundestag, er freue sich, daß 16 Millionen Ostdeutsche durch die Einheit die Freiheit erhalten haben. Und vor kurzem, anläßlich einer Veranstaltung der Historischen Kommission zum 10. Jahrestag der Gründung der SDP, zeigte sich Wolfgang Thierse überzeugt, daß die in der DDR erkämpfte Freiheit und Demokratie nur durch die Einheit gesichert werden konnte: »Einheit war – und ist – mir kein nationales Anliegen, sondern ist ein Mittel. Und der Zweck ist die Demokratie.«
Gegenüber Oskar Lafontaine erscheint es mir wichtig festzuhalten, daß die Reihenfolge der Ereignisse vor zehn Jahren anders war, als er es beschrieben

hat, denn die Deutsche Einheit wurde möglich, weil in der DDR die SED-Herrschaft gestürzt und Freiheit und Demokratie durchgesetzt wurden. Doch auch der Sicht von Wolfgang Thierse kann ich nicht zustimmen. Die Deutsche Einheit war kein Mittel zur Sicherung der gerade erkämpften Demokratie – warum hätte die Demokratie in der DDR auch stärker als bei den Staaten Ostmitteleuropas gefährdet sein sollen. Wir finden dort heute ebenfalls stabile Demokratien. Die Deutsche Einheit war die unmittelbare Folge der Freiheit und Selbstbestimmung der DDR-Bevölkerung – sie wollte diese Einheit, und zwar keineswegs allein aus Gründen des dadurch erwarteten Wohlstands, wiewohl dies natürlich auch eine Rolle spielte. Sie wollte sie aus nationalen Gründen, d. h. aufgrund der tief empfundenen Zusammengehörigkeit mit den Deutschen in der Bundesrepublik, wegen der gemeinsamen – und auch in der Nachkriegszeit eng verflochtenen – Geschichte und der gemeinsamen Kultur.

Freiheit und Demokratie in der DDR wurden so zur Voraussetzung der deutschen Einheit. Das wichtigste Ziel der neu gewählten Volkskammer und der frei gewählten Regierung war es, die Deutsche Einheit vorzubereiten, sie außenpolitisch abzusichern und so zu organisieren, daß die konkreten Bedingungen im Einheitsprozeß die Interessen der DDR-Bevölkerung angemessen berücksichtigen – und sich mit Erreichen dieses Ziels, mit der deutschen Einheit, selbst abzuschaffen.

Oft wird heute sehr verallgemeinernd gesagt, daß die neuen Bürgerbewegungen und Parteien des Herbstes 1989 nur Freiheit und Demokratie in der DDR, nicht aber die Deutsche Einheit wollten. Auch hier ist Differenzierung vonnöten. Ich möchte hier nur auf die Zielstellungen der SDP eingehen.

Martin Gutzeit und ich schrieben im Juli 1989 als Eckpunkte der Programmatik neben der Forderung einer Demokratie westlichen Musters zur Deutschlandpolitik folgende Zeilen:

- »Anerkennung der Zweistaatlichkeit Deutschlands als Folge der schuldhaften Vergangenheit.
- Besondere Beziehungen zur Bundesrepublik Deutschland aufgrund der gemeinsamen Nation, Geschichte und der sich daraus ergebenden Verantwortung.«

Wir hielten eine operative Einheitspolitik damals nicht für möglich und traten für eine parlamentarische Demokratie in der DDR ein. Deutlich war jedoch auch, daß es eine Mauer dann nicht mehr geben könnte und die besonderen Beziehungen zur Bundesrepublik gezielt, aber im europäischen Kontext auch sensibel ausgebaut werden müßten.

Die Zweistaatlichkeit sollte aber keinesfalls festgeschrieben werden, wie zuletzt wieder von Wolfgang Thierse behauptet wurde, etwa als Buße für die deutschen Verbrechen im Nationalsozialismus. So argumentierten Teile der westdeutschen Linken, nicht wir. Für uns war gerade die sich aus der gemeinsamen (Schuld-)Geschichte ergebende nationale Verantwortung eine Dimension der Gemeinsamkeit mit der Bundesrepublik. Was wir ablehnten, war eine Deutsche Einheit mit der Brechstange, welche den europäischen Frieden gefährden konnte.

Nach der Fluchtbewegung im Laufe des Sommers 1989 ergänzten wir auf Anregung von Arndt Noack den ersten Anstrich vorsichtig: »Mögliche Veränderungen im Rahmen einer europäischen Friedensordnung sollen damit nicht ausgeschlossen werden.« So wollten wir dem Mißverständnis einer Festschreibung der Zweistaatlichkeit wehren – was offensichtlich wegen der zurückhaltenden Formulierung nicht gelang. Anerkennung bedeutete für uns nicht ein dauerhaftes Festschreiben der Zweistaatlichkeit, sie war als Folge des deutschen Angriffskrieges anzuerkennen und nur so zu überwinden, daß dadurch nicht wieder eine Gefahr für Europa erwüchse. Hier ging es uns mitnichten um Buße, sondern um Verantwortung, und in dieser sahen wir uns gemeinsam mit allen Deutschen. Und es war angesichts unserer Geschichte zuerst die Verantwortung für Frieden, Freiheit und Sicherheit in Europa, der wir uns verpflichtet fühlten.

Erst mit dem Fall der Mauer am 9. November änderte sich die Perspektive. Nun wurde operative Einheitspolitik möglich. Die SDP hat diese Möglichkeit dann auch entschlossen in Angriff genommen, nicht erst getrieben von den Menschen, sondern aus tiefster Überzeugung. Am 3. Dezember 1989 bekannte sich der Vorstand in einer Erklärung zur deutschen Frage zur Einheit der deutschen Nation, welche von den beiden deutschen Staaten gestaltet werden sollte und wies auf die Notwendigkeit

Der Fall der Mauer rückte auch für die SDP die Deutsche Einheit in den Mittelpunkt ihrer politischen Arbeit.

baldiger Wahlen hin, damit eine legitimierte Regierung diese Aufgabe wahrnehmen konnte. Im Januar 1990 verabschiedete dann die Delegiertenkonferenz, bei der damals auch der Name in SPD geändert wurde, folgenden Beschluß:
»Ziel unserer Politik ist ein geeintes Deutschland. Eine sozialdemokratisch geführte Regierung der DDR wird die notwendigen Schritte auf dem Weg zur deutschen Einheit in Abstimmung mit der Regierung der Bundesregierung gehen. Was sofort möglich ist, soll sofort geschehen. Eine sozialdemokratische Regierung wird einen Wirtschafts- und Währungsverbund als vorrangige Aufgabe in Angriff nehmen. Alle Schritte des deutschen Einigungsprozesses müssen in den gesamteuropäischen Einigungsprozeß eingeordnet sein. Denn wir wollen die Deutsche Einheit nur mit der Zustimmung all unserer Nachbarn. Ihre Grenzen sind für uns unantastbar. Wir erstreben eine europäische Sicherheits- und Friedensordnung. Wir sehen dabei für uns die besondere Verantwortung, den

Demokratisierungsprozeß und die wirtschaftliche Erneuerung in Ost-Europa zu fördern.«

Auf dieser Grundlage hat die Ost-SPD dann versucht, den Vereinigungsprozeß so zu gestalten, daß die Interessen der DDR-Bürger dabei angemessen berücksichtigt wurden. Aus diesem Grunde beteiligten wir uns auch nach der freien Wahl an der Regierung. Uns war klar, daß dies ein schwieriger und längerer Prozeß sein und die Einheit keineswegs schnell Wohlstand bringen würde. Doch wir wollten den Weg in die Einheit selbstbestimmt und erhobenen Hauptes gehen.

Unabhängig von allen inhaltlichen Fehlern und Problemen des Einigungsvertrages und der Einigungspolitik seit 1990 muß eines festgehalten werden: Es ist gelungen, die institutionellen Abläufe auf dem Weg zur deutschen Einheit so zu gestalten, daß sie als Weg der Selbstbestimmung der Ostdeutschen beschrieben werden können. Wir haben die Einheit nicht nur gewollt, sondern haben die Abläufe auch wesentlich mitgeprägt. Dies ist durchaus ein Grund zum Selbstbewußtsein ehemaliger DDR-Bürger im vereinten Deutschland.

Angela Merkel

Ostdeutsche Frauen vor und nach der Wende

»Wir sind das Volk« riefen im Oktober 1989 hunderttausend Demonstranten in Leipzig, unter ihnen etwa 40 Prozent Frauen. Auch auf dem Alexanderplatz in Berlin gehörten Frauen zu denen, die mit beschwörenden Worten dazu aufriefen, für Freiheit und Selbstbestimmung der Kinder und Enkel zu kämpfen. Frauen zogen mit brennenden Kerzen in den Händen durch die Straßen, saßen mit an den Runden Tischen, um eine Veränderung der Lebensverhältnisse zu erreichen. Es waren viele Frauen, die am Umbruch, an der Revolution beteiligt waren. Dies hatte durchaus eine längere Tradition. Seit den 80er Jahren hatten sich verstärkt Frauengruppen gebildet, von denen die »Frauen für den Frieden« für die Entwicklung der Protestbewegung eine große Bedeutung gewannen. Auch die unter dem Schutz der Kirchen existierenden Frauengruppen waren an der einmaligen Aufbruchstimmung der letzten Monate der DDR beteiligt und damit an einer historischen Entwicklung, an deren Etappenziel die Einheit Deutschlands stand. Einheit als lebendiger Prozeß sollte zu einem erfolgreichen Ziel führen.

Frauen waren es, die im Dezember 1991 anmahnten, was wesentlicher Bestandteil der Politik sein sollte:

- ehrlicher Umgang mit den letzten vierzig Jahren in zwei verschiedenen Systemen,
- mehr Wahrnehmungsfähigkeit für das Unausgesprochene, die leisen Zwischentöne,

- mehr Dialogfähigkeit und Offenheit gegenüber älteren Menschen, Jugendlichen und Frauen,
- schnelleres Reagieren auf Fehlentwicklungen und politische Fehlentscheidungen.

Die Mehrheit der Ostdeutschen identifizierte sich nicht mit dem System der DDR und mit der herrschenden Staatsmacht. Sie akzeptierte weder die DDR noch deren Wirklichkeit. Sie zog sich in Nischen zurück oder suchte das Weite. Zu DDR-Zeiten konnten die Ostdeutschen abends in eine Traumwelt fliehen, quasi via Fernseher in den Westen ausreisen.

Zehn Jahre nach dem Mauerfall wird die Deutsche Einheit von der großen Mehrheit der Ostdeutschen positiv bewertet. Nur 13 Prozent sehen die Deutsche Einheit eher negativ, dabei liegt der Prozentsatz der Frauen mit 15 Prozent geringfügig höher als der der Männer mit 12 Prozent. Die Bürgerinnen und Bürger in den neuen Ländern unterscheiden sehr genau zwischen der staatlichen Ebene der DDR, die massiv kritisiert wurde, und der individuellen privaten Ebene, auf der trotz Unfreiheiten und Repressionen ein Leben mit Freude, Trauer, Festen in Familie und Freundeskreis möglich war. Im Prozeß der Einigung ist nicht immer ausreichend über die Menschen und das, was sie bewegte, gesprochen worden. Heute haben viele Menschen Schwierigkeiten mit einem fast schrankenlosen Freiheitsverständnis, mit Individualismus und Erfolgsorientierung.

Zehn Jahre nach dem Fall der Mauer leben Frauen sowohl im Westen als auch im Osten eine Vielfalt unterschiedlicher Lebensstile, die kein allgemeingültiges Leitbild erkennen lassen. Der Alltag der Frauen im Osten ist zunächst gekennzeichnet gewesen vom Verlust selbstverständlicher Regelungen. Konzentriert auf die Arbeit, die ihnen den Platz im Berufsleben wie in der Gesellschaft zuwies, genossen Frauen Ansehen im Beruf. Auf der mittleren Ebene wurden ihnen leitende Positionen auch ohne Parteizugehörigkeit ermöglicht, für Spitzenpositionen waren sie allerdings nicht vorgesehen.

In den Familien gab es das, was man mit geordneter Arbeitsteilung umschreiben könnte. Das Leben und die Vereinbarkeit von Beruf und Familie waren in der ehemaligen DDR zwar auf einem niedrigen Niveau, aber doch in einer bestimmten Weise geregelt. Es gab Kindergartenplätze, feste Ar-

beitsplätze, das Babyjahr, freie Tage bei der Krankheit von Kindern, und die Miete war erschwinglich. Alles das, was Frauen in ihrer Lebensumwelt bewegte, war also planbar und erreichbar – es war für jedermann erschwinglich. Die eigene Haushaltsgründung war in der Regel an eine Familiengründung gekoppelt, da nach der gängigen Vergabepraxis bei der Zuteilung von Wohnraum nur Familien eine Chance hatten, innerhalb eines angemessenen Zeitraums die eigenen vier Wände zu beziehen. Frauen mußten arbeiten, damit das Haushaltseinkommen ausreichte. Gesellschaftlich nicht anerkannt war es, sich als Mutter und Hausfrau ausschließlich um Familie und Kinder zu kümmern. 1989 wurden rund 80 Prozent der Kinder bis zu drei Jahren in den Krippen betreut, befanden sich 95 Prozent der Kinder zwischen drei und sechs Jahren im Kindergarten, besuchten 81 Prozent der Kinder bis zum vierten Schuljahr einen Hort.
Die Last des Alltags war groß. Sie erforderte Verständnis für die »Überlebensstrategien« von Mann und Frau, von Chefin und Mitarbeitern im täglichen Leben, Zustimmung und Duldung für Einkäufe während der zu lang ausgedehnten Mittagspause. Mit der Wende entfielen manche gewohnten Sicherheiten. Wer Frau und um die 50 war, wurde besonders hart getroffen. Diese Generation war zu jung für die Rente, doch oft zu alt für einen Neuanfang, der für die 40- bis 45jährigen noch möglich wurde. Wer langfristig im Erwerbsleben tätig sein wollte, mußte neue Qualifikationen erwerben, die einer modernen Volkswirtschaft entsprachen. Viele Frauen haben von Fortbildungsmaßnahmen profitiert und dank ihrer Flexibilität und Bereitschaft zum Weiterlernen neue Arbeitsplätze gefunden. Mehr Frauen als im Westen haben aus der Not eine Tugend gemacht und eigene kleine Unternehmen gegründet, mit denen sie heute erfolgreich arbeiten. Und Frauen haben deutlich gemacht, daß sie teilhaben wollen am gesellschaftlichen Lebensprozeß.
Heute verzeichnen viele Frauen einen Zugewinn an Lebensqualität und sehen die Erleichterungen, die ihnen die moderne Technik bietet, positiv. Waschmaschinen, Geschirrspülmaschinen, Autos – alles ist sofort und jederzeit zu haben. Auch herrscht kein Mangel an Alltagsprodukten wie zum Beispiel Tiefkühlkost, die die Essensvorbereitung erleichtern. Männer

müssen nicht mehr an jedem Wochenende unter dem Auto liegen, um es zu reparieren und für die Woche in Gang zu halten. Es ist schlicht und einfach weniger Aufwand notwendig, um die Familie zu versorgen. Vor der Wende waren Grundnahrungsmittel kein Problem, aber alles, was darüber hinausging, benötigte rund ein Drittel des Tages, um es herbeizuschaffen; ganz zu schweigen von dem zeitlichen Aufwand, wenn sich »Westbesuch« angesagt hatte, für den viel Zeit an Vorbereitungen nötig wurde.

Inzwischen mehren sich die Anzeichen für einen Stimmungswandel in den neuen Bundesländern. Erstmals seit 1990 stieg 1997 die Geburtenrate in den neuen Bundesländern wieder an. Zwar haben sich das Heiratsalter und das Alter bei der Geburt des ersten Kindes mittlerweile den Werten in den alten Bundesländern angenähert, doch bleiben Kinder und Familie im Trend. Entgegen vieler Befürchtungen wurde auch das flächendeckende Kinderbetreuungsnetz nicht zerschlagen, sondern – im Gegenteil – oft erst mit viel ehrenamtlicher Hilfe richtig kindgerecht gestaltet.

Die zunehmenden Wahlmöglichkeiten, die Frauen heute haben, um ihr Leben zu gestalten, haben ihnen neue Freiheiten gebracht. Während sich im Westen dieser Prozeß eher allmählich über einen Zeitraum von zwanzig Jahren erstreckte, vollzog sich die Auflösung vorgegebener Lebensformen im Osten als abrupter Bruch. Das brachte für ostdeutsche Frauen die Notwendigkeit, sich unter veränderten Bedingungen für bestimmte Lebensalternativen entscheiden zu müssen. Dabei reicht die Spannbreite der Chancen und Risiken von anfänglicher Orientierungslosigkeit durch den Wegfall beruflicher Perspektiven bis zum bewußten Ausleben der neuen Entfaltungsmöglichkeiten. Das schließt Beruf und Karriere sowie alternative Vorstellungen des Sich-Ausprobierens ein.

Viele haben die Aufbruchstimmung der ersten Tage mit dem Ziel des Zusammenwachsens verwechselt. Wer vier Jahrzehnte in völlig unterschiedlichen Gesellschaftssystemen lebt, kann einen weltgeschichtlichen Umbruch nicht von heute auf morgen bewältigen. Schon jetzt ist aber zu spüren, was die junge Generation des Ostens – gerade auch der Frauen – kennzeichnet: der Wille, neu zu gestalten, risikobereit, neugierig und kreativ zu sein. Darauf läßt sich eine gute Zukunft aufbauen.

Metropolit Augoustinos

Fremdenfreundlichkeit – Konsequenz der Einheit in Freiheit

Als ich Anfang der 60er Jahre vom damaligen Ökumenischen Patriarchen Athenagoras, dem großen Visionär der Ökumene, nach dem Abschluß meiner theologischen Studien an der Theologischen Hochschule zu Chalki nach Salzburg und später nach Deutschland geschickt wurde, um den Westen kennenzulernen, konnte ich nicht ahnen, daß mein Lebensweg mich nicht in meine Heimat Kreta zurückführen würde. Hier sollte ich vielmehr meine Lebensaufgabe und meine neue Heimat finden. Schon bald wurde ich zum Priester geweiht und in das damalige West-Berlin gesandt, um Pfarrer für die dort lebenden orthodoxen Griechen zu sein. Die »Inselsituation«, die das damalige Berlin jener Zeit hatte, trug, so glaubte ich, in ganz besonderem Maße dazu bei, daß mein Blick geschärft wurde, nicht nur die Probleme meiner Landsleute wahrzunehmen, sondern auch das Ärgernis – »Skandalon« sagt man im Griechischen – der Teilung Berlins und Deutschlands immer stärker zu begreifen. Dazu trugen zwei Faktoren bei: Die ökumenische Prägung, die ich in Chalki erfahren hatte, ließ mich schon schnell Kontakte zu den Vertretern der anderen Kirchen suchen und finden, die für mich zu Partnern und Freunden, aber auch zu Lehrmeistern wurden. Stellvertretend für viele möchte ich hier nur die Namen der Bischöfe Dibelius und Scharf nennen. Zum anderen hatte ich vielfach die – damals noch vielen Deutschen verwehrte – Möglichkeit, in den Ostteil der geteilten Hauptstadt zu fahren, zumeist um heimlich Kinder sowjetischer Offiziersfamilien zu taufen. Dabei lernte ich nicht nur die Absurdität und Unmenschlichkeit der innerdeutschen Grenze kennen, sondern hatte auch ab und zu die Gelegenheit, mit Deutschen »drüben« ins Gespräch zu kommen.

Mein großer Landsmann und Mittler zwischen der griechischen und der deutschen Kultur, Johannes Gaitanides, hatte kurz zuvor die prophetischen Sätze geschrieben: »Ein roter Faden schlingt sich in immer neuer Abwandlung durch die abendländische Geschichte: Das ist der Kampf unseres Anspruchs auf persönliche Freiheit und Gleichheit, der uns heftiger und beharrlicher innewohnt als irgendeinem anderen Menschentum. Ihm entquillt die Kraft, an der jede physische oder ideelle Macht doch scheiterte, selbst wenn sie vorübergehend die Alleinherrschaft ergriffen hatte.

In der Freiheit wurzelt alles, was groß, gut und schön ist an unserer Kultur, aber auch – in ihrem möglichem Mißbrauch – das Böse Europas. Ihre Preisgabe wäre dennoch unsere Selbstpreisgabe. Denn die Freiheit ist unser Schicksal. Wir haben uns ihrer oft zu entledigen gesucht, da sie ein drückendes Gewicht hat, und vom Zwang gesteuert zu werden, ist einfacher, bequemer, es entbindet von Mut und Initiative, von Verantwortung und Tragik. In dieser Trägheit allein haben die Diktatoren ihre Chance. Wir können daher dessen sicher sein: Über die Zukunft Europas wird nicht an der Elbe entschieden, das Entscheidungsfeld liegt in unserem Herzen und in unserem Gewissen – in jedem einzelnen von uns.«[1]

Es war mir, ganz im Sinn von Gaitanides, klar, daß das letzte Wort über die Zukunft Deutschlands nicht so sehr eine Frage der Großmächte oder politischer Konstellationen sein würde, sondern dem Freiheitswillen der Menschen entspringen würde. Bei der Schlußveranstaltung zum 25jährigen Bestehen unserer Metropolie konnte ich im Dezember 1988 dem damaligen Bundespräsidenten der Bundesrepublik Deutschland, Richard von Weizsäcker, versichern, »daß wir als Griechen in Deutschland nicht nur teilhaben an Arbeit, Leben und Wohlstand, sondern auch Anteil nehmen an den Schicksalsfragen des deutschen Volkes. Insbesondere wissen wir,

1 Johannes Gaitanides, Westliche Ärgernisse, München 1958, S. 155.

was die deutsche Teilung bedeutet, leben doch Tausende von orthodoxen Griechen im anderen Teil Deutschlands, die auch zu unserer Metropolie gehören, aber noch immer den Gottesdienst in der Sprache des Neuen Testaments entbehren müssen. Mit dem deutschen Volk hoffen wir deshalb auf eine Überwindung dieser Teilung und auf eine Vereinigung aller, die zusammengehören wollen, in Frieden und Freiheit.«[2]

Obwohl diese Hoffnung auf Wiedervereinigung damals sicherlich nicht zum Grundkonsens politischer Sprache gehörte, machte ich diese Äußerungen, über die sich manche Zeitgenossen wunderten, da ich der festen Auffassung war, daß die Freiheit zu jenen nicht vorenthaltbaren Grundwerten und Grundrechten des nach Gottes Bild und Gleichnis geschaffenen Menschen gehört, die nicht auf Dauer unterdrückt und verboten werden können. Diese Erfahrung hatte ja auch mein eigenes Volk in Griechenland gemacht, als es mehrere Jahrhunderte lang unter einer nationalen und religiösen Fremdherrschaft leben mußte. Schließlich siegte doch der eigene Freiheitswillen, und das moderne Griechenland entstand. Daß dabei die Kirche und der orthodoxe Glaube eine entscheidende Rolle spielten, erklärt sich gerade eben aus diesem Menschenbild des Christentums und dem hohen, ja geradezu überweltlichen Wert, den es der Wahrheit und der Freiheit zumißt: »Dann werdet ihr die Wahrheit erkennen, und die Wahrheit wird euch befreien.«[3]

Es war deshalb für mich auch keine Überraschung, daß es wiederum die Kirchen waren, die in der damaligen DDR das Bewußtsein der Wahrhaftigkeit und das Wissen um die Freiheit des Menschen aufrechterhielten. Das Fanal eines Pfarrers Brüsewitz ist dabei ebenso bedeutsam wie das Zeugnis der unzähligen Glaubenszeugen, ja Glaubensmärtyrer, die diese Botschaft von der Freiheit des Menschen weitertrugen. Daß im Kernland der Reformation die Worte des Reformators »Von der Freiheit des Christenmenschen« nicht in Vergessenheit gerieten, versteht sich meines Er-

2 Zit. n. »Grußwort an unsere deutschen Freunde« im Kalender 1991 der Griechisch-Orthodoxen Metropolie, Bonn 1991, S. 9.

3 Jo 8,32.

achtens von selbst. So erklärt sich nicht nur das historische Verdienst der zahllosen Christinnen und Christen im Osten Deutschlands, die »Wende« herbeigeführt zu haben, sondern auch das politische Engagement vieler von ihnen in den Jahren, die seitdem verstrichen sind.
Als dann die Mauer fiel und der Weg auch zur Wiedervereinigung sichtbar wurde, galt zunächst und verständlicherweise meine Sorge den orthodoxen Christen in der damals noch existierenden DDR. Tief bewegt besuchte ich erstmals etwa Dresden und Leipzig, Städte, in denen die frühesten historisch belegten griechisch-orthodoxen Kirchengemeinden Deutschlands existiert hatten.[4] Der Grund für meinen Besuch dort hatte aber nichts mit dieser entfernten Vergangenheit zu tun: Nach dem 2. Weltkrieg hatten sich nämlich im östlichen Teil Deutschlands ebenso wie in der Sowjetunion und allen ihren Satellitenstaaten Griechen niedergelassen, die in der Folge des Partisanenkrieges 1945–1949 ihre Heimat – vielfach unfreiwillig – verlassen hatten. Einige von ihnen hatten sich Anfang der 80er Jahre an die Griechisch-Orthodoxe Metropolie gewandt und um seelsorgerische Hilfe gebeten. Zu meiner großen Überraschung fand ich nun nur noch sehr wenige lebende Landsleute vor, dagegen aber viele Gräber. Ebenso überrascht war ich allerdings, daß zahlreiche Griechen aus den alten Bundesländern sich nun »gen Osten« aufmachten, um dort Restaurants, Imbißstuben, Reisebüros u. a. m. zu eröffnen. Nicht allen diesen Unternehmungen war ein wirtschaftlicher Erfolg beschieden: Der Grund dafür liegt sicherlich nicht nur in den schwierigen ökonomischen Bedingungen dieser Zeit, sondern – wie ich meine – auch in der noch neuen Situation des Miteinanders von Deutschen und Ausländern im bis dahin doch sehr monokulturellen Osten Deutschlands. Bei vielen Gesprächen mit Griechen, die nach Naumburg oder Rostock, nach Leipzig oder Erfurt gezogen waren, hörte ich heraus, daß ein beidseitiger Lernprozeß begonnen hatte, den diese neue Situation hervorgerufen hatte. Im Griechischen sind ja erstaunlicherweise die semantischen Felder »Fremder« und

4 Vgl. Antonios Alevisopoulos, Die Anfänge der griechischen Orthodoxie in Deutschland, in: Dienst am Volk Gottes, Herten 1992, S. 100 ff.

»Gast« durch denselben Begriff »Xenos« wiedergegeben. Man könnte meinen, dies sei eine Selbstverständlichkeit, die für jeden Restaurantbesitzer gilt, für den der Fremde ein (zahlender) Gast ist. Die »Philoxenia«, die Gastfreundschaft – oder um den Titel dieses Beitrags zu verwenden: Fremdenfreundlichkeit – des christlichen Ostens, setzt allerdings an anderer Stelle an, geht es doch darum, in jedem Menschen das Ebenbild Gottes zu erkennen und zu respektieren. Bekannt ist die von Andrej Rubljow gemalte Ikone der »Gastfreundschaft Abrahams«; für den orthodoxen Christen wird sie »zum Symbol göttlicher Menschenliebe (Philanthropia) und zwischenmenschlicher Freundschaft und Liebe, die in der Kirche, dem Abbild der göttlichen Trinität, in einer Art innermenschlicher Perichorese, wechselseitiger Durchdringung in Liebe, Wirklichkeit werden«.[5] Es mag vermessen klingen, den theologischen Begriff der Perichorese für die innerdeutsche Wirklichkeit nach 1989 mutatis mutandis ins Spiel zu bringen. Meine Erfahrung sagt mir aber, daß es auch hier die Kirchen sein werden, die das Zusammenwachsen der alten und neuen Bundesländer begleiten und stützen müssen. Dies ist nicht nur in der angesprochenen Sicht des Menschen als Bild Gottes begründet, sondern mit dem schon seit ihrer Gründung existierenden Faktum, daß es – wie einmal plakativ formuliert wurde – »in der Kirche keine Ausländer« gibt. Paulus schreibt: »Es gibt nicht mehr Juden und Griechen, nicht Sklaven und Freie, nicht Mann und Frau; denn ihr alle seid einer in Christus Jesus.«[6] Dabei geht es nicht nur um vordergründige Aktionen (wie das von der Arbeitsgemeinschaft christlicher Kirchen in Deutschland initiierte Projekt »Lade deinen Nachbarn ein«), sondern vielmehr um die Schaffung jenes Klimas, das die Toleranz weit hinter sich läßt und Akzeptanz des Anderen mit sich bringt. Kein Geringerer als Goethe hat dies so formuliert: »Toleranz sollte eigentlich nur eine vorübergehende Gesinnung sein. Toleranz muß zur Anerkennung führen. Dulden heißt beleidigen.«[7]

---

5 Anastasios Kallis, »Philoxenia«, in der gleichnamigen Festschrift für Prof. Bernhard Kötting, Münster 1980, S.V.

6 Gal 3,28.

7 Zit. n. » Den andern anerkennen, wie er ist«, in: Lutherische Monatshefte 8 (1978), S. 472.

Lichterkette gegen Ausländerfeindlichkeit am Brandenburger Tor in Berlin im Dezember 1992.

Daß dies in einer weithin entchristlichten Gesellschaft keine einfache Aufgabe ist, versteht sich von selbst. Als griechisch-orthodoxe Christen in Deutschland, die sich als integrativer Bestandteil dieser Gesellschaft verstehen, sind wir bereit, daran mitzuarbeiten. Und auch hier gilt das Wort von Gaitanides: »Das Entscheidungsfeld liegt in unserm Herzen und in unserem Gewissen – in jedem einzelnen von uns.«

Gabriele Muschter

Fundamente statt Brücken

Fernsehen ist eben nicht immer doof. Mein Beitrag für dieses Buch ist schon geschrieben. Da sehe ich am Abend zwei Sendungen im Fernsehen. In den Spätnachrichten des ZDF sagt der Regisseur Thomas Langhoff voller Verbitterung: »Die Westberliner Gesellschaft ist geschlossen geblieben. Die international anerkannten guten Film- und Theaterleute aus dem Osten kriegen kein Bein auf den Boden.« Und später läuft in arte der DEFA-Film »Solo Sonny«, einer der DDR-Kultfilme von 1982, den ich jetzt zum ersten Mal sehe.

Was ist in den vergangenen zehn Jahren geschehen, was war gut, was muß besser werden?

Bisher haben wir vor allem darüber gesprochen, welche Brücken zu bauen wären zwischen den Deutschen Ost und den Deutschen West. Weitergebracht hat uns das nicht. Denn: Es sind die Fundamente, die wir freilegen müssen, um einander besser zu verstehen. Das heißt an die Wurzeln zurückgehen: Wer sind wir, woher kommen wir, wohin gehen wir?

Wenn ich zehn Jahre zurückdenke, so hat sich vieles in meinem Leben verändert. Manches ist besser geworden, es bleibt genug zu tun. Es gab gute Gespräche, neue Freundschaften, interessante Aufgaben.

Biographien haben sich mir erschlossen, Lebenswege sind verglichen worden. So in der Gesprächsreihe »Deutsche Lebensläufe«. In diesem Rahmen haben sich jeweils zwei Menschen aus dem Ostteil des Landes und aus dem Westteil, die vergleichbare Berufe haben und vergleichbare Biogra-

phien hätten haben können, ihr Leben erzählt: Schauspieler, Rechtsanwälte, Pfarrer, Galeristen, Wirtschaftsexperten. Das war spannend und brachte Erkenntnis für alle Beteiligten. Es vertiefte auch die Erkenntnis, wer denn zu welcher Zeit über welche Möglichkeiten verfügte.
Immer wieder wurde sehr genau nach den Gemeinsamkeiten gefragt, und die Unterschiede wurden deutlich gemacht.
Was kam in der Tendenz dabei heraus? Die Wertvorstellungen lagen gar nicht so weit auseinander, wie anfangs angenommen. Die Lebensart war eine andere. Auch, wer sich schon in jungen Jahren als Europäer fühlen konnte und wer nicht, war ziemlich eindeutig, weil eben die einen in dieser permanenten Zoo-Situation lebten, während den anderen die Welt offenstand. Viele Unterschiede wurden auch über die Sprache bzw. die Sprachlosigkeit besonders der Ostdeutschen deutlich, die gewohnt waren, immer vom Blatt abzulesen.
Die anfangs sehr verschiedenen Bedingungen für die Künstler im Ost- und Westteil des Landes haben sich zwar angeglichen, wenn auch manches offen bleibt. So die vielzitierte Ungleichbehandlung. Im Zusammenhang mit der bereits erwähnten Reihe »Deutsche Lebensläufe« erzählte die Schauspielerin Ursula Karusseit, daß sie – eine bekannte Schauspielerin – über Nacht arbeitslos geworden war und sich auf dem Arbeitsamt melden mußte – eine unvorstellbare Situation für ihr Westberliner Pendant Judy Winter.
Was hatten die jeweils ungleichen Brüder und Schwestern also gemeinsam? Die Geburtsjahre, den Gegenstand ihrer späteren Tätigkeit, Wertvorstellungen, Bindungen an die Natur, Bindungen an den Glauben?
Über vier Jahrzehnte haben alle in völlig verschiedenen Gesellschaftssystemen unter höchst unterschiedlichen politischen Verhältnissen gelebt. Das läßt sich nicht in zehn Jahren überbrücken, es ist ein langer, sensibler Weg, der von den Fundamenten her mühsam aufgebaut werden muß.
Für die gemeinsame Zukunft gilt: Ein umfassender Kulturbegriff schließt den Umgang mit der Natur ebenso ein wie den Umgang der Menschen miteinander. Es kommt im vereinten Deutschland darauf an, eine neue gemeinsame Identität zu entwickeln. Diese gemeinsame Identität wird vor

allem über eine gemeinsame Gegenwart und Zukunft möglich werden – dennoch: nicht ohne den Blick zurück.
Die Kultur und die deutsche Kulturnation und die wiederkehrende bange Frage: Sind wir nach 40jähriger unterschiedlicher Entwicklung und nun wieder 10jährigem Neuansatz eine Kulturnation? Was sind unsere gemeinsamen Werte?
Diese Frage scheint mir kompliziert zu beantworten. Es beginnt mit der sozialen Lage der Menschen, nicht nur derer, denen es besser geht, und es endet nicht mit dem Gedanken, daß die menschliche Dimension des deutschen Einheitsprozesses vor allem eine kulturelle ist.
Es hat in den zehn Jahren Fehler gegeben, z.B. sind bis heute alle strategisch wichtigen Positionen von Westdeutschen besetzt und das längst nicht, weil die alle besser wären.
Es hat auch gute Entwicklungen gegeben, die es auszubauen gilt. Nehmen wir als Beispiel die Kulturszene in Berlin. Die Stadt hat sich rasant verändert. Das Leben hier ist eben wegen der alltäglichen Nähe, des Austausches zwischen Ost und West, des Zusammentreffens verschiedener Kulturen interessant und reizvoll geworden. Es sind vor allem im Ostteil ganz neue, ungewöhnliche Viertel entstanden. So in Berlin Mitte das Scheunenviertel und die Auguststraße. Eine Vielzahl von Galerien und Restaurants, kleine Theater, Buchhandlungen, Gelände, die ein Eigenleben entwickeln, wie nie zuvor gekannt.
Was in Mitte die Hackeschen Höfe sind, wird im Prenzlauer Berg bald die *Kulturbrauerei* sein – allerdings hier mit anderen Gewichtungen: Treffpunkt der Szene.
Die *Kulturbrauerei* hat sich 1991 auf dem 40.000 Quadratmeter großen Gelände angesiedelt und war hier lange Zeit einziger Mieter. Erbaut wurde die größte Flaschenbierbrauerei Europas, zu Schultheiss gehörend, um 1900 von dem berühmten Architekten Hans Heinrich Schwechten, dem auch andere Industriebauten in Berlin und Potsdam zu verdanken sind.
Die *Kulturbrauerei* versteht sich als Schnittstelle zwischen Ost und West. Das führt zu ausgewogenen politischen Diskussionen. Das Publikum ist durch geschickte Auswahl von Themen und Stücken zunehmend gemischt.

Die »Kulturbrauerei« ist ein Treffpunkt der Szene in Berlin Mitte.

Deshalb ist es besonders bedauerlich, daß die Stadtverwaltung bis heute keine Möglichkeit einer schrittweisen institutionellen Förderung finden konnte. Die Lottomittel gehen regelmäßig an die »Leuchttürme«, und die Verantwortlichen scheinen nicht zu bemerken, daß die Segel inzwischen längst anderswo in der Stadt gesetzt werden.

Aber da wären wir wieder bei dem Vorwurf der »geschlossenen Gesellschaft« und dem ahnungsvollen Biermann-Zitat von 1990: »Die meisten Richter werden wohl Richter bleiben, genau wie nach 45 im Westen. Die Polizisten bleiben Polizisten. Die Chefs bleiben Chefs. Das Häuflein Aufrechter bleibt ein Häuflein. Die aufrichtigen Menschen haben weder Seilschaften noch Mafia hinter sich und haben auch keine geheimen Konten beim Klassenfeind von gestern.«

Geheime Konten sind bis jetzt nicht in den neuen Bundesländern aufgetaucht. Durch die plötzlich strukturelle Veränderung – vom Zentralismus zum Föderalismus – haben die armen Länder aber natürlich weniger Geld für Kultur in den öffentlichen Kassen.

Dessen ungeachtet, werden in der *Kulturbrauerei* kontinuierlich wichtige Tendenzen der Kunst und Kultur aufgearbeitet, die sich zu SBZ- und DDR-Zeiten entwickelt haben. Sie werden kritisch hinterfragt und zum Wertewandel im vereinten Deutschland in Beziehung gesetzt.
Die Institution begreift sich als Humus für die Entwicklung neuer Tendenzen junger Kunst und junger Künstler. Sie ist Sprungbrett vieler Talente. Mit der Programmvielfalt steuert die Einrichtung auf dem schmalen Grat zwischen alternativer, experimenteller und Hochkultur. Musikveranstaltungen, Lesungen und Gespräche sowie Ausstellungen mit bildender Kunst gehören zu den unverzichtbaren Säulen.
Der Begriff »Bewahren« ist schnell zu einem mehrdeutigen Reizwort innerhalb der Diskussion um den Einheitsprozeß geworden. Einigkeit läßt sich schnell erzielen, wenn es darum geht, Baudenkmäler zu bewahren bzw. wieder aufzubauen – z. B. die Dresdner Frauenkirche. Schwierig wird es schon bei der Diskussion um den Palast der Republik. Soll er stehenbleiben oder soll er dem Schinkelschen Berliner Schloß weichen? Hier scheiden sich die Geister, und es ist nicht nur eine ästhetische Diskussion, es ist auch eine politische, eine, die mit dem Berlin des 3. Jahrtausend und der Identität seiner Bürger zu tun hat. Interessanterweise verlaufen die Debatten hierüber quer durch die Gesellschaft, ohne Ost-West-Polarisierung.
Die Kunst in der DDR hat Beachtliches hervorgebracht – das sehen inzwischen auch jene anders, die anfangs jede Kunstfähigkeit zu DDR-Zeiten bestritten hatten.
Viele Künstler, Maler, Bildhauer, Schriftsteller, Regisseure, Schauspieler, Tänzer und Dichter, die in den 70er Jahren, nach der Ausbürgerung Biermanns, massenhaft in den Westen gegangen sind, haben internationalen Ruhm erlangt – das gilt aber ebenso für viele, die im Land geblieben waren und bis zum Schluß dachten, sie könnten eine Erneuerung herbeiführen. Allerdings waren die nicht auf den üblichen Konkurrenzkampf vorbereitet.
Kulturelle Identität ist eine Voraussetzung für emanzipiertes Bürgerbewußtsein. Bürgerliche Mitverantwortung erwächst aus der Identifizierung

des einzelnen mit der Tradition seines regionalen Milieus und mit den Kommunikationsstrukturen des Sozialwesens, in denen er lebt.
Wenn der Satz gilt: Kultur ist unverzichtbarer Bestandteil unseres Alltags – für jeden einzelnen wie für die Gesellschaft als Ganzes –, dann hat diese Tatsache im politischen Denken seit der Einheit zu wenig Beachtung gefunden.
Seit den späten 60er Jahren gibt es in der Bundesrepublik Deutschland die Forderung, Kultur als gesellschaftspolitischen Anspruch zu begreifen. Solcher Anspruch könnte auch vor dem Hintergrund einer stärker werdenden Europäischen Union Identität zwischen den Europäern stiften. Denn Kultur stellt den Wert dar, aus dem Völker ihre Identifikation und ihr Selbstbewußtsein schöpfen. Geistige Mobilität, Toleranz, Phantasie, auch der Wille zur Improvisation sind Zeichen von Kultur.
Kultur als mentale oder geistig-moralische gesellschaftliche Befindlichkeit zu begreifen, heißt, sie als Zielorientierung der menschlichen Gesellschaft zu verstehen. Erst dann ist auch selbstverständlich, daß Kultur kein lästig zu finanzierendes, zu subventionierendes Objekt, sondern durch kluge, sensible Politik als notwendige Investition in die Zukunft zu fördern ist.

Gunda Niemann-Stirnemann

Die Chancen der Freiheit nutzen

Wenn ich die Zeit der Wende und die Entwicklung der Einheit in den vergangenen zehn Jahren aus meinem persönlichen Blickwinkel heraus betrachte, dann kann ich die Zeit nach 1989 nicht von den dreiundzwanzig Jahren davor trennen. Als die Mauer fiel, war ich eine junge, begeisterte Eisschnelläuferin, die zu den populären Sportlerinnen der DDR zählte. Ich hatte national und international Erfolg, kannte durch meine Reisen zu Wettkämpfen und Meisterschaften den Westen, das »kapitalistische Ausland«, und so befand ich mich auch im Herbst 1989 in einem Trainingslager im bayerischen Inzell und kurz darauf in den USA. Stundenlang habe ich damals telefoniert, um Informationen von zu Hause zu bekommen, ich war neugierig und verunsichert zugleich. Es mag heute vielleicht verwundern, daß bei mir nicht zuerst die Freude überwog, sondern die Unsicherheit. Doch ich wußte zu dem Zeitpunkt nur, was ich hinter mir lasse, aber nicht, wie es weitergehen würde: Was wird aus uns? Aus meiner Trainerin? Aus dem Sport überhaupt? Diese Fragen standen für mich im Vordergrund. Heute erkenne ich in dieser Unsicherheit, wie wenig frei und »weltoffen« mein Denken damals war, obwohl ich zu den wenigen gehörte, die in den Westen hatten reisen dürfen. Was es heißt, wirklich frei zu sein, wurde mir damals erst kurze Zeit später richtig klar, als mein Mann mich plötzlich im Trainingslager in Bayern besuchte, einfach so, ohne Paß – das war ein wunderbares Erlebnis, eine enorme Freude. Und diese Freude und Euphorie ergriff auch mich, wir blühten auf, fühlten uns stark und waren stolz, daß es wieder *ein* Deutschland gab. Nach meiner Rückkehr aus dem Trainingslager war diese Stimmung zu Hause überall zu spüren. Jeder wollte jetzt seine Träume leben und sich lang gehegte Wünsche erfüllen. Meine Geschwister konnten in den Westen zum Einkaufen fahren, wochenlang waren die Begeisterung und Freude riesengroß.

Doch dann kam das Nachdenken: Die DDR gab es nicht mehr, sie hatte aufgehört zu existieren, sie war Geschichte, die irgendwann aufgearbeitet werden würde. Praktisch über Nacht hatte die Marktwirtschaft begonnen, und mit ihr hielten Kapitalismus und Konkurrenzkampf bei uns Einzug. Alles, was gewohnt und sicher gewesen war, veränderte sich in Windeseile oder gab es nicht mehr. Betriebe wurden privatisiert, Arbeitsplätze abgebaut. Wir mußten lernen, das Leben selbst in die Hand zu nehmen, wir mußten lernen, mit Geld umzugehen und was es heißt, ein Leben lang dieses Geld zu brauchen. Wir mußten lernen, in einer »Ellenbogengesellschaft« zu leben und erkennen, daß unser Leben nicht mehr gestaltet wird, sondern wir selber wissen müssen, was wir erreichen wollen. Wir hatten in unserer kleinen Welt bis dahin eigentlich recht sorglos gelebt: Wir gingen arbeiten, kamen nachmittags nach Hause, tranken Kaffee zusammen und plauderten. Das Familienleben stand im Vordergrund, hier fand man Geborgenheit und Harmonie, hier konnte man Kraft tanken. Gerade bei der heutigen Hektik und Eile dürfen wir diese Erfahrungen nicht vergessen, denn es sind die Familie und das Zuhause, die uns stark machen. Aber diese Sorglosigkeit, die uns umgab, oder – wenn man so will – der Trott, der uns auch ein Gefühl von Geborgenheit vermittelte, hatte nach der Wende keinen Platz mehr in unserem Leben. Ich habe selber geglaubt, ich könne so weiterleben wie bisher, aber das war ein Irrtum. Was dieser Erkenntnis folgte, waren Momente der Traurigkeit und des Bedauerns.

Es ging und geht dabei nicht um »DDR-Nostalgie« oder Verklärung, aber jeder von uns hat seine Lebensgeschichte, und auch für mich sind viele schöne Erinnerungen mit der Zeit vor der Wende verbunden. Ich bin in einer sehr sportlichen Familie aufgewachsen und wollte Volleyballspielerin werden. Mein Vater war Gastronom, meine Mutter Laborantin, später hat

sie in einem Gemüseladen gearbeitet. Für eine Volleyballkarriere war ich leider zu klein, aber man erkannte mein Talent für die Leichtathletik, meinen starken Willen und meinen Kampfgeist. Mit zwölf Jahren durfte ich die Kinder- und Jugendsportschule in Erfurt besuchen. Nach vier Jahren meinten die Trainer, die Leichtathletik sei für mich nicht das Optimale, um an die Weltspitze zu kommen und schlugen mir Radsport oder Eisschnellauf vor. Der Radsport lag mir nicht, also entschied ich mich für Eisschnellauf, obwohl ich davon keine Ahnung hatte. Es war genau meine Sportart, und ich bin auch heute noch sehr froh, daß man junge Talente gesucht und frühzeitig gefördert hat.
Ich war ein junges Mädchen, das seinen Sport liebte, und ich war stolz darauf, zunächst das blaue, später dann das rote Halstuch der Pioniere tragen zu können und endlich das FDJ-Hemd anziehen zu dürfen. Ich war stolz, reisen und meine Neugierde befriedigen zu können: die Welt sehen, andere Sportler treffen, andere Nationen erleben. Wenn ich von meinen Auslandsreisen zurückkam, wollten alle wissen, wie es »dort« ist. Ich konnte es nur schwer erklären, daß »dort« alles viel freundlicher und heller war – nicht so grau in grau, wie bei uns –, daß es »dort« schön sei und mir gefallen würde. Aber ich bin immer wieder gerne nach Hause gekommen, denn ich fand es auch dort schön und genoß das Leben mit meiner Familie. »Republikflucht« war für mich kein Thema.
Trotzdem gab es auch Situationen, die mich nachdenklich machten. Ich habe mich schon als junges Mädchen gefragt, warum ich nicht mit Sportlern aus dem Westen reden durfte oder warum ich aufpassen mußte, damit ich nicht zu lange mit ihnen redete, warum ich beobachtet wurde, warum wir immer nur in Gruppen und nie alleine in die Stadt gehen durften, warum ich keine Geschenke annehmen durfte. Das waren alles Fragen, die im entsprechenden Moment kurz aufgetaucht sind, aber ich habe die Gegebenheiten einfach akzeptiert. Der Sport stand für mich im Vordergrund, und es belastete mich nicht großartig. Natürlich habe ich mich nicht immer konform verhalten und Dinge heimlich getan. Wenn wir im Ausland waren und ich die Lust und den Mut dazu hatte, bin ich abends einfach aus dem Hotel abgehauen und mit all den anderen Sportlern, egal aus welcher Na-

tion, in die Disco gefahren. Das hört sich wenig spektakulär an, aber man muß sich das so vorstellen: Wir DDR-Sportler gingen nach den Wettkämpfen zum Abschlußbankett und saßen mit den Sportlern aller Nationen an einem Tisch. Irgendwann stellten die anderen uns die Frage, ob wir nach dem Bankett auch mit in die Disco kommen würden. Wir saßen dann immer nur ganz still da, weil wir wußten, nach dem Essen ist der Abend für uns vorbei. Wir konnten nur im Hotel feiern, aber wenn es hieß, »kommt doch mit in die Disco«, durften wir nicht mitgehen. Mit den Jahren wurde man allerdings mutiger. Den Gewinn der Europameisterschaft wollte ich unbedingt feiern, und so sind wir an dem Abend einfach mitgefahren. Wir haben getanzt und uns amüsiert, hatten aber den ganzen Abend immer diese Angst im Hinterkopf. Es gab zwar keinen Ärger, aber ich bin überzeugt, daß man uns genau beobachtet hat, um sicherzugehen, daß wir in unsere eigenen Betten gingen. Hätte sich möglicherweise eine Beziehung ergeben, hätte man das unterbunden. So hat man – was ich damals allerdings nicht bemerkt habe – meinen Briefkontakt mit einem norwegischen Sportler lange Zeit beobachtet, die Briefe geöffnet und gelesen, ob sich das Ganze auf rein sportlicher Ebene abspielte. Nach einer Weile wurde dieser Kontakt abgeblockt, und meine Trainerin mußte ihn unterbinden. Ich hatte »Dummheiten« gemacht, aber dem Norweger konnte ich es nicht erklären, ich sagte ihm nur: »Ich darf nicht«.

Auch im Alltag erlebte ich Situationen, die ich damals nicht richtig verstand und über die ich mir erst im Nachhinein klar geworden bin. So gab es in dem Haus, in dem wir wohnten, eine kinderreiche Familie, aber diese Kinder gingen nicht zur FDJ. Mir war das völlig unverständlich, zumal ich eine stolze Pionierin war. Die ganze Familie kam uns »schleierhaft« vor. Obwohl die Situation für die Familie ausgesprochen schwierig wurde und es eine Menge Ärger gab, traten die Kinder sehr selbstbewußt auf. Daß diese Familie kirchlich orientiert war und damit einfach nicht in das typische DDR-Bild paßte, habe ich erst nach der Wende begriffen.

Der Bruch mit dem Gewohnten und Überkommenen, die Umwälzungen, die durch die Wende verursacht wurden und die notwendigen Konsequenzen, die jeder von uns daraus ziehen mußte, haben auch für mich einen

Lernprozeß in Gang gesetzt. Die neu gewonnene Freiheit brachte auch neue »Spielregeln« mit sich, alles war auf einmal viel offener geworden. Ich mußte beispielsweise mit der Presse und dem Fernsehen zusammenarbeiten, aber den richtigen Umgang mit den Medien mußte ich erst einmal lernen. Ich habe am Anfang viele Fehler gemacht, weil ich verschlossen war. Dann habe ich gemerkt, wie man über mich geschrieben hat, und da dachte ich, das kann nicht sein, so darf man mich nicht einschätzen, so bin ich nicht. Ich habe mich daraufhin geöffnet und mir gesagt, die Leute müssen mich kennenlernen. Mein Denken wurde freier und mir wurde bewußt, was es heißt, für mich selbst verantwortlich zu sein. Den »Staatssport« der DDR gab es nicht mehr, *ich* mußte jetzt entscheiden, was ich tun und wie hart ich zu mir selbst sein wollte. Als Leistungssportlerin, die weiterhin erfolgreich sein wollte, mußte ich mich mit Dingen wie »Vermarktung« oder »Sponsoring« auseinandersetzen, alles Bereiche, die vorher für mich keine Rolle gespielt hatten. Heute ist das Interessante und Verlockende meines Berufes – neben der Freude, die mir mein Sport und die Arbeit mit meinem Team macht –, daß ich nicht nur einfach Schlittschuh laufe, sondern daß es sich auch lohnt.
Bis ich diesen Punkt erreicht hatte, galt es allerdings, noch ganz andere Hindernisse und auch Vorurteile zu überwinden. Nach der Wiedervereinigung hatte ich manchmal das Gefühl, daß man nicht akzeptieren oder nicht wahrhaben wollte, daß eine Ostsportlerin weiterhin erfolgreich bleibt. Es gab Verdächtigungen, daß das nicht mit sauberen Dingen zugehen könne. Mir schien die Anerkennung für meine Erfolge nur sehr zögerlich zu kommen, und ich habe beispielsweise hart dafür kämpfen müssen, die deutsche Fahne bei den Olympischen Spielen in Nagano tragen zu dürfen. Darauf bin ich auch heute noch stolz, und mittlerweile genieße ich die Anerkennung, die ich mir so hart erkämpft habe. Denn die Härte und Disziplin, die ich im DDR-Sport gelernt hatte, habe ich beibehalten und in das gemeinsame Deutschland mitgenommen, weil ich gemerkt habe, daß ich daraus Kraft schöpfe, stark bleibe und dadurch Erfolg habe.
Wenn ich daher heute eine positive Zwischenbilanz nach zehn Jahren Einheit ziehe, dann ist das kein leichtes Daherreden von jemandem, der schon

immer auf der »Siegerspur« gelebt hat, denn der Erfolg ist mir nicht in den Schoß gefallen. Der Ernüchterung, daß die »blühenden Landschaften« sich nicht so schnell einstellen würden, wie wir uns erhofft oder erträumt hatten, folgten vielfach Enttäuschung, Verbitterung und Ablehnung. Auch ich habe am Anfang meine negativen Erfahrungen mit Versicherungsvertretern machen müssen, ich habe allerdings aus solchen Enttäuschungen gelernt und bin heute weniger vertrauensselig – wie die meisten anderen Menschen in den neuen Bundesländern übrigens auch. Zweifellos gibt es weiterhin Probleme zwischen Ost und West, die man nicht wegdiskutieren kann. Doch man sollte den Menschen im Osten nicht verübeln, daß sie sich nicht von heute auf morgen von den Denk- und Verhaltensmustern, die während 40 Jahren DDR ihren Alltag bestimmt haben, freimachen konnten.

Was ich allerdings nicht akzeptieren kann und wogegen ich mich ganz entschieden wende, ist das »Miesmachen« und »Jammern«. All denen, die auf alles und jeden schimpfen, kann ich nur den Rat geben, einmal zu prüfen, welche Fehler sie selber machen. Dabei ist es gerade für junge Menschen so enorm wichtig, dynamisch zu sein, Kraft zu haben, sich Ziele zu setzen und die Chance zu nutzen, etwas aus sich zu machen. All die Menschen, die nicht jammern, sondern die versuchen, am Ball zu bleiben und sich berufliche Perspektiven aufzubauen, machen mir Mut. Daß die Menschen heute vieles realistischer sehen und weniger verbittert sind als noch vor ein paar Jahren und vor allem in ihrem Denken offener und freier geworden sind, ist ein gutes Zeichen für die gemeinsame Zukunft von Ost und West.

Lutz Rathenow

Das gespaltene Land

Im späten August 1989 stieg ich mit meiner Frau in Budapest in das russische Flugzeug der DDR-Gesellschaft Interflug ein. Es ging nach einem spannenden Urlaub zurück nach Ostberlin.

DDR-Menschen strömten nach Budapest in die bundesdeutsche Botschaft oder gleich zu einem der Zeltplätze an der ungarischen Grenze zu Österreich. Dort schwammen und wanderten sie und saßen abends am Lagerfeuer, um über die nächsten Tage zu beraten. Sie diskutierten, ob sie weiter DDR-Urlauber bleiben oder sich lieber in Flüchtlinge auf der Suche nach dem Grenzloch Richtung Wien verwandeln sollten. »Jetzt mache ich erstmal in Ruhe meinen Urlaub, den habe ich mir verdient, abhauen kann ich später auch noch!«, soll ein Mann gesagt haben, der die gruseligsten Geschichten aus der DDR erzählte. Er arbeitete bei der Wismut, ein Bergmann, der gutgelaunt witzelte, er strahle so sehr, weil er schon soviel radioaktives Erz transportiert habe. Andere wollten da nicht nachstehen und gaben traurige, bedrückende, schreckliche Erlebnisse preis. Ein Zeltplatz schien sich die DDR aus den Köpfen zu erzählen. Aus den Augen – aus dem Sinn. Sie redeten sich von dem Lande förmlich frei. Und hielten es dadurch auch lebendig, eine Geisterbeschwörung, weil der Abschied doch beunruhigte. Und auch den Hauch eines schlechten Gewissens zurückließ, weil man diesen Miststaat einfach verließ. Was so gefährlich war, müßte beseitigt werden.

Diese Gedanken und viele mehr erzählte uns ein Bremer Ehepaar, das wir

zufällig in einer Weinstube kennenlernten. Sie standen einer Partei nahe, die den Staat in der östlichen Hälfte Deutschlands für den besseren hielt – so wollten sie in diesem System einmal Urlaub machen. Was wirklich eine gute Idee war. Und mit Westmark in der Tasche dazu eine preiswerte. Nun kamen sie nach drei Wochen Zeltlager völlig zerrüttet in Budapest an. Sie hatten ein Leben unter DDR-Bürgern geführt, die keine mehr bleiben wollten, es aber auf eine merkwürdige Art natürlich noch waren. Zum Beispiel dieser Bergmann aus dem Uranabbaugebiet, dem es Spaß machte, die naiven Bremer mit ständig neuen Horrorerlebnissen aus der Arbeitswelt zu entsetzen. Er haßte die DDR auf so innige Art, daß diese selbst den Westdeutschen nur eine Form der Liebe zu sein schien.
Und dann die immer so nützlichkeitsorientierten Monologe der Männer in den blauen Trainingsanzügen, von denen sich wirklich einige karierte

Auf dem Gelände der bundesdeutschen Botschaft in Prag warteten am 29.10.1989 tausende DDR-Bürger auf die Ausreise in die Bundesrepublik.

Für die immer weiter ansteigende Zahl der ausreisewilligen DDR-Bürger wurde in Prag ein Zeltlager errichtet.

Kittelschürzen beim Braten der Rostbratwürste umbanden. Die schmeckten, die Brätchen, und auch Neuankömmlinge schafften in Kühlboxen immer wieder Nachschub heran. Wenn nicht gebraten, geurlaubt, diskutiert oder geflohen wurde, führten die Männer beim Abwaschen oder Kartenstudieren Selbstgespräche, die jeder hören sollte: »Erst Urlaub, dann abhauen – der Urlaub ist schließlich bezahlt. Oder ich haue gleich ab, scheint ja gerade gutzugehen. Da drüben kommt aber auch erst einmal Streß. Bei den vielen, die da rübermachen. Da erhole ich mich doch hier vorher noch. In aller Ruhe auf den schönen neuen Weststreß vorbereiten.«
Die Bremer verstanden sich und die Welt nicht mehr. Und luden sie ein, dankbar, endlich zwei aus dem Osten getroffen zu haben, die nicht weg wollten. Ich merkte beim Erzählen, was die alles nicht wußten. Und wie schwer ihnen bestimmte Geschichten plausibel zu machen waren. Ich merkte, daß der Westen überhaupt nicht auf Osteuropa vorbereitet war. Und die DDR war da nur die Spitze des Eisberges, der eine andere Mentalität, einen anderen Umgang mit der Zeit und mit den bürgerlichen Rechten nach Westeuropa hineintragen würde. Die Bremer störte am meisten die Gier, mit der wir Ossis uns auf die ungarntägliche »Bild«-Zeitung stürzten. Sie konnten mit der Haltung nicht umgehen, daß man diese einfach lustig-bescheuert fand und doch wegen der Informationsreste jeden Tag lesen wollte. Sie wurde ja an den Kiosken verkauft, manchmal noch die »Welt« dazu. Die »Bild« war preiswert und einigen immer noch zu teuer. Wir durften ja nicht viel DDR-Geld umtauschen in Ungarn.
Blätterte man in neuen Zeitungen neben dem Kiosk, sprachen einen bald ostdeutsche Passanten an: Was es denn so Neues gäbe …? Mühelos ließ sich so eine Diskussionsgruppe neben einem Zeitungsstand bilden.
Auch als wir rückflugbereit die Gangway zu dem Flug nach Ostberlin hochschritten, umfaßte meine rechte Hand eine »Bild«-Zeitung. Schweigend saßen wir dann in der Reihe. Kein Platz im Flugzeug blieb unbesetzt. In was für einen Staat würden wir zurückfliegen? Das überlegten wohl die meisten. Man war mit sich beschäftigt. Und mit den Zeitungen – nach und nach richteten sich die ausgebreiteten Blätter vor den Gesichtern auf.
Die Hälfte der Menschen las wieder das kostenlos gereichte »Neue

Deutschland«. Es genügte der Blick auf das Titelblatt: Nichts hatte sich geändert.
Die andere Hälfte der Fluggäste blätterte amüsiert und ganz offen in der »Bild«. Die wußte an diesem Tag der immer weiter ausschwappenden Fluchtwelle von DDR-Bürgern mit einer Schlagzeile die Schaumkrone aufzusetzen: »Honeckers Hut ist schon drüben.« Während des Fluges blieben beide Zeitungsfraktionen bei ihren Blättern. Ich staunte schon, wie lange man in einem »ND« oder in einer »Bild« lesen kann.
Und auf dem Flughafen Schönefeld wurden die Westblätter nicht ängstlich eingerollt oder gefaltet, bei der Zollkontrolle behielten fast alle die »Bild« in der Hand. Trotzig und stolz schritten sie an den Beamten vorbei. Die kontrollierten keinen.
Obwohl sie sonst jedem Zettelchen hinterhergrabschten – auf der Suche nach nicht genehmigten Druckerzeugnissen. Auf dem Hinflug blätterten sie noch einen Papierblock Blatt für Blatt durch, eines hielt der Zöllner sogar schräg gegen das Licht der Neonröhre, ob sich in dieser Perspektive eingeritzte Buchstaben offenbarten.
Jetzt hatte sich etwas verändert. Ein halbes Flugzeug voller selbstbewußter DDR-Bürger kehrte zurück. Wir waren zum ersten Mal freiwillig in die DDR zurückgekommen. Das spürten die Zollbeamten und verkniffen sich ihren Dienst. Die DDR war in zwei Teile zersprungen, der eine hielt noch zum »ND«, der andere klammerte sich an den Westen. Daran hat sich bis heute wenig geändert.
Es hat sich für die einen alles gewandelt – seit der Wende. Es ist für die anderen alles beim Alten geblieben. Meinen sie.
Natürlich stimmt weder das eine noch das andere, doch man gibt seinen Glauben nicht so schnell auf: an den Westen à la Bundesrepublik oder den Osten, der an Wert zu gewinnen scheint. Für alles gibt es Erklärungen und Theorien.
Bei Niederschrift dieses Textes lieferten Psychoanalytiker und Psychotherapeuten auf einem Kongreß in Berlin gerade wieder neue Deutungsversuche. Die deutsche Vereinigung zeige – meinten sie –, daß es bei vielen Menschen in den neuen Ländern eine produktive Bewältigung gegeben

habe. Andere wiesen aber auch regressive Tendenzen auf, es komme zu rückschrittlichen Prozessen. »Nicht selten erreichen die Regressionen pubertäres Niveau.« So ist es. Aber was sagt das? Und neu ist es auch nicht. Wie reagierten meine Eltern auf die irritierenden Westmeldungen über den verstrahlten Salat nach der Tschernobyl-Katastrophe? Sie verspeisten trotzig besonders viel.

Die DDR ist so sehr DDR wie noch nie. Oder sie ist etwas längst Vergangenes, das kaum noch in die Gegenwart zu reichen scheint. Die einen befassen sich zuviel mit der DDR, die anderen gar nicht.

Im Grunde haben sich weder die West- noch die Ostdeutschen geändert. Die Ostdeutschen erwarteten zuviel und einige jetzt lieber gar nichts mehr von drüben.

Im Westen interessierte und interessiert man sich entschieden zu wenig für das, was im Osten vor sich geht. Oder macht daraus einen Kult, mindestens ein Hobby. So entnehme ich dem »Rundbrief des Vereins zur Dokumentation der DDR-Alltagskultur«, daß inzwischen die Hälfte der Mitglieder aus dem Westen kommt. Einer von ihnen lobt das einfachere Design der Alltagsgegenstände in der DDR und bekennt sich zu seinem Interesse am Thema Stasi: weil es so »geheimnisumwittert« sei. Mein Problem soll das nicht sein.

Ich kann gar nicht so schnell schreiben, wie ich schreiben möchte. Über mangelnde Arbeit muß ich nicht klagen. Alle meine Bekannten haben zuviel oder zuwenig zu tun. Vielleicht klagen sie heute rascher, weil sie zehn Jahre älter geworden sind. Die verlockendsten Möglichkeiten sind immer die verpaßten.

Vor ungefähr elf Jahren wollte ich einmal richtig aufräumen, alle Notizen, Briefe und Ausschnitte ordnen. Systematisch. Dann kam die Fluchtwelle, der Herbst '89, die Maueröffnung, das Ende der DDR und der Anfang der Beschäftigung mit dem Finanzamt. Und zum Glück entstanden neue Texte, wie der von der Insel Bornholm, auf der die Fluchtopfer einer DDR-Vergangenheit nur noch als Gespenster auftauchen. Und wieder im Wasser verschwinden.

Svanecke, Bornholm

Aufblühen die Wurzeln
nach dem Sturm. Flattert die Insel
nicht von der Stelle. Festgezurrt
an einen Längengrad, eine Königin
sammelte Bautasteine. Einen Wald.
Keine Mauerteile aus Spritzbeton.
Menschenreste, angespült. Nur noch
Touristen aus Deutschland. Der Lauch
duftet würzig. Die Zeilen fliegen Dir zu,
scheuchen die Gespenster zurück:
in das Meer. Die Welle humpelt hinterher.
Da dürfen sie sich alle betrinken.
*Auf ewig und einen Schluck.**

* Entnommen dem Band: Lutz Rathenow, Es war einmal ein Wolf. 1999.

Harald Ringstorff

Mecklenburg-Vorpommerns Beitrag zur Einheit Deutschlands

Zwei Dinge sind es zumeist, die den Menschen im Westen Deutschlands als erstes einfallen, wenn sie an Mecklenburg-Vorpommern denken: die bemerkenswerten Naturschönheiten und die besondere, in Deutschland einmalige politische Konstellation – die Koalition von SPD und PDS im Schweriner Schloß.

In der Tat nimmt Mecklenburg-Vorpommern mit seiner tausend Kilometer langen Ostseeküste, mit seinen Sandstränden an Ostsee und Haff, den zahlreichen Binnenseen, den sanft gewellten Feldern und Wäldern eine Sonderstellung unter den sechzehn deutschen Ländern ein. Immer mehr Touristen aus dem In- und Ausland interessieren sich für die Schönheiten unseres Landes, und sie entdecken dabei, daß Mecklenburg-Vorpommern noch mehr zu bieten hat als nur Natur: bemerkenswerte Hansestädte zum Beispiel, eine reiche Backsteingotik und ein erblühendes Kulturleben. »Die Bundesrepublik ist schöner geworden durch Mecklenburg-Vorpommern«, hört man von den Besuchern, die unser Land entdecken.

Genauso neugierig wie auf die touristischen Attraktionen sind etliche unserer Gäste auf Informationen zur Landespolitik in Mecklenburg-Vorpommern. Nach wie vor ist die rot-rote Landesregierung für viele Besucher etwas Unübliches. Auf der anderen Seite müssen selbst Konservative vom anderen Ende der Republik zugeben, daß mit der Bildung der neuen Ko-

alition im Jahr 1998 in Mecklenburg-Vorpommern keineswegs, wie zuvor befürchtet, der Kommunismus ausgebrochen ist. Doch welche Bedeutung die Zusammenarbeit von SPD und PDS auf lange Sicht für Deutschland hat, darüber sind sich die Besucher uneins.
Für mich ist die Bildung der Landesregierung aus SPD und PDS eine der wichtigsten Etappen auf dem Weg zur inneren Einheit der neuen Bundesrepublik. Zu dieser Einheit hat die Koalition mehr beigetragen als alle Fest- und Sonntagsredner zusammen. Denn zum ersten Mal hat sich eine Partei, die aus undemokratischer, kommunistischer Tradition hervorgegangen ist, in einem Koalitionsvertrag ausdrücklich und ohne Wenn und Aber auf den Boden von Grundgesetz und Landesverfassung gestellt. Wovon zu Zeiten des Kalten Krieges Adenauer, Schumacher oder Heuss nur träumen konnten, hier in Schwerin ist es Wirklichkeit geworden: Die ehemaligen Kommunisten sind in der Bundesrepublik angekommen.
Dies ist auch deshalb von Bedeutung, weil andere Kommunisten, die zuvor in den Blockparteien der DDR organisiert waren, schon 1990, also gleichsam über Nacht, in der CDU oder der F.D.P eine neue politische Heimat gefunden hatten.
Natürlich – und das gibt die PDS selbst zu – vollzog sich die Integration der PDS in das demokratische System der Bundesrepublik nicht ohne innerparteiliche Kämpfe und Auseinandersetzungen. Und man muß auch sehen, daß ein Teil der PDS-Mitglieder nur mit zusammengebissenen Zähnen und heftigem inneren Widerstand diese Entwicklung begleitet. Auch führen die innerparteilichen Konflikte dazu, daß sich die PDS mit realistischen Vorschlägen zur Lösung der aktuellen politischen Probleme immer wieder schwertut. Aber alle führenden Kräfte in dieser Partei wissen, daß die historische Entwicklung seit der Wende inzwischen unumkehrbar ist. Wie sollte man das Rad der Geschichte auch zurückdrehen können? Der Weltkommunismus ist zusammengebrochen, in Deutschland stehen keine sowjetischen Truppen mehr, und zur DDR wollen selbst die Nostalgiker in der PDS nicht mehr zurück. An drei Händen kann man die Zahl der Mitglieder abzählen, die sich in Mecklenburg-Vorpommern noch zur kommunistischen Plattform in der PDS bekennen.

Welche Folgen diese Koalition für die SPD, für die PDS, für das Verhältnis beider Parteien zueinander und für die politische Landschaft in ganz Deutschland hat, läßt sich noch nicht absehen. Drei Dinge stehen jedoch bereits heute fest:
Erstens hat sich das politische Klima im Land entspannt. Die Gräben, die sich nach der Wende zwischen den verschiedenen Teilen der Bevölkerung aufgetan haben, sind flacher geworden. Auch die drei großen politischen Parteien im Land, die SPD, die CDU und die PDS, streiten zunehmend nicht mehr über Fragen der Vergangenheit, sondern widmen sich den politischen Problemen der Gegenwart.
Dies bedeutet nicht, daß die Vergangenheit in Vergessenheit geraten soll. Im Gegenteil – es gilt, der Wahrheit ins Gesicht zu sehen. »Die PDS bekennt sich dazu, daß die SED für politisches Unrecht in der DDR verantwortlich war«, heißt es deshalb im Koalitionsvertrag. Doch die Aufarbeitung der Geschichte hat ein neues Ziel: Sie soll nicht mehr als Waffe im politischen Kampf mißbraucht werden, sondern Brücken bauen. Aufarbeitung soll, so heißt es im Koalitionsvertrag, »alle Menschen, die die Zukunft demokratisch und gerecht gestalten wollen, zur Mitarbeit am Aufbau Mecklenburg-Vorpommerns gewinnen.«
Zweitens ist die Zusammenarbeit von SPD und PDS in Mecklenburg-Vorpommern, die sich gegen Widerstände in beiden Parteien und unter den erstaunten Blicken der anderen deutschen Stämme durchgesetzt hat, ein Zeichen für das gestiegene politische Selbstbewußtsein in Ostdeutschland. In Mecklenburg-Vorpommern hat der Osten gezeigt, daß er die neue Freiheit nutzt, um eigenständige Wege zu gehen.
Und drittens hat Mecklenburg-Vorpommern mit der Bildung der neuen Landesregierung eine innenpolitische Stabilität erreicht, die es in den Jahren von 1990 bis 1998 niemals finden konnte. Zum ersten Male arbeiten die Partner in der Regierung nicht nur auf der Grundlage einer soliden Mehrheit im Landtag, sondern auch im Geist des Vertrauens zusammen. Krisen und Skandale sind es nicht mehr, die Mecklenburg-Vorpommern in die Schlagzeilen bringen. Journalistische Beobachter bezeichnen die Landesregierung inzwischen schon als »Prima-Klima-Klub«.

Das neue Klima der Stabilität ist die Voraussetzung für die umfassende Modernisierung Mecklenburg-Vorpommerns, die sich die neue Landesregierung zum Ziel gesetzt hat. Bis 1918 zählte insbesondere der mecklenburgische Landesteil zu den zurückgebliebensten Regionen des Deutschen Reiches. Die unruhigen Verhältnisse der Weimarer Republik und die nachfolgenden Jahre sozialistischer Mißwirtschaft mit ihren künstlich entstandenen industriellen Monostrukturen brachten das Land zwischen Elbe und Oder auch nicht weiter. Die neuen Chancen aber, die sich aus der Wiedervereinigung ergeben, wollen beide Koalitionspartner nun kraftvoll nutzen.

Die Holzindustrie in Wismar, hier die Entstehung des neuen Geländes am Wismarer Haffeld direkt an der Ostsee, zählt mittlerweile zu den größten Zentren der holzverarbeitenden Industrie in Europa.

Vier Bereiche sind es, denen das besondere Augenmerk meiner Regierung gilt. Als erstes wollen wir den traditionellen Wirtschaftszweig des Landes, die Landwirtschaft und die Ernährungsgüterwirtschaft, weiter stärken. Hier war der personelle Aderlaß am größten. Während vor der Wende fast 200.000 Menschen in der Land- und Forstwirtschaft arbeiteten, sind es heute nur noch rund 25.000. Doch diese arbeiten auf rentablen, im Durchschnitt viele hundert Hektar großen Betrieben, die inzwischen zu den wettbewerbsfähigsten in Deutschland gehören. Sie sind die Grundlage einer modernen und weiter wachsenden Ernährungsgüterindustrie, die zunehmend auch ihre Chancen im Export nutzt. Bemerkenswert auch die Entwicklung der Holzindustrie: Wismar zählt inzwischen zu den größten Zentren der holzverarbeitenden Industrie in Europa.
Auch der zweite, traditionelle Wirtschaftszweig des Landes, die maritime Industrie, ist aus den größten Schwierigkeiten heraus. Die Werften mit ihren rund 5.000 Beschäftigten gehören zu den modernsten Europas. Einen fairen Wettbewerb auf den Weltschiffbaumarkt vorausgesetzt, haben sie berechtigte Aussichten, sich auch in Zukunft gegen die starke Konkurrenz aus anderen Schiffbaunationen durchzusetzen.
Der dritte Wirtschaftszweig ist der Tourismus, der inzwischen zweistellige Wachstumsraten erzielt. So ist Usedom wieder zur bevorzugten Urlaubsinsel Berlins geworden, die mit ihren Kaiserbädern selbst Sylt inzwischen den Rang abläuft. Und für viele der zugezogenen Neu-Berliner ist inzwischen nicht mehr das holländische Ijsselmeer, sondern die Müritz oder das Gebiet um Rügen das bevorzugte Segelrevier.
Und viertens will Mecklenburg-Vorpommern zu einem modernen Technologieland werden. Die zwei Universitäten in Greifswald und Rostock, die vier Fachhochschulen und die Technologiezentren des Landes sind die Keime dieses neuen Wirtschaftszweiges. So wird Greifswald zum Zentrum der europäischen Fusionsforschung, und das mecklenburgische Teterow entwickelt sich zum Zentrum der Biomedizin. Mit dem Bau der Ostseeautobahn A 20, die in diesem Jahr von Lübeck bis Rostock und im Jahr 2005 bis zur polnischen Grenze bei Stettin führen wird, ist auch die Verkehrsinfrastruktur im Land weitgehend modernisiert.

Bei allen vorhandenen Problemen hat Mecklenburg-Vorpommern also allen Grund, optimistisch in die Zukunft zu schauen. Die Deutsche Einheit und die große Bedeutung, die der Ostseeraum in der erweiterten Europäischen Union gewinnt, sind die Grundlagen für den weiteren Aufschwung unseres Landes.

Dieter Roth

Das Meinungsbild in Ost und West

In nunmehr fast zehn Jahren deutscher Einheit wurde viel über die »Mauer in den Köpfen« geschrieben, die an die Stelle der Mauer zwischen Ost- und Westdeutschland getreten sei. Doch auch das Gegenteil wurde festgestellt, nämlich wie sehr sich die beiden Teile Deutschlands aufeinander zubewegt haben, weil es doch einiges gibt, das »uns in Deutschland zusammenhält«, wie der Titel eines ZDF-Forums im Juni 1999 verhieß. Was aber ist richtig? Was sagt die Empirie?

Es ist sicherlich nicht schwierig, Beispiele für die eine oder die andere Entwicklung zu finden, Beispiele für das Auseinanderdriften der Meinungen und Haltungen und Beispiele für die Konvergenz von Ansichten und sogar von Verhalten. Aber das Urteil darüber, was nun zu gelten hat, hängt in der Regel vom Blickwinkel des Betrachters ab und seiner Rangfolge der Wichtigkeiten bei der Beurteilung eines so differenzierten Verhältnisses wie dessen zwischen Menschen in Ost und West, die jeweils eingebettet sind in einen sozialen Kontext, der oftmals ihr Leben mehr bestimmt als ihnen bewußt ist, insbesondere, wenn es um politische Meinungen und politisches Verhalten geht. Für die Mehrheit der Bevölkerung steht Politik keineswegs im Zentrum ihres Interesses, und oft fehlt ihnen auch das Bewußtsein dafür, wie stark die durch Politik gesetzten Rahmenbedingungen ihre verschiedensten Lebensbereiche beeinflussen. Andererseits stehen die politisch Interessierten, die Journalisten und die Politiker selbst mit ziemlichem Unverständnis den »politischen Laien« gegenüber, weil sie hauptsächlich intern kommunizieren und sich oft nicht bewußt sind, daß die Unpolitischen in der Mehrheit sind. Trotzdem bleibt richtig, daß der Mensch nach Aristoteles ein von Natur aus politisches Wesen ist, weil er auf das Zusammenleben mit anderen angewiesen ist. Und dieses Zusammenleben ist zu regeln, politisch zu regeln.

Dieser Beitrag wird keine endgültigen Antworten auf die aufgeworfene Frage geben, sondern es werden auf empirischer Basis Entwicklungen des Meinungsbildes der wahlberechtigten Bevölkerung in Ost- und Westdeutschland dargestellt. Gemessen werden diese Meinungen mit den gängigen Indikatoren, die die empirische Sozialforschung auf der Basis bestehender Theorien zum politischen Verhalten entwickelt hat.[1] Von 1990 bis 1995 hat die Forschungsgruppe Wahlen für das ZDF in unabhängigen Stichproben mit jeweils rund 1.000 realisierten Interviews die Stimmungen in Ost und West erhoben. Insgesamt wurden die Daten für das monatliche *Politbarometer* ausgewertet, die im Osten erhobenen Daten zusätzlich für das »Ostbarometer«, das einen eigenen Sendeplatz hatte und das durchaus verschiedene Dinge zeigte: spezifische Probleme des Ostens, aber auch steigende Annäherung bei einigen und anhaltende Differenzen bei anderen Einstellungen der Menschen in beiden Landesteilen. Von 1996 an gab es nur noch ein gesamtdeutsches *Politbarometer*. Dem größer gewordenen Deutschland wurde Rechnung getragen, indem die Gesamtzahl der Befragten auf 1.250 erhöht wurde, davon 250 im Osten, was dem Bevölkerungsanteil (20 %) entspricht.

Trotz dieser Veränderung der Datenerhebung sind die hier vorgelegten Ergebnisse für die Entwicklung der Meinungen in Ost und West aussagefähig. Dabei gibt es einzelne Unterschiede, die nach mehr als vierzig

1 Die Daten wurden hauptsächlich für das Politbarometer des ZDF, das monatlich ausgestrahlt wird, erhoben. Es finden jedoch auch Daten Verwendung, die i p o s für das Bundespresseamt oder für den Bundesverband deutscher Banken erhoben hat. Alle Datensätze stehen zur wissenschaftlichen Analyse beim Zentralarchiv für empirische Sozialforschung in Köln zur Verfügung.

Jahren politischer Trennung und einem danach folgenden schwierigen Aufbauprozeß in der früheren DDR nicht überraschen. Vor allem aber gibt es auch im Bereich der Lebensziele und der politischen Präferenzen bis hin zu den Lösungen eine deutliche Angleichung.

Bonn oder Berlin

Ein Beispiel, das über die bloße politische Symbolik unterschiedlicher Haltungen in Ost und West weit hinausgeht, ist die heiße Diskussion um den Parlaments- und Regierungssitz Bonn oder Berlin. Die große Debatte im Bundestag im Juni 1991 endete mit einer knappen Entscheidung von 51,4 % der Stimmen für Berlin. Alle Parteien, außer der PDS, hatten ihre Abgeordneten vom Fraktionszwang befreit. Die westlichen Parlamentarier stimmten mit Mehrheit (57,6 %) für Bonn, die Abgeordneten aus Ostdeutschland mit überwältigender Mehrheit (81,1 %) für Berlin.[2]

Die öffentliche Meinung war anders: 56 % der Deutschen insgesamt waren zu dieser Zeit für Bonn, 40 % waren für Berlin, bei deutlichen Unterschieden in Ost und West. 69 % der Ostdeutschen sprachen sich für Berlin aus, 63 % der Westdeutschen für Bonn. Allerdings gab es andere Mehrheiten, wenn man danach fragte, ob Berlin »langfristig« Sitz der Bundesregierung sein sollte: 55 % waren dann für Berlin, 39 % für Bonn. Das Ost-West-Muster der Unterstützung für Berlin war aber auch dabei sehr deutlich: 81 % der Ostdeutschen votierten »langfristig« für Berlin, im Westen war nur eine äußerst knappe Mehrheit von 48 % für Berlin gegenüber 45 %, die sich für Bonn aussprachen.[3]

Es gab keine großen Abweichungen bei der Beantwortung dieser Frage nach Parteianhängergruppen mit Ausnahme der PDS-Anhänger, die sich mit überwältigender Mehrheit für Berlin aussprachen. Auch die Unterschiede in den demographischen Gruppen waren nicht allzu groß; aller-

2 ZParl 3/91, Seite 339 ff.
3 PB 6/91.

Berlin: Blick über die Spree stadteinwärts.

dings votierten die über 50jährigen stärker für Berlin, und es gab auch einige regionale Differenzen. Insgesamt entsprach die Verteilung zumindest »langfristig« in etwa der der parlamentarischen Entscheidung.

Bereits ein Jahr danach gab es offensichtlich »zweite Gedanken« bei der Mehrheit der erwachsenen Bevölkerung, ob diese Entscheidung vom Juni 1991 richtig war. Fast 70% der Westdeutschen fanden im Juli 1992, daß Berlin die falsche Entscheidung war, und immerhin halb so viele im Osten. Bis 1997 wuchsen diese Anteile noch weiter an: Im Westen auf 75%, im Osten auf 52%. Seit dem tatsächlichen Umzug nach Berlin wird die Situation wieder etwas milder beurteilt: Im Oktober 1999[4] lehnen noch 57% der Westdeutschen und 47% der Ostdeutschen die damalige Entscheidung zugunsten Berlins ab. Trotzdem: Einen Aufstand gab und wird es deshalb in Deutschland nicht geben, denn nach Meinung von zwei Dritteln der West- wie der Ostdeutschen wird der Regierungsumzug zu keinen

4 ipos 10/99.

nennenswerten politischen Veränderungen führen. Und für ebenfalls zwei Drittel werden sich Vor- und Nachteile eines Umzugs nach Berlin für Deutschland insgesamt sowieso ausgleichen. So denkt man im Osten wie im Westen, und die expliziten Nennungen von Vor- und Nachteilen sind in etwa ausgeglichen.

Man darf mit Recht annehmen, daß trotz der nicht gerade positiven Haltung der Deutschen zu Berlin als neuer Hauptstadt und Regierungssitz keinesfalls eine generelle Unsicherheit oder gar Unzufriedenheit mit den Veränderungen der beiden Teile Deutschlands zueinander verbunden ist. Sie resultiert eher aus den spezifischen Problemen der Um- und Neustrukturierung Berlins, die ja lange Zeit Thema öffentlicher Berichterstattung waren und zum Teil bis heute noch sind. Schließlich hat der Aufbau von ziemlich heruntergekommenen Teilen Ostberlins und die Neugestaltung von Berlin-Mitte zu einigen zum Teil bizarren Situationen auf dem Bausektor und dessen Arbeitsmarkt geführt, die auch ein bundesweites Echo gefunden haben.

Im übrigen stellt die Geschichte Berlins als alte Reichshauptstadt nach unseren Umfragen keine Belastung für die gegenwärtige deutsche Politik dar, weder aus der Sicht der Westdeutschen noch aus der der Ostdeutschen. 83 % sehen keinen Zusammenhang zwischen der ehemaligen Rolle Berlins und der heutigen Politik.

Die Wiedervereinigung

Zehn Jahre nach dem Fall der Mauer sehen die Deutschen in Ost und West durchaus auch weiterhin die Probleme, die mit dem Prozeß der Vereinigung verbunden sind, und in Nuancen auch unterschiedlich. Aber an der überwältigenden Akzeptanz der Einheit beider Staaten an sich hat sich nichts geändert. 80 % wollten ihrer Erinnerung nach unmittelbar nach dem Mauerfall die Wiedervereinigung beider deutscher Staaten, und auch heute meinen 86 %, es war richtig, daß Deutschland wiedervereinigt wurde. Im Osten sind es 89 %, im Westen 85 %. Im Herbst 1999 überwiegt die Freude beim

Gedanken an die Vereinigung der beiden deutschen Staaten (54 %). Allerdings steht bei 40 % der Deutschen insgesamt die Sorge über die mit der Vereinigung verbundenen Probleme im Vordergrund. Unterschiede zwischen Ost und West treten inzwischen kaum mehr auf. Vor sechs Jahren überwogen die Sorgen über die Probleme noch bei 57 % der Ostdeutschen und 51 % der Westdeutschen.

Die Lebensverhältnisse

Unterschiede der Lebensverhältnisse in Ost und West werden wahrgenommen, aber mehr als generelle Betrachtung denn als individuelle Erfahrung. Fragt man nach der persönlichen wirtschaftlichen Lage der einzelnen, so sind die Differenzen in den Antworten zwischen Ost- und Westdeutschen nur noch gering. Derzeit bezeichnen 58 % der Westdeutschen und 50 % der Ostdeutschen ihre eigene wirtschaftliche Lage als gut. Diese Unterschiede in der Beurteilung sind seit fünf Jahren konstant, davor waren sie deutlich höher. In den Jahren 1991 und 1992 waren die Differenzen in Prozentpunkten etwa dreimal so hoch, 1993 noch etwa zweieinhalbmal und 1994 noch doppelt so hoch. Trotz der Annäherung in der Zufriedenheit mit der eigenen ökonomischen Situation verbleibt eine relativ hohe Unzufriedenheit vieler Ostdeutscher mit der Verbesserung ihrer Lebensverhältnisse, die wiederum von der großen Mehrheit der Westdeutschen (78 %) als nicht gerechtfertigt angesehen wird, inzwischen allerdings auch von rund der Hälfte der Ostdeutschen (47 %).

»Die Probleme der Wiedervereinigung sind noch nicht gelöst«, meinen 67 % der Westdeutschen und 75 % der Ostdeutschen. Insbesondere im Osten ist eine Ernüchterung darüber eingetreten, wie lange das wohl noch dauern wird. 1990 nahmen mehr als 50 % der Ostdeutschen, wohl auch aufgrund des Versprechens »der blühenden Landschaften« an, daß sich die Lebensverhältnisse des Ostens und des Westens innerhalb von fünf Jahren angleichen würden, weniger als 5 % gingen von einem Zeitraum von mehr als zehn Jahren aus. Im Herbst 1999 glauben 57 % im Osten, daß es noch

mehr als zehn Jahre dauert, bis es den Ostdeutschen so gut geht wie den Westdeutschen, und gerade mal 7 % meinen, das würde innerhalb von fünf Jahren passieren. Obwohl also fast zehn Jahre »verstrichen« sind, eine totale Umdrehung der Erwartungen. Die Meinung der Westdeutschen in dieser Frage war immer sehr viel nüchterner. 1990 meinte bereits fast ein Viertel der Westdeutschen, daß es mehr als zehn Jahre dauern würde, bis eine Angleichung der Lebensverhältnisse erfolgen würde, die Mehrheit ging von einem Zeitraum zwischen fünf und zehn Jahren aus. Inzwischen haben sich auch diese Zahlen verändert. Auch die Westdeutschen sind pessimistischer in dieser Frage, allerdings hat sich das Meinungsbild nicht wie im Osten total umgedreht. Jeweils 36 % im Westen meinen, es würde zwischen fünf und zehn Jahre bzw. mehr als zehn Jahre dauern, bis der Osten mit dem Westen gleichgezogen hat, nur 20 % meinen, das würde schneller gehen.
Das ist die ökonomische Seite, in sich etwas widersprüchlich, aber offensichtlich auch nicht entscheidend für die Betrachtung, ob die »innere Einheit« verwirklicht ist oder nicht. Eine sehr schlichte Frage hilft uns da vielleicht etwas weiter. Wir haben 1993 und 1999 die Frage gestellt, ob man sich in erster Linie als Deutscher oder als West- bzw. als Ostdeutscher fühlt. 1993 hatte sich eine knappe Mehrheit der Befragten in den neuen Bundesländern (51 %) noch vorrangig als Ostdeutsche bezeichnet, nur 48 % fühlten sich in erster Linie als Deutsche. In den alten Bundesländern sahen sich demgegenüber bereits damals nur 15 % primär als Westdeutsche, 80 % bezeichneten sich als Deutsche. Die Situation im Jahre 1999 ist in Westdeutschland nach wie vor dieselbe. In den neuen Bundesländern aber sehen sich jetzt 68 % primär als Deutsche, nur noch 30 % fühlen sich zuerst als Ostdeutsche. Das ist ein erstaunliches Ergebnis. Zwar ist nach wie vor die gesamtdeutsche Identität in den neuen Ländern schwächer ausgeprägt als in den alten, aber die Entwicklung verläuft eindeutig und rasant in Richtung einer Angleichung. Die bei dieser Frage etwas abweichenden Gruppen sind die PDS-Anhänger, erklärte Nichtwähler und Arbeitslose. Trotzdem gibt es auch innerhalb dieser Gruppen jeweils noch eine relative Mehrheit derer, die sich als Deutsche fühlen und nicht in erster Linie als Ostdeutsche.

Zum Zustand unserer Gesellschaft

Dreimal im Jahr fragt die Forschungsgruppe Wahlen die Deutschen, wie sie den Zustand unserer Gesellschaft beurteilen.
Das Urteil fällt fast immer ziemlich kritisch aus. Die meisten meinen, daß wir eine Reihe von größeren Problemen haben. Fast genauso viele glaubten 1992 und 1993 und wiederum 1996 und 1997, daß wir uns in einer schweren Krise befinden (jeweils um die 40%). Zur gleichen Zeit gingen immerhin etwa 12% davon aus, daß wir uns auf eine Katastrophe zubewegen. Daß alles in dieser Gesellschaft in Ordnung sei, nahmen nie mehr als 8% an. Zur Jahresmitte 1999 war die Lage aus der Sicht der Deutschen etwas entspannter. Zwar meinten fast zwei Drittel, wir hätten größere Probleme, aber nur 20% sahen eine schwere Krise, und die positive und negative Extremhaltung haben gerade einmal 7% bzw. 8% angenommen. Zu allen Zeiten schätzten die Ostdeutschen die Lage etwas ernster ein. Allerdings sind die Meinungen nicht gravierend abgewichen. Seit 1992 hat aber

Grafik 1: Zustand unserer Gesellschaft

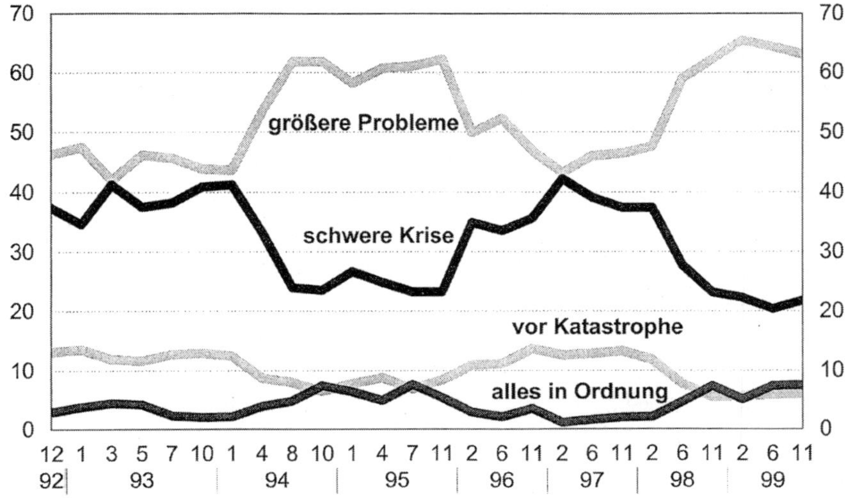

Forschungsgruppe Wahlen: Politbarometer

auch immer die Mehrheit sowohl im Osten wie im Westen die Meinung vertreten, wenn man den Zustand der Gesellschaft in Deutschland mit dem unserer europäischen Nachbarn vergliche, ginge es uns eindeutig besser als den anderen. Diese etwas widersprüchliche Haltung stimmt aber mit der »Stimmung in Moll« überein, die Roman Herzog 1997 in seiner Berliner Rede feststellte und kritisierte.[5]
Einerseits befinden sich die Deutschen demnach fast ständig im »Tal der Tränen«, andererseits gewinnt man den Eindruck, daß das Weinen auch Teil des Geschäfts ist. Dazu paßt dann auch unsere wiederholte empirische Messung, daß fast drei Viertel der Deutschen meinen, in Deutschland würde »zuviel gejammert«. Und auch hier sind die Unterschiede zwischen Ost und West zu vernachlässigen.

Zufriedenheit mit der Demokratie

Die Zufriedenheit mit der Demokratie wird seit langer Zeit mit einer Frage gemessen, deren Antworten durchaus verschiedene Aspekte der Systemzufriedenheit reflektieren. Zum einen ist es Zufriedenheit mit dem Funktionieren des Systems in Form von Effektivität, zum anderen aber auch die Zufriedenheit mit den ideellen Aspekten des demokratischen Systems im Vergleich zu anderen Systemen, also die Möglichkeiten der Partizipation oder der Wähler als Souverän. Diese pragmatischen und ideellen Aspekte verändern sich in ihrem Gewicht von Zeit zu Zeit und auch von Anhängergruppe zu Anhängergruppe. So war die Zufriedenheit mit der Demokratie im Westen nie so hoch wie im Frühjahr und im Herbst 1990, als große Teile des Volkes realisierten, welche Art von Freiheit die Bundesrepublik im Gegensatz zu dem sich auflösenden System in Ostdeutschland bot. Diese Informationen erhielten sie zum Teil aus den Medien, zum Teil aber auch aus der eigenen Erfahrung. Bei der gemessenen Zufriedenheit mit der Demokratie überwogen zu dieser Zeit klar die ideellen System-

5 Roman Herzog, Aufbruch ins 21. Jahrhundert, Rede im Hotel Adlon am 26. April 1997.

aspekte. Allerdings findet man immer unterschiedliche Zustimmungsraten, wenn man Gruppen unterschiedlichen Alters, politischen Interesses, unterschiedlicher Bildung oder politischer Information betrachtet. Ältere sind in der Regel zufriedener mit der Demokratie als Jüngere, und auch die formal höher Gebildeten sind zufriedener als Bürger mit geringerer Bildung. Aber bei einer so hohen Zufriedenheit, wie wir sie 1990 gemessen haben, waren auch die Unterschiede zwischen den Gruppen nur noch sehr gering.

Die Situation war völlig anders im Jahre 1993, als eine besonders niedrige Zufriedenheit mit der Demokratie gemessen wurde. In dieser Zeit standen die pragmatischen Aspekte bzw. die Output-Orientierung im Vordergrund der Betrachtung. In dieser Zeit fanden wir auch deutlich höhere Unterschiede in der Haltung der verschiedenen Parteianhängergruppen und auch in den einzelnen soziodemographischen Gruppen. Außerdem gab es nun immer deutlichere Unterschiede zwischen West- und Ostdeutschland. Die Ostdeutschen hatten bereits vor der Wiedervereinigung sehr hohe Er-

Grafik 2: Demokratiezufriedenheit

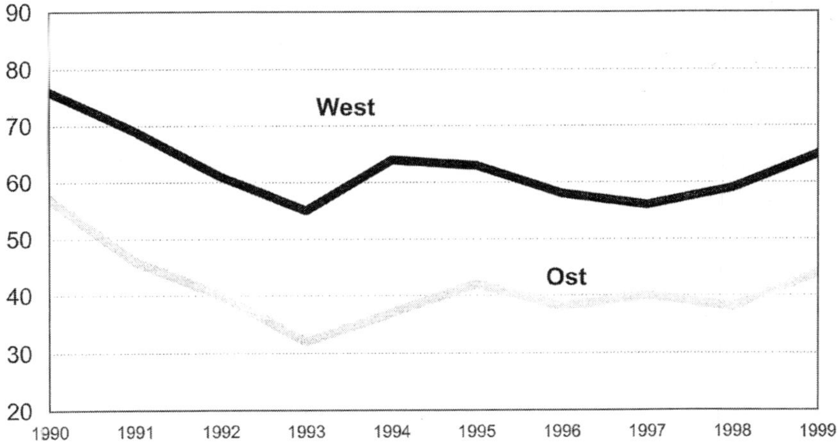

Forschungsgruppe Wahlen: Politbarometer Jahreskummulationen

wartungen an das System einer westlichen Demokratie. Diese Erwartungen wurden im Jahre 1990 durch die vielen Wahlkampagnen, denen die Ostdeutschen ziemlich erfahrungslos ausgeliefert waren, noch gesteigert. Nach dem Enthusiasmus, der durch diese Kampagnen im Jahr der Einheit erzeugt wurde, war die Enttäuschung eigentlich vorprogrammiert. Deshalb sind die großen Veränderungen in den nachfolgenden Jahren bis 1993 eigentlich keine Überraschung. Erst 1994, in einer Zeit erneuter Wahlkampagnen, stieg die Zufriedenheit mit der Demokratie im Osten, sogar noch im Jahre 1995, wieder leicht an und hält sich seit dieser Zeit etwa auf diesem Stand. Erstaunlicherweise ist die Zufriedenheit sowohl im Westen als auch im Osten seit der Bundestagswahl 1998 angestiegen. Sie unterscheidet sich nicht gravierend in den einzelnen Parteianhängergruppen mit Ausnahme der PDS-Anhänger. Diese sind, wie auch diejenigen, die sich nicht an der Wahl beteiligen wollen, mehrheitlich unzufrieden mit der Demokratie in Deutschland. Das gilt auch für die Arbeitslosen und diejenigen, die eine deutlich höhere Unsicherheit in bezug auf den Arbeitsplatz empfinden. Im Westen gingen im Jahre 1999 fast 80 % von einem sicheren Arbeitsplatz aus, im Osten sind es nur 55 %. Insgesamt machen diese Gruppen (inkl. der Überlappungen) mehr als 40 % der Wahlberechtigten in Ostdeutschland aus.

Es wird deutlich, daß ein bestimmtes Segment der Bevölkerung in den neuen Bundesländern bisher nur schwach in das politische System integriert ist, was sich natürlich auch in diesen Unzufriedenheitswerten mit der Demokratie ausdrückt. Trotzdem kann man daraus nicht schließen, daß die Ostdeutschen eine pluralistische Demokratie westlichen Musters ablehnen. Mehr als 70 % sind nach wie vor der Meinung, daß es eine richtige Entscheidung war, sich für eine Demokratie westlicher Prägung zu entscheiden. Und diese Sicht wird auch von einer Mehrheit derjenigen geteilt, die sich im Moment unzufrieden mit der Demokratie zeigen. Dies zeigt, daß die Unzufriedenheit mehr ein Ergebnis des schwierigen Prozesses des Wandels in den neuen Bundesländern ist, der von sozialen und ökonomischen Verwerfungen begleitet wird, als eine generelle Ablehnung demokratischer Werte.

Ein anderer Aspekt der Systemakzeptanz ist der Grad der Zufriedenheit mit den Entscheidungsträgern, hauptsächlich die Zufriedenheit mit Politikern. Natürlich gibt es hier Unterschiede zwischen den Anhängern der Parteien, die die Regierung tragen, und denen, die die Opposition bilden. Trotzdem zeigen die Zeitreihen ein eindeutiges Muster: Wenn Politiker ihre Aufgaben aus der Sicht der Bevölkerung schlecht erfüllen, dann sinkt die Akzeptanz bei den Anhängern der Oppositionsparteien wie bei denen der Regierungsparteien. Die Kritik gegenüber den handelnden Personen ist ohne Zweifel groß. Nur 1990, im Einheitsjahr, war man mehrheitlich mit den Politikern zufrieden, danach gab es zum Teil vehemente Unzufriedenheit, wie Mitte 1992 bis zum Beginn des Wahlkampfes 1994 oder auch im Jahre 1997 bis zum Beginn des Wahlkampfes 1998. Unmittelbar vor Bundestagswahlen, wenn sich Politiker um ihre Klientel kümmern, werden sie auch wieder eher akzeptiert. Insbesondere zum Zeitpunkt der Bundestagswahl 1998 waren die Beurteilungen der Politiker gut, vielleicht sollte

Grafik 3: Richtige Leute in führenden Positionen

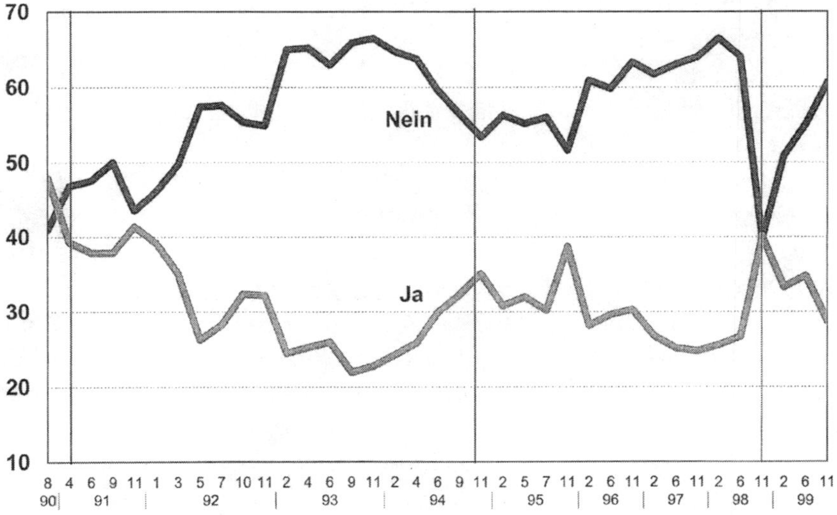

Forschungsgruppe Wahlen: Politbarometer

man auch eher sagen, die Hoffnungen in die Politiker waren hoch. Im Jahre 1999 sind die Urteile eher wieder kritisch.
Neben dieser allgemeinen Beurteilung der handelnden Personen ergibt sich aus der Kumulierung der konkreten Benotung der wichtigsten Politiker im Zeitverlauf ein ähnliches Resultat. Die beste Beurteilung haben danach die führenden Politiker unmittelbar nach der Wiedervereinigung Deutschlands bekommen. Danach sinken die Werte sehr deutlich, erholen sich leicht zu Beginn der Wahlkampagne 1994, sinken danach erneut sehr stark und erholen sich erst wieder im Wahlkampfjahr 1998. Sie erreichen aber jeweils nicht die Ausgangsbasis der vorherigen Wahl. Mit anderen Worten: Die Kritik gegenüber den handelnden Personen wird stärker. Dies geschieht im Osten wie im Westen, und wegen der etwas anderen politischen Stimmenverteilung im Osten ist die Kritik dort auch noch etwas härter.
Ein weiterer Indikator für die Beurteilung der Systemleistungen ist der Anteil der Nichtwähler. Nun können Nichtwähler in Umfragen nicht in ihrer realen Stärke erfaßt werden, aber die Beobachtung derjenigen, die sich als Nichtwähler bekennen und auch diejenigen, die sich für keine Partei entscheiden wollen (was eine andere Form der Parteiendistanz ist) zeigt einen eindeutigen Verlauf. In Zeiten großer Unzufriedenheit mit den Parteien, den Politikern oder den Regierungsleistungen steigt auch diese Zahl der »Nichtwähler« an. Sie sinkt beträchtlich in den Wahlkampfphasen der Jahre 1994 und 1998 und steigt danach jeweils wieder deutlich an. Insgesamt sind diese Ausschläge im Osten pointierter als im Westen, aber sie nehmen keinen unterschiedlichen Verlauf. Nichtwahl oder beabsichtigte Nichtwahl ist oft ein Signal für Unzufriedenheit mit den politischen Ergebnissen, ohne daß die Wähler in die Unterstützung von extremen oder systemfeindlichen Parteien ausweichen. Insofern sind diese Bewegungen während der Legislaturperiode ein sehr wichtiger Stimmungsindikator.

Die politische Agenda

Politische Probleme unterliegen einem ständigen Wandel. Was in der Bevölkerung als wichtig erachtet wird, hängt sehr oft davon ab, was die Medien thematisieren. Die Medien selbst unterliegen einem anhaltenden strukturellen Wandel, aber speziell die elektronischen Medien sind für die große Mehrheit der Bevölkerung die hauptsächliche Quelle politischer Informationen. Der Wettbewerb zwischen den Fernsehanstalten führt dazu, daß versucht wird, mehr politische Probleme abzudecken, aber gleichzeitig beobachten wir einen Rückgang von Detailinformationen über einzelne Probleme.

Trotzdem: Aus der Sicht der Bevölkerung gibt es nur ein wirklich dominantes Problem seit der Einheit: die Arbeitslosigkeit. Von Anfang an wurde sie als das wichtigste Problem in den neuen Bundesländern betrachtet, im Westen wurde Arbeitslosigkeit nach einem temporären ökonomischen Boom während der ersten zwei Jahre nach der Einheit ebenfalls zum Thema Nummer eins. Tatsächlich waren in den ersten zweieinhalb Jahren die Hauptthemen im Westen und im Osten unterschiedlich. Danach konvergierten die Wahrnehmungen der Ost- und Westdeutschen zunehmend, und seit 1995 kann man davon sprechen, daß es nur noch wirklich eine politische Agenda gibt. Bis zum Sommer 1991 wurde im Westen die Bewältigung der deutschen Einheit als das größte Problem angesehen, also die Schwierigkeiten und die Kosten des Einigungsprozesses. Danach gab es eine Phase, in der die Ausländerproblematik im Mittelpunkt stand. Erst der Asylkompromiß im Sommer 1993 zwischen Regierung und Opposition hat zur Entschärfung dieses Problems geführt. Von da an war aber die Arbeitslosigkeit auch im Westen das beherrschende Thema. Selbstverständlich gibt es auch andere Themen wie Altersrente, Gesundheit und soziale Sicherung, Mieten und Wohnungsprobleme etc. Aber bei all diesen Problemen, dies gilt auch für den Umweltschutz oder die Asylfrage, gibt es eine starke ökonomische Komponente. Und die Regierung wird eigentlich immer danach beurteilt, ob sie diesen Aspekt ausreichend löst oder nicht. Gerade dabei aber schwanken die Bürger in den neuen Bundesländern öfter, was sicherlich etwas mit der Ungeduld zu tun hat, die ökonomische Angleichung an den Westen möglichst schnell zu erreichen. So konnte auch im Osten zuerst beobachtet werden, daß vor dem Regierungswechsel die ökonomische Kompetenz eher den Sozialdemokraten zugeschrieben wurde als den Christdemokraten, über die man doch relativ enttäuscht war. Vor der Wahl 1994 hatte es dagegen die Kohl-Regierung noch einmal geschafft, den Eindruck der ökonomischen Kompetenz, insbesondere im Osten, zu vermitteln. 1998 gelang ihr dies nicht mehr.

Ausblick

Was bedeutet dies für die Stabilität des deutschen politischen Systems? Offensichtlich sind ja die Zeiten unruhiger geworden, insbesondere eben nach 1990. Die Kritik an den Leistungen des Staates ist direkter geworden, und die Zufriedenheit sank im Osten noch etwas deutlicher als im Westen. Andererseits haben wir Daten, die zeigen, daß es im Westen eine ziemlich stabile Wertorientierung in der Gesellschaft gibt und eine überaus klare Tendenz im Osten, die gleichen Werte zu akzeptieren. Diese Angleichung ist eine wichtige Entwicklung, wenn man bedenkt, daß diese individuellen Werte auch die persönlichen Lebensbedingungen reflektieren.

Zunächst einmal waren im Osten seit 1990 Zielsetzungen wie ökonomisches Wachstum, technischer Fortschritt und leistungsgerechte Entlohnung noch stärker im Vordergrund als im Westen. In der Zwischenzeit haben die Erfahrungen in einer konkurrenz- und marktorientierten Gesellschaft den ursprünglichen Enthusiasmus doch etwas gedämpft.

In den ersten Jahren der Freiheit stieg im Osten der Wunsch nach einer Ordnungsmacht wie einer starken Polizei heftig an. Es gab kaum eine Veränderung über die gesamte beobachtete Zeit, was die Wünsche nach Partizipation bei politischen Entscheidungen anging und ebenso beim generellen Wunsch nach sozialstaatlicher Fürsorge. Beide sind hoch. In diesen Bereichen gibt es darüber hinaus keine großen Differenzen zwischen West und Ost.

In Deutschland gab es immer eine hohe Korrelation zwischen der Zufriedenheit mit dem politischen System und dem ökonomischen Wohlbefinden. Was Almond und Verba in den sechziger Jahren für den Westen festgestellt haben, gilt nach der Vereinigung auch für den Osten. Die Deutschen damals akzeptierten demokratische Institutionen, aber sie hatten keine besondere affektive Beziehung zum demokratischen System entwickelt. Das wiederholt sich noch einmal für den Osten der Republik.
Die gewachsene Unzufriedenheit mit der Demokratie in Deutschland, und zwar im Westen und im Osten, hat ihre Ursache in einer Unzufriedenheit mit dem Regierungshandeln und den politischen Ergebnissen. Das widerspricht nicht einer langfristigen Identifikation mit dem politischen System, insbesondere im Westen. Dieses Ergebnis ist insgesamt sicherlich nicht schmeichelhaft für die politische Elite, aber Wähler reagieren inzwischen sehr deutlich, wenn sie sich von Politikern und Parteien fehlinformiert fühlen, wie jüngste Entwicklungen zeigen. Die Bürger haben sich politisch emanzipiert. Wenn die Parteien die aus der Sicht der Bevölkerung wichtigen politischen Probleme nicht angehen, dann sind Wähler heute durchaus bereit, die Regierung abzuwählen, wie das auch in anderen Demokratien der Fall ist. Die Bundestagswahl 1998 hat in besonderer Weise gezeigt, daß die Wähler durchaus willens sind, dies zu tun, und wir sollten davon ausgehen, daß sie es wieder tun werden, wenn die Regierung keinen Erfolg hat.

Günter Schabowski

Hätte sich Schabowski doch erschießen lassen sollen?

Wem ist es schon vergönnt, nach seinem Ableben über die Konsequenzen eines an ihm verübten erfolgreichen Attentats zu sinnieren? Solch seltene Gelegenheit ist der satirischen Phantasie von Lutz Rathenow zu danken. In dem Sammelband »Die DDR wird 50« kam ich – seiner Lesart zufolge – während der mythischen Pressekonferenz am 9. November 1989 nicht mehr dazu, jenen Zettel zu verlesen. Eine Kugel aus unerkannt gebliebenem Lauf streckte mich hin. Im Tumult um die PB-Leiche verschwand das Papier. Die Maueröffnung blieb unverkündet, die Einheit unvollzogen. Zehn Jahre danach existiert sie immer noch, die DDR. Rathenow skizziert die übriggebliebene DDOrwell-Landschaft, wie sie sein könnte – grotesk, makaber und lächerlich. Das Reale hinter der Satire. Mancher mag es sich nachträglich, rückblickend so gewünscht haben. Selbst hinter mancher Runzel-Stirn, auf die die PDS nicht verzichten kann, wird noch immer ein kleines DDR-Mausoleum gehegt.

Im zehnten Jahr der wieder- oder neugewonnenen Einheit der Deutschen ist ungeachtet der Antwort der Satire die hypothetische Frage erlaubt, ob die DDR damals noch eine Überlebenschance gehabt hätte. Natürlich nicht. Auch ein Herzinfarkt von Schabowski hätte nichts geändert. Spätestens am 10. November früh um vier – das weiß inzwischen alle Welt – hätte dann ein Rundfunksprecher die Grenzöffnung verkündet. Statt am Abend zuvor hätte in den Morgenstunden der Run auf und durch die Mauer eingesetzt und damit der Einlauf in die Zielgerade begonnen, über die sich ein hastig beschriftetes Transparent spannte: »Hier endet die DDR – Willkommen in der Deutschen Einheit.«

Der Weg dahin schien über Jahrzehnte blockiert. Deutschland war nach dem Ende der braunen Diktatur in die Irredenta einer Zweistaatlichkeit geraten, die verewigt schien durch Intransigenz der beiden Blöcke, in die jeder der Teilstaaten eingepflockt war.
Überblicken wir heute den jahrzehntelangen, schwierigen Weg, der wie ein Wunder in die Einheit mündete, schien er zumindest zu neunzig Prozent dieser Zeit, und für unsere Generation, immer an Mauer und Draht-Verhau zu enden. Beiderseits dieser Chinesischen Mauer unserer Epoche waren Nuklear-Potentiale gestapelt, mehrfach ausreichend für das Auslöschen der Menschheit. Politik als Verfolgung nationaler Interessen hatte – wenn überhaupt – nur noch Bewegungsspielraum innerhalb der jeweiligen Hemisphäre, des jeweiligen Blocks. Der Großkonflikt, der Lagerkonflikt schien für immer die Aussicht auf eine Wiedergewinnung der nationalen Einheit der Deutschen zu überlagern.
Die Einheit reduzierte sich für die Menschen auf einen Traum, für die Politik der Bundesrepublik auf einen Verfassungsgrundsatz, auf den Realismus kleiner Schritte.
Uns Kommunisten scherte das wenig, wenn überhaupt. Wir waren ja Internationalisten. Wenn zeitweilig auf sowjetisches Geheiß, mit der Deutschlandnote von '53 die Einheitsoption offengehalten wurde, dann nur für die schwache Möglichkeit, ein finnlandisiertes Gesamtdeutschland zu erreichen, von dem sich Stalin eine wesentliche Veränderung des Kräfteverhältnisses in Europa zugunsten der Sowjetunion versprach. Er hätte eine neutralisierte deutsche Taube auf dem Dach einem DDR-Spatz in der Hand vorgezogen. Als das taktische Manöver verpufft war, gründete sich die kommunistische Vision oder Illusion von Einheit nur noch auf einer sozialistisch umgekrempelten Bundesrepublik, also auf einem vorangegangenen sozialistischen Umsturz. Aber das konnte man vorerst vertagen. Honecker setzte gelegentlich eine Frist von hundert Jahren, bis eine Vereinigung unter diesem Vorzeichen erreicht sein könnte.
Unter Honecker setzte verstärktes Bemühen ein, die bis dato gepflegte Geschichtsborniertheit zu korrigieren, die alle vergangenen Epochen gewissermaßen als minderwertige Prähistorie vor dem Sozialismus abtat. Wir

begannen die Wurzeln der DDR im Gebälk der Vergangenheit zu entdecken und zu feiern. Die DDR wurde als die Krönung alles Progressiven in der deutschen Geschichte interpretiert. Es hieß, sie spiegele das Kontinuum des Fortschritts wider. Alles, was damit nicht harmonierte, waren faule Früchte am Baum der Nation. Was mit Thomas Müntzer, dem großen Bauernkrieg oder den 48er-Revolutionären begann, setzte sich mit Luther, Goethe und dem großen Friedrich fort. Des letzteren Denkmal wurde aus dem Depot geholt und in Berlin wieder aufgestellt. Goethe avancierte zum Vordenker der DDR, weil sein Faust »mit freiem Volk auf freiem Grund« stehen wollte. Wir erfanden die sozialistische deutsche Nation. Die Bundesdeutschen wurden gewissermaßen vor die deutsche Tür gesetzt, durch die sie vielleicht in hundert Jahren wieder eingelassen werden könnten, mit sozialistischem Passierschein natürlich nur – es sei denn, der Sozialismus wäre zuvor schon über sie gekommen.

1970, als Honecker damit befaßt war, die Ablösung Ulbrichts mit Kreml-Zustimmung zu betreiben, hatte Breschnew dem Anwärter auf den ostdeutschen Satrapensitz unverblümt erklärt: »Erich ..., vergiß das nie: Die DDR kann ohne uns, ohne die Sowjetunion, ihre Macht und Stärke, nicht existieren. Ohne uns gibt es keine DDR.« Hinter der Drohung steckten strategische, politische und wirtschaftliche Interessen der UdSSR: Die DDR war ihr Glacis gegen den wichtigsten Nato-Partner in Westeuropa. Sie beherbergte das größte sowjetische Truppenkontingent außerhalb der Grenzen der UdSSR. Der sächsische Uranbergbau war wichtiger Zulieferer für die sowjetische Nuklearrüstung. Durchaus nicht an letzter Stelle der Moskauer Begehrlichkeiten stand der Vorzug, von der DDR aus effiziente Anti-Nato- und Wirtschaftsspionage gegen die Bundesrepublik zu betreiben.

Die Drohung, gewissermaßen eine spezielle Breschnew-Doktrin für die DDR, war aber auch eine elementare Bestandsgarantie für das SED-Regime. Je sicherer es sich durch diese Deckung fühlen konnte, desto weniger brauchte es auf zunehmende ökonomische Malaise oder auf schwindenden Rückhalt in der Bevölkerung Rücksicht zu nehmen. Unbequeme Lockerungsübungen in Richtung Einheit waren nicht geboten.

Das sollte sich erst mit dem Machtantritt Gorbatschows nach und nach ändern. Seine Reformversuche und die Aufkündigung der Breschnew-Doktrin liefen in der Wirkung zusammen und entwickelten eine Brisanz, die lange vor dem Scheitern der Perestroika und dem Ende der Sowjetunion den Exitus der SED-Herrschaft einleitete. Einerseits äußerte sich das in einem nie dagewesenen furchtlosen politischen Aktivismus der Opposition und wachsender Teile der Bevölkerung. Andererseits nahm der Frust über das Ausbleiben demokratischer Veränderungen zu. Er entlud sich in der bis dato größten Fluchtwelle aus der DDR. Als Ungarn unter Berufung auf die von Gorbatschow proklamierte Eigenständigkeit die Grenze zu Österreich öffnete, fruchteten Proteste Honeckers in Moskau gegen den Bruch der Blockraison durch Budapest nicht mehr.

Gorbatschow lehnte eine Demarche ab. Denen, die im SED-Politbüro noch zu denken imstande waren, schwante, daß künftig weder von den Mitgliedsstaaten noch von der Führungsmacht des Warschauer Paktes unbedingte Garantien für den Bestand der DDR zu erwarten waren. Die Blockraison begann sich auf die Maxime zuzubewegen: »Jeder ist sich selbst der Nächste«, und später: »Rette sich, wer kann!«

Eine im Ostblock isolierte oder sich von ihm emanzipierte DDR würde nur noch mit einem Partner rechnen können: die am Einheitsgebot ihrer Verfassung festhaltende Bundesrepublik. Nur sie verbürgte auch die Chance auf wirtschaftliche Infusion für die sieche Kommandowirtschaft der DDR. Das war die absurd erscheinende Logik der neuen Situation, an die sich, zunächst vereinzelt, die zu gewöhnen begannen, die sich allmählich zum Sturz Honeckers aufrafften. Sie leitete auch die Überlegung, daß nichts geschehen dürfe, was das Verhältnis zur Bundesrepublik irreparabel verschlechtern könnte. Vorstellungen von einer Konföderation aus der DDR-Frühzeit wurden von diesem und jenem als mittelfristige Lösung erwogen. Honeckers Sturz war – wie verspätet auch immer – besiegelt, als er im Politbüro seine Gedankenspiele über das »Aufmarschieren« von Panzern in Leipzig laut werden ließ.

Aus dem höheren Blickwinkel nach zehn Jahren bekräftige ich: Gut, daß es zur Einheit gekommen ist, die selbst am 9. November 1989 für mich und

viele im Osten wie im Westen so nahe noch nicht vermutet wurde. Was seither erreicht wurde, ist noch immer grundlegend daran zu messen, daß zueinander gefunden hatte, was sich in vierzig Jahren zuvor so weit und gegensätzlich auseinanderentwickelt und -gelebt hatte wie nirgendwo und -wann zwei Teile eines ursprünglichen Ganzen. Wenn unsere ideologische Blendung in der geteilten Welt so total war, daß wir früher nichts zu ändern vermochten, dann kann man nicht nur dem Schicksal dankbar sein, daß es einige wenige zumindest in letzter Minute handlungsfähig machte, um die Schritte unblutig einzuleiten, auf deren positive Folgen wir heute zurücksehen.
Der öffentliche Chor, der uns auf den 3. Oktober 2000 einstimmt, tönt indes mehr dissonant als festlich. Das Gejammere um die vergewaltigte Ost-Identität ist so unproduktiv und so wenig erträglich wie die Pseudo-Analysen von Ostseelen-Defekten, die sich aus westlichen wie aus östlichen Gefilden vernehmen lassen. Man fühlt sich erinnert an die Aversionen, die 1989 und 1990 auch in der Bundesrepublik gegen die Vereinigung aufwallten. Sah nicht eine Minderheit darin einen restaurativen Klotz am Bein des Weltgeistes, der längst zur kosmopolitischen Vereinigung der Menschheit rief, nicht aber zur nationalen Zusammenrottung der Teutonen? Die Abwertung, mehr noch die Auflösung deutscher Spezifik sei überhaupt das Beste, was die Deutschen zur kommenden Weltbürgergemeinschaft leisten können. Einher ging das mit Warnungen vor dem Ausverkauf von Demokratie und Sozialismus, vor dem die naiven DDR-Bürger zu bewahren seien. – Wenn die Einheit damals schon nicht zu verhindern oder hinauszuzögern war, so will und kann man sie heute doch mit Unkenrufen begleiten.
Natürlich ist es kein Kunststück, skeptische Stimmen in den neuen Ländern über das seit 1990 Erreichte einzusammeln. Trotz astronomischer Milliardentransfers gibt es auf Produktivitätsrückstand beruhende soziale Ungleichheit gegenüber den alten Ländern. Noch immer ist die Arbeitslosigkeit hoch, weil ganze, überflüssig gewordene, industrielle Kerne auch mit staatlichen Zuwendungen nicht mehr wiederbelebt werden können. Es bräuchte mehr und schneller fließendes Kapital, um dem sich entwickelndem jungen Unternehmertum Projekte zu kreditieren und damit Arbeitsplätze zu schaffen. Aber das Geld sitzt heute bekanntlich nicht lockerer.

Generell sind die Menschen im Osten skeptischer, kritischer geworden. Es ist ja auch ein Stück Freiheit, seine Skepsis unbefangen zu äußern, nicht mehr Vorsicht walten lassen, immer nur konform salbadern zu müssen. Ein Erfolg, der im Vergleich zu dem heute vielerorts Erreichten geringfügig erschien, war unter unserer, der SED-Ägide, gerade wegen der permanenten Erfolgsbedürftigkeit bis zum Überdruß für die Menschen stets als große Errungenschaft aufgeblasen worden. Der selbstbewußte Ostdeutsche ist eben nicht unbedingt bereit, vor der von ihm selbst miterkämpften Einheit permanent den Kotau zu vollziehen. Damit gibt er sie nicht preis.
Bislang unerfüllt gebliebene Erwartungen verführen dazu, »gute Seiten« der DDR zu beschwören. Nun, die DDR hat ihre Untauglichkeit aus eigenem Unvermögen bewiesen. Niemand kann das heute noch in Abrede stellen. Damit ist aber auch das Urteil über die marginalen sogenannten Vorzüge des Systems gesprochen. Sie haben einerseits nur Illusionen über die Effizienz und Bestandsfähigkeit bewirkt und genährt, wo schon früher Ernüchterung nötig gewesen wäre. Andererseits ist das System an eben diesen »Vorzügen« mit zugrunde gegangen, z. B. auch an den Folgen seiner sozialen Verheißungen, die durch sozialistische Kommandowirtschaft nicht zu finanzieren waren. Mit der Anhäufung der Staatsschulden schwanden die Reste des Glaubens an die Leistungsfähigkeit und den Gabentisch des Sozialismus.
Im zehnten Einheitsjahr werden mangels realer Reste der Teilungsarchitektur geradezu mit Besessenheit Mauerreste in den Köpfen aufgespürt und zu größeren Barrierewirkungen aufgeblasen, als es die Errichter der Mauer je geschafft haben. Man kann vermuten, daß die lüsterne Schwärzungsroutine (Martin Walser) in den Medien mit Näherrücken des 3. Oktobers 2000 noch einmal boomen wird.
Der Weg zur Einheit war steinig und opferreich. Lange Zeit schien er auf immer unpassierbar. Seine Öffnung war ein Glück, unversehens, beispiellos aus dem Willen unzähliger Menschen gewachsen. Wir Deutschen sind ein merkwürdiger Schlag, daß wir uns diese Einheit duldsam kleinreden lassen. Es regt sich Zweifel: Hätte sich Schabowski doch besser erschießen lassen sollen?

Dagmar Schipanski

Wie hat die Wissenschaft die Wende in den neuen Bundesländern vollzogen?

Zahlreiche entscheidende Experimente oder Theorien, die unser heutiges naturwissenschaftliches Wissen maßgeblich geprägt haben, wurden in deutschen Forschungslaboratorien durchgeführt oder ausgearbeitet, was sich in der hohen Zahl der Nobelpreise widerspiegelt. Erinnert sei an Planck, Einstein, Heisenberg, Hahn und viele andere bedeutende deutsche Namen der Naturwissenschaften. Auf dieser gemeinsamen Tradition und Entwicklung hat man nach dem Zweiten Weltkrieg in Ostdeutschland und in Westdeutschland aufgebaut, aber dann durchaus unterschiedliche Wege eingeschlagen. Dies gilt nicht nur für Ost- und Westdeutschland, sondern in erster Näherung auch für die beiden großen sich entwickelnden Machtblöcke. Insofern kann die seit 1990 in Deutschland wieder konvergierende Entwicklung Denkanstöße für die Entwicklung in anderen Ländern geben.

Die Entwicklung des Wissenschaftssystems in der DDR

Bei ihrer Gründung im Jahr 1949 gab es in der DDR sechs Universitäten mit dem der deutschen Tradition entsprechenden breiten Fächerspektrum. Von ihnen war die Humboldt-Universität in Berlin, die im Jahr 1810 gegründet worden war, mit Abstand die jüngste. Die Universitäten in Leipzig (gegründet 1409), Rostock (1419) und Greifswald (1456) wurden bereits im 15. Jahrhundert gegründet und gehören damit zu den ältesten deutschen Universitäten. Auch die Universitäten in Halle/Wittenberg (1502) und Jena (1558) hatten bereits eine vielhundertjährige Geschichte.
Bemerkenswert ist, daß in der Zeit des Bestehens der DDR nicht eine ein-

In den neuen Anlangen der Leuna-Werke in Schkopau (Sachsen-Anhalt) wird heute mit modernen Methoden Polyethylen hergestellt, das unter anderem bei der Fabrikation von Spritzgußmaterialien oder Ummantelungen von Kabeln sowie für Folien verwendet wird.

Ein Blick auf die hochmoderne Walzenstraße des Warmwalzwerkes der EKO Stahl GmbH in Eisenhüttenstadt, auf der 250 mm starke und über 20 Tonnen schwere Eisenblöcke auf bis zu 1,3 mm dicke Stahlbänder gewalzt werden.

In Ludwigsfelde (Brandenburg) werden Montagearbeiten an einem Mercedes-Benz-LKW vorgenommen. Jährlich rollen hier 9900 LKWs des Typs »Vario« vom Band.

Am Traditionsstandort Eisenach laufen der Opel Corsa und der Opel Astra vom Band.

Porsche-Chef Wendelin Wedeking (m) und Sachsens Ministerpräsident Kurt Biedenkopf am 7.2.2000 beim ersten Spatenstich für ein neues Porsche-Werk in Leipzig.

In einem Reinraum der Jenoptik AG in Jena prüft ein Physiker die Bauteile einer kompliziert aufgebauten optischen Bank.

Mitarbeiter des Siemens Microelectronics Centers (Simec) in Dresden überwachen die Produktion der Wafer (300 mm große Siliziumscheiben). Hier startet das größte Mikroelektronik-Pilotprojekt in Europa.

Der Wiederaufbau der 1945 zerstörten Dresdner Frauenkirche ist eines der ehrgeizigsten Projekte zur Erhaltung und Wiederherstellung historischer Bausubstanz.

Zeichen der Versöhnung und Hoffnung – 55 Jahre nach den schweren Bombenangriffen auf Dresden wurde am 13.2.2000 das neue Kuppelkreuz der Frauenkirche von dem Herzog von Kent symbolisch übergeben.

Der Potsdamer Platz in Berlin erstrahlt in neuem Glanz, die Arkaden entwickelten sich zu einem der beliebtesten Shoppingszentren.

Der Reichstag mit der gläsernen Kuppel ist als Sitz des Bundestages zum neuen Sightseeing-Objekt für Berlin-Besucher geworden.

Alt und Neu nebeneinander – der Wiederaufbau in den neuen Bundesländern macht überall gute Fortschritte.

zige Universität neu gegründet wurde. Statt dessen wurden Spezialhochschulen mit begrenztem Fächerspektrum errichtet, so in Dresden neben der dort bestehenden Technischen Hochschule eine Hochschule für Verkehrswesen, in Magdeburg eine für Schwermaschinenbau, in Chemnitz für Maschinenbau, in Leuna-Merseburg für Chemie, in Leipzig für Bauwesen und in Ilmenau für Elektrotechnik. Außerdem wurden drei Medizinische Hochschulen gegründet.

Diese bereits in den 50er Jahren erfolgten Gründungen wurden im Jahr 1969 durch Umwandlung von zehn bereits bestehenden Ingenieurschulen und Ingenieurhochschulen ergänzt (vgl. Entwicklung von Fachhochschulen in der BRD). Später erhielten sie zum Teil den Status von Technischen Hochschulen, während ein Teil der früheren Technischen Hochschulen zu Technischen Universitäten weiterentwickelt wurde. So gab es im Jahr 1990 5 Technische Universitäten, 12 Technische Hochschulen und 2 selbständig gebliebene Ingenieurhochschulen in der DDR. Neben den genannten sechs Universitäten boten zum Teil auch die Technischen Hochschulen und Technischen Universitäten naturwissenschaftliche Studiengänge an.

Der Hochschulzugang wurde staatlich gelenkt, so daß z. B. eine hohe Zahl von Ingenieuren, aber vergleichsweise wenig Naturwissenschaftler ausgebildet wurden, während die Geisteswissenschaften infolge der Ideologisierung in vielen Bereichen einen völligen Niedergang erlitten. Insgesamt war der Anteil der Studierenden am Altersjahrgang nicht sehr hoch, die zugelassene Zahl der Studierenden wurde stark limitiert, insbesondere nach den Anforderungen der Industrie. Dabei ist zu betonen, daß die Auswahl zur Aufnahme eines Studiums bereits im Alter von 14 Jahren erfolgte, nämlich mit der Zulassung einer begrenzten Zahl von Schülern zum Besuch der erweiterten Oberschule. Sie eröffnete die Möglichkeit, das Abitur abzulegen, welches die Hochschulzugangsberechtigung darstellte. Dabei waren keinesfalls die erbrachten schulischen Leistungen das alleinige Auswahlkriterium, sondern es spielten soziale Herkunft aus Arbeiter- und Bauernkreisen und politisches Wohlverhalten die entscheidende Rolle.

An den Hochschulen wurde auf erfolgreiche Lehre großer Wert gelegt: Die Studieninhalte waren aufeinander abgestimmt, die Prüfungs- und Studien-

ordnungen klar formuliert und sie ermöglichten einen zügigen Studienablauf in der Regelstudienzeit. Verwiesen sei hier auf die hohe Zahl an guten Lehrbüchern auf naturwissenschaftlichem und ingenieurtechnischem Gebiet, die ein Spiegelbild für Qualität und Stellenwert der Lehre darstellen und vielfach auch im Westen Deutschlands verwendet wurden.
Man hört immer wieder die Feststellung, daß die Forschung an den Universitäten, Technischen Universitäten und Technischen Hochschulen in der DDR nur eine marginale Rolle gespielt und primär an den Akademieinstituten stattgefunden habe. Ich halte diese Feststellung für nicht richtig. Sicher war der Stellenwert der Lehre an den Hochschulen der DDR hoch, erfreulicherweise, denn zur Zeit bemüht man sich in den alten Bundesländern Deutschlands, ihn zu steigern. Trotz der schwierigen materiellen Bedingungen, unter denen gerade die naturwissenschaftlich-technische Forschung zu leiden hatte, gab es beachtliche Forschungsleistungen, vor allem auch in Gebieten, die ohne aufwendige Apparaturen auskommen konnten: Theorie und Simulation. Die Folgen, die zusätzlich die Isolation und Abkopplung von der internationalen wissenschaftlichen Entwicklung für die Universitätsforschung, aber auch für diejenige in den Instituten der Akademien der Wissenschaften mit sich brachten, waren gravierend und führten bis 1990 zu einem erheblichen Rückstand auf experimentellen Gebieten.
Neben den Hochschulen hat sich ein System der außeruniversitären Forschung nach sowjetischem Vorbild entwickelt. Es gab vier zentralistisch organisierte Akademien mit großen Instituten, die Akademie der Wissenschaften, die der Landwirtschaftswissenschaften, die Bauakademie und die Akademie der Pädagogischen Wissenschaften. Die Akademien besaßen wie die Hochschulen das Promotions- und das Habilitationsrecht. Zusätzlich waren sie gegenüber den Hochschulen bezüglich ihrer technischen Ausstattung und der Literaturversorgung sowie bei internationalen Kontakten und Reisemöglichkeiten privilegiert. Zwischen Akademieinstituten und Hochschulen gab es nur wenig Kooperation und kaum personelle Durchlässigkeit. Beide Teile des Wissenschaftssystems bestanden weiterhin getrennt nebeneinander. Doch beide Systeme, wie auch die übrigen Wissenschafts- und Gesellschaftssysteme, beruhten auf einer üppig ausgestatteten Personal-

struktur, die die Vollbeschäftigung der Bevölkerung garantierte. So hatte allein die Akademie der Wissenschaften 24.000 Mitarbeiter. Die Gehälter waren niedriger und wenig differenziert, die berufliche Position hing oft stärker von politischen Privilegien als von wissenschaftlicher Leistung ab. Die bauliche und apparative Ausstattung stagnierte seit Mitte der 70er Jahre.
Die Forschung selbst war auf Anwendungsbezug orientiert. Die Forschungsaufträge wurden im naturwissenschaftlich-technischen Bereich oftmals direkt von der Industrie vergeben, so daß sich eine sehr enge Verknüpfung zwischen Universitäten und Industriebetrieben ergeben hat, die bis zur Prototypenentwicklung reichte. Personalaustausch zwischen Industrie und Hochschule war alltäglich geübte Praxis. Damit hatte die naturwissenschaftlich-technische Forschung auf Grund ihrer unmittelbaren Auswirkung auf die Industrieproduktion eine vorrangige Rolle, wie auch die Neugründungen der Spezialhochschulen die technologische Schwerpunkte der DDR widerspiegeln. Für Forschung zum reinen Erkenntnisgewinn, also Grundlagenforschung, reichten die finanziellen Mittel der DDR nicht aus.

Das Wissenschaftssystem im vereinigten Deutschland

Die unterschiedliche Entwicklung der Wissenschafts- und Hochschulsysteme in der BRD und der DDR macht deutlich, wie sehr sich diese Systeme von 1945 bis 1990, dem Jahr der deutschen Vereinigung, auseinanderentwickelt hatten: auf der einen Seite ein stark expandierender Hochschulbereich, der sich durch Massenuniversitäten und Bildung von Fachhochschulen charakterisieren läßt, auf der anderen Seite ein weniger stark ausgebautes Hochschulwesen, das durch Spezialhochschulen und einen rigide begrenzten Hochschulzugang geprägt ist. Im außeruniversitären Bereich eine vielfältige, auf den ersten Blick kaum überschaubare Zahl von Großforschungseinrichtungen und Instituten der Max-Planck-Gesellschaft, der Fraunhofer-Gesellschaft und der Blauen Liste, auf der anderen Seite die Institute der Akademien. Außerdem war die DDR zentralstaatlich organisiert und die Bundesrepublik föderal mit weitreichenden Kompetenzen der Länder im Bereich Hochschulen und Forschung.

Wie konnte man diese beiden so unterschiedlichen Wissenschaftssysteme zu einem einzigen einheitlichen System für das vereinigte Deutschland weiterentwickeln? Vor dieser Frage standen die Wissenschaftspolitiker in beiden deutschen Staaten im Jahr 1990. Nach zahlreichen Gesprächen und Verhandlungen auf allen Ebenen wurde im Vertrag zwischen der Bundesrepublik Deutschland und der Deutschen Demokratischen Republik über die Herstellung der Einheit Deutschlands festgelegt, daß der Wissenschaftsrat eine Begutachtung der außeruniversitären Forschung in Ostdeutschland durchführen und Vorschläge für eine Neuordnung ausarbeiten sollte. Die Forschungsinstitute sollten bis zum Ende des Jahres 1991 fortbestehen und dann in eine neue Struktur überführt werden.
Der Wissenschaftsrat – ein seit 1957 in der Bundesrepublik bestehendes wissenschaftspolitisches Beratungsgremium von Bund und Ländern – hatte sich bereits im Jahr 1990 intensiv mit dem Wissenschaftssystem der DDR befaßt. Im Juli 1990, also drei Monate vor der staatlichen Einheit, hatte er »Perspektiven für Wissenschaft und Forschung auf dem Weg zur deutschen Einheit: Zwölf Empfehlungen« verabschiedet. Diese Empfehlungen bildeten die Grundlage für die Begutachtung der außeruniversitären Forschung sowie für zahlreiche Strukturempfehlungen zur Weiterentwicklung der Hochschulen. Aus der Empfehlung möchte ich zwei Sätze zitieren, die bei ihrer Verabschiedung nicht unumstritten waren und auch nach ihrer Veröffentlichung durchaus zu kritischen Reaktionen führten: »Insgesamt gesehen kann es nicht einfach darum gehen, das bundesdeutsche Wissenschaftssystem auf die DDR zu übertragen. Vielmehr bietet der Prozeß der Vereinigung auch der Bundesrepublik Deutschland die Chance, selbstkritisch zu prüfen, inwieweit Teile ihres Bildungs-, und Forschungssystems der Neuordnung bedürfen.«
Der Wissenschaftsrat hatte also durchaus das Ziel vor Augen, eine Optimierung des Gesamtsystems zu erreichen. Heute muß man sagen, daß dies nicht in einem einzigen Schritt gelungen ist und vielleicht auch nicht gelingen konnte. Weitgehend wurde doch das Wissenschaftssystem der alten Länder auf die neuen Länder übertragen, wofür Zeitmangel ein Grund war, da die Übergangszeiten möglichst kurz gehalten werden sollten.
Es ist hervorzuheben, daß der Strukturwandel erfolgte, ohne daß der lau-

fende Studienbetrieb eingestellt oder nennenswert eingeschränkt wurde, eine wohl einmalige Leistung! Der zweite Schritt, die Optimierung des Gesamtsystems ist unsere ständige gemeinsame Aufgabe.

Zurück zum Jahr 1990/91: Wie bereits angedeutet, wurde jedes einzelne der Institute der Akademie der Wissenschaften, der Landwirtschaftswissenschaften und der Bauakademie vom Wissenschaftsrat begutachtet, der darauf mehr als 130 Einzelempfehlungen ausarbeitete. Leistungsfähige Gruppen und Institute wurden in neuem Zuschnitt einem der außeruniversitären Bereiche zugeordnet. Auf diese Weise sind drei Großforschungseinrichtungen entstanden. Das Max-Delbrück-Centrum für Molekulare Medizin in Berlin-Buch, das Geoforschungszentrum in Potsdam und das Umweltforschungszentrum Leipzig/Halle. Damit erhöhte sich die Zahl der Großforschungseinrichtungen auf 16; die neuen Länder sind mit 3 relativ kleinen Zentren unterproportional in diesem Bereich vertreten. Dies hängt zum einen damit zusammen, daß sich große Forschungszentren, die im Westen zum Teil mehrere Tausend Mitarbeiter beschäftigen, als schwer steuerbar erwiesen haben und man bei der Neuordnung auf kleinere flexiblere Forschungsinstitute setzte. Zum anderen spielte aber auch der Finanzierungsschlüssel eine Rolle, da der Bund 90 % der Kosten von Großforschungseinrichtungen trägt. (Bei anderen Instituten ist er üblicherweise mit 50 % beteiligt.)

Lediglich zwei Max-Planck-Institute wurden aus bereits bestehenden Einrichtungen der DDR heraus gegründet: eins für Mikrostrukturphysik und eins für Kolorit- und Grenzflächenforschung. Diese Entscheidung basiert auf dem Grundprinzip der Max-Planck-Gesellschaft, ihre Institute erst nach der Gewinnung eines herausragenden Wissenschaftlers und entsprechend dessen Vorstellungen aufzubauen. Die Max-Planck-Gesellschaft hat jedoch in den vergangenen Jahren zusätzlich eine ganze Reihe von gänzlich neuen Instituten in den neuen Ländern errichtet und wird in den nächsten Jahren dort weitere Neugründungen realisieren, so daß in wenigen Jahren eine proportionale Verteilung der Max-Planck-Institute auf Ost- und Westdeutschland erreicht sein wird.

Die Fraunhofer-Gesellschaft, die angewandte Forschung und Entwicklung

betreibt, hat in den neuen Ländern dafür ein gutes Potential vorgefunden, so daß neun eigenständige Institute gegründet wurden und darüber hinaus ein Dutzend Außenstellen von im Westen bestehenden Instituten. Die Fraunhofer-Gesellschaft hat somit sehr schnell eine ausgeglichene Struktur erreicht, was auch auf der Struktur der Forschung in der ehemaligen DDR beruht, die vorwiegend anwendungsorientiert für die Industrie durchgeführt wurde, wie ich schon angedeutet habe.
Einen überproportionalen Zuwachs erhielt dagegen die sogenannte Blaue Liste. Hier kamen zu den im Westen bestehenden 47 Instituten 34 neue im Osten hinzu, die vorwiegend technisch-naturwissenschaftlich orientiert sind. Sie decken ein weites fachliches Spektrum ab, das ich mit Stichworten wie Polymerforschung, Neurobiologie, Molekulare Pharmakologie, Ostseeforschung, Atmosphärenphysik und Halbleiterphysik charakterisieren möchte. Die Bevorzugung dieser Institutsart beruht auf der Finanzierung, die zur Hälfte vom Bund und zur Hälfte von den Ländern erfolgt.
Für die zahlreichen Vertreter Mittel- und Osteuropas auf dieser Konferenz mag es verwunderlich sein, daß keine Akademieinstitute als solche weitergeführt wurden. Doch steht die Akademiestruktur der Bundesrepublik Deutschland dem entgegen. Die bestehenden Akademien sind Gelehrtengesellschaften, die keine Forschungsinstitute betreiben. Mit Ausnahme der Leopoldina sind die übrigen Akademien in Berlin, Düsseldorf, Göttingen, Heidelberg, Leipzig, Mainz und München regional organisiert. Sie haben ihren Schwerpunkt überwiegend in den Geisteswissenschaften, so daß sich die Akademien nicht als geeignete Strukturen zur Überführung der naturwissenschaftlichen Akademieinstitute erwiesen. Auch aus diesen Gründen ist die deutsche Einigung kein Modellfall für andere Länder. In den mittel- und osteuropäischen Ländern sollte man die wissenschaftliche Potenz der durchaus leistungsfähigen Akademiestrukturen erhalten.
Auf den ersten Blick scheint also die außeruniversitäre Forschungsstruktur Westdeutschlands exakt in Ostdeutschland etabliert worden zu sein. Ein zweiter Blick zeigt jedoch, daß die neugegründeten Institute in ihrer Konzeption oftmals »moderner« angelegt sind. Sie haben in der Regel eine überschaubare Größe und sind stärker auf flexible Strukturen hin angelegt.

Außerdem wurden alle neuen Institute so konzipiert, daß sie in der Regel sehr enge Beziehungen zu benachbarten Universitäten unterhalten. Es hatte sich im Westen und auch bei den Akademieinstituten im Osten gezeigt, daß Forschungseinrichtungen, die isoliert, ohne Verknüpfung mit einer Universität bestehen, zur Erstarrung neigen. Dem wurde in den neuen Ländern konsequent dadurch entgegengewirkt, daß die leitenden Wissenschaftler der außeruniversitären Einrichtungen häufig zugleich auf Professuren benachbarter Hochschulen berufen wurden.
Nun wurde natürlich nicht nur das außeruniversitäre System der Forschung, sondern auch die Hochschulforschung in den neuen Ländern weiterentwickelt. Auch hier hat der Wissenschaftsrat in umfangreichen Empfehlungen Vorschläge zur Strukturierung gegeben. Diese Vorschläge beziehen sich zum einen auf die Gesamtstruktur. So wurde z. B. die Etablierung von Fachhochschulen empfohlen, inzwischen haben mehr als zwanzig Fachhochschulen in den neuen Ländern ihre Arbeit aufgenommen. Außerdem wurde die Zersplitterung in Spezialhochschulen mit engem Fächerspektrum aufgehoben, beispielsweise wurden in Dresden die ehemals eigenständigen Hochschulen für Verkehrswissenschaften und die Medizinische Akademie in die Technische Universität integriert. In Magdeburg wurden Pädagogische Hochschule, Medizinische Akademie und Technische Universität zur Universität Magdeburg zusammengeführt. Erwähnen möchte ich auch die Neugründungen der Universität Erfurt und der Universität Frankfurt/Oder, die allerdings beide keine naturwissenschaftlichen Studiengänge anbieten.
Der Großteil der Empfehlungen zum Hochschulbereich des Wissenschaftsrates war disziplinär angelegt. So wurden z. B. Empfehlungen zur Hochschulmedizin, zur Entwicklung der Geisteswissenschaften, zu den Ingenieurwissenschaften und eine »Stellungnahme zu den mathematisch-naturwissenschaftlichen Fachbereichen an den Universitäten der neuen Länder« verabschiedet.
In allen diesen Bereichen sind leistungsfähige Universitätsinstitute entstanden, die eine gute Ausbildung für ihre Studierenden anbieten und Forschung auf konkurrenzfähigem Niveau betreiben. Studieren an Univer-

sitäten in den neuen Ländern wird zum »Geheimtip«. Dies liegt zum einen daran, daß der hohe Stellenwert, den die akademische Lehre in den Hochschulen der DDR hatte, tradiert wird. Zum anderen sind die Betreuungsrelationen in den neuen Ländern trotz mancher Haushaltskürzungen günstiger, so daß die Professoren und wissenschaftlichen Mitarbeiter viel mehr Zeit für den einzelnen Studenten aufwenden können, als dies vielfach an überfüllten Einrichtungen im Westen möglich ist. Damit sind auch die Studienzeiten deutlich kürzer.

Die apparative Ausstattung ist im universitären und außeruniversitären Bereich inzwischen gut, die Renovierung bestehender und die Errichtung neuer Gebäude wird allerdings noch einige Jahre in Anspruch nehmen. Aufgrund der derzeitigen finanziellen Schwierigkeiten geschieht dies nicht in dem Maße, wie es wünschenswert ist. Durch zahlreiche Neubesetzungen von Professuren und Stellen für leitende Wissenschaftler ist im Zusammenwirken mit langjährig am Ort etablierten Wissenschaftlern vielerorts eine kreative Mischung entstanden.

Das klingt zehn Jahre nach der Wiedervereinigung wie eine Erfolgsstory, die sich spielend ohne Rückschläge und Schwierigkeiten erreichen ließ. Aber gerade das war es wirklich nicht, es war ein schmerzlicher, kräftezehrender und menschlich bewegender Prozeß. Jeder Professor und jeder wissenschaftliche Mitarbeiter wurde auf seine fachliche Eignung und persönliche Integrität überprüft. Dazu mußten Bewertungskriterien geschaffen werden, denn in vielen Bereichen bestand Veröffentlichungsverbot, internationale Kontakte waren unterbunden. So bedurfte es einer außerordentlich intensiven und feinfühligen Bewertung der vorgelegten Leistungen durch neu gegründete, mit Wissenschaftlern aus Ost und West besetzten Fachkommissionen. Die moralisch schwierigste Aufgabe hatten die Personal- und Ehrenkommissionen, die am zum Teil drastischen Personalabbau mitwirken mußten. So wird die Erfolgsstory von einer hohen Akademikerarbeitslosigkeit begleitet, die zunehmend die gesamte Bundesrepublik belastet. Blockierte, ausgeschaltete Kreativität bewirkt Haß, Neid, Aggressivität und die Umwandlung der brachliegenden Energien zu schädlichen Antikonzepten. Diese hohe Akademikerarbeitslosigkeit wird noch verstärkt durch den völli-

gen Zusammenbruch der Industrieforschung. Mit dem Zusammenbruch der großen Industriekombinate der DDR, ihrer Schrumpfung und Umorganisation ist die Industrieforschung im östlichen Teil Deutschlands fast vollständig verschwunden. Es fehlt damit ein für die Hochschulforschung so wichtiges Praxisumfeld, das durch Kooperation mit westdeutschen Firmen und den damit verbundenen langen Wegen bedingt ausgeglichen werden kann.
Trotz dieser Schattenseiten ist die Neuorganisation der staatlich geförderten Hochschul- und Forschungslandschaft in den neuen Ländern aus meiner Sicht insgesamt eine Erfolgsgeschichte. In diesem Bereich konnte die Einheit Deutschlands vergleichsweise sehr rasch erreicht werden. Die Umwandlung hat zu stabilen und leistungsfähigen Strukturen geführt, die heute in einem gesunden internationalen und nationalen Wettbewerb stehen.
Die Wiedervereinigung Deutschlands bedeutet laut Verfassungsgebot »die Herstellung einheitlicher Lebensverhältnisse« in einem Land, das eine 40jährige geteilte Geschichte erlebt hat und das jetzt eine gemeinsame Gegenwart und Zukunft gestalten will. Die rechtlichen und politischen Aufgaben der Integration beider Universitäts- und Forschungslandschaften sind im Einigungsprozeß zügig und gut durchgeführt worden, jedoch spielen die wirtschaftlichen und sozialen Aspekte eine ebenso große Rolle. Diese erfordern mehr Zeit und einen noch intensiveren Einsatz, als wir anfangs in unserer großen Freude über das Wunder der Einheit vermutet hatten:

- *die Entwicklung einer vergleichbaren materiellen Infrastruktur, vergleichbare Ausbildungs- und Beschäftigungschancen, aber auch die Ausbildung eines gemeinsamen Kerns von Grundwerten und einer gemeinsamen politischen Kultur,*
- *die Herstellung vergleichbarer Besitzverhältnisse, eines vergleichbaren Lebensstandards, aber auch die Ausbildung ähnlicher Mentalitäten und Sozialcharaktere.*

Das ist der langwierigere Teil des Prozesses der Einigung Deutschlands. Hier ist die gesamte »scientific community« gefragt, insbesondere auch die Geistes- und Sozialwissenschaften in ihrer Wechselwirkung zu Politik und Gesellschaft. Hier ist jeder Einzelne von uns gefragt, denn auch Wissenschaft und akademische Lehre vollziehen sich in einem Umfeld, das von uns mitgestaltet werden kann, besser: mitgestaltet werden darf, aber wir haben als Wissenschaftler auch die Pflicht zur Mitgestaltung.

Friedrich Schorlemmer

Wächst nicht zusammen, was zusammengehört?

Am 9. November 1989 jubelten die Ost- und Westdeutschen bis in die frühen Morgenstunden, weil gänzlich unerwartet die schreckliche Mauer durchbrochen worden war. Doch mentale Mauern sind geblieben, die das vereinte Deutschland nach wie vor trennen. Das wäre nicht bedenklich, wenn es nicht mit so viel Be- und Abwertung verbunden wäre. Erst 1990 sei der von allen Deutschen angezettelte Raub- und Vernichtungskrieg zu Ende gegangen, merkte Hans von Dohnanyi an und rief zu einer besonderen Anstrengung aller Deutschen auf. Diese Einsicht hat sich nur bei wenigen Deutschen durchgesetzt. Und die Freude, daß die erzwungene Teilung beendet war, wirkte nicht nachhaltig. Vielleicht aber ist das »deutsch«, denn schon Goethe schrieb:

»Ist es indes dem Beobachter nicht ganz erfreulich, wie sich die befreiten Deutschen schon wieder literarisch gegeneinander benehmen, so muß man bedenken, daß dies nun einmal die Art der Nation ist: Sobald sie von fremdem Drucke sich befreit fühlt, unter sich zu zerfallen.«

Das Ziel müßte sein, in *einem Deutschland* gegenseitiger Achtung, partnerschaftlicher Verständigung und überwundener sozialer Schieflagen zu leben – ohne Gleichmacherei und ohne der Fiktion eines Einheitsdeutschen nachzujagen. Die Einheit Deutschlands vollendet sich im Reichtum seiner Vielheit.

Die erzwungene Abspaltung des ostelbischen Landesteiles mit vierzigjähriger ideologischer Berieselung und den Denkstrukturen des Kalten Krieges hat längerwährende Differenzen hinterlassen. Sie verschwinden nicht durch Leugnung – und sie vergrößern sich durch Übertreibung. Wer sich erinnert, wie das Land 1989 aussah, mag verwundert staunen, wieviel in zehn Jahren bereits erreicht wurde. Aber was nützen Investitionen, was nützt Wiederaufbau des Verrotteten, was nützen Daueranreize für Abschreibungen, was bringt partielle politische Teilhabe von Ostdeutschen an der Gestaltung des Landes, wenn ein wirkliches Interesse, offene Augen, vorurteilsfreie Neugier und gelassene Akzeptanz auf beiden Seiten weithin ausbleiben oder verweigert werden? Überlegenheitsgefühle der einen produzieren Unterlegensheitstrotz der anderen. Auf der Strecke bleibt die Klar-Sicht. Die Übermacht der Westler durch die Verfügung über Kapital, durch deren Deutungsmacht über das im Osten Gewesene, der vorläufige »Sieg« des einen Systems über das andere hat vergessen lassen, welche menschlichen, kulturellen, geistigen und sozialen Qualitäten zu entdecken und auszutauschen wären, damit es zu einer Vereinigung in gegenseitigem Verstehen mit gegenseitiger Bereicherung kommt.
Dieser Prozeß könnte in einer selbstkritischen Auseinandersetzung stattfinden, indem ein Lernprozeß auf beiden Seiten beginnt, nicht verbunden mit Anklagen, sondern mit dem Begreifen der positiven Faktoren in der Entwicklung Ost- und Westdeutschlands, der in die Lage versetzt, daß beide Teile den kritischen Rückblick auch auf sich selbst richten.
Der sprichwörtliche Fleiß der Deutschen bewährte sich unter den Bedingungen der importierten parlamentarischen Demokratie im »freien Westen« vorzüglich. Emanzipation des Individuums, zivilisierter Konfliktausgleich, funktionierende Gewaltenteilung, Stabilisierung eines sozialen und liberalen Klimas vollzogen sich in der Konkurrenzgesellschaft. Im »unfreien Osten« hingegen, wo die Kollektivierung der Güter mit der Kollektivierung der Menschen einherging, wo aber das Geistesleben und die menschlichen Beziehungen nicht primär unter dem Konkurrenz- und Warenaspekt stattfanden, entwickelte sich – trotz der totalitären Reglementierungen – eine tiefer greifende Solidarität und ein kulturelles Wertebe-

wußtsein, das sich nicht ökonomischen Dauerzwängen zu unterwerfen hatte und das sich neben dem »offiziellen Leben« entfaltete. Dieses System war 1989 ökonomisch und politisch bankrott. Unter der Decke des totalitären Systems hatte sich längst ein freiheitssüchtiges Potential herausgebildet, das zum Träger der friedlichen Revolution wurde und zu Momenten des politischen Glücks im Herbst 1989 führte. Es waren die Momente der Selbstbefreiung und einer visionär erfahrenen Möglichkeit der Selbstbestimmung. Der 4. November 1989 auf dem Berliner Alex gehört ebenso dazu wie die massenhaften Übungen des aufrechten Gangs seit September 1989 überall im ganzen Land, angefangen von Dresden und Leipzig bis Arnstadt oder Plauen, Güstrow oder Görlitz, Wittenberg oder Magdeburg – bis in fast jede kleinere Stadt hinein. Die Menschen entdeckten, daß sie wer sind, bis sie sahen, daß sie wenig hatten.

Nun sind sie in einer Gesellschaft angekommen, in der der etwas ist und gilt, der etwas hat. Die meisten Ostdeutschen wechselten ganz schnell und ganz begeistert in diese Wertewelt über, können aber darin bis heute meist nicht mithalten. Schnelles, problemarmes, erfolgreiches Hinüberwechseln ins andere System war eine der Illusionen des Jahres 1990, die viele jetzt so entgeistert dreinschauen läßt, daß sie sich enttäuscht, meckernd und jammernd abwenden, anti-westdeutsche Gefühle hegen oder sich erneut der sozialen Gerechtigkeit versprechenden PDS zuwenden. Heimlich, mit dem Stimmzettel.

Offenheit – nicht nur für die politischen Fehlentwicklungen in beiden Ländern, sondern auch für beachtenswerte Erfahrungen aus der Geschichte der beiden deutschen Länder – wäre Voraussetzung für einen Austausch, der viel weiter geht als ökonomische Unterstützung oder gar geforderte politische Dankbarkeitsbezeugung für empfangene Hilfe.

Um im Bild zu reden: Es geht nicht nur um die Verteilung des Brotes, sondern auch um das Interesse daran, wem die Bäckerei gehört, wer bäckt und wer es wo vertreibt.

Es bleibt zu erinnern an den – fahrlässig verkürzten! – Gedanken Willy Brandts, in dem er mit seismographischem Gespür ausdrückte, worum es ging und geht. Er sagte am 4. Oktober 1990 in der gemeinsamen Debatte

von ost- und westdeutschen Abgeordneten im Bundestag, also noch vor den gesamtdeutschen freien Wahlen:
»Die wirtschaftliche Aufforstung und die soziale Absicherung liegen nicht außerhalb unseres Leistungsvermögens. Die Überbrückung geistig-kultureller Hemmschwellen und seelischer Barrieren mag schwieriger sein. Aber mit Achtung und Respekt vor dem Selbstgefühl der bisher von uns getrennten Landsleute wird es möglich sein, daß ohne entstellende Narben zusammenwächst, was zusammengehört.«
Diese differenzierende Ausführung Brandts, geradezu ein Kompaß für unsere »innere Einheit« wurde auf den Satz reduziert, daß »jetzt zusammenwächst, was zusammengehört.«
Deutschland wird eins werden, wenn wir uns bewußt werden, wie unterschiedlich wir in den vierzig Jahren geworden sind und auch wo wir »trotz allem« so erfreulich wie erschütternd gleich geblieben sind. Die einen durften sich entfalten und fanden in der Welt durch wirtschaftlichen Erfolg und politische Stabilität neue Anerkennung. Die Amerikaner kamen mit dem Marshallplan. Die Westdeutschen versöhnten sich mit dem »Erbfeind« Frankreich. Sie zahlten »Wiedergutmachung« an die jüdischen Mitbürger, die der Vernichtung entgangen waren, und wurden Freunde des Staates Israel. Sie gewannen Selbstbewußtsein ohne Selbstüberhebung in der westlichen Wertewelt. Sie galten zugleich als stabiles Bollwerk gegen den Osten im vierzig Jahre währenden Kalten Krieg. Die Entspannungspolitik führte zu einer militärischen Entängstigung und schließlich zur politischen wie wirtschaftlichen Implosion des Ostens.
Den Westdeutschen hatte stets die ganze Welt offengestanden. Und Westdeutsche empfanden sich mehrheitlich selbst als »ganz Deutschland«, die den östlichen »kommunistischen« Teil abschrieben oder zum politisch rituellen Abschreckungsort mit »Mauer und Stacheldraht« machten, um sich demgegenüber mühelos als frei und erfolgreich bestätigen zu können.
Die Ostdeutschen dienten sich – offiziell! – mit schwülstigen Treuebeschwörungen ihrer Führungsmacht, der »ruhmreichen Sowjetunion«, an.
Die ostdeutschen Machthaber machten sich anheischig, »endgültig« die Lehren aus der Geschichte zu ziehen. Das SED-Regime rang verkrampft

um internationale Anerkennung, koste es, was es wolle. Im Sport machte die DDR stets weltweit auf sich aufmerksam. Das Erbe von Faschismus, Militarismus, Rassismus und Unterdrückung wollten sie mit Stumpf und Stiel ausrotten, so wie sie die Ausbeutung des Menschen durch den Menschen abschaffen und einen Friedensstaat par excellence zu entwickeln behaupteten. Jedem sollte – unabhängig von seiner Herkunft – eine gleiche Bildungs- und Berufschance gegeben werden, wobei besonders »Arbeiterkinder« gefördert wurden. Dafür wurde politische Linientreue als Gegenleistung gefordert, der sich 90 % der Bürger unterwarfen – ihr wahres Denken verbergend. Der einzelne wurde geringer geschätzt als die Gemeinschaft, und so wurde der sozialisierte Mensch nach Geschichtsplan geschaffen, wobei die sozialistische Menschengemeinschaft im Arbeitskollektiv prinzipiell über das Individuum gestellt wurde.
16 Millionen lebten in einem Zwangssanatorium – einem Großfeldversuch der Erziehung des Menschengeschlechts –, wobei sich ein großer Teil des Personals von der Richtigkeit lange Zeit überzeugt zeigte und ideologisch – mit Taschenspielertricks der marxistisch-leninistischen Dialektik – verblendet lebte. Das »Staatsvolk der DDR« duckte sich, machte mit, marschierte mit, winkte mit, sang mit, log mit und sagte sein Amen zu jedem geforderten Credo in Schule, Betrieb, Armee und Partei. Weil das Leben in diesem Lande alternativlos war, paßte man sich an und richtete sich ein, weil man leben wollte, oder man floh in den »goldenen Westen«. Mitten in diesem totalitären System gab es authentisches, kulturell reiches, gelingendes und vielfältiges Leben, das sich Wesentlichem zuwandte, weil materielle Ablenkungen geringer waren. Allerdings war vieles grau und eintönig, mühsam und freudlos, kleinkariert und ängstlich. Das System organisierter Verantwortungslosigkeit ließ Eigenverantwortung absterben. Gleichzeitig fühlten sich alle dafür verantwortlich, daß keiner »durchs Netz« fällt. Der Staat war Übervater und Amme zugleich.
In der Bundesrepublik entwickelte sich dagegen mehr und mehr eine Vereinzelungskultur, in der der eine sich als des anderen Konkurrent verstand, vor dem er sich in jeder Weise zu beweisen und darzustellen hatte und hat.

»In« zu sein und mit der Mehrheit sein zu wollen, wurde spiegelbildlich zur DDR das Anpassungsritual in der freiheitlichen BRD. Erfolg wurde zur moralischen Kategorie schlechthin.
Aufstiegsverwöhnt steht die Bundesrepublik nun vor abnehmender Akzeptanz der politischen Ordnung, weil Prosperität und demokratische Kultur aneinander gebunden waren. Viele sind sehr reich, immer mehr Bürger werden immer ärmer. Der Staat ist hoch verschuldet. Der Generationenvertrag ist brüchig.
Doch der Hochmut gegenüber dem Osten bleibt. Der Westen fühlt sich so bestätigt, daß er dem Osten sein Erfolgsrezept überstülpt. Deutschland ist erst wirklich vereint, wenn die Ostdeutschen sich nicht mehr als verlorene, abgehängte, hilfsbedürftige Bittsteller im neuen Deutschland verstehen müssen. Deutschland ist äußerlich zusammengekommen, aber innerlich ziemlich getrennt geblieben. Es sind – trotz aller zunächst erbrachten schnellen Anpassungsleistungen an westliche Standards – die alltäglichen Gewohnheiten, die prägen, die Erinnerungen, Schmerzen und Enttäuschungen, wie auch die Glückserlebnisse, die weiterwirken. Wir benutzen die gleichen Worte und sprechen eine andere Sprache.
Politisch bedenklich wird der hohe Ansehensverlust und die hohe Beteiligungsabstinenz gegenüber unserem demokratischen System bis zur Anfälligkeit für nationalistische Parolen, nachdem die sozialistische Ideologie ein Vakuum hinterlassen hatte. »Marx« läßt sich nicht so einfach mit »Markt« austauschen.
Erst dann, wenn die so fleißigen wie erfolgreichen Westdeutschen die Leistungen der Bürger der DDR – unter erschwerten Bedingungen – anzuerkennen bereit sind und wenn andererseits die Ostdeutschen, die ihrer DDR nachtrauern, endlich aufhören, die Verwerfungen seit der Einheit mit den Vorzügen der DDR aufzurechnen, läßt sich von einem geeinten Deutschland sprechen. Die Bürger, die in der DDR aufgewachsen sind, werden sich dabei genau an die Atemnot dieser vierzig Jahre zu erinnern haben. Gleichzeitig hilft es der Einheit nicht, wenn man leugnet, welche Verwundungen der Anschlußprozeß für Identität und Würde hinterlassen hat. Zeitweilig schien es so, als wenn »DDR« und das tägliche Leben in diesem Lande hin-

reichend mit dem Wort Stasi beschrieben werden könnte. Ostdeutsche saßen lange auf der Nachsitzer-, Büßer- und Bittstellerbank.
Es sei denn, sie gehörten zu der verschwindend kleinen Schar von Aufrechten aus der Bürgerbewegung, die wacker in der DDR geblieben waren und ihre Stimme erhoben hatten. Andere gehörten zu der Zahl der unendlich vielen »Widerständler« vor dem häuslichen Fernseher, deren Haltung nichts anderes als schizophren war, die sich in der Doppelzüngigkeit eingerichtet hatten und nun in der Einheit das Bedürfnis nach einem schnellen Reinwaschen bekundeten, wobei sie ihre Unschuld durch ihr Nichtstun wie durch eine angebliche zwangsläufige Anpassung bestätigt sehen wollten. Der Aufbruch 1989/90 ging für sie mit der Entschlossenheit einher: Nichts sollte fortan so bleiben, wie es in der DDR gewesen war, und alles sollte so werden, wie es sich in der Bundesrepublik bewährt hatte.
Die Geschichte der Übernahme und des Ausverkaufes dessen, was ohnehin schon ziemlich kaputt war und nun noch völlig zerstört wurde, sofern es in irgendeiner Weise hätte eine Konkurrenz darstellen können, wird noch zu schreiben sein. Da wurde vieles billig aufgekauft und Fördergelder von denen fahrlässig verbraten, die wußten, wie man den westdeutschen Staat betrügt. Da konnten Ostdeutsche nicht so mithalten, nicht zuletzt, weil sie nur gelernt hatten, wie man den eigenen Staat betrügen konnte. Und das hohe moralische Roß, von dem die Korruption der SED-Führung abgeurteilt wurde, erweist sich als eine erbärmliche Schindmähre, angesichts des Geldtransfers in den Koffern von Rüstungsfirmen für die Partei des »Kanzlers der Einheit«.
Die Hast, mit der Gebäude abgerissen, Denkmäler abgetragen und Straßennamen geändert, Institutionen aufgelöst wurden, zeigt an, wie schnell die politisch führende Klasse in der Bundesrepublik diesem vierzig Jahre währenden roten Spuk ein Ende machen wollte. Dabei wurde viel von dem demontiert, was die Ostdeutschen als ihr Identitätserbe einbrachten.
Zum Beispiel bleibt schmerzlich in Erinnerung der Versuch der Reduzierung von Christa Wolf auf »Mutter Wolfen« und ihre kurzzeitige, ganz marginale IM-Rolle oder die Verdächtigung Stefan Heyms als IM kurz vor seiner Eröffnungsrede als Alterspräsident im Deutschen Bundestag 1994.

Was in zehn Jahren aufgebaut wurde, kann sich wahrlich sehen lassen – und doch bleibt der Osten noch länger ökonomisch abgehängt und westlich dominiert.
Die letztlich unerwartet gekommene Einheit Deutschlands wurde zu wenig als Chance zur Reform des nun neu vereinten Deutschland genutzt, sondern wurde zur puren Bestätigung einer behäbig gewordenen Bundesrepublik, die in der zusammengebrochenen DDR ihren kurzzeitigen »Jungbrunnen« fand. Jetzt stehen uns Reformen ins Haus, die um unserer Zukunft willen Einschnitte nötig machen. Jetzt sind wir im Arbeitsalltag der Einheit angelangt. Aber wir Deutsche können anhaltend froh darüber sein, daß wir vor einigen überwindbaren Problemen der inneren Einigung, aber nicht mehr vor der tötend-grauen Mauer stehen!

Richard Schröder

Die Evangelische Kirche in Ostdeutschland

Deutschland wird durch die Vereinigung protestantischer und östlicher«, hatte Lothar de Maizière 1990 gesagt. Inzwischen sehen wir deutlicher ein Drittes: Es ist säkularer geworden. Die Entkirchlichung ist wohl der beständigste Erfolg der SED. In groben Zahlen: 1949 waren über 90 % der DDR-Bürger Kirchenmitglieder, davon wieder über 80 % evangelisch. Vierzig Jahre später waren es nur noch 25 bis 30 %, aber mit asymmetrischer Altersstruktur. Bei den Schülern liegt die Kirchenmitgliedschaft unter 10 %. Daraus folgt, daß die Kirchenmitgliedschaft im Osten auch ohne Austritte in den nächsten Jahrzehnten weiter sinken wird, wenn nicht Unerwartetes geschieht.

Das alles ist für jemanden, der die DDR als Christ erlebt hat, enttäuschend, aber nicht überraschend. Die anderes erwartet haben, sind wohl zwei Fehlschlüssen erlegen. Der eine Fehlschluß war die These, die Entkirchlichung in der DDR sei ausschließlich eine Folge der kirchenfeindlichen Politik der SED gewesen. In Wahrheit hat diese Politik Säkularisierungstendenzen befördert, die auch in anderen europäischen Ländern und auch im Westen Deutschlands wirksam sind. Deshalb hat der Wegfall antikirchlicher Repression nicht zu einem relevanten Aufschwung kirchlichen Lebens geführt. Die Zahl der Konfirmanden ist zwar prozentual enorm gestiegen. Eine Steigerung von zwei auf sechs macht 300 %, ist aber, bezogen auf die

Jahrgangsstärke, unerheblich. Andererseits ist die Teilnahme an den Jugendweihen und (entideologisierten) Jugendfeiern enorm gesunken, nämlich von über 90 % auf unter 50 %, trotzdem überwiegt sie die Zahl der Konfirmationen überwältigend.

Der andere Fehlschluß ist die vermutete Analogie zu 1945. Nach dem Ende der ersten Diktatur auf deutschem Boden kam es zu einer Wiedereintrittsbewegung vieler derjenigen, die als Nationalsozialisten aus der Kirche ausgetreten waren. Aber wer Ähnliches erwartete, hat gravierende Unterschiede übersehen. Da ist einmal der Unterschied von zwölf und vierzig Jahren. Nach zwölf Jahren war die biographische Anknüpfung an die eigene kirchliche Sozialisation möglich. In vierzig Jahren hat eine vollständige kirchenferne Biographie Platz. Die Zahl der Taufen ist in den Kirchen in der DDR sehr stark zurückgegangen, aber prozentual gab es recht viele Erwachsenentaufen von Kindern und Jugendlichen, auch von Studenten, denen ihr Elternhaus gar keine Verbindung zur Kirche mehr vermittelt hatte – die Schule ja ohnehin nicht.

Dazu kommt dies: In der Nazizeit war die Evangelische Kirche gespalten in die nazitreuen »Deutschen Christen« und die von den Nazis verfolgte »Bekennende Kirche«. Und diese haben die bitter notwendige Reorganisation der Evangelischen Kirche nach dem »Zusammenbruch«, wie man damals sagte, in die Hand genommen. In der DDR ist es nicht zu einer Kirchenspaltung gekommen. Einen aggressiven Kirchenkampf hat die SED im Frühjahr 1953 begonnen, aber noch vor dem 17. Juni abgebrochen, offenbar auf sowjetische Weisung. Ansonsten aber war die Kirchenpolitik der SED auf die unspektakuläre, aber langfristige Zurückdrängung der Kirchen, auf die kleinen Nadelstiche und auf »Differenzierung« gerichtet. Ein von der SED beförderter »Bund evangelischer Pfarrer« ist sehr bald in der Bedeutungslosigkeit versunken. In der Frage des Verhältnisses zur SED-Herrschaft gab es zwar innerhalb der evangelischen Kirchen und auch zwischen den Landeskirchen erhebliche Unterschiede. Am SED-freundlichsten zeigte sich die Thüringer Landeskirche unter den Bischöfen Mitzenheim und Bräcklein. In der Pommerschen Landeskirche ist Bischof Gienke aufgrund seiner allzu weitgehenden Annäherung an Honecker

Ende der achtziger Jahre das Vertrauen entzogen worden – ein einmaliger Vorgang in der Kirchengeschichte der DDR. Es ist aber nie zu einer Spaltung gekommen. Das hatte den Vorzug, daß die SED das »Teile und herrsche« nicht praktizieren konnte. Es hatte aber auch den Nachteil, daß die Kirchen des »Bundes der Evangelischen Kirchen in der DDR«, der 1968 gegründet worden war, sich auf eine pragmatische Politik zurückzogen und Grundsatzerklärungen zunehmend vermieden. Die letzte Grundsatzdebatte um das Verhältnis der Kirchen zum SED-Staat ist in den Jahren nach 1963 geführt worden – ohne ein konsensuelles Ergebnis. Der Ausdruck der pragmatischen Politik war die Formel »Kirche im Sozialismus«, die allerdings heute oft als Anbiederung mißverstanden wird. Denn sie vermied zwar das »gegen« und war insofern eine (unklare) Loyalitätserklärung, aber sie vermied auch das von der SED erwartete »für den Sozialismus«. Wichtiger als diese Begriffsakrobatik war das reale Verhältnis zwischen Kirche und SED. Und da belegen die Akten des Staatssekretariats für Kirchenfragen in ihren Einschätzungen der Tagungen der Kirchenparlamente (Synoden) regelmäßig, in welchem Maße die SED die Kirchen fortwährend als Störfaktor beurteilt hat, und zwar zunehmend in dem Maße, in dem die evangelischen Kirchen (nicht die katholischen!) oppositionellen Gruppen Heimatrecht und damit einen gewissen Schutz vor dem Zugriff des Staates und der Stasi gewährte.

Die Kirchen haben sich zwar als Kritiker, nicht aber als Gegner des Regimes artikuliert. Sie wollten Fürsprecher sein für diejenigen, die sich an den Verhältnissen rieben und setzten auf die Reformfähigkeit des »Sozialismus«. Das hat ihnen jene »Mittlerrolle« ermöglicht, dank der die Revolution friedlich verlief. Hätte die SED wie in den fünfziger Jahren die Kirche bloß als konterrevolutionäre Kraft angesehen, hätte die Kirche weder jene Schutzfunktion für die »Gruppen« noch die Aufgabe des Moderators am Runden Tisch übernehmen können. An die tausend Runde Tische hat es 1989/90 in der DDR gegeben, und zumeist wurden die Pfarrer als Moderatoren gebeten. Die Demonstrationen nahmen zumeist von Fürbittgottesdiensten ihren Ausgang und die ersten freien Bürgerversammlungen, in denen sich die neuen politischen Gruppen vorstellten, fanden zumeist in

In der Ostberliner Gethsemane-Kirche fanden sich am 8. 10. 1989 mehrere hundert, meist jugendliche Demonstranten zu einer Mahnwache ein, um gegen die Inhaftierung von DDR-Bürgern zu protestieren, die an vorangegangenen Demonstrationen für Reformen teilgenommen hatten. Volkspolizisten bewachen das Geschehen.

den Kirchen statt. Andererseits aber hatte diese Mittlerrolle zur Folge, daß viele evangelische Kirchenführer von der Bewegung des Herbstes '89 überrollt wurden. Als wären sie in eine hochkomplizierte Schachpartie vertieft gewesen – Wie kriegen wir die SED-Genossen auf einen vernünftigen Kurs? –, da zieht ihnen jemand das Schachbrett weg – die deutsche Einigung wird reale Möglichkeit und auf den Straßen lautstark eingefordert. Auch gegen die Vereinigung der deutschen Kirchen hat es deshalb anfangs erheblichen Widerstand im Osten gegeben; die Umstellung auf die neuen Verhältnisse hat die evangelischen Kirchen lange gelähmt und fast sprachlos gemacht. Zudem hat die Diskussion um die Stasiverwicklungen einiger Kirchenführer die öffentliche Meinung umschlagen lassen. Während die Fernsehbilder von Fürbittgottesdiensten den Eindruck vermittelten, die Kirche habe eine hohe Akzeptanz in der Bevölkerung und sei die »Mutter der Revolution« – in Wahrheit war der sonntägliche Gottesdienstbesuch vor und nach der Wende gleich spärlich –, wurde sie jetzt als »Stütze des Systems« diffamiert – was noch weniger stimmte. Ich kann mich des Eindrucks nicht erwehren, daß diese Wendung der öffentlichen Meinung sowohl denjenigen im Westen zupaß kam, die von der Kirche nichts mehr erwarten – und das sind unter den journalistischen Meinungsführern nicht wenige –, als auch denjenigen im Osten, die 1989 davon überrascht worden waren, daß die totgeglaubte Kirche plötzlich eine so große politische Bedeutung bekam. Im Herbst '89 haben viele Lehrer Pfarrer in ihre Klassen gebeten, damit sie etwas von der einheimischen terra incognita Kirche und Christentum erzählen – offenbar manchmal in vorauseilendem Opportunismus der Erwartung, daß die Kirche nun an Macht und Bedeutung gewinnen werde. Viele von ihnen haben ihren Irrtum bald bemerkt und wieder ihren Frieden mit ihrer antireligiösen, antikirchlichen Einstellung geschlossen.

In diesem Perspektivenwechsel und der Konzentration auf Kirchenleitungen wird die Bedeutung weit unterschätzt, die Gemeindemitgliedern sowohl im Herbst '89 als auch in den Jahren danach vor Ort zukommt. Der Übergang zur Demokratie wäre nicht gelungen, wenn in der Volkskammer und in den Kommunalparlamenten bloß alte Orchester neue Melodien gespielt hätten. Wahrscheinlich ist nie erhoben worden, wie viele derjenigen, die seit 1990 in den Neuen Bundesländern politische Funktionen übernommen haben, aus den Kirchengemeinden stammen. In der Volkskammer jedenfalls waren die Verbindungen, die aus der gemeinsamen Zugehörigkeit zur Evangelischen Kirche stammten, ein wichtiges Ferment für den schwierigen Prozeß, in dem ein Parlament, das überwiegend aus politischen Neulingen bestand, handlungs- und entscheidungsfähig werden mußte. Die Ost-West-Partnerschaften zwischen den Kommunen haben oft an bestehenden Partnerschaften zwischen östlichen und westlichen Kirchengemeinden angeknüpft. Und es hat sich oft als hilfreich erwiesen, daß in den Kirchen demokratische Verfahrensregeln, der Umgang mit dem freien Wort und ein freieres Denken jenseits der ideologischen Scheuklappen zu Hause waren. Das letztere muß allerdings etwas eingeschränkt werden. Die Personalpolitik der SED, die für führende Funktionen, aber auch für ganze Berufsgruppen faktisch den Kirchenaustritt zur Bedingung machte, hatte zur Folge, daß manche Berufsgruppen und ihre Erfahrungen in den Kirchengemeinden gar nicht mehr vertreten waren, etwa Wirtschaftsfachleute, Juristen (von den wenigen Kirchenjuristen abgesehen), Polizisten, Soldaten, Lehrer, Politiker, kurz: die in der DDR besonders ideologielastigen Fächer und Berufe. Spiegelbildlich dazu sind übrigens unter den Abgeordneten aus den Neuen Bundesländern Ingenieure, Ärzte, Naturwissenschaftler stärker vertreten als im Westen.

Eine Meinungsführerschaft haben die Kirchen im Übergang von Diktatur zu Demokratie und Rechtsstaat nicht erlangt. Im Rückblick war dergleichen aber auch eine irreale Erwartung. In gewisser Weise hat sie sogar einen Bedeutungsverlust hinnehmen müssen, wenn man bedenkt, daß sie als einzige Organisation nicht von der SED direkt gelenkt werden konnte. Eine aktuelle kritische Äußerung eines Bischofs konnte das Politbüro beschäftigen, während das Bundeskabinett sich mit dergleichen sicher sehr selten befaßt. Die Kirchen haben in einer pluralistischen Gesellschaft nur eine Stimme unter vielen. Vor Ort aber sehen die Dinge ganz anders aus. Da sind nämlich die Kirchengemeinden und die Gemeindemitglieder nun gleichberechtigte Teile der Kommune. Das eröffnet neue Möglichkeiten, neue Aufgaben – mit neuen Schwierigkeiten, das auch. Aber der Abschied von der Katakombenexistenz in der isolierten Nische kann doch nicht ernsthaft Anlaß geben für Nostalgie.

Tino Schwierzina

Warum gelingt die Integration in Berlin nur mühsam?

Zehn Jahre nach den ersten freien Wahlen in Berlin (Ost)

Kürzlich sah ich eine dieser »Achtung Kamera«-Sendungen, in der ein argloser Ostler von einem schlitzohrigen Fernsehtypen damit überrumpelt wurde, daß sein vor der Wende bestellter Trabi endlich geliefert worden sei. Wir wissenden Zuschauer durften uns daran weiden, wie der Traum eines jeden DDR-Bürgers in der neuen Zeit zum Alptraum wurde.

Mit der Frage nach der Integration verhält es sich ähnlich. Ich, ein Mensch aus der Generation, die einen Weltkrieg, zwei totalitäre Systeme und die Verschrottung dreier Währungen erlebt hat, habe lange gebraucht, bis ich verstanden habe, daß die Frage nach der Integration von Ost und West eine Falle ist, in die ich vor laufender Kamera mit den komischsten Verrenkungen immer wieder reingestolpert bin.

Natürlich habe ich mir wie 90 Prozent meiner Mitbürger immer die Einheit gewünscht, und ich habe als im Mai 1990 demokratisch gewählter Oberbürgermeister von Berlin – Ost – alles darangesetzt, die Integration beider Stadthälften so schnell wie möglich herbeizuführen und meinen Posten so schnell wie möglich wieder abzuschaffen. Verwaltungstechnisch, sozial und wirtschaftlich haben wir die Integration in Berlin in einem

großen Kraftakt beider Stadthälften vorbildlich und im Eiltempo bewältigt.
Gesellschaftlich scheinen die Gegensätze unübersehbar, man schaue nur auf das letzte Berliner Wahlergebnis: im Westen absolute Mehrheit der CDU, im Osten absolute Mehrheit der PDS. Die Schere geht eher auseinander, als daß sie sich schließt. Wo bleibt da die Integration? Um der Frage auf den Grund zu gehen, müssen weitere Fragen gestellt werden.
Erwarten denn die Fragesteller und Forderer der Integration überhaupt, daß sich die Westler und die Ostler gleichermaßen in ihrem Verhalten, Denken und ihren Gewohnheiten einander annähern? Oder ist es nicht vielmehr so, daß hinter der Floskel von der »Vollendung der inneren Einheit« eine gewisse Unduldsamkeit steht, die viele Beobachter im Westen angesichts eines Ostens überkommt, der immer noch nicht so ist wie sie selbst? Danach wäre die Einheit erst dann vollendet, wenn der Osten sich mit all seinen Hervorbringungen endgültig in Nichts aufgelöst hat und

Parteien werben um die Wählerstimmen im Ostberliner Stadtteil Köpenick. Nach 40 Jahren fanden am 18.3.1990 die ersten freien Wahlen zur Volkskammer der DDR statt.

damit die undialektische Sehnsucht nach der Aufhebung aller Gegensätze befriedigen würde.
Die Einheit, folgt man diesem Standpunkt, ist nicht nur das Wunschdenken nach der uneingeschränkten Akzeptanz der westdeutschen Angestelltengesellschaft mit ihrem System der sozialen Sicherheiten, sondern auch nach der Akzeptanz der moralischen Überlegenheit des Siegers in einer weltgeschichtlichen Auseinandersetzung zwischen Gut und Böse.
Im Gegensatz zu den ersten Jahren nach der Wende lassen wir Ossis uns die Welt aber heute nicht mehr von den Wessis erklären. Wir glauben uns dunkel zu erinnern, daß wir selbst es waren, die in der kirchlichen Friedensbewegung, durch demonstrative Stimmverweigerung bei den Einheitswahlen sowie Massenprotest auf den Straßen oder Abstimmung mit den Füßen unser System zum Offenbarungseid gezwungen haben, den es durch Verweigerung der ökonomischen Realitäten verschuldet hatte.
»Daß die Westdeutschen die heutige Situation definieren, mag eine Mehrheit der Ostdeutschen vielleicht noch akzeptieren«, schrieb der Sozialwissenschaftler Detlef Pollack von der Frankfurter Europa-Universität schon 1997. »Daß die Westdeutschen aber auch definieren, wie die Vergangenheit der Ostdeutschen ausgesehen hat, können sie nicht nachvollziehen.«
Wir, die wir ein halbes Jahrhundert bis zum Abzug unserer sowjetischen Freunde auf der »falschen« Seite Deutschlands und des Eisernen Vorhangs wohnten, wissen unsere eigene Lebensleistung ganz gut einzuschätzen – egal, ob wir aus Karrieregründen in »die« Partei eingetreten sind oder ob wir uns verweigerten, mit allen Konsequenzen, die das dann für den Betroffenen und seine Familie hatte. Unsere »Ostidentität« besteht genau darin, daß wir uns diese Lebensleistung nicht madig machen lassen. Die Ostidentität ist ein Reflex auf den Westen. Sie wird so lange Bestand haben und wachsen, bis im Westen eine Mehrheit begreift, daß der Zusammenbruch des Ostblocks Ergebnis der globalen Revolution war, die auch die westliche Gesellschaft erreicht und in raschem Tempo umkrempelt.
Der rasante Umbruch von der Industrie- zur Dienstleistungsgesellschaft läßt in der Welt, in der wir aufgewachsen sind, keinen Stein auf dem an-

deren. Wer zu spät kommt, den bestraft das Leben. Eine Erfahrung, die wir im Osten bereits gemacht haben mit dem Zusammenbruch von Millionen unrentabler Arbeitsplätze, die aber inzwischen auch eine zunehmende Zahl von Kolleginnen und Kollegen im Westen trifft, weil der Standort Deutschland im internationalen Wettbewerb nur durch mehr Beweglichkeit und größere Innovativkraft bestehen kann.
Dieser Herausforderung nach mehr Beweglichkeit im Kampf um den Arbeitsplatz, nach besserer Qualifikation, neuen Wegen der Vermarktung und mehr Risikobereitschaft durch Gründung eigener Unternehmen mußten sich die Menschen im Osten früher und radikaler stellen. Heute haben sie einen – statistisch ausgewiesenen – beachtlichen Vorsprung, der sich beispielsweise im Berliner Sozialatlas mit erstaunlichen Ergebnissen niederschlägt. Das durchschnittliche Einkommen der Haushalte in den meisten östlichen Bezirken der Stadt liegt höher als im Westen. Eine zunehmende Zahl von Eltern im Osten erlebt, wie ihre Kinder alle Chancen auf dem internationalen Arbeitsmarkt erfolgreich wahrnehmen.
Ist es Zufall, daß das Zukunftspotential der Hauptstadt größtenteils im östlichen Teil der Stadt angesiedelt ist? Die großen Gründerzentren in Adlershof, das Film- und Kommunikationsgewerbe, moderne Verkehrstechnologie-Center, Biotechnologie, die aus dem Boden schießenden Werbeagenturen, ein großer Teil des Kulturbetriebes – der Erfolg hat dem Trend nach Osten recht gegeben.
Werden also die Zwänge der globalen Umwälzung die Differenzen von fünfundvierzig Jahren unterschiedlicher, ja gegensätzlicher Sozialisation in den Gesellschaften Ost und West bald verwischen? Ich glaube es nicht. In bestimmter Hinsicht könnte sogar eher das Gegenteil eintreten. Gemeinsam ist uns nur die Angst vor schnellen Veränderungen, der Wunsch nach einer Pause, die Sehnsucht nach der Geborgenheit im Bekannten und Vertrauten. Das treibt die Wähler im Westen Berlins zur CDU und im Osten zur PDS. Wir reagieren gemeinsam konservativ, aber mit scheinbar gegensätzlichen Resultaten. Eine wichtige – aber nicht die einzige – Ursache unseres paradoxen Verhaltens sind unsere andersartigen Moralvorstellungen und Wertmaßstäbe. Der Erfurter Sozialwissenschaftler Wolf Wagner hat sie belegt,

mir persönlich genügt es, wenn meine Frau aus ihrer jahrzehntelangen psychotherapeuthischen Praxis im Ostberliner Bezirk Prenzlauer Berg erzählt.
Die ostdeutschen Moralvorstellungen werden auch in weiteren Generationen noch Bestand haben. Das in der DDR verankerte Wunschziel materieller Gleichheit aller Bürger wird von den Eltern erfolgreich an die Kinder weitergegeben. Im Westen herrscht dagegen das Ideal der individuellen Freiheit, das bei Chancengleichheit auch krasse materielle Unterschiede akzeptiert.
Jemand wie ich, der im oberschlesischen Dreiländereck zwischen Deutschland, der Tschechoslowakei und Polen geboren wurde und neben deutschen auch italienische und polnische Vorfahren hat, sieht das vielleicht unbefangener – die Einheit der Nation wird durch Vielfalt von Herkunft und Überzeugungen nicht gefährdet. Genausowenig, wie sie durch die immer stärkere Eindeutschung von Türken und anderen Ausländergruppen gefährdet wird.
Die westliche Gesellschaft hat sich immer auf ihren Pluralismus und ihre Fähigkeit berufen, mit Widersprüchen und Gegensätzen zu leben. In der deutschen Geschichte ist die beharrliche Eigenständigkeit der regionalen Landsmannschaften nichts Ungewöhnliches. Sprache und Lebensgewohnheiten der Friesen sind dem Holländischen näher als dem Süddeutschen. Auch die Bayern haben nach der erzwungenen Reichseinigung 1871 einen moralischen Sonderweg beschritten und ihre Eigenheiten bis heute bewahrt.
Die möglicherweise recht lebensfähigen Unterschiede der östlichen und westlichen Psyche müssen aber nicht dramatisiert werden. Nehmen wir sie doch als Bereicherung und begegnen ihnen mit Toleranz. Eine ehemalige Mitarbeiterin im Roten Rathaus, wo Ost und West seit dem Mauerfall harmonisch zusammenarbeiten, sagte es so: »Die Mauer in den Köpfen ist eine Zeitungserfindung. Es ist ärgerlich, daß die Wessis alles glauben, was in der Zeitung steht. Wir Ossis haben gelernt, nichts zu glauben, was die Zeitungen drucken.«
Überhaupt ist bei den alteingesessenen Berlinern, die sich durch Zu- und

Wegzug einer dramatischen Umwälzung in der Bevölkerungszusammensetzung ausgesetzt sehen, ein deutliches Zusammenrücken spürbar. Im Westen wird wieder genauso trotzig und ungeniert berlinert, wie das im Osten schon immer der Fall war. Und angesichts der vermeintlichen Invasion aus dem Rheinland – verstärkt durch die Scharen von Neckar und Donau – empfinden die Urberliner (den Titel erwirbt man nach spätestens fünfjähriger Betriebszugehörigkeit) ihre gewachsenen Ost-West-Unterschiede als zunehmend bedeutungslos.
Plötzlich sind es nämlich die Wessis aus dem Westen (das schließt politisch den Norden und den Süden ein), die den Berlinern die Welt erklären. Derart gebeutelt, soll schon so mancher reuige Westberliner seinen östlichen Brüdern und Schwestern zerknirscht Abbitte geleistet haben für jede mögliche Überheblichkeit in Wort und Tat während der letzten zehn Jahre. In meiner eigenen Familie darf ich jeden für blöd erklären. Aber nichts schweißt uns mehr zusammen, als wenn das einer von außen wagt.

Christoph Singelnstein

Wir sind auf dem besten Wege

Landauf, landab wird immer wieder heftig das Fehlen der inneren Einheit Deutschlands bemängelt. Die Deutschen seien nach zehn Jahren der politischen Einheit immer noch nicht zusammengewachsen. Es stelle sich gar der Eindruck her, das Unverständnis, ja die Gegensätze würden immer größer. Nach Gründen wird geforscht, auch Vorwürfe erhoben, der Ruf endlich, das Trennende ruhen zu lassen, wird immer lauter. Aus meiner Sicht grundfalsch.

Längst in Vergessenheit geraten ist der Versuch aus dem Herbst 1989, eine öffentlich-rechtliche Zeitung zu gründen. Zwar gaben sich die SED- und blockparteibeherrschten Blätter reformwillig, doch hatten die Oppositionellen aller Schattierungen immer noch den richtigen Eindruck, nicht ausreichend dargestellt zu werden. Zwar gaben einige Zeitungen (z.B. die Berliner Zeitung) den Bürgerrechtlern eigene Seiten, doch schien deren Wirkung irgendwie zu verpuffen. Zwar gab es dafür keine Erklärung, aber Sündenböcke – nämlich die alten Zeitungen selbst. Und so saßen Mitglieder vom Neuen Forum, von Demokratie jetzt, vom Demokratischen Aufbruch, von der Vereinigten Linken und und und beisammen und erwogen die Gründung einer öffentlich-rechtlichen Zeitung. Der potentielle Leser sollte per Zwangsabgabe zum Bezug der neuen Botschaften genötigt werden. Heute lächeln wohl alle damals Beteiligten über diesen Versuch. Und doch steckt in ihm, wie in einem Fixierbild, ein Stück der Tragik der Wende und macht Ursachen für die Schwierigkeiten deutscher Einheit deutlich.

1. Die Ideenträger einer öffentlich-rechtlichen Zeitung gingen, so wie anderenorts Tausende Menschen, mit viel Idealismus und moralischem Pathos zu Werke. Etwas ganz Neues wollten sie schaffen, etwas, das es so oder ähnlich in Deutschland noch nicht gab, ein Printmedium, in dem Meinungsstreit und Meinungsbildung unabhängig von wirtschaftlichen Interessen und parteipolitischen Zwängen möglich sein sollte. Eine im besten Sinne des Wortes moralische Anstalt zur Bildung der Nation. Ob eine solche Zeitung gebraucht oder gewollt war, wurde nicht gefragt, sondern vorausgesetzt. Für alle Beteiligten war selbstverständlich, ein solches Medium sei gut und tue Gutes. Mißbrauch oder Mißerfolg waren ausgeschlossen. Die Kraft und der Idealismus, der Optimismus der Erneuerer und deren Zuversicht in den Slogan »Wir sind das Volk« ließ keinen Zweifel aufkommen.

Das Vorhaben, eine öffentlich-rechtliche Zeitung zu etablieren, mußte letztlich scheitern.

2. Niemand stellte die Machtfrage. Niemand hat Redaktionszimmer besetzt, niemand Druckereien gestürmt, niemand Papierlager geräumt, um sich technisch unabhängig zu machen. Niemand kam auf die Idee, die vorhandenen Zeitungen einfach in Besitz zu nehmen. Allein die Tatsache, daß die etablierten Zeitungen Seiten zur Verfügung stellten, zeigte deren »guten Willen« und nahm dem Tiger die Zähne.
3. Die Wirkungslosigkeit dieser Beilagen hatte einen simplen Grund: Sie waren einfach schlecht. Da jede neue Partei, jede Gruppierung ängstlich darauf bedacht war vorzukommen, wurden die Seiten paritätisch aufgeteilt. Eine Redaktion im eigentlichen Sinne gab es nicht. Es wurden lediglich Beiträge eingesammelt. Und so entstanden Seiten, deren Layout von großen Blöcken bestimmt war, die keine Photos hatten und keinen anderen inhaltlichen Zusammenhalt, als daß alle Beiträge von Oppositionellen kamen. Die Texte selbst waren langatmige Positionsbeschreibungen, Verlautbarungen, Aufrufe. All das zu lesen brauchte mehr als guten Willen. Mit Journalismus jedenfalls hatte dies nichts zu tun. Es war schlicht unprofessionell.
4. Die Zeit lief davon. Geübt nur in einer Form der Demokratie – der sogenannten Basisdemokratie – verzettelte sich die Opposition in endlosen Debatten um den richtigen Weg. Bis schließlich das Projekt öffentlich-rechtliche Zeitung so zerredet war, daß keiner es mehr wollte oder brauchte. Denn nach und nach entstanden unabhängige Zeitungen, wenn auch viel zu spät. Die alten Blätter hatten sich längst gewendet, hatten ihre zunächst abwanderungsbereite Leserschaft längst neu an sich gebunden, so daß schließlich alle ostdeutschen Neuerscheinungen der Wende mangels Abonnenten wieder eingingen.

Kurz gesagt: das Projekt scheiterte trotz viel Idealismus und Tatendrang am Ignorieren der Machtstrukturen, an falsch verstandener Demokratie und Unprofessionalität. Diese Voraussetzungen am Vorabend der deutschen Einheit aber fanden sich nicht nur bei dem Versuch der Gründung einer öffentlich-rechtlichen Zeitung. Allerorten erlebten die Menschen es so oder ähnlich. Das wurde noch verstärkt durch das Fehlen einer materiellen

Basis – von Kapital. Bei einer solchen gesamtgesellschaftlichen Erfahrung von Niederlagen konnte die Depression nicht ausbleiben. Es war folgerichtig, daß nach dem Verfliegen des Einheitsrausches das gerade erwachte Selbstbewußtsein wie ein Strohfeuer zusammenfiel. Denn allerorten blieben die selbst erarbeiteten Erfolgserlebnisse aus. Eine öffentlich-rechtliche Zeitung hat es nie gegeben, Betriebe wurden trotz zahlreicher Mitarbeiterkonzepte ohne Rücksicht auf diese einfach verscherbelt oder abgewickelt, und nicht selten konservierten sich alte Machtstrukturen in neuen Gewändern. Der ehemalige Kombinatsdirektor hieß jetzt nur Geschäftsführer, war aber ein und dieselbe Person.

Und dann kam der Westen. Er brachte konvertierbare Währungen, jede Menge Kapital und viele Menschen, die genau wußten, wie es gemacht wird. Das meint nicht neunmalkluge Glücksritter, die sogenannten Besserwessis, sondern Menschen, die Erfahrungen im Umgang mit politischen und wirtschaftlichen Strukturen in der Bundesrepublik besaßen. Und vor allem auch: Menschen, die über das nötige Netzwerk an Informationen und Kommunikation verfügten, die Dinge möglich machen konnten, weil sie diesen oder jenen gut kannten oder wenigstens jemanden wußten, der diesen oder jenen gut kennt. So haben sie dann Bewegung in die marode Wirtschaft und die gelähmten Verwaltungen gebracht. Und wessen bedienten sie sich? Natürlich der Funktionsträger von gestern. Besaßen diese doch die besten Kenntnisse und die besten Kontakte. Die Zahl der Bürgerrechtler hielt sich ohnehin in überschaubaren Grenzen, und im wesentlichen waren sie mit Politik beschäftigt. Andere interessierte Mitarbeiter und Bürger wurden mittels gezielter Desinformation oder auch nur Nichtinformation durch die sogenannten alten Seilschaften einfach außen vor gelassen. Am Tisch saßen die Geldgeber, Investoren, Kommunalpolitiker aus dem Westen mit den Betriebsdirektoren, Parteisekretären und Kampfgruppenoffizieren von gestern. So hatten viele alte Funktionäre schnell wieder neue Macht: kraft des gierig aufgesogenen neuen Wissens und kraft des Geldes aus dem Westen. Vertraute der Investor dem »Ossi« doch nicht ganz, schickte er einen »Berater«. Schlug die Gauckbehörde zu, lernte der ehemalige Funktionär nicht schnell genug

oder war der Druck von unten doch zu groß, wurde aus dem Berater schnell der neue Chef und aus dem Chef der Berater. Kurze Zeit später verschwand er meist still in der Versenkung.
Die Erfahrung für den Durchschnittsbürger aber war: alles ist wie früher. Ich bekomme Westgeld (wenn ich Arbeit habe), ich kann reisen, ich kann kaufen. All dies ist anders. Mitgestalten, gar Mitbestimmen kann ich nicht. Das machen andere, die mit dem »großen« Geld, die »Wessis«. Es fehlte an positiven Erfolgserlebnissen der eigenen Leistungsfähigkeit.
Die Deutsche Einheit hat die DDR schlicht überrollt. Historisch betrachtet änderte sich für die Menschen ihr gesamtes Umfeld innerhalb von Zehntelsekunden. Was Wunder also, wenn die Menschen mit ihrem Denken und Fühlen – erst recht mit ihrem Handeln – nicht so schnell hinterherkommen. Ist es nicht völlig normal, wenn sie sich heute, zehn Jahre danach, wieder mehr auf sich selbst besinnen? Ist es nicht sogar überlebenswichtig? Dazu gehört zuallererst das Erinnern (und wie immer verblassen unangenehme Erinnerungen schneller als die schönen). Dazu gehört aber auch das Bewußtmachen der eigenen Fähigkeiten und Fertigkeiten, wie der eigenen Unzulänglichkeiten. Das muß folgerichtig über einen bestimmten Zeitraum auch zum Überbetonen des Gewesenen führen. Dazu gehört das vorsichtige Erobern der neuen Lebensumstände, das Sammeln eigener Erfahrungen, die Weigerung, fremde Erfahrungen einfach anzunehmen. Es bedarf eines schrittweisen Wachsens an Souveränität im Umgang mit der neuen Gesellschaft. Und damit einher geht die stetige Stärkung des eigenen Selbstvertrauens und Selbstbewußtseins.
1989, unmittelbar vor der Wende, drehte der Norddeutsche Rundfunk einen Dokumentarfilm auf der Insel Rügen. 1999 ging das gleiche Team noch einmal an die Stationen, die es zehn Jahre zuvor aufgesucht hatte. Aus den Filmmaterialien beider Jahre erstellten die Macher einen neuen Dokumentarfilm. Sie sprachen damals und heute mit vielen Menschen. Und es vermittelte sich auf wunderbare Weise, wieviel freier, offener, eben selbstbewußter die Menschen nach diesen zehn Jahren in die Kamera sehen, ins Mikrofon sprechen. Es war eins der beeindruckendsten Dokumente innerer Veränderung der Menschen in diesem Land.

Die Einheitssoße entstammt dem Geschwätz zweitklassiger Politiker. Die Ossis und Wessis trennen vierzig Jahre unterschiedlicher Sozialisation und das Trauma der Wende. Die innere Einheit Deutschlands wächst mit der Stärkung des Selbstbewußtseins der Ostdeutschen. Das wird noch einige Zeit in Anspruch nehmen, ein Prozeß bleiben. Der wird weder frei sein von Rückschlägen, Schmerz, Tragik und harter Auseinandersetzung noch von unfreiwilliger Komik. Aber sicher ist: Wir sind auf dem besten Wege.

Lothar Späth

Investieren statt subventionieren

Anmerkungen zur Wirtschaftspolitik

Das Schlagwort von der »Mauer in den Köpfen« hat auch im Jahr Zehn der Wiedervereinigung nichts von seiner Popularität eingebüßt. Noch immer stöhnen die einen über die hohen Kosten der Wiedervereinigung, während die anderen hin und wieder der alten Zeit nachtrauern. Es sei ja nicht alles schlecht gewesen, hört man allenthalben.

In der Tat gibt es empirisch feststellbare Unterschiede in Ost und West bei der Bewertung der Zufriedenheit von verschiedenen Lebensbereichen. Beispielsweise gibt es deutliche Differenzen in den Bereichen Beruf, Arbeit und Einkommen. Hier ist die Zufriedenheit der Ostdeutschen wesentlich geringer. Das liegt zum einen daran, daß die Beschäftigungssituation im Osten wirklich dramatisch ist, und zum anderen an der relativ höheren Bewertung der Wichtigkeit von Arbeit und Beruf innerhalb der jeweiligen Lebenssituation.

Was kann man bei einer objektiven Betrachtung der Situation in den neuen Ländern nun wirklich vorfinden?

Im wahrsten Sinne des Wortes »finden« kann man eine modernisierte Infrastruktur. Zu Beginn der Neunziger stellte die miserable Infrastruktur ein ernsthaftes Hindernis dar, vor allem die Telekommunikation bereitete enorme Schwierigkeiten. So entfielen auf 100 Einwohner nur 11 Telefonanschlüsse, und diese stammten meist noch aus der Vorkriegszeit. Jedes Telefongespräch wurde zum Abenteuer. Als ich in Jena meine Aufgabe übernahm, gab es keinerlei Möglichkeit, nach Westdeutschland zu telefonieren. Wir mußten mit dem Auto den höchsten Punkt der Umgebung anfahren, um so mit viel Glück per Funktelefon eine Verbindung nach Bayern aufbauen zu können. Heute haben wir im Osten die modernste Kommunikationsinfrastruktur mit digitalen Vermittlungsstellen und einer hohen ISDN-Dichte. Bis Ende 1997 wurden in die wirtschaftsnahe Infrastruktur im Osten 146 Mrd. DM investiert, allein ein Drittel der Investitionen entfiel auf die Kommunikationsinfrastruktur.

Erhebliche Anstrengungen wurden auch bei der Modernisierung der Verkehrswege unternommen. Wer auf einer Autobahn oder einer Bundesstraße unterwegs ist, für den ist der Aufbau Ost sichtbar. In diesem Bereich wurden zwischen 1991 und 1997 ca. 21,5 Mrd. DM investiert. Trotz dieser hohen Investitionen konnten noch nicht alle Mängel beseitigt werden, aber die Anstrengungen sind mehr als deutlich!

Auch in den Ausbau des Schienennetzes wurde sehr viel Geld investiert, da dessen Zustand äußerst problematisch war. Qualitative Mängel wie eingleisige Streckenführung oder die durch Reparationsleistungen an die UdSSR fehlende Elektrifizierung beschränkten die Fahrgeschwindigkeiten erheblich. Bis Ende 1997 wurden hier ca. 39 Mrd. DM investiert.

Trotz der vielen Investitionen ist nicht zu übersehen, daß es noch gewaltiger Anstrengungen bedarf, um die unternehmensnahen Infrastrukturen auf ein akzeptables Niveau zu bringen. Ein Vergleich der durchschnittlichen Fahrzeiten unterstreicht diese Feststellung. So beträgt die durchschnittliche Fahrzeit mit dem PKW zum nächsten IC-Anschluß im Osten 57 Minuten, im Westen dagegen nur 33 Minuten!

Nun werden viele sagen: »Straßen, Schienen und Telefonleitungen schaffen keine Arbeitsplätze!« Das ist zunächst sicherlich richtig, aber eine gut ausgebaute, funktionsfähige und moderne Infrastruktur ist eine der Grundvoraussetzungen für die Ansiedelung von Unternehmen. Wer also die Infrastruktur modernisiert, schafft mittelfristig sehr wohl Arbeitsplätze!

Zu einer modernen Infrastruktur gehören aber nicht nur die Verkehrswege,

sondern auch die Bildungseinrichtungen, das vorhandene Humanvermögen und auch ein offenes Klima, in dem Innovationen gesellschaftlicher wie wirtschaftlicher Art gedeihen können. In diesen sogenannten Clustern herrscht außerdem ein sehr gründungsfreundliches Klima.
Es gibt einige Regionen, in denen man all das vorfindet. Beispielsweise haben wir in Jena ein solches Cluster, bestehend aus Forschungseinrichtungen verschiedenster Art, eine traditionsreiche Universität, eine den modernen Technologien zugewandte Fachhochschule, Technologiezentren als Brutstätte für eine Vielzahl kleiner innovativer und wendiger Unternehmen und schließlich noch einige leistungsfähige internationale Unternehmen, die wir aus den Trümmern der Kombinate aufgebaut haben. Solch ein »Leuchtturm« besitzt naturgemäß Ausstrahlungskraft auf die Region und zugleich Vorbildcharakter. Dieses Rezept ist natürlich kein typisches Ostrezept, sondern wird in Europa genauso angewandt wie in den USA und Japan.
Wir müssen überhaupt zur Kenntnis nehmen, daß es nicht mehr nur den Osten gibt. Es haben sich vielmehr Strukturen herausgebildet, die Ost und West immer mehr vergleichbar machen. Auf beiden Seiten gibt es inzwischen Regionen, die keine große Förderung mehr brauchen, weil sie wirtschaftlich besser dastehen. Aber ebenso wie wir im Westen immer noch Gebiete mit strukturellen Problemen finden, gibt es natürlich auch im Osten noch Landstriche, in denen sich in den letzten sieben oder acht Jahren wenig geändert hat.
Der Osten kann zehn Jahre nach der Wende auf eine Wirtschaftsstruktur blicken, die im Bereich der lokalen Versorgung nahezu identisch mit der des Westens ist. Mit anderen Worten: Der lokale Dienstleistungsbereich, also Banken, Versicherungen, Restaurants und Friseure, ist intakt. Hier ist der Strukturwandel und der Transformationsprozeß schon lange abgeschlossen. Der Sektor der verarbeitenden Industrie dagegen ist noch immer unterentwickelt. Das ist meiner Meinung nach auch ein Ergebnis der bisherigen Strategie für den Aufbau Ost. Diese war darauf gerichtet, die ostdeutsche Binnenwirtschaft anzukurbeln, also insbesondere die konsumnahe Industrie und Dienstleistung sowie den gesamten Bausektor.

Das geschah zum einen durch die Stärkung der kaufkräftigen Nachfrage der Bevölkerung, also durch schnelle Lohnanpassungen und die noch schnellere Anhebung von Sozial- und Lohnersatzleistungen. Zum anderen wurde die Baunachfrage über Sonderabschreibungen für einkommensstarke, daher meist westdeutsche Steuerzahler in einem nie dagewesenen Maße angefacht. So erreichte im Jahr 1994, auf dem Gipfel des Booms, das Wachstum im Osten fast 10 Prozent gegenüber mageren 2 Prozent im Westen. Die Wachstumseffekte, die auf diese Weise erzielt wurden, waren jedoch von kurzer Dauer. Ohne Investitionen in das verarbeitende Gewerbe und die exportorientierte Industrie droht der eigene Binnenmarkt auf Dauer das dominierende Absatzgebiet zu bleiben. Man kann sich unschwer ausmalen, welche Folgen es hat, wenn die ostdeutsche Wirtschaft darauf basiert, daß Thüringer Handwerker in Thüringen Häuser bauen oder Brandenburger Frisöre Brandenburgern die Haare schneiden: Es würde sich eine Stabilisierung auf niedrigem Niveau ergeben.
Zu all den Transformationsproblemen kommt eines erschwerend hinzu: Zeitgleich mit der Wiedervereinigung Deutschlands begann das Phänomen »Globalisierung« um sich zu greifen, das weitaus stärkere wirtschaftliche Folgen hatte als die Wiedervereinigung. Deutschland hatte deshalb zusätzlich zu den wirtschaftlichen Problemen, die die Wiedervereinigung mit sich brachte, das Problem des Strukturwandels. Der westdeutsche Industriestandort geriet innerhalb weniger Jahre unter starken Druck. Die aufstrebenden Länder Asiens waren auf einmal in der Lage, Waren und Dienstleistungen mittleren Kompetenzniveaus herzustellen, und das zu viel akzeptableren Preisen.
Dank besserer Kommunikationstechniken und immer preiswerterer Transportmöglichkeiten spielte es auf einmal keine Rolle mehr, wo ein Produzent seinen Standort hatte. Folgerichtig war es deutschen Firmen möglich, einen Teil ihrer Produktion ins Ausland zu verlagern. Wenn in ähnlichem Ausmaß ausländische Direktinvestitionen im Inland erfolgen, dann ist eine Verlagerung der Produktion für die Beschäftigung zumindest per Saldo kein größeres Problem. Wird von Ausländern jedoch weniger in Deutschland investiert als umgekehrt, dann gibt es natürlich Verwerfungen. Genau

das geschah in Deutschland: Zwischen 1985 und 1997 flossen ca. 250 Mrd. US-$ an Investitionen aus Deutschland ab, aber nur 31,6 Mrd. US-$ zu! Und genau diese Investitionslücke verstärkt die Problematik des Ostens. Nun versucht man durch Subventionen diesen Zustand erträglich zu gestalten, anstatt ihn zu ändern. Eine Änderung werden wir allerdings nur bekommen, wenn sich die Wirtschaftspolitik umorientiert. Investitionen statt Subventionen sind gefragt. Die staatlich geförderte Konsum- und Baunachfrage schafft kein dauerhaftes Wachstum. Sie kann lediglich als Überbrückungslösung angesehen werden, die darauf setzt, daß sich die exportfähigen (industriellen) Bereiche im Windschatten des Baus entwickeln. Im Blick auf die Zukunft muß der Aufbau eines leistungsfähigen Mittelstandes in der Wirtschaftspolitik oberste Priorität genießen. Statt industrieller Kerne müssen künftig dynamische Mittelständler im Mittelpunkt des Interesses stehen. Der Mittelstand braucht aber keine Industriepolitik alten Schlages, sondern eine moderne, regional differenzierte Strukturpolitik. Nur auf diese Weise können im Osten neben den verlängerten Werkbänken auch wieder starke, eigenständige Unternehmen entstehen, die Kristallisationspunkte für eine neue Wirtschaftsstruktur sein werden.
Überhaupt hätten die Regionen stärker im Vordergrund der wirtschaftspolitischen Diskussion stehen müssen. Aber dafür ist es noch nicht zu spät! Auf einem im November 1999 stattgefundenen Handelsblatt-Kolloquium zum Thema »Deutsche Einheit« forderten die Beteiligten ein Umdenken in der bisherigen Praxis der Ost-Förderung. »Wenn man Geld geben will, dann muß man es den Regionen geben«, forderte beispielsweise IFO-Präsident Sinn. Die Regionen sollten in der Tat selbst über die Verwendung der Fördermittel entscheiden. Die Regionen sollten experimentieren können; bei der Ladenschlußdiskussion ahnen wir ja bereits, welches Veränderungspotential im Osten schlummert: Die wesentlichsten Impulse für eine Änderung der unsinnigen Ladenschlußgesetze wurden hier in Ostdeutschland gegeben!
Es wäre leichtsinnig, weiter darauf zu warten, daß die Wirtschaft Boden findet und einzelne Sektoren die Lasten schultern, die bislang durch die Transferzahlungen abgefangen wurden. Unter solchen Bedingungen wird

es erst gar nicht dazu kommen, daß wettbewerbsfähige Strukturen auf breiter Front entstehen. Umsteuern alleine reicht nicht aus, die Richtung muß stimmen. Darum wiederhole ich noch einmal meinen Vorschlag, für Ostdeutschland eine Regionalpolitik zu betreiben, die sich zunächst auf wenige entwicklungsfähige Zentren konzentriert. Diese können rasch dazu gebracht werden, aus eigener Kraft zu wachsen und in ihr jeweiliges Umland auszustrahlen. Wir müssen uns bemühen, neue Leuchttürme zu bauen, anstatt ständig kleine Fackeln aufzustellen, die dann mit viel Mühe vor dem drohenden Erlöschen gerettet werden müssen.

Ich bin mir sicher, daß trotz aller ökonomischer Fehler, die gemacht wurden und die nicht mehr korrigierbar sind, der Prozeß der Wiedervereinigung eine historisch außergewöhnliche Leistung der Deutschen ist, die vielleicht erst in der zeitlichen Distanz von dreißig oder fünfzig Jahren angemessen gewürdigt werden kann. Das Tempo, das wir in diesen zehn Jahren vorgelegt haben, war enorm, auch das, was wir den Menschen in dieser Zeit zumuten mußten. Für die Menschen hier im Osten änderte sich quasi das gesamte Alltagsleben – vom Freizeichen des Telefons bis zu den Verkehrsregeln. Die Menschen in den neuen Ländern verdienen dafür die größte Anerkennung.

Manfred Stolpe

Wir müssen noch einiges bewegen

Eine Zwischenbilanz für das Land Brandenburg

Ich bin dankbar, mich zu Beginn des neuen Jahrhunderts, wenige Wochen bevor wir uns der ersten freien Wahl zur Volkskammer erinnern, zu einem Zwischenstand in Sachen Deutsche Einheit äußern zu dürfen. Ich will dies in zweifacher Hinsicht tun: zum einen als Ministerpräsident eines Bundeslandes mit großen Möglichkeiten, aber auch andauernden Beschwernissen und als Vorsitzender des »Forums Ostdeutschland der Sozialdemokratie«.
Zunächst zur Situation in Brandenburg, dem alten und jungen Land zugleich.
Auf der einen Seite tief verwurzelt in seinen märkischen Traditionen, auf der anderen Seite ein Land im Aufbruch, ein neues Land auf dem Weg ins gute Mittelfeld der Länder der Bundesrepublik Deutschland. Nach den Jahren des Aufbaus wollen wir in der nächsten Dekade den Anschluß an die alten Länder schaffen. Brandenburg als Dienstleistungs-, als Medien-, als Technologiestandort in kleinen, aber feinen Bereichen. Mit der Hauptstadt Berlin in der Mitte des Landes haben wir gute Chancen, die Gesamtregion zu einem der wichtigeren Handelsplätze in Europa zu entwickeln. In neuer und alter politischer Formation arbeiten wir an diesem Ziel.
In den vergangenen Jahren ging der wirtschaftliche Aufbruch in Brandenburg gut voran. Mit Berlin bilden wir einen Lebens- und Wirtschaftsraum von mehr als sechs Millionen Einwohnern, einem hohen An-

teil qualifizierter Arbeitskräfte und dem größten Wissenschafts- und Forschungspotential Mitteleuropas. Der Umzug von Bundestag und Bundesregierung entfaltet eine zusätzliche Schubkraft, die wir nutzen wollen. Die Wirtschaftssegmente der Region – von der hochspezialisierten Landwirtschaft über moderne Energiegewinnung, Leicht- und Schwerindustrie bis hin zu technologischen Zentren – bilden eine besondere Qualität. Dabei stärkt der Standortvorteil die Region aufgrund der ausgezeichneten Verbindungen zu den expandierenden Märkten in Mittel- und Osteuropa zusätzlich.

Als Ergebnis der gemeinsamen Anstrengungen von Wirtschaft und Politik konnten wir Zuwächse sowohl bei der Arbeitsproduktivität als auch beim Bruttoinlandsprodukt verzeichnen. Wir liegen bei der Aufholjagd Ostdeutschlands an der Spitze. Dennoch können wir uns nicht zurücklehnen.

Trotz dieser Einzelerfolge konnte es uns nicht gelingen, den Wegfall von mehr als der Hälfte aller Arbeitsplätze aufzufangen. In Brandenburg wird heute die gleiche Menge wie zu DDR-Zeiten produziert, allerdings mit einem Drittel der damaligen Belegschaften.

Eine weitere Reindustrialisierung ist erforderlich, um neue Arbeitsplätze zu schaffen. Mittelstand und Handwerk sind auf industrielle Kernstandorte angewiesen.

Die nach wie vor hohe Arbeitslosigkeit in Ostdeutschland ist der Grund für viele, aber nicht alle ostdeutschen Beschwernisse. Trotz einer anspringenden Konjunktur und richtiger Entscheidungen auf Bundesebene blieb in Ostdeutschland die Arbeitslosenquote wenigstens doppelt so hoch.

Viele Menschen sind aufgrund ihrer Arbeitslosigkeit vom Gesamtsystem, vom Modell West enttäuscht. Trotz materieller Absicherung durch Sozialleistungen, die zudem in vielen Fällen mehr schlecht als recht tragen, fühlen sich viele überflüssig. Das Selbstwertgefühl ist angekratzt. Es werden Schuldige gesucht. In leider mittlerweile nicht wenigen Fällen hatten ausländische Mitbürger als vermeintliche Verursacher der eigenen aussichtslosen Lage Frust und Gewalt zu erleiden. Viele Brandenburgerinnen und Brandenburger stemmen sich mit meiner Regierung denen entgegen, die mit einfachen Lösungen unser Land Brandenburg in Mißkredit bringen.

Als weitere »Schuldige« wurde auch die Politik ausgemacht. Ich kann es den Menschen nicht verdenken, ebensowenig wie ich es akzeptieren kann. Die geringe Wahlbeteiligung bei unserer Landtagswahl sollte alle gesellschaftlich Verantwortung Tragenden mehr als aufhorchen lassen. Wir in Verantwortung Stehende in Ostdeutschland werden Zusammenhänge zu erklären haben. Wir benötigen aber ebenso und unvermindert die Unterstützung aus der alten Bundesrepublik.
Wir brauchen den Grundkonsens und die breiten parlamentarischen Mehrheiten von 1989 und 1990. Wesentliche Entscheidungen der staatlichen und wirtschaftlichen Einheit wurden ja gemeinsam getroffen.
Der Löwenanteil der Transferleistungen floß nicht in Infrastrukturmaßnahmen oder aktive Arbeitsmarktpolitik, sondern in Steuerverteilungs- und Ausgleichssysteme der öffentlichen Haushalte. Dies war dem Umstand geschuldet, daß die neuen Länder unmittelbar nach der Wende in eine gesamtdeutsche Finanz- und Sozialverfassung einbezogen wurden.
Nach meiner Meinung wäre es sinnvoller gewesen, in einem ersten Schritt die notwendigen Reformen durchzuführen. Zumindest für einen befristeten Übergangszeitraum hätte eine Art Sonderwirtschaftsraum in Ostdeutschland geschaffen werden müssen. In diesem hätten einzelbetriebliche Tarifvereinbarungen rechtlich zulässig, der Kündigungsschutz – bei aller Berechtigung generell – am Anfang jedoch die Arbeit der Unternehmen nicht zusätzlich beschweren dürfen. Ich stimme mit meinem sächsischen Kollegen Biedenkopf überein, der einmal gesagt hat, die Ostdeutschen hätten die Aufbaujahre nur deshalb so gut gemeistert, weil sich niemand so ganz genau an die Vorschriften gehalten hätte.
Rechthaben bringt heute keinem mehr etwas. Deshalb wird es wichtig bleiben, wie teuer Arbeit in Deutschland ist. Die Wettbewerbsbedingungen sind hart. Die soziale Verantwortung der Unternehmer und Arbeitgeber bleibt. Die Bundesregierung hat meines Erachtens mutige Reformprojekte auf den Weg gebracht. Durch die Energieverteuerung soll eine Entlastung bei den Lohnnebenkosten erreicht werden. Dadurch sollen auf der einen Seite langfristig Arbeitsplätze gesichert und geschaffen werden. Auf der anderen Seite muß auf die soziale Symmetrie geguckt werden. Als Minister-

präsident eines Flächenlandes weiß ich, daß viele aufs Auto nicht verzichten können. Hier werden sich die Reformen als sozial gerecht zu erweisen haben.

Um Bürgerinteressen sozial gerecht durchsetzen zu helfen, um in den fünf neuen Ländern und Berlin eine moderne und effiziente ostdeutsche SPD etablieren zu helfen, haben wir 1996 das »Forum Ostdeutschland der Sozialdemokratie« gegründet. Das Forum Ostdeutschland soll die Vorfeldarbeit leisten, die erforderlich ist, um die einigungsbedingten Sonderinteressen der Ostdeutschen zu thematisieren und durchzusetzen. Durchsetzen heißt dabei, einigungsbedingte Nachteile weiter abzubauen. Denn wenn sie heute Ostdeutsche befragen, ob es ihnen zehn Jahre nach der Wende persönlich bessergehe, wird die überwiegende Mehrheit der Ostdeutschen mit Ja antworten. Bei der Frage nach der allgemeinen Lage in Ostdeutschland wird man eher negative Einschätzungen erhalten.

Wir wollen einen Zugang zu jenen Menschen erarbeiten, die willens sind, die Demokratie zu stabilisieren, persönlich Verantwortung für das Gemeinwesen mit zu übernehmen. Berücksichtigen müssen wir dabei in Ostdeutschland, daß eine Parteimitgliedschaft in der Regel weniger in Frage kommt. Folglich müssen wir uns mittelfristig von der Idee mitgliederstarker Volksparteien verabschieden. Die Tatsache der Neugründung, des Nichtbelastetseins im Vergleich zu CDU und PDS stellt für den Wähler keinen Bonus mehr dar. Die Stammwählerschaft ist nicht sicher, wie wir in Brandenburg im Herbst 1999 bitter zu erfahren hatten. Dies ist jedoch meiner Meinung nach eine Erfahrung, die früher oder später auch in der Alt-Bundesrepublik zu machen sein wird. Aufgrund der aktuellen Ereignisse um das Spendenverhalten der anderen großen Volkspartei haben Wählerbefragungen zur Zeit eine spezifische Aussagekraft. Der Absturz der Union innerhalb weniger Wochen von einer absoluten Mehrheit in den 30-Prozent-Turm zeigt jedoch, daß aktuelle Ereignisse die politischen Mehrheiten total durcheinanderbringen können. Umfragen zeigen, daß Ereignisse wie der Spendenskandal in der alten Republik hauptsächlich an Personen festgemacht wird. In Ostdeutschland werden dagegen die Parteien als verantwortlich für das Fehlverhalten betrachtet. Im Osten wird

gleich die Systemfrage gestellt, was an die Wurzel dieses jungen, zarten, zehnjährigen Demokratiepflänzchens geht.
Um eine gesamtdeutsche stabile demokratische Willensbildung zu erreichen, müssen wir Möglichkeiten eröffnen, die in Ostdeutschland gewachsene Lebenserfahrung und das entsprechende Wissenspotential abzufragen. Das geht nur über die Kommunikation mit den Menschen. Wir wissen, daß bei vielen Ostdeutschen die Bereitschaft zum Gespräch vorhanden ist, aber wenn sie kein Forum für ihre Anliegen erkennen können, legen sie sich parteipolitisch nicht fest. So wie der Staat jedoch aktive Bürger braucht, braucht die SPD mitdenkende, mit anpackende Sympathisanten.
Wir gehen im »Forum Ostdeutschland der Sozialdemokratie« im Vergleich zur Parteiarbeit anders auf die Menschen zu. Es geht ausschließlich um inhaltliche Arbeit und deren öffentliche Darstellung. Es gibt keine Hierarchien und keine Posten und kein Geld zu verteilen. Letzteres ist in Zeiten wie diesen wohl nicht ganz unwichtig.
Der 7. Oktober 1989 war der Tag, an dem die DDR 40 Jahre alt wurde. Daß es der letzte Tag war, an dem die SED ihre Herrschaft feiern sollte, konnten wir Ostdeutsche höchstens ahnen, aber nicht wissen. Heute wissen wir: Wie kaum an einem anderen Tag fielen Anfang und Ende zusammen.
Viele wollten Freiheit, hatten aber kaum eine Vorstellung, wie das Leben in einer freiheitlich-demokratischen Gesellschaft sein würde. Wir ostdeutschen Sozialdemokraten stehen deshalb im Jahre 10 der deutschen Einheit dafür ein, daß die Entfaltung des Individuums mit der Gestaltung sozialer Gerechtigkeit einhergeht.
Viele Ostdeutsche beklagen sich heute darüber, daß in der neuen Bundesrepublik der Zusammenhalt, die Wärme, wie es sie früher in der DDR-Gesellschaft gab, fehlt. Solidarität in der Gesellschaft gab es nie umsonst. Sie mußte von Menschen erarbeitet, geschaffen werden. Westliche Gesellschaften stehen im Ruf, sich den Regeln des Marktgeschehens zu unterwerfen. Mit Individualismus wird kaschiert, was in Wirklichkeit Egoismus zu nennen ist. Die zusammenwachsende ostdeutsche Gesellschaft muß sich mit dieser neuen Form von Gemeinschaft auseinandersetzen. Der demokratische Gesellschaftsvertrag ist dabei neu zu gestalten.

Der Hinweis auf Folgen der Globalisierung darf nicht für fehlende politische Ansätze mißbraucht werden. Gefahren und Chancen müssen analysiert werden. Die richtige Balance zwischen wirtschaftlichen Erfordernissen und staatlicher Verantwortung wird häufig nur unter dem engen Blickwinkel der Kosten und nicht des Nutzens geführt. Einsparpotentiale mit vermeintlich schnellen Erfolgen sind auf Dauer zu wenig, um eine zukunftsfähige Gesellschaft neu zu formen. Wer dies dann noch in die Nähe einer »neuen Mitte« rückt, riskiert, mißverstanden zu werden. Die SPD hat dies im Herbst 1999 erfahren müssen, aber sie hat daraus gelernt. Der überzeugende Kurswechsel, den die Bundesregierung gezeigt hat, macht deutlich, daß das (Wähler-)Publikum auch bei harten Sparmanövern mit dabei ist, wenn diese offen und redlich Erklärung finden.

Mit dem demokratischen Rechtsstaat erhofften die Ostdeutschen, daß allein bessere Gesetze und unabhängige Richter Gerechtigkeit garantierten. Daß diese Gerechtigkeit aber auch gestaltet werden muß, ist für viele Ostdeutsche eine schmerzhafte Erfahrung. Gesetze stiften Rechtsfrieden in einer Gesellschaft, wenn gleiches Recht für alle gilt.

Zunächst haben die Vorgänge um die Spendenaffäre gezeigt, daß der Rechtsstaat funktioniert. Eine unabhängige bayerische Staatsanwaltschaft hat bewiesen, daß sie ohne Ansehen von Personen ihren rechtsstaatlichen Auftrag erfüllt. Die Medien haben unabhängig von ihrem jeweiligen Fokus ihre Wächterfunktion ernstgenommen. Doch der Schaden, der entstanden ist, ist nicht mehr wieder gutzumachen. Es macht auch keinen Sinn, diese Affäre mit anderen Vorgängen zu vergleichen oder aufzurechnen. Es gilt jetzt nur eines, was als staatsbürgerliche Pflicht Normalität sein sollte: aufklären, so umfassend wie nötig und so schnell wie möglich. Der Verstoß gegen das geltende Parteiengesetz ist offenbar. Die Folgen sind geregelt. Die Vorgänge haben gezeigt, daß wir es ändern müssen. Es muß transparent und für die Bürger nachvollziehbar sein. Zudem müssen neben den finanziellen Sanktionen auch bei nachweisbarem Fehlverhalten strafrechtliche Konsequenzen der Verantwortlichen einhergehen. Hier mache ich mir die Vorschläge des früheren Bundespräsidenten Richard von Weizsäcker ausdrücklich zu eigen.

In diesem Jahr feiern wir den zehnten Jahrestag der Vereinigung der beiden deutschen Staaten. Um diese Feierlichkeiten mit gutem Gewissen begehen zu können, müssen wir noch einiges bewegen:

1. Die deutliche Hinwendung der gesamtdeutschen Gesellschaft zu den Opfern der Diktatur ist eine Voraussetzung für eine Aussöhnung. Hier wurde bereits vieles auf den Weg gebracht, in Fragen von Rehabilitierung und materieller Entschädigung. Wäre es nicht angebracht, großzügig bei der Rentenberechnung angesichts mancher zerstörter Biographien zu sein?
2. Wie werden wir mit dem Ende der strafrechtlichen Verfolgung von DDR-spezifischem Unrecht umgehen? Die juristische Aufarbeitung ist weitgehend abgeschlossen. Könnte es nicht ein Zeichen sein, die Verfolgung von nicht schwerwiegendem Unrecht noch vor dem 3. 10. 2000 zu beenden?
3. Ehemalige DDR-Bürger müssen sich immer noch einer gesonderten dienstrechtlichen Überprüfung stellen. Könnte es nicht auch eine Ermutigung sein, Bewerber für den öffentlichen Dienst, die nicht an Verbrechen beteiligt oder gegen die Grundsätze der Menschlichkeit und Rechtsstaatlichkeit verstoßen haben, nicht mehr zu »gaucken«?
4. Auch eine erhöhte Berücksichtigung von Ostdeutschen im öffentlichen Dienst der Verwaltung der Bundesbehörden könnte ein Zeichen sein, Befähigungen und Leistungen der Menschen aus dem Osten angemessen zu würdigen.
5. Im zehnten Jahr der Einheit haben wir den Bürgern einen verbindlichen Fahrplan für die Angleichung der Löhne und Gehälter zu geben, der Menschen einen überzeugenden Weg nach 100 Prozent aufzeigt.
6. Wir sind dabei, die Fortsetzung des Solidarpaktes über 2004 hinaus zu erarbeiten. Nur ein in all seinen Regionen wirtschaftlich leistungsfähiges Deutschland wird seine Rolle im europäischen Kontext wahrnehmen können. Das liegt auch im ureigenen Interesse der westdeutschen Länder. Ein ostdeutsches »Armenhaus« würde ganz Deutschland seiner Zukunft und seines inneren Zusammenhalts berauben. Zehn Jahre in-

frastrukturelle Entwicklung in Ostdeutschland zeigen, welche guten Früchte investierte Hilfe zur Selbsthilfe ernten kann. Das gilt auch im Hinblick auf die Europäische Union, die ihre Hilfe für Ostdeutschland fortsetzen sollte. Nur dadurch kann Deutschland seine Rolle als Katalysator und Moderator der Osterweiterung mit allen Chancen, aber auch in schwierigen Prozessen weiter aufrechterhalten.

Dies sind Punkte, unter denen ich »Einheit, die ich meine«, subsumiere. Es bleiben gravierende Unterschiede in Vermögen, Eigentum und Rentenanwartschaften der Ostdeutschen. Diese werden auch nicht über Nacht verschwinden. Sie werden hineinwirken in den Alltag. Sie werden aber den Vereinigungsprozeß nicht dominieren können, solange das Bemühen von Gesellschaft und Politik erkennbar ist, gegen Ungerechtes anzugehen. Gemeinsames Handeln von Bund und Ländern – wie zuletzt beim Risikostrukturausgleich der existentiell bedrohten ostdeutschen Krankenkassen – zeigt, was möglich ist. Die Schieflage der Kassen war durch die hohe Arbeitslosigkeit, das geringe Lohnniveau und die hohe Zahl schwerkranker oder sozial schwacher Kassenmitglieder einigungsbedingt. Dieses solidarische Zusammenstehen im Interesse der Chancengleichheit der Patienten wirbt ohne große Worte.

In diesem Sinne werden wir uns im gesamtdeutschen Alltag immer wieder neu zu beweisen haben.

Bernhard Vogel

Der Aufbau aus Ruinen

Eine Zwischenbilanz für das Land Thüringen

Zehn Jahre sind seit dem Fall der Mauer vergangen. Mancher fragt, ob da wirklich zusammenwächst, was zusammengehört. Trotz aller Erfolge, die unbestreitbar sind: Viele sind ernüchtert, weil sich mancher den wahren Zustand dessen nicht vorstellen konnte, was die SED-Diktatur an Verheerung hinterlassen hat. Das betrifft auch den Schaden, den die vier Jahrzehnte DDR im Geistigen hinterlassen haben. Und dennoch: Zweifel daran, daß die Einheit gelingt, mag der haben, der die Einheit nicht oder nicht mehr wollte und der auch heute ihren Erfolg nicht sehen will. Der sieht freilich in jedem kleinen Mißlingen auf dem Weg zur Einheit eine Bestätigung seiner Skepsis. Ja, es wächst zusammen, was zusammengehört. Ich habe keinen Zweifel am Gelingen und freue mich mit den vielen, die die Einheit herbeigeführt haben, über jeden Schritt, der uns dem näherbringt.

Im zehnten Jahr der Einheit finden wir uns als Deutsche in einer Lage, die wir uns noch vor zwei Jahrzehnten nicht haben vorstellen können: Deutschland geeint, der eiserne Vorhang zerbrochen, Staaten des früheren Ostblocks werden Mitglieder der NATO und wollen zur Europäischen Union gehören.

»Auferstanden aus Ruinen!« Das gilt auch für Thüringen, das Land in Deutschlands Mitte, wo ich seit 1992 als Ministerpräsident helfen darf, den Auf- und Umbau zu gestalten und auch zu bewältigen.

Als der DDR-Ministerrat 1949 beschloß, das Gedicht von Johannes R. Becher »Auferstanden aus Ruinen« zum »Nationalgesang«, also zur Nationalhymne zu erheben, da durfte man auch noch alle Strophen singen, auch die 3. und die 4. Zeile: »Laß uns dir zum Guten dienen, Deutschland, einig Vaterland«. Damals gab sich die DDR noch gesamtdeutsch, in der Hoffnung auf ein sozialistisches Gesamtdeutschland. Später, nach dem Mauerbau 1961, paßte dieser Text nicht mehr ins politische Kalkül. Nur noch Hanns Eislers Melodie, aber nicht mehr der Becher-Text war erlaubt. Und dennoch: »Deutschland, einig Vaterland« – die Liedzeile sollte zum Fanal werden.

Wer nur zurückschaut, sieht nicht, was auf ihn zukommt. Unser Blick muß nach vorne gerichtet sein. Talleyrand darf mit seiner These nicht recht behalten, wonach Geschichtsschreibung nichts anderes sei als die »Unfallchronik der Menschheit«.

Keine Frage: Der ökonomische Zusammenbruch der DDR war unaufhaltsam. Wenn die Wende nicht gekommen wäre, wäre dieser Zusammenbruch wenig später für jedermann sichtbar geworden. Aber es gibt Glücksfälle in der Geschichte. Und ein solcher Glücksfall war die friedliche Revolution. Erich Loest hat einen Roman darüber geschrieben, der auch verfilmt worden ist, »Nikolai-Kirche«. In dieser Verfilmung findet sich ein Satz, der mich immer wieder fasziniert. Da sitzen drei Stasioffiziere nach dem, was in Leipzig geschehen war, zusammen, und der eine sagt zu den beiden anderen: »Auf alles waren wir vorbereitet, nur nicht auf Gebete und Kerzen«. An Kerzen und Gebeten ist dieses System zusammengebrochen.

Aber auch wir im Westen waren keineswegs auf das vorbereitet, was da kam. Hätte bei den Haushaltsberatungen im Deutschen Bundestag 1989 – also kurz vor der Wende – ein Bundestagsabgeordneter beantragt, eine Million einzusetzen zur Vorbereitung der Wiedergründung des Freistaats Thüringen, er wäre als »Kalter Krieger« beschimpft und zum Psychiater geschickt worden. Niemand hatte konkrete Pläne für den Tag X. Wir müssen schon zugeben: Es gab in keiner Schublade Papiere, auf denen stand, was zu geschehen hätte, wenn es geschehen könnte. Deswegen ist es nicht so ganz unverständlich, daß auch Fehler gemacht worden sind. Ich freue mich schon

An Kerzen und Gebeten ist das System der DDR zusammengebrochen.

auf die vielen Promotionen und Habilitationen, in denen stehen wird, was wir alles falschgemacht haben. Ich wünsche zwar, daß das nie kommt, aber ich verspreche: Bei der zweiten Wiedervereinigung machen wir das alles viel perfekter, machen wir so manchen Fehler nicht.

Nur: Die Chance gab es nur einmal, und es war richtig, zuzugreifen. Wir konnten nach der Wiedervereinigung der DDR nicht erst schließen und – wie es wohl typisch deutsch ist – zunächst Kurse und Seminare dazu abhalten, was jetzt zu tun sei. Vielmehr mußte alles bei laufendem Motor geschehen. Es war nicht wie 1945, wo vier Jahre Zeit blieben bis zur Gründung der Bundesrepublik. Wir hatten, Gott sei Dank, eine friedliche Revolution und keine blutige. Wir sind täglich dankbar dafür. Nur nach einer friedlichen Revolution sind alle noch da! Und das beschäftigt uns auch bis zum heutigen Tag. Wenn wir etwa im Fernsehen sehen, wie sich Täter als Opfer gerieren.

Zeiten des Umbruchs sind stets Zeiten des Aufbruchs. Und damit Zeiten des Übergangs nicht zu Zeiten des Niedergangs werden, muß man sich darüber klar werden, »was das Wesentliche unserer Epoche ist und was die

Zeit verlangt«. Das ist ein Satz von Konrad Adenauer, der heute noch genauso aktuell ist wie in den frühen 50er Jahren. Wir müssen nicht nur ökonomisch und nicht nur ökologisch, sondern auch geistig dieses entstandene Vakuum füllen, das nach dem Zusammenbruch des Kommunismus ganz offenkundig vorhanden ist. Ich habe gelegentlich die Sorge, daß wir uns in manchen Dingen unter der Bedrohung des Kommunismus rascher geeinigt haben als heute, wo es diese Bedrohung nicht mehr gibt. Wenn das so ist, dann stellt uns das kein gutes Zeugnis aus.

Es ist Zeit, sich Gedanken über die Zukunft zu machen; wir bilanzieren nicht der Bilanzen wegen. Wie Dante es gesagt hat: »Der eine wartet, daß die Zeit sich wandelt, der andere packt sie kräftig an und handelt!« Die Zukunftsgestaltung beginnt in den Köpfen der Menschen und nicht in den Bilanzen der Betriebe oder in den Kassen des Staates. Zukunftsgestaltung ist vor allem eine Frage des Umdenkens. Umdenken ist gefragt.

Was sich gegenwärtig in den jungen Ländern vollzieht, das ist natürlich das Bemühen, die alten Länder im Lebensstandard und in den gleichwertigen Lebensverhältnissen einzuholen. Gewiß, das auch. Und wir vergleichen Erfolge, wenn auch schon jetzt von Land zu Land von erheblicher Unterschiedlichkeit. Aber worum es eigentlich geht, das ist die Notwendigkeit und zugleich Chance zur Erneuerung. Diese Chance muß genützt werden. Wir müssen in den jungen Ländern auf eigene Füße kommen. Dabei geht es sowohl um technische wie ökonomische, um ökologische wie um moralische Erneuerung. Wenn wir uns nur damit begnügen würden, morgen als junge Länder da zu sein, wo die alten Länder heute sind, wären wir übermorgen schon wieder von vorgestern. Das reicht nicht. Wir wollen in den jungen Ländern ein Stück Aufbruch Deutschlands mitbewerkstelligen. Ein Stück Wiedervereinigung in dem Sinne, daß von den jungen Ländern ein Aufbruchs- und Mobilitätsschub für ganz Deutschland ausgeht. Ich habe gelegentlich den Eindruck, als ob man im Westen die Wiedervereinigung zwar erfreut zur Kenntnis genommen, aber nicht so ganz begriffen hat, was eigentlich passiert ist. Die Welt hat sich verändert, nicht allein durch die Wiedervereinigung, sondern durch den Zusammenbruch des Warschauer Paktes.

Wirtschaftlich gelingt der Sprung von Marx zum Markt. Die soziale Marktwirtschaft ist ohne Frage dabei, ihre zweite Feuerprobe zu bestehen. Nach der Feuerprobe des Aufbaus aus den Ruinen, die Feuerprobe des Umbaus von kommunistischer Zwangswirtschaft zu freier Marktwirtschaft. Aber: Die Menschen in den jungen Ländern machen noch immer einen tiefgreifenden Strukturwandel in einem Zeitraffertempo durch, für den beispielsweise das Ruhrgebiet vierzig Jahre Zeit gehabt hat.

In Erfurt haben drei von vier Beschäftigten heute nicht mehr den Arbeitsplatz, den sie zur Stunde der Wende hatten. Dieser – gewiß notwendige – Strukturwandel war und ist bis heute mit viel Sorge und mit viel Leid, aber auch mit vielen Chancen verbunden. Ich wünsche mir, daß gelegentlich ein wenig von dieser Dynamik und Flexibilität, von dieser Wandlungsbereitschaft auf die ganze Bundesrepublik überspringt.

Ich will mich nicht auf Prognosen festlegen, wann die neuen Länder die alten eingeholt haben. Das Institut für Wirtschaftsforschung Halle geht davon aus, daß es noch ein Jahrzehnt dauert. Ein Ministerpräsidentenkollege geht von zwanzig Jahren aus. Ich weiß das nicht so genau. Aber daß es nicht gelingt, das glauben nur diejenigen noch, die von der Einheit ohnehin nichts wissen wollen. Wer wie Günter Grass die Einheit als »Gelegenheitsschnäppchen« bezeichnet hat, der fühlt sich jetzt erfreut bestätigt, daß es auch Schwierigkeiten gibt.

Ich habe nie geglaubt, daß der Aufbau aus Ruinen ohne Schmerzen, ohne Schwierigkeiten, ohne Mühsal vonstatten gehen werde. Und es kann nicht immer Begeisterung – wie am Anfang – herrschen.

Wenn man im Januar 1990 von Herleshausen nach Eisenach kam, stand da am Stadteingang von Eisenach ein riesiges Schild: »Hurra, die Hessen kommen!« Das Schild ist heute nicht mehr zu sehen. Es kam der Schock über die Mühen der Ebene und jetzt – in der dritten Phase – ein zusehends wachsendes Selbstbewußtsein: »Wir können das auch«. Mit einem Wort: Wir sind auf dem richtigen Weg. Aber wir sind noch lange nicht am Ziel. Wir werden noch eine ganze Reihe von Jahren brauchen. Wir sind dabei, einen breiten Fluß zu durchschwimmen. Wer je einen breiten Fluß durchschwommen hat, weiß, daß es Situationen gibt, wo man sich fragt: »Zurück

oder durchhalten?« Verständlich, daß die Schläge des Schwimmers nach längerer Distanz nicht mehr ganz so frisch sind wie bei den ersten Zügen.
Ich habe die Sorge, daß in Deutschland, in Berlin und in München und in anderen Hauptstädten, daß bei der EU in Brüssel und anderswo der Eindruck entstehen könnte, als sei es bereits geschafft, als bräuchten wir keine Hilfe mehr, als könne man das Kapitel Deutsche Einheit »technisch« ad acta legen. Nein, ich bin ausdrücklich nicht der Meinung, daß man diese Aufgabe bereits ad acta legen darf. Wir brauchen weiter Hilfe. Dabei müssen wir zur Kenntnis nehmen, daß beim Solidarpakt II, den wir erarbeiten, die Hilfe differenzierter sein wird. Was bleibt: Die jungen Länder dürfen sich in ihrer Entwicklung von den alten Ländern nicht weiter entfernen. Die Schere darf nicht wieder auseinandergehen. Und das sage ich nun ganz speziell für Thüringen und auch so für Sachsen, für die beiden Länder, die am weitesten voran sind: Wir wollen nicht ewig auf der Tasche anderer liegen und die Hungerleider Deutschlands sein. Unser Ziel ist doch, die Chance zu nützen, in nicht allzu ferner Zeit von Nehmerländern zu Geberländern zu werden. Speziell Thüringen will einen Platz im ersten Drittel der deutschen Länder, den es ohne Teilung der SED-Diktatur selbstverständlich einnehmen würde. Aber vorerst brauchen wir noch weiter staatliche Hilfe, aus Berlin, aus den alten Ländern und aus Europa.
Der Aufbau Ost ist zu einem guten Teil das Resultat des Fleißes und des Aufbauwillens der Menschen in den jungen Ländern, aber natürlich auch das Resultat des größten Finanztransfers, den es je gegeben hat. Wenn wir nicht so furchtbar viel Zeit mit Jammern und Klagen und zur Verteidigung von Besitzständen bräuchten, dann könnten wir uns vielleicht auch einmal fünf Minuten Zeit nehmen für ein bißchen wechselseitige Dankbarkeit. Jedenfalls möchte ich als jetzt für ein junges Land sprechender Ministerpräsident sagen: Wir in den jungen Ländern haben allen Grund, Dank zu sagen, daß viele Millionen in den letzten Jahren in den Osten gegeben worden sind. Und selbst, wenn da ein moralischer Anspruch bestanden hat: ›Danke‹ zu sagen ist angebracht für eine großartige Leistung des Westens. Wir haben darüber hinaus allen Grund zur Dankbarkeit und auch ein bißchen zu Stolz, daß 60 Millionen Menschen im Westen aus einem

Trümmerhaufen eine festgefügte Demokratie und eine führende Wirtschaftsnation der Welt gemacht haben. Das ist eine großartige Leistung, zumal das übrigens auch die Voraussetzung für die Hilfe gewesen ist.
Aber wir haben auch Anlaß, dafür zu danken und stolz zu sein, daß im östlichen Teil Deutschlands 1989 das Wunder der friedlichen Revolution geschehen ist. Alle Behauptungen, die Deutschen seien zu so etwas nicht fähig, haben Deutsche 1989 widerlegt. Eine großartige Leistung, auf die wir alle stolz sein können.
Nietzsche hat gesagt: »Die Deutschen sind zu großen Dingen fähig, aber es ist unwahrscheinlich, daß sie sie tun.« Auch er ist widerlegt. Wir haben etwas zustande gebracht, was uns die Bewunderung der ganzen Welt eingebracht hat: die Wiedervereinigung des geteilten Deutschland. Es ist für mich überhaupt keine Frage, daß ein Volk, das den Nationalsozialismus überwunden hat und den Weg aus der tiefsten moralischen und wirtschaftlichen Erniedrigung herausgefunden hat, daß ein Volk, in dem ein Teil der Bevölkerung zum zweiten Mal unter eine Diktatur geriet und diese Diktatur friedlich abwarf, daß ein solches Volk in der Lage ist, die jetzt vor uns liegenden Aufgaben zu lösen.
Aufgaben, die nicht nur in Deutschland, sondern auch darüber hinaus zu bewältigen sind. Denn unsere Verantwortung in Europa und in der Welt ist mit der Wiedervereinigung gewachsen. Wir haben nicht mehr die bequeme Ausrede, besondere Verhältnisse – die eines geteilten Landes – zu haben und uns für entschuldigt halten zu können. Aber anstelle von Neid und Mißgunst, von Larmoyanz und Pessimismus, sollte auch der Respekt voreinander und gemeinsamer Stolz für die Leistungen der Deutschen in den letzten fünfzig Jahren vorherrschen. Mehr Verständnis füreinander, die Bereitschaft aller Deutschen für die gemeinsame Aufgabe, das meine ich, täte not. Man kann auch stolz darauf sein, vierzig Jahre in der DDR gelebt zu haben. Genauso, wie man stolz darauf sein kann, vierzig Jahre in Nordrhein-Westfalen oder in Rheinland-Pfalz gelebt zu haben.
Wenn man sich so umsieht und -hört, dann könnte man meinen, wir lebten gegenwärtig in besonders schlechten Zeiten. Dabei sind es die chancenreichsten, die es in Deutschland seit Menschengedenken gegeben hat

und gibt. Auch wenn man Zweifel haben darf, ob in Deutschland die Chancen so genutzt werden, wie es notwendig wäre.
Das Ziel der Geschichte sind die Impulse, die wir für die Gegenwart und die Zukunft geben. Entscheidend für unser Zusammenleben im geeinten Deutschland ist, daß wir bei allen landsmannschaftlichen und politischen Unterschieden den festen Willen haben, unsere Zukunft gemeinsam zu gestalten. Nicht unterteilt in Ost und West, sondern als Deutsche im geeinten Deutschland, das – wie Thüringen – seinen Platz in der Mitte Europas hat.

Richard von Weizsäcker

Die Deutsche Einheit – eine wichtige Etappe zur Vollendung Europas

Wenn man zehn Jahre nach Mauerfall und Wiedervereinigung zurückblickt, um eine Zwischenbilanz zu ziehen und den Zustand der inneren Einheit zu beurteilen, kommt man nicht umhin festzustellen, daß unsere damaligen Erwartungen durch die Entwicklung seit 1990 offenkundig korrigiert worden sind. Die verschiedentlich formulierte Kritik, der Abstand zwischen Ost und West sei in den letzten Jahren größer geworden, kann ich allerdings nicht teilen. Nicht der Abstand zwischen Ost und West ist größer geworden, sondern der Abstand zwischen dem, was viele von uns im Jahr 1990 für alsbald realisierbar hielten, und dem, was bisher realisiert werden konnte.

In Deutschland war die Freude in Ost und West am 9. November 1989 übergroß. Nach der Euphorie wandte sich der Westen jedoch wieder dem gewohnten Alltag zu, für die Menschen dort veränderte sich wenig bis nichts. Im Osten hingegen änderte sich so gut wie alles. Erst allmählich haben die Menschen im Westen eine Ahnung davon bekommen, mit welch außerordentlich großen Anstrengungen der Wandel im Osten verbunden gewesen ist. Noch immer ist die Kenntnis der Westdeutschen unzureichend, mehr als die Hälfte der Westdeutschen ist bis heute noch nicht in einem der östlichen Bundesländer gewesen. Vor diesem Hintergrund macht es wenig

Sinn, nur bei den Ostdeutschen von einer »Mauer in den Köpfen« zu sprechen, dieser Begriff erscheint mir völlig deplaziert. Weitaus zutreffender wäre es, von einer zwar nicht gewollten, aber real existierenden »Erfahrungsmauer« der Westdeutschen gegenüber der Ostdeutschen zu sprechen.

Die psychologischen Verständnisschwierigkeiten, deren Wurzeln fast mehr in der Unkenntnis des Westens über den Osten liegen, haben mit dazu beigetragen, daß es zwar den meisten Menschen in den neuen Ländern besser geht, sie sich aber im vereinten Deutschland dennoch fremd fühlen. Den berühmten Satz Gorbatschows, »Wer zu spät kommt, den bestraft das Leben«, bezieht ein Großteil der Menschen im Osten auf sich selbst. Die unter Westdeutschen verbreitete Auffassung, die Ostdeutschen müßten sich ihren Wohlstand nun mit Fleiß und Geduld erarbeiten – ebenso wie die Westdeutschen sich ihren Wohlstand in vierzig Jahren hart erarbeitet haben – führt im Osten zu Unmut und verstärkt das Gefühl, in der Tat zu spät gekommen zu sein. Denn, so argumentieren die Ostdeutschen, in heutiger Zeit Betriebe aufbauen und Arbeitsplätze finden zu müssen, vollziehe sich unter völlig anderen, unvergleichlich viel schwereren ökonomischen Bedingungen als nach dem Krieg – in einem damals weitgehend zerstörten Land mit einer großen Binnennachfrage, fast ohne internationale Konkurrenz und mit weit geringeren Kosten je Arbeitsplatz.

Doch diese Schwierigkeiten im psychologischen Umgang zwischen West und Ost sollten das Positive nicht verdecken: Jeder, der durch die östlichen Bundesländer geht oder fährt, kann auf den Straßen, an den Fassaden, aber auch im Bereich der Telekommunikation und allem, was die Infrastruktur betrifft, eine wirklich grundlegende Verbesserung feststellen, die letzten Endes jedem Menschen, der dort lebt, nützt. Einigermaßen unbestritten ist auch, daß es den Rentnern in Ostdeutschland heute besser geht.

Ebenso klar ist aber, daß die Beschäftigungslage zu einer sozial zerklüfteten Landschaft geführt hat und die wirtschaftliche Entwicklung schleppender vorangeht als erwartet. Dabei sind die Arbeitsmoral, die Fähigkeiten und die Bereitschaft zum Arbeiten im großen und ganzen vorzüglich. Wenn man jedoch die Zahlen und Wirtschaftsdaten vergleicht, ergibt sich folgendes Bild: Die ehemalige DDR umfaßt ein Drittel der geographischen

Fläche Deutschlands, dort lebt ein Fünftel der Bevölkerung, aber die Menschen leisten nur etwa ein Zehntel des Beitrags zum Sozialprodukt und weniger als ein Zwanzigstel des Exports, dagegen sind sie zu einem Drittel von der Arbeitslosigkeit und von einem Drittel der Konkurse betroffen.
Nach den Schuldigen zu fragen und die Ursachen für diese Entwicklung mit rein ökonomischen Analysen ergründen zu wollen, ist wenig hilfreich. Viele ökonomisch durchaus angreifbare Entscheidungen, wie etwa die Lohnangleichung, waren in politisch wie sozialer Hinsicht unvermeidbar. In einer freiheitlichen, demokratischen, parlamentarischen, parteipolitischen Demokratie lassen sich eben nicht alle Entscheidungen, die nach den Theorien der Ökonomen zu treffen wären, politisch durchsetzen. Auch der Streit um die rasche Durchführung der Währungsumstellung ist deswegen so unnütz, weil niemand seinen Standpunkt beweisen kann. Die überwiegende Meinung sagt, wenn wir nicht 1:1 umgestellt hätten, dann wäre es zu einer überschwappenden Welle von Westwanderungen gekommen, mit der weder der Westen noch der Osten fertig geworden wäre. Das wäre möglich gewesen, ist aber nicht beweisbar. Weniger umstritten ist allerdings, daß wir uns im Westen über die Kosten der Vereinigung Illusionen hingegeben haben.
Doch nicht nur die Kontroversen um ökonomische Entscheidungen prägen die Debatte über den Stand der Integration von West und Ost. Daß es nicht zu einer Abstimmung zur Annahme der Verfassung gekommen ist, habe ich in der Tat immer für einen Fehler gehalten. Nicht deswegen, weil dadurch wesentliche Veränderungen in das Grundgesetz hineingekommen wären, sondern weil es eine Art des *Ernstnehmens* der östlichen Landsleute ist, die unterblieben ist. Störend empfinde ich auch den Begriff des »Beitrittsgebiets«, der nicht aus böser Absicht entstanden ist, sondern aufgrund bürokratischer Erfordernisse in den Einigungsvertrag aufgenommen wurde. Dennoch ist »Beitritt« ganz unnötigerweise unfreundlich. Wenn heute in polemischer Art und Weise die Vereinigung als »Kolonisation« bezeichnet wird, so ist das zwar Unsinn, wird aber durch solche Begriffe scheinbar gestützt.
Gleichwohl ist nicht zu leugnen, daß nach wie vor zu viele leitende Funk-

tionen in den östlichen Bundesländern von Fachleuten aus dem Westen besetzt sind; insbesondere bei den Gerichten und auch in bestimmten Fakultäten und Fachbereichen der Wissenschaft. Das ist nicht nur der Fall in der Juristerei oder in den Wirtschaftswissenschaft, wo man argumentieren könnte, daß hier das westliche System gelehrt werden muß, damit die Studenten Zukunftsperspektiven haben, sondern das gilt zum Teil auch für die naturwissenschaftlichen Fächer. Aber auch in den Verbänden und schließlich in der Politik selber ist der Anteil Ostdeutscher an den führenden Positionen in der Gesellschaft noch zu gering. Auf der anderen Seite gibt es zweifellos hervorragende Leute, die aus dem Westen gekommen sind und zum Aufbau in einer Form beigetragen haben, auf die heute niemand im Osten verzichten möchte.
Wir sollten uns allerdings durch die Analyse der verschiedenen wirtschaftlichen, politischen und psychologischen Ursachen der noch unvollendeten Integration von Ost und West nicht den Blick dafür verstellen lassen, daß der 9. November 1989 primär nicht ein Berliner oder ein deutsches, sondern ein europäisches Datum ist, denn das eigentlich aufregende ist das Ende des Kalten Krieges. Die große Aufgabe und Chance, die sich mit dem Fall der Mauer ergeben hat, ist die Umsetzung des europäischen Gedankens in die Tat, denn der europäische Gedanke war nie konzipiert als ein Instrument des Westens gegen den Osten, sondern als die Chance einer friedlichen Vereinigung dieses ganzen Kontinents. Es ist die tiefere Bedeutung des Endes des Kalten Krieges, daß wir nun vollenden können, was von vornherein auf ein Ganzes hin gemünzt war. Und es ist ein historisches Wunder, daß die Beendigung des Kalten Krieges praktisch ohne jedes Blutvergießen vor sich gegangen ist.
Ohne zwei wesentliche Voraussetzungen der westlichen Politik wäre die Beendigung des Kalten Krieges allerdings nicht möglich gewesen: zum einen die Bereitschaft und Fähigkeit, sich im Notfall zu verteidigen, zum anderen die Entspannungspolitik, die ich immer unterstützt habe. Mehr als irgendein anderer hat Michail Gorbatschow dann von östlicher Seite aus zu einer schrittweisen, friedlichen Überwindung der Gegensätze zwischen Ost und West beigetragen. Wenn er heute in seinem eigenen Volk wegen

des Zerfalls der Sowjetunion kein hohes Ansehen genießt, so steht er doch in der historischen Perspektive der Weltgeschichte in höchstem Ansehen. Als er 1985 Generalsekretär der KPdSU wurde, hat er zuerst die »Breschnew-Doktrin« aufgegeben, die 1968 zur nachträglichen Rechtfertigung der militärischen Intervention von Staaten des Warschauer Pakts in der Tschechoslowakei formuliert worden war. Der Breschnew-Doktrin zufolge besaßen die sozialistischen Staaten nur eine »beschränkte Souveränität« und ein »beschränktes Selbstbestimmungsrecht«. Es war ein ganz entscheidendes Signal für die Staaten Osteuropas, als Gorbatschow diese Doktrin 1985 aufgab. Daß Gorbatschow im Jahr darauf in Reykjavik den amerikanischen Präsidenten Reagan davon überzeugen konnte, sich nicht gegenseitig tot zu rüsten, sondern miteinander in den Wettlauf um die Abrüstung einzutreten, war der zweite entscheidende Schritt. Ohne diese weltpolitischen Weichenstellungen Gorbatschows wären die Entwicklungen in den Ländern Osteuropas, insbesondere aber in der DDR, sicher anders verlaufen. Zweifellos war die Politik Gorbatschows von überragender Bedeutung für die Menschen in unserem Teil der Welt im ausgehenden 20. Jahrhundert, und ich zolle ihm tiefen Respekt dafür, daß diese Umwälzungen friedlich verlaufen sind.

Vor allem haben die von Gorbatschow eingeleiteten Reformen nach und nach auch die Atmosphäre in den Ostblockstaaten verändert und sich mehr oder weniger unbewußt auf das Denken der Menschen ausgewirkt. Wenn man sich die konkrete Situation am Abend des 9. November 1989 vor Augen führt, als die Menschen nach Schabowskis Ankündigung der Reisefreiheit – was, wie wir heute wissen, mehr oder weniger unbeabsichtigt geschehen ist – zur Mauer strömten, so bleibt es ein Wunder, daß es nicht zu Gewalttaten kam. Aber die Oberstleutnants an der Bornholmer Straße, die an jenem Abend Dienst taten, haben sich gesagt, »wir haben zwar keine Anweisungen, wie wir uns verhalten sollen, aber wir können doch hier kein Blutbad anrichten«. Das alles hätte auch ganz anders aussehen können, es hätte auch vier Wochen vorher in Leipzig vollkommen anders aussehen können. Das ist das eigentliche Wunder, hier Schritt für Schritt eine Atmosphäre herbeigeführt zu haben, bei der das, was wir als »disziplinierte

Autorität« eines autoritären Systems verstehen, in ein teilweise etwas chaotisches, aber eben gewaltfreies, friedliches Stück Weg zur Beendigung des Kalten Krieges geführt worden ist. Es ist nicht auszudenken, was passiert wäre, wäre auch nur ein sowjetischer Soldat zu Schaden gekommen.
Vergleicht man diese Ereignisse mit der polnischen Geschichte, wird die Brisanz der damaligen Situation noch deutlicher. Wir haben in den Jahren zuvor die schwierige Entwicklung in Polen miterlebt. Im Hinblick auf die ganze Entwicklung in Osteuropa war und ist Polen unser wichtigster Nachbar und Bezugspunkt. Die Notwendigkeit, mit Polen in Kontakt zu kommen, war nicht zuletzt auch für mich persönlich Mitte der 60er Jahre der Hauptantrieb, in die Politik zu gehen. Die Polen waren die ersten, die die Beschlüsse der KSZE von Helsinki ernst genommen und etwas daraus gemacht haben. Das führte dann zum Kriegsrecht in Polen, auf das wir von deutscher Seite aus bekanntlich nicht immer so geschickt reagiert haben. Die Polen waren aber auch die ersten, die 1989 mit Tadeusz Mazowiecki, dem ich mich sehr verbunden fühle, ihren Ministerpräsidenten frei wählten. Und Mazowiecki war für uns Deutsche von elementarer Bedeutung, als 1990 die definitive Anerkennung Oder-Neiße-Linie zu einem Dreh- und Angelpunkt auf dem Weg zur Wiedervereinigung wurde.

Am 24.9.1990 wurde der Einigungsvertrag von Bundespräsident Richard von Weizsäcker unterzeichnet.

Ohne Zweifel wäre ohne die Zusicherung der Integrität der polnischen Westgrenze die Wiedervereinigung nicht möglich gewesen. Dennoch kann man die Vollendung Europas nicht an geographischen Grenzen festmachen, wie sie de Gaulle einst formuliert hat. Wir haben uns in der westlichen Welt ein demokratisches und wirtschaftlich erfolgreiches, gutes System aufgebaut, allerdings nicht mit der Absicht, die andere Hälfte Europas einfach zu vergessen. Es geht um die Vollendung Europas, d. h. um Frieden und Stabilität in ganz Europa, wobei wir nicht nur die Freiheit, sondern auch die Verantwortung haben, jeweils darüber zu entscheiden, wer zukünftig zur Europäischen Union gehören soll.
Auch die Menschen in den neuen Bundesländern sehen das westliche Modell als das richtige, freiheitliche System an, welches zwar immer mal wieder seine Mängel und Schwächen zeigt, über die man aber sprechen muß und kann. Ich halte wenig von der These, daß die Demokratie in den östlichen Bundesländern noch nicht die nötige Achtung gefunden hat. Gerade auf dem Gebiet unseres politischen Systems, auf dem Gebiet des Zusammenwirkens von Politik und Wirtschaft auf das Gemeinschaftsgefühl, auf die Frage, ob wir auf dem Weg zu Egoisten sind oder noch Gemeinwohl-Verantwortung empfinden, besteht meines Erachtens nach immer weniger ein Unterschied zwischen Ost und West. Ich bin davon überzeugt, daß die Menschen letzten Endes aufgrund der gemeinsamen Ziele, die sie in Ost wie West erstreben, und der Gefühle, die sie teilen, einander näherkommen werden. Wenn in Umfragen behauptet wird, den Menschen im Westen sei die Freiheit, den Menschen im Osten die Gleichheit wichtiger, dann sind diese Ergebnisse äußerst interpretationsbedürftig. Ohne Frage führte die Sozialisation im Osten dazu, daß die Menschen von der Kinderkrippe an, über die Schulen und die Berufsausbildung bis in den Beruf hinein einem Weg folgten, der ihnen staatlich vorgegeben war. Sie haben auf diese Weise in einer Form die Gleichheit *erlebt*, daß sie ihnen heute, wenn so viele von ihnen keine Arbeit finden, um so mehr bedeutet. Daß die Menschen im Osten aber deshalb auf die Freiheit verzichten wollen, ist damit in gar keiner Weise bewiesen.
Um so wichtiger erscheint es mir, sich mit den ebenso schön klingenden

wie populistischen Forderungen der PDS auseinanderzusetzen und ihre politischen Versprechen auf ihre Durchsetzbarkeit hin zu überprüfen, wie dies heute auf kommunalpolitischer Ebene auch in mehr als 200 Fällen geschieht. Es zeigt sich deutlich, daß die PDS gerne diejenigen Plätze einnehmen möchte, von denen sie meint oder hofft, daß die Sozialdemokraten sie preisgeben. Es kommt darauf an, sich mit der PDS politisch auseinanderzusetzen, nicht sie auszugrenzen. Die PDS ist auf verfassungsmäßig legitime Weise in ihre parlamentarischen Ämter hineingekommen, sie nun als einen Feind der Demokratie und Verfassung zu kennzeichnen, ohne den Mut zu haben, dann auch zum Verfassungsgericht zu gehen und zu beantragen, daß sie als ein Feind der Demokratie für verfassungswidrig erklärt würde, ist nicht besonders überzeugend. Eine deutliche Auseinandersetzung tut Not, denn wir erleben zwar manche Beteuerung an der PDS-Spitze, aber diese Positionen sind noch nicht Allgemeingut von Parteitagen geworden. Meines Erachtens macht es keinen Sinn, die PDS als nach wie vor lebendige große kommunistische Gefahr zu behandeln, da ihr dies in der Vergangenheit eher genutzt denn geschadet hat. Und in gleicher Art und Weise sollten wir auch den Umgang mit den Stasi-Akten pflegen, wir brauchen diese Auseinandersetzung mit der Vergangenheit. Für einen Schlußstrich bin ich daher nie gewesen, ich bin für die Suche nach Wahrheit – nicht um ihrer selbst willen, sondern um der anschließenden besseren Verständigung untereinander. Die Wahrheitssuche hat nicht das Ziel der Vergeltung, sondern die Wahrheitssuche hat das Ziel der Versöhnung.

Chronik 1989 – 1999

1989

Politik – Wirtschaft – Zeitgeschehen

15.2. Afghanistan. Der sowjetische Truppenabzug aus Afghanistan ist termingerecht abgeschlossen. Dies trägt wesentlich zur Ost-West-Entspannung bei.

26.3. UdSSR. Zum ersten Mal seit 70 Jahren können die sowjetischen Bürger nach einer am 3. Juli 1988 beschlossenen Reform der Staatsorgane wieder zwischen mehreren Kandidaten für ihr Parlament wählen. Die Reformvertreter tragen einen spektakulären Sieg über die Kandidaten der Kommunistischen Partei davon.

18.4. Truppenübungen. Bei einem gemeinsamen Manöver von Truppen der DDR und der Sowjetunion haben Medienvertreter aus dem Westen erstmals Gelegenheit zur Berichterstattung.

2.5. Ungarn. Als erstes Land des Warschauer Pakts beginnt Ungarn mit dem bereits im März angekündigten Abbau von Überwachungsanlagen und Stacheldraht an der Grenze zu Österreich.

7.5. DDR-Wahlen. Mit einer Wahlbeteiligung von angeblich 98,77 % stimmen offiziell 98,85 % der Wähler bei den Kommunalwahlen in der DDR für die Kandidaten der Nationalen Front, den Zusammenschluß aller Parteien unter Führung der SED. Nach Bekanntgabe des Wahlergebnisses kommt es zu spontanen Protestdemonstrationen in Leipzig.

24.5. Jubiläumsfeierlichkeiten. Das 40jährige Bestehen der Bundesrepublik wird in Bonn mit einem Staatsakt begangen.

25.5. UdSSR. Michail Gorbatschow, seit dem 11. März 1985 Generalsekretär der KPdSU und Verfechter der »Perestroika« (Umgestaltung), wird zum neuen sowjetischen Staatspräsidenten gewählt.

29.5. Botschaftsflüchtlinge. Eine dreiköpfige Familie aus der DDR flüchtet in die Botschaft der Bundesrepublik in Budapest, um die Ausreise zu erzwingen.

29./30.5. Brüssel. Auf der NATO-Gipfelkonferenz tritt die Allianz für die Einheit Deutschlands, Berlins und Europas ein. Bundeskanzler Kohl erklärt, die feste Verankerung der BRD im Westen sei »unwiderruflich«.

4.6. Polen. Bei den Parlamentswahlen sind erstmals Oppositionsparteien zugelassen. Das »Bürgerkomitee Solidarität« erhält bei diesen Wahlen die Stimmenmehrheit.

7.6. Wahlprotest. In Ost-Berlin wird eine Protestveranstaltung, deren Teilnehmer die Ergebnisse der Kommunalwahl vom 7. Mai in Zweifel ziehen, von Staatssicherheitsdienst und Polizei aufgelöst. Über 120 Menschen kommen vorübergehend in Haft.

11.6. Imagepflege. DDR-Staats- und Parteichef Erich Honecker nimmt an einem Festgottesdienst anläßlich der Wiedereinweihung des restaurierten Doms in Greifswald teil. Er möchte mit dieser Geste demonstrieren, daß er trotz der Widerstände der Kirche gegen den DDR-Staat die Christen weiterhin in den Staat einbinden will.

12.6. Staatsbesuch. Der sowjetische Partei- und Staatschef Michail Gorbatschow tritt einen viertägigen Besuch in der Bundesrepublik an. Wegen seiner Entspannungspolitik erhält er viele Sympathiebekundungen von der Bevölkerung.

6.7. Straßburg. Gorbatschow spricht als erster osteuropäischer Staatschef vor dem Europarat, wobei er seine Vorstellungen von einem »gemeinsamen europäischen Haus« darlegt.

8.8. DDR-Flüchtlinge. Weil 131 DDR-Bürger in der ständigen Vertretung der Bundesrepublik in Ost-Berlin Zuflucht gesucht haben, wird das Gebäude wegen Überfüllung geschlossen.

10.8. Deutsch-deutscher Flugverkehr. Die Lufthansa richtet zwischen Frankfurt am Main und Leipzig die erste innerdeutsche Fluglinie ein.

14.8. Budapest. Die bundesdeutsche Botschaft, in der sich über 180 ausreisewillige DDR-Bürger aufhalten, wird geschlossen. Der Malteser-Hilfsdienst errichtet daraufhin in der ungarischen Hauptstadt mehrere Zeltlager für DDR-Flüchtlinge.

23.8. Prag. Die Botschaft der Bundesrepublik in Prag wird geschlossen, weil sich dort über 100 DDR-Bürger aufhalten.

24.8. Budapest. 108 Bürger der DDR, die in der bundesdeutschen Botschaft in Budapest Zuflucht gesucht haben, dürfen in den Westen ausreisen.

7.9. DDR-Demonstration. DDR-Sicherheitskräfte verhindern auf dem Ostberliner Alexanderplatz eine Demonstration gegen die Wahlfälschungen vom 7. Mai. Über 40 Menschen werden festgenommen.

11.9. Grenzöffnung. Ungarn öffnet seine Westgrenze für DDR-Flüchtlinge. Binnen 24 Stunden nutzen etwa 10.000 DDR-Bürger die Möglichkeit zur Flucht.

11.9. DDR-Opposition. In Grünheide bei Berlin gründen etwa 30 DDR-Regimekritiker die Reformbewegung »Neues Forum«. Ihr Ziel ist eine langsame Umgestaltung der Gesellschaft auf der Basis des demokratischen Dialogs.

30.9. Botschaftsflüchtlinge. Die über 6000 DDR-Bürger, die sich in den Botschaften der Bundesrepublik in Prag und Warschau aufgehalten haben, werden von der DDR »ausgewiesen« und dürfen damit nach Westdeutschland ausreisen. Bundesaußenminister Genscher teilt den DDR-Bürgern in der Prager Botschaft die Entwicklung selbst mit.

3.10. Visumpflicht. Die DDR setzt den visumfreien Reiseverkehr mit der Tschechoslowakei vorerst aus.

5.10. Verkaufsoffener Donnerstagabend. Zum ersten Mal bleiben in der Bundesrepublik am Donnerstagabend die Geschäfte bis 20.30 Uhr geöffnet.

7.10. Jubiläumsfeiern. In der DDR wird der 40. Jahrestag der Staatsgründung mit einer Militärparade und Volksfesten überall im Lande begangen. Massive Proteste begleiten die Feierlichkeiten.

9.10. Demonstration. In Leipzig versammeln sich etwa 70.000 Menschen zur größten Demonstration in der DDR seit 1953. Die Demonstration mit der Parole »Wir sind das Volk« verläuft gewaltlos.

18.10. Führungswechsel. Unter dem Druck der gesellschaftlichen Ereignisse in der DDR wählt das Zentralkomitee der SED das Politbüromitglied Egon Krenz zum neuen Generalsekretär der Partei. Vorgänger Erich Honecker hatte aus »gesundheitlichen Gründen« um Entlassung gebeten. Krenz folgt ihm am 24. Oktober auch im Amt des Staatsratsvorsitzenden.

27.10. Warschau. Zum Abschluß ihrer zweitägigen Konferenz in Warschau betonen die Außenminister der Warschauer-Pakt-Staaten das Recht jedes Volkes auf die »freie Wahl seines gesellschaftlichen, politischen und wirtschaftlichen Entwicklungsweges« als Voraussetzung für ein »friedliches und unteilbares Europa«.

27.10. Amnestie. Der DDR-Staatsrat verkündet eine Amnestie für Flüchtlinge und für Teilnehmer regimekritischer Demonstrationen.

29.10. Annäherung. Auf einer Massenveranstaltung von etwa 20.000 Menschen in Ost-Berlin diskutieren hohe SED-Funktionäre mit Demonstranten.

3.11. DDR-Flüchtlinge. Die Ostberliner Regierung beschließt, daß DDR-Bürger das Land ohne irgendwelche Formalitäten über das Gebiet der Tschechoslowakei verlassen können. In den nächsten beiden Tagen machen weit über 10.000 Menschen von dieser Möglichkeit Gebrauch.

4.11. DDR-Demonstration. Bei der größten Massendemonstration in der Geschichte der DDR in Ost-Berlin, zugleich der ersten von den Behörden genehmigten Kundgebung der Opposition, fordern etwa eine Million Menschen Reformen und die Abschaffung des Machtmonopols der SED.

7.11. Rücktritt. Die DDR-Regierung unter Ministerpräsident Willi Stoph tritt, wie mehrfach gefordert, zurück.

8.11. Politbüro-Wahl. Das Zentralkomitee der SED wählt in Ost-Berlin ein neues Politbüro. Ihm gehört neu der bisherige Erste Sekretär der Bezirksleitung Dresden, Hans Modrow, als umstrittener »Reformer« an.

9.11. Mauerfall. SED-Politbüromitglied Günter Schabowski verliest auf einer vom Fernsehen direkt übertragenen Pressekonferenz die Mitteilung, daß Privatreisen ins Ausland ab sofort ohne besondere Voraussetzungen möglich seien. Faktisch fällt damit die Mauer. Zehntausende feiern in der Nacht auf den Straßen Berlins die gewonnene Freiheit.

10.11. Kanzlerreise. Bundeskanzler Kohl unterbricht einen Staatsbesuch in Polen, um für einen Tag in die Bundesrepublik zurückzukehren.

13.11. Volkskammerwahl. Mit nur einer Gegenstimme wählt die DDR-Volkskammer Hans Modrow zum Ministerpräsidenten. Modrow gilt als einer der wenigen SED-Politiker, die Rückhalt im Volk haben.

16.11. Wirtschaftshilfe. In seiner Regierungserklärung vor dem Bundestag sagt Kanzler Helmut Kohl der DDR wirtschaftliche Hilfe zu, macht diese aber von grundlegenden Reformen im System abhängig.

18.11. Paris. Ein informeller EG-Gipfel befaßt sich auf Einladung des französischen Ministerpräsidenten François Mitterand mit der Entwicklung in Osteuropa.

23.11. Parteigründungen. In Rostock wird die Freie Demokratische Partei (F.D.P.) der DDR gegründet. Einen Tag später entsteht in Ost-Berlin die Grüne Partei in der DDR.

28.11. Einheitsinitiative. Völlig überraschend stellt Bundeskanzler Kohl im Bundestag ein Zehn-Punkte-Konzept einer »bundesstaatlichen Ordnung« beider deutscher Staaten vor, das letztlich auf eine Wiedervereinigung hinausläuft.

30.11. RAF-Attentat. Der Vorstandssprecher der Deutschen Bank, Alfred Herrhausen, wird in Bad Homburg durch einen Bombenanschlag der »Rote Armee Fraktion« getötet.

1.12. Zehnpunkteplan. Der deutsche Bundestag billigt mit den Stimmen von CDU/CSU und F.D.P. Kohls Zehnpunkteplan zur Überwindung der deutschen Teilung. Die SPD enthält sich der Stimme, die Grünen votieren dagegen.

1.12. DDR-Verfassung. Die DDR-Volkskammer streicht den Führungsanspruch der SED aus der Verfassung.

3.12. Rücktritt. Unter dem Druck anhaltender Massendemonstrationen treten das Zentralkomitee und das Politbüro der SED mit Egon Krenz als Generalsekretär geschlossen zurück.

5.12. Mindestumtausch. DDR-Ministerpräsident Hans Modrow erklärt sich nach Gesprächen mit Kanzleramtsminister Rudolf Seiters bereit, den Mindestumtausch für Bundesbürger bei DDR-Reisen zum 1. Januar 1990 aufzuheben.

7.12. Runder Tisch. Erstmals tritt unter Moderation von Kirchenvertretern der »Runde Tisch« zusammen; an diesem Organ beteiligen sich Oppositionsgruppen und Regierungsparteien. Es wird die Auflösung des Staatssicherheitsdienstes der DDR sowie die Abhaltung von freien Wahlen beschlossen.

8.12. SED-Führungswechsel. Auf einem außerordentlichen Parteitag der SED wird die gesamte Führungsspitze abgelöst. Zum neuen Parteivorsitzenden wird der Rechtsanwalt Gregor Gysi gewählt.

8.12. Straßburg. Auf einem zweitägigen EG-Gipfel akzeptiert die Europäische Gemeinschaft erstmals das Recht der Deutschen auf eine »Einheit durch freie Selbstbestimmung«. Der Einigungsprozeß müsse sich allerdings demokratisch und friedlich auf der Grundlage sämtlicher Bestimmungen der KSZE vollziehen.

19.12. Deutsch-deutscher Gipfel. Bundeskanzler Kohl vereinbart in Dresden mit Ministerpräsident Hans Modrow eine Vertragsgemeinschaft beider deutscher Staaten; mehrere Abkommen zur Zusammenarbeit werden unterzeichnet. Außerdem wird das Brandenburger Tor für Fußgänger zum 22. Dezember freigegeben.

20.12. Staatsbesuch. Mit dem französischen Staatspräsidenten François Mitterand ist erstmals ein Oberhaupt einer westlichen Siegermacht des Zweiten Weltkriegs zu Besuch in der DDR.

Kultur – Medien – Sport

10.3. Ski-WM. Als erster deutscher Skiläufer sichert sich der 24jährige Armin Bittner aus Krün/Oberbayern den alpinen Weltpokal im Herrenslalom.

12.4. Theater. In Dresden hat die DDR-kritische Tragikomödie »Die Ritter der Tafelrunde« von Christoph Hein Premiere.

14.4. Presse. Das Zentralorgan der SPD »Vorwärts«, gegründet 1876, wird wegen gesunkener Auflage eingestellt und mit der Mitgliederzeitung »sozialdemokrat magazin« zusammengelegt.

24.4. Fernsehen. Der private TV-Sender SAT 1 betritt Neuland mit der Ausstrahlung einer Satire auf die Fernsehindustrie, in deren Mittelpunkt eine elektronisch animierte Figur, Max Headroom, steht.

12.5. Literatur. Der wichtigste Literaturpreis im deutschsprachigen Raum, der mit 60.000 DM dotierte Büchner-Preis, geht an den Schriftsteller Botho Strauß.

21.5. Tennis. Erstmalig ist in Berlin bei einem Tennis-Grand-Prix-Turnier eine elektronische Linienüberwachungsanlage im Einsatz. Siegerin der internationalen deutschen Damen-Tennismeisterschaft wird die Brühlerin Steffi Graf.

21.5. Handball. In den Handball-Europapokalen siegen TuSEM Essen (Pokalsieger) und TuRu Düsseldorf (IHF-Pokal).

30.5. Musik. Erstmalig seit dem Bau der Mauer spielen die Berliner Philharmoniker unter dem US-amerikanischen Dirigenten James Levine in Ost-Berlin.

10.6. Kunst. In der Kieler Kunsthalle beginnt die Retrospektive »Durchsicht« des Deutschen Künstlerbundes, die einen Überblick über 40 Jahre bildende Kunst in der Bundesrepublik gibt.

2.7. Fußball. Die bundesdeutsche Damenfußball-Nationalmannschaft gewinnt mit einem 4:1 gegen Titelverteidiger Norwegen in Osnabrück die Europameisterschaft.

9.7. Tennis. In Wimbledon gibt es einen deutschen Doppeltriumph: Bei den Herren gewinnt Boris Becker, bei den Damen Steffi Graf.

14.7. Musik. Die Revolutionsoper »Graf Mirabeau« des DDR-Komponisten Siegfried Matthus wird in Ost-Berlin uraufgeführt.

16.7. Musik. Im Alter von 81 Jahren stirbt der Dirigent Herbert von Karajan, der über drei Jahrzehnte die Berliner Philharmoniker geleitet hatte, in Anif bei Salzburg.

1.8. Presse. Die Zeitungen und Zeitschriften des Axel Springer Verlages verzichten auf den Gebrauch des Kürzels »DDR« in Anführungszeichen. Diese Schreibweise hatte ursprünglich die Nichtanerkennung des sozialistischen Staates verdeutlichen sollen.

12.8. Rock-Musik. Im Moskauer Lenin-Stadion beginnt ein zweitägiges Rock-Konzert mit Heavy-Metal-Bands aus dem Westen, darunter auch den Scorpions aus Hannover; es kommen 200.000 Zuhörer.

20.8. Schwimm-EM. Bei den Schwimm-Europameisterschaften in Bonn holt die DDR 16 Goldmedaillen.

8.10. Musik. Die Berliner Philharmoniker wählen Claudio Abbado als Nachfolger von Herbert von Karajan zu ihrem Chefdirigenten und musikalischen Leiter.

15.10. Preisträger. Den Friedenspreis des deutschen Buchhandels erhält der tschechoslowakische Schriftsteller und Bürgerrechtler Václav Havel. Er kann den Preis nicht selbst entgegennehmen, da die Prager Behörden ihm keine Ausreisegenehmigung erteilen.

17.10. Literatur. Das vom iranischen Revolutionsführer Ajatollah Khomeini am 14. Februar verurteilte Buch »Satanische Verse« des Autors Salman Rushdie, das Textpassagen enthält, die sich angeblich »gegen den Islam, den Propheten und den Koran« richten, erscheint in deutscher Übersetzung.

19.10. Fernsehen. Das DDR-Fernsehen strahlt erstmalig eine Live-Diskussion von Journalisten, Politikern und Wissenschaftlern mit DDR-Bürgern aus. Sie ist der Auftakt zu den fortan vierzehntägigen »Donnerstagsgesprächen«.

11.11. Musik. Der Pianist Vladimir Ashkenazy tritt erstmals seit seiner Ausbürgerung 1963 wieder in der Sowjetunion auf.

15.11. Fußball. Durch einen 2:1-Sieg über Wales schafft die bundesdeutsche Fußballauswahl in Köln die Qualifikation zur Weltmeisterschaft 1990 in Italien.

1.12. Fußball. Der Deutsche Fußball-Bund kündigt an, daß Hans-Hubert (»Berti«) Vogts nach der Fußball-WM 1990 »Kaiser« Franz Beckenbauer als Teamchef ablösen wird.

10.12. Nobelpreis. In Oslo erhält der Bundesdeutsche Wolfgang Paul gemeinsam mit zwei US-Amerikanern den Physik-Nobelpreis.

17.12. Tennis. In Stuttgart gewinnt die Mannschaft des Deutschen Tennisbundes den Daviscup durch ein 3:2 über Schweden.

21.12. Schriftstellerverband. Hermann Kant, der umstrittene Präsident des Schriftstellerverbands der DDR, tritt von seinem Amt zurück.

23.12. Musik. Leonard Bernstein dirigiert Beethovens 9. Symphonie als »Wiedersehensfeier aller Berliner zur Öffnung der Mauer« in der Kaiser-Wilhelm-Gedächtniskirche in West-Berlin. Im Osten der Stadt wird das Konzert am 1. Weihnachtstag im Schauspielhaus wiederholt.

1990

Politik – Wirtschaft – Zeitgeschehen

1.1. Jahreswechsel. Mehr als 500.000 Menschen feiern auf Berlins Straßen rund ums Brandenburger Tor die Freiheit zum Jahreswechsel. Die Stimmung wird von einem schweren Unfall überschattet, als am Brandenburger Tor ein Gerüst zusammenbricht und 135 Menschen verletzt werden. Außerdem wird die Quadriga, das Vierergespann auf dem Tor, durch Kletterer beschädigt.

4.1. Wahlbündnis. Die DDR-Opposition schließt für die kommenden Wahlen zur Volkskammer ein Bündnis, aus dem sich aber die Sozialdemokraten wenige Tage später wieder zurückziehen.

6.1. Parteizusammenschluß. In Leipzig schließen sich die »Christlich Soziale Union/Freie Demokratische Union« (CSU/FDU) als neue DDR-Partei DSU (Deutsche Soziale Union) zusammen.

15.1. Stasi. 2000 Demonstranten stürmen die Zentrale des Staatssicherheitsdienstes der DDR in der Ost-Berliner Normannenstraße und verwüsten einige Räume. In zahlreichen Städten der DDR demonstrieren Anhänger des Neuen Forums gegen die zögerliche Auflösung des Geheimdienstes.

19.1. Wehner stirbt. In Bonn stirbt der SPD-Politiker und langjährige Fraktionsvorsitzende im Bundestag, Herbert Wehner, im Alter von 83 Jahren.

20.1. SED/PDS. Der Parteivorstand der in SED/PDS umbenannten, ehemaligen DDR-Staatspartei lehnt eine Selbstauflösung ab. Die Partei hat noch 1,2 Millionen Mitglieder.

29.1. Turbulenzen. DDR-Ministerpräsident Hans Modrow bezeichnet vor der Volkskammer die politische und soziale Lage im Land als immer weniger beherrschbar. Tags zuvor hatten er und die Oppositionsparteien sich am »Runden Tisch« auf eine Allparteienregierung bis zu den Volkskammerwahlen geeinigt, die vom 6. Mai auf den 18. März vorgezogen werden.

30.1. Wiedervereinigung. Hans Modrow und der sowjetische Staats- und Parteichef Michail Gorbatschow sprechen sich erstmals für ein vereintes Deutschland aus. Am 1. Februar nennt Modrow in der Volkskammer die Neutralität des vereinten deutschen Staates als Voraussetzung einer solchen Möglichkeit.

4.2. Erneute Umbenennung. Der Parteivorstand der SED/PDS beschließt, sich künftig »Partei des Demokratischen Sozialismus« (PDS) zu nennen. Mitte Februar gehören ihr nur noch 700.000 Mitglieder an.

5.2. Allparteienregierung. Die Volkskammer billigt die neue parteiübergreifende Regierung unter Führung von Hans Modrow (PDS) mit 377 gegen 16 Stimmen.

6.2. Deutsche Ostgrenze. Bundesaußenminister Hans-Dietrich Genscher bekräftigt gegenüber seinem Warschauer Amtskollegen Krzysztof Skubiszewski die Unverletzlichkeit der polnischen Westgrenze zu Deutschland.

7.2. Bündnis 90. In der DDR schließen sich die Bürgervereinigungen »Neues Forum«, »Demokratie Jetzt« und »Initiative für Frieden und Menschenrechte« zum »Bündnis 90« zusammen. Im Gegensatz zu den anderen größeren Gruppierungen will dieses Bündnis ohne Partner im Westen antreten.

7.2. Deutsch-deutsche Gespräche. Die Bundesregierung bietet der DDR-Regierung offiziell Gespräche über eine Wirtschafts- und Währungsunion an.

10.2. Moskau. Der sowjetische Staats- und Parteichef Michail Gorbatschow bekräftigt bei einem Besuch von Bundeskanzler Helmut Kohl das Recht der Deutschen auf Selbstbestimmung. Er gibt damit praktisch den Weg zur Einheit frei.

24.2. NATO-Mitgliedschaft. Bundeskanzler Helmut Kohl und US-Präsident George Bush sprechen sich bei einem Treffen in Camp David für eine NATO-Mitgliedschaft eines vereinigten Deutschlands aus. Das Gebiet der DDR soll einen Sonderstatus erhalten, um die Sicherheitsinteressen der UdSSR zu wahren.

1.3. DDR-Wirtschaft. Der DDR-Ministerrat erläßt eine Verordnung, nach der bisherige volkseigene Betriebe in Kapitalgesellschaften umgewandelt werden können. Ausländische Firmen dürfen sich jetzt in der DDR niederlassen.

5.3. Medizinischer Mißstand. Der »Berliner Zeitung« zufolge besteht eine bedenkliche Situation im Gesundheitswesen der DDR, nachdem 1989 etwa 3200 Ärzte in die Bundesrepublik übergesiedelt sind. Zudem bestehe bei der technischen Ausstattung der Krankenhäuser und Arztpraxen ein Mißstand.

18.3. Volkskammerwahlen. Bei den ersten und letzten freien Wahlen in der DDR erlangt die konservative »Allianz für Deutschland« aus CDU, DA (»Demokratischer Aufbruch«) und DSU (»Deutsche Soziale Union«) 48 % der Stimmen. Zweitstärkste Partei wird die SPD mit 21,9 %, drittstärkste die PDS mit 16,3 %. Das Bündnis 90 bleibt mit 2,9 % der Stimmen weit unter den Erwartungen. Die Wahlbeteiligung liegt bei 93 %.

19.3. SPD-Kanzlerkandidat. Der saarländische Ministerpräsident Oskar Lafontaine wird vom SPD-Parteivorstand einstimmig zum Kanzlerkandidaten für die Bundestagswahl am 2. Dezember nominiert.

12.4. DDR-Ministerpräsident. Die Volkskammer wählt den CDU-Vorsitzenden Lothar de Maizière zum neuen Ministerpräsidenten einer Großen Koalition aus CDU, SPD, dem liberalen Bund Freier Demokraten, DSU und Demokratischem Aufbruch.

23.4. Umbenennung. Karl-Marx-Stadt in der DDR wird wieder in Chemnitz umbenannt, nachdem sich bei einer Bürgerbefragung am 17. bis 21. April 76 % der Einwohner für die Änderung ausgesprochen haben.

24.4. Rehabilitierung. Das Oberste Gericht der DDR rehabilitiert die Opfer der sozialistischen Rechtsprechung. So wird unter anderem der Schriftsteller Erich Loest vom 1958 erhobenen Vorwurf des Staatsverrats freigesprochen.

25.4. Lafontaine-Attentat. Der saarländische Ministerpräsident und SPD-Kanzlerkandidat Oskar Lafontaine wird bei einer Wahlkampfveranstaltung in Köln durch eine geistig verwirrte Frau mit einem Messer schwer verletzt. Während der vierwöchigen Erholungsphase erwägt Lafontaine, sich aus der Politik zurückzuziehen.

30.4. Deutsch-deutsche Beziehungen. Bundestag und Volkskammer nehmen offizielle Beziehungen auf, als die Parlamentsvorsitzende Sabine Bergmann-Pohl in Berlin mit ihrer westdeutschen Amtskollegin Rita Süssmuth (beide CDU) zusammentrifft. In einer Erklärung werden den Nachbarn »sichere Grenzen« garantiert.

2.5. Polenbesuch. Richard von Weizsäcker trifft als erster Bundespräsident zu einem viertägigen Staatsbesuch in Polen ein. Er betont die Unantastbarkeit der Oder-Neiße-Linie als polnische Westgrenze.

5.5. Zwei-plus-Vier-Gespräche. In Bonn beginnen die sogenannten Zwei-plus-Vier-Gespräche, d. h. die Verhandlungen der beiden deutschen Staaten sowie der vier Siegermächte des Zweiten Weltkriegs über die äußeren Bedingungen für die deutsche Vereinigung. Uneinigkeit besteht insbesondere über die Bündniszugehörigkeit des zukünftigen Deutschlands.

15.5. Sonderfonds. Bundeskanzler Helmut Kohl und die Ministerpräsidenten der Länder einigen sich über die Finanzierung der deutschen Einheit. In einem »Fonds Deutsche Einheit« sollen bis 1994 115 Milliarden DM zur Verfügung gestellt werden, um den Aufbau Ost zu unterstützen.

6.6. RAF-Terroristen. Die bundesdeutsche Terroristin Susanne Albrecht wird in der Nähe ihrer Ost-Berliner Wohnung verhaftet, wo sie seit zehn Jahren unter falschem Namen lebt. Bis Monatsende verhaftet die ostdeutsche Polizei neun weitere ehemalige Mitglieder der »Rote Armee Fraktion« (RAF). Die Aussagen der ausgestiegenen Attentäter enthüllen ihre enge Zusammenarbeit mit dem Staatssicherheitsdienst (Stasi) der DDR.

14.6. Expo 2000. Hannover wird Standort der Weltausstellung »Expo 2000«. Die niedersächsische Landeshauptstadt kann sich bei der Generalversammlung des Bureau International des Expositions in Paris gegen Toronto durchsetzen.

18.6. DDR-Reformen. Die Volkskammer in Ost-Berlin läßt die Privatisierung der Volkseigenen Betriebe und Kombinate zu; eine sogenannte Treuhandanstalt soll die Umformung organisieren. Zudem streicht das Parlament jeden Bezug auf den Sozialismus aus der Verfassung; die DDR bezeichnet sich jetzt als »freiheitlicher und demokratischer Rechtsstaat«.

19.6. Schengener Abkommen. In einem Zusatzabkommen zum 1985 geschlossenen Vertrag von Schengen in Luxemburg vereinbaren die Bundesrepublik, Frankreich und die Benelux-Staaten den Wegfall der Grenzkontrollen ab 1992.

21.6. Wirtschaftsunion. Bundestag und Volkskammer billigen mit deutlichen Mehrheiten den Staatsvertrag über eine Wirtschafts-, Währungs- und Sozialunion zwischen beiden deutschen Staaten, die am 1. Juli in Kraft treten soll. Tags darauf wird der Vertrag auch vom Bundesrat verabschiedet.

1.7. Eine Währung. Die Wirtschafts-, Währungs- und Sozialunion zwischen den beiden deutschen Staaten tritt in Kraft. Damit ist die D-Mark auch in Ostdeutschland offizielles Zahlungsmittel.

17.7. Durchbruch. Der sowjetische Staats- und Parteichef Michail Gorbatschow beseitigt bei einem zweitägigen Besuch von Bundeskanzler Kohl im Kaukasus sensationell das letzte Hindernis auf dem Weg zur deutschen Einheit: die Bündnisfrage. Das vereinigte Deutschland soll »frei und selbst entscheiden«, welcher militärischen Allianz es angehören will.

22.7. Neue Länder. Die Volkskammer löst die bisherigen 14 DDR-Bezirke auf und gründet die ehemaligen Länder wieder neu: Sachsen-Anhalt, Thüringen, Brandenburg, Mecklenburg-Vorpommern und Sachsen. Der Beschluß tritt am 14. Oktober in Kraft.

26.7. Gesamtdeutsche Wahlen. Die gemeinsam tagenden Ausschüsse Deutsche Einheit von Bundestag und Volkskammer einigen sich in Bonn auf den 2. Dezember als Termin für die ersten Wahlen zum gesamtdeutschen Parlament.

5.8. Bündnis 90/Die Grünen. Die Grünen der beiden deutschen Staaten beschließen für die Bundestagswahlen eine Listenverbindung mit der Bürgerrechtsbewegung »Bündnis 90«. Die Allianz trägt den Namen »Bündnis 90/Die Grünen«.

23.8. Beitrittsbeschluß. Die Volkskammer in Berlin (Ost) beschließt den Beitritt der DDR zur Bundesrepublik zum 3. Oktober.

31.8. Einigungsvertrag. Der Einigungsvertrag wird von beiden deutschen Regierungen, vertreten durch Bundesinnenminister Wolfgang Schäuble und DDR-Staatssekretär Günter Krause, unterzeichnet. Viele Details jedoch, wie etwa die Frage des zukünftigen Regierungssitzes und das Problem der Stasiakten, sind noch nicht geklärt.

12.9. Zwei-plus-Vier-Vertrag. Die vier Siegermächte des Zweiten Weltkriegs, die UdSSR, die USA, Großbritannien und Frankreich, verzichten im Zwei-plus-Vier-Vertrag auf ihre Rechte und Pflichten im künftig vereinten Deutschland. Die seit 1945 rechtlich offene

Frage der Ostgrenze Deutschlands zu Polen wird in Artikel 1 geklärt: »Das vereinte Deutschland hat keinerlei Gebietsansprüche gegen andere Staaten und wird solche auch in Zukunft nicht erheben.« In Artikel 4 verpflichtet sich die UdSSR, ihre Truppen bis 1994 aus Deutschland abzuziehen.

3.10. Deutsche Einheit. 41 Jahre nach ihrer Staatsgründung beendet die DDR ihre Existenz und tritt der Bundesrepublik bei. Als die Einheit um Mitternacht in Kraft tritt, wird in Anwesenheit der Staats- und Regierungsspitzen der ehemals getrennten deutschen Staaten vor dem Reichstagsgebäude feierlich die bundesdeutsche Flagge aufgezogen. Etwa eine Million Menschen beteiligten sich an den Feiern in Berlin.

12.10. Schäuble-Attentat. Bundesinnenminister Wolfgang Schäuble (CDU) wird bei einer Veranstaltung in seinem badischen Wahlkreis in Oppenau von einem Geisteskranken durch Pistolenschüsse schwer verletzt. Schäuble bleibt querschnittsgelähmt, dennoch nimmt er bereits Ende November wieder seine Arbeit auf.

14.10. Landtagswahlen. In den neuen Bundesländern werden Landtagswahlen durchgeführt. Außer in Brandenburg, wo die SPD gewinnt, kann sich die CDU in den übrigen vier Ländern durchsetzen.

15.10. Friedensnobelpreis. Das Nobelpreiskomitee in Oslo gibt bekannt, daß der sowjetische Staatspräsident Michail Gorbatschow mit dem Friedensnobelpreis ausgezeichnet wird.

7.11. Waldsterben. Bundeslandwirtschaftsminister Ignaz Kiechle legt den neuesten Bericht über den Zustand der Wälder vor. Danach erreicht die Erkrankung der Bäume in West- und Ostdeutschland mit 58,8 % einen Rekordwert.

14.11. Oder-Neiße-Linie. Der deutsche Außenminister Hans-Dietrich Genscher und sein polnischer Amtskollege Krzysztof Skubiszewski unterzeichnen in Warschau den deutsch-polnischen Grenzvertrag über die Festlegung der Oder-Neiße-Linie als polnische Westgrenze.

21.11. Paris. Die Staats- und Regierungschefs der 34 KSZE-Mitgliedsstaaten besiegeln feierlich das Ende des Kalten Krieges und der Spaltung Europas. Ihre »Charta von Paris« begründet eine neue Partnerschaft zwischen den Nationen. Am Rande des Gipfels sagt Bundeskanzler Helmut Kohl dem sowjetischen Staatspräsidenten Michail Gorbatschow Hilfslieferungen im Wert von 700 Millionen DM für die notleidende sowjetische Bevölkerung zu.

25.11. Rassismus. In Eberswalde schlagen Rechtsradikale einen Angolaner zusammen. Er erliegt seinen Verletzungen. Es ist der Beginn aufflammender rechtsradikaler Gewalt in Deutschland.

1.12. Haftbefehl. Die Berliner Justizsenatorin Jutta Limbach gibt öffentlich bekannt, daß gegen den früheren Staats- und Parteichef der DDR, Erich Honecker, Haftbefehl erlassen worden ist. Ihm wird wegen der Todesschüsse an der Mauer Anstiftung zum Mord vorgeworfen.

2.12. Bundestagswahl. Die erste gesamtdeutsche Bundestagswahl gewinnt erwartungsgemäß die christlich-liberale Koalition unter Bundeskanzler Helmut Kohl. Die SPD unter Kanzlerkandidat Oskar Lafontaine erzielt das schlechteste Ergebnis seit 1957; die Grünen scheitern in Westdeutschland überraschend an der Fünf-Prozent-Hürde.

8.12. Stasi-Mitarbeit. Das Nachrichtenmagazin »Der Spiegel« verdächtigt den früheren DDR-Ministerpräsidenten Lothar de Maizière (CDU) der Stasi-Mitarbeit. De Maizière bestreitet die Vorwürfe, tritt jedoch am 17. Dezember als Sonderminister in der neuen Bundesregierung zurück.

Kultur – Medien – Sport

2.1. Kunstpreis. Der Maler Anselm Kiefer erhält den Kunstpreis der israelischen Wolf-Stiftung, der mit 100.000 US-Dollar dotiert ist. Am 5. Januar wird Kiefer auch der Kaiserring der Stadt Goslar zugesprochen.

6.1. Skisport. Als erster westdeutscher Skispringer seit 30 Jahren gewinnt der Hinterzartener Dieter Thoma die Vierschanzen-Tournee.

21.1. Fernsehen. Die Striptease-Show »Tutti Frutti« läuft zum erstenmal bei RTL und ruft eine heftige Diskussion über die Grenzen des guten Geschmacks und über das allgemeine Niveau in den Massenmedien hervor.

5.4. Theater. An den Münchner Kammerspielen wird Herbert Achternbuschs kritisches Wendedrama »Auf verlorenem Posten« uraufgeführt.

12.4. Musik. Der Leipziger Dirigent Kurt Masur, langjähriger Chef des Gewandhausorchesters, übernimmt als erster Deutscher die musikalische Leitung der New Yorker Philharmoniker.

11.5. Eishockey. Der deutsche Eishockey-Bund in München gibt als erster westdeutscher Sportverband die Aufnahme von DDR-Vereinen bekannt. Ab der Saison 1990/91 erhöhen die SG Dynamo Weißwasser und der EHC Dynamo Ostberlin die Zahl der Bundesligaklubs auf zwölf.

29.6. Musical. Das Musical »Phantom der Oper« feiert im neu erbauten Flora-Theater in Hamburg-Altona Premiere. Begleitet wird die Premiere von Krawallen; der Neubau sorgt schon seit Monaten für Unruhe, weil er nach Ansicht der Anwohner den Charakter ihres

Wohnviertels zerstört und die Mieten in die Höhe schraubt. Der Erfolg des Musicals zieht andere Theaterneubauten, z. B. in Bochum (»Starlight Express«), nach sich.

8.7. Fußball. Deutschland ist nach 1954 und 1974 zum dritten Mal Fußballweltmeister: Im Endspiel der WM in Rom schlägt die Mannschaft von Teamchef Franz Beckenbauer Titelverteidiger Argentinien mit 1:0.

9.7. Fechten. Bei den Fechtweltmeisterschaften im französischen Lyon gewinnt die 21-jährige Anja Fichtel die Goldmedaille; die Mannschaft erreicht jedoch nur den fünften Platz.

15.7. TV-Star. Der bayerische Volksschauspieler Walter Sedlmayer wird in seiner Münchener Wohnung ermordet aufgefunden.

19.7. Fußball. Der Deutsche Fußball-Bund (DFB) und der Deutsche Fußballverband der DDR beschließen ihre Vereinigung. In der 1. und 2. Bundesliga sollen ab der Saison 1990/91 auch ostdeutsche Vereine spielen.

21.7. Rockmusik. Vor 320.000 Zuschauern auf dem Potsdamer Platz bringt die britische Band »Pink Floyd« mit ihrem Werk »The Wall« die Mauer ein zweites Mal auf symbolische Weise zum Einsturz.

5.8. Reiter-WM. Nicole Uphoff, 23jährige Olympiasiegerin von 1988, erzielt mit 1569 Punkten die höchste Wertung, die jemals international in der Dressurprüfung vergeben wurde, und gewinnt damit Gold.

1.9. Leichtathletik. Im jugoslawischen Split geht die seit dem 27. August andauernde Leichtathletik-Europameisterschaft zu Ende, bei der die DDR mit 34 Medaillen ihren letzten großen Sportsieg feiert.

30.9. Marathonlauf. Fast 25.000 Menschen beteiligen sich am Berlin-Marathon, der erstmals durch das Brandenburger Tor führt. Sieger wird bei den Herren der Australier Steve Moneghetti (2:08:16 h), bei den Damen die Potsdamerin Uta Pippig (2:28:37 h).

15.12. Fernsehen. Die »Aktuelle Kamera«, Hauptnachrichtensendung der früheren DDR, wird letztmals gesendet. Die Frequenzen des Deutschen Fernsehfunks 1 (DFF) gehen an die ARD über.

16.12. Tennis. In München geht der zum ersten Mal ausgetragene Grand Slam Cup zu Ende, Sieger Pete Sampras (USA) erhält 6 Millionen US-Dollar Preisgeld. Boris Becker hatte wegen der nach seiner Auffassung »pervers« hohen Preisgelder auf eine Teilnahme am Turnier verzichtet.

1991

Politik – Wirtschaft – Zeitgeschehen

6.1. Auslandseinsatz. Erstmals in der Geschichte der Bundesrepublik werden Bundeswehrsoldaten in einem ausländischen Krisengebiet eingesetzt: 18 Alpha-Jets der Bundeswehr sollen den NATO-Partner Türkei vor einem Angriff des Irak, der am 2. August 1990 Kuwait besetzt hat, schützen.

11.1. Einheit Berlins. Das erste Gesamtberliner Abgeordnetenhaus konstituiert sich in der Nikolaikirche. Beim Zusammentritt des Parlaments wird die zuvor nur im Westteil geltende Verfassung von 1950 auf ganz Berlin ausgedehnt und damit die staatsrechtliche Einheit der Stadt vollzogen.

12.1. Friedensdemonstration. In ganz Deutschland gehen über 200.000 Menschen aus Protest gegen den Golfkrieg auf die Straße. Es handelt sich um die größte Friedensdemonstration seit 1983.

17.1. Gesamtdeutsche Regierungsmannschaft. Der Deutsche Bundestag bestätigt Helmut Kohl mit 378 von 644 abgegebenen Stimmen als Bundeskanzler. Im neuen Kabinett sind drei Ostdeutsche vertreten: Angela Merkel (CDU) wird Ministerin für Frauen und Jugend, Rainer Ortleb (F.D.P.) wird Bildungsminister, und Günther Krause (CDU) übernimmt das Verkehrsministerium.

17.1. Operation Wüstensturm. Nach Scheitern aller diplomatischen Bemühungen in der Kuwait-Krise beginnt die am Persischen Golf stationierte multinationale Truppe mit Luftangriffen auf den Irak. Oberbefehlshaber der »Operation Wüstensturm« ist der US-General Norman Schwarzkopf.

11.2. Rosenmontagstristesse. Wegen des Golfkriegs finden in den Karnevalshochburgen des Rheinlands keine organisierten Rosenmontagsumzüge statt.

26.2. Solidaritätszuschlag. Das Bundeskabinett beschließt die Einführung von Steuererhöhungen zur Finanzierung des Golfkriegs sowie der deutschen Einheit. Bis Ende 1992 soll der sogenannte »Solidaritätszuschlag« Mehreinnahmen in Höhe von 46 Milliarden Mark bringen.

28.2. Waffenstillstand. Nachdem der irakische Präsident Saddam Hussein seine Bereitschaft erklärt hat, die Forderungen des Sicherheitsrates der Vereinten Nationen zu erfüllen, enden sechs Wochen nach Kriegsbeginn alle Kampfhandlungen in Kuwait und im Irak. US-Präsident George Bush verkündet um 3 Uhr MEZ im Fernsehen die Feuerpause am Golf.

1.3. Lohnniveau. Bei den Tarifverhandlungen für die Metallindustrie in Mecklenburg-Vorpommern wird ein Pilotabschluß für Ostdeutschland erzielt: Die Metaller in diesem Bundesland sollen ab 1994 als erste das gleiche Einkommen erhalten wie ihre Kollegen in Westdeutschland. Bislang hatte es zur Unterstützung der Konjunktur in Ostdeutschland ein niedrigeres Lohnniveau gegeben.

13.3. Honecker-Flucht. Damit er der deutschen Strafverfolgung entgehen kann, wird Erich Honecker, der sich wegen des Schießbefehls an der Mauer verantworten soll, von einem sowjetischen Militärflugzeug nach Moskau ausgeflogen. Die Bundesregierung protestiert einen Tag später und fordert die Rückkehr in die Bundesrepublik.

31.3. Moskau. Das östliche Militärbündnis Warschauer Pakt löst sich auf. Die Außenminister der verbliebenen Mitgliedsstaaten (UdSSR, Rumänien, Bulgarien, Polen, ČSFR, Ungarn) unterzeichnen in Moskau das Protokoll zur Beendigung der militärischen Struktur des Bündnisses. Am 1. Juli beschließen die Mitgliedsstaaten in Prag die Beendigung der Wirksamkeit des Warschauer Vertrages und lösen damit auch die politischen Strukturen des Paktes auf.

1.4. Rohwedder-Attentat. Der Präsident der Berliner Treuhandanstalt, Detlev Karsten Rohwedder, wird in seinem Haus in Düsseldorf durch einen Mordanschlag getötet, zu dem sich die »Rote Armee Fraktion« (RAF) bekennt.

25.4. Stasi-Akten. CDU, CSU, F.D.P. und SPD einigen sich auf Regeln zum Umgang mit den Akten des Staatssicherheitsdienstes der DDR. Stasi-Opfer sollen, so der Beschluß, ihre Unterlagen einsehen können.

5.5. PDS-Programmkongreß. Die SED-Nachfolgepartei PDS bekennt sich auf einem Programmkongreß zum Grundgesetz und empfiehlt einen radikalen Bruch mit dem marxistisch-leninistischen Parteiverständnis.

10.5. Eierwerfer. Wütende Proteste begleiten den ersten Besuch von Bundeskanzler Kohl in der krisengebeutelten Industrieregion Bitterfeld. Zum Eklat kommt es, als Kohl vor dem Stadthaus in Halle von Eiern und Farbbeuteln getroffen wird.

23.5. Zwangsadoptionen. In Berlin werden erstmals Akten entdeckt, die beweisen, daß es in der DDR Zwangsadoptionen aus politischen Gründen gegeben hat.

7.6. Bundeshaushalt. Der Deutsche Bundestag verabschiedet den ersten gesamtdeutschen Haushalt. Er hat ein Volumen von 410,3 Milliarden DM und wächst gegenüber dem Vorjahr um 3,6 %.

20.6. Hauptstadtfrage. Mit 338 gegen 320 Stimmen entscheidet sich der Bundestag relativ knapp für Berlin und gegen Bonn als künftigen Parlaments- und Regierungssitz. Das Machtzentrum der Republik soll nach dem Willen der Berlin-Befürworter den neuen Ländern im Osten und auch den osteuropäischen Nachbarn näher sein als bisher. Außerdem übt Berlin eine größere Ausstrahlung und Symbolkraft aus.

1.8. Schweiz-Jubiläum. Mit einer Feier auf der Rütliwiese am Vierwaldstätter See erreichen die Feiern zum 700jährigen Jubiläum der Schweizerischen Eidgenossenschaft ihren Höhepunkt. Der glanzvolle Rahmen kann nicht darüber hinwegtäuschen, daß der 1291 aus drei »Urkantonen« hervorgegangene Staat sich in einer vielschichtigen Identitätskrise befindet, die vor allem durch den Fall des »Eisernen Vorhangs« hervorgerufen wurde.

19.8. Moskau. In der Sowjetunion versucht ein sogenanntes Notstandskomitee, Staatspräsident Michail Gorbatschow zu stürzen. Mit Hilfe des russischen Präsidenten Boris Jelzin, der zum zivilen Ungehorsam gegen die Putschisten aufruft, scheitert der Umsturzversuch zweieinhalb Tage später.

29.8. DDR-Spionage I. Die Bundesanwaltschaft leitet gegen den früheren Devisenbeschaffer der DDR, Alexander Schalck-Golodkowski, ein Ermittlungsverfahren wegen Spionageverdachts ein, ein Vorwurf, der sich jedoch nicht erhärten läßt.

30.8. DDR-Spionage II. Der ehemalige Spionagechef der DDR, Markus Wolf, verläßt die Sowjetunion, um sich am 24. September den deutschen Behörden zu stellen. Am 6. Dezember 1993 wird er wegen Landesverrats und Bestechung von Amtsträgern zu sechs Jahren Haft verurteilt.

6.9. De-Maizière-Rücktritt. Der stellvertretende Bundesvorsitzende der CDU, Lothar de Maizière, tritt nach Vorwürfen, er habe als informeller Mitarbeiter »Czerni« für die Stasi gearbeitet, von all seinen Parteiämtern zurück.

19.9. Ausländerhatz. In der sächsischen Kreisstadt Hoyerswerda kommt es zu Angriffen durch Rechtsradikale auf ein Ausländerwohnheim und am 22. September auf eine Asylantenunterkunft. Die Überfälle werden von Sympathiekundgebungen von Teilen der einheimischen Bevölkerung getragen. Diese Ereignisse sind der vorläufige Höhepunkt einer ganzen Kette von rechtsradikalen Gewaltäußerungen gegen Ausländer im vereinten Deutschland.

3.10. Einheitsfest. Die offiziellen Feiern zum ersten Jahrestag der deutschen Einheit stehen im Zeichen der jüngsten rechtsradikalen Ausschreitungen gegen Ausländer. Politiker aller Fraktionen im Bundestag richten eindringliche Appelle gegen diese Entwicklung. Im Laufe des Tages werden aus 20 Ortschaften der Bundesrepublik ausländerfeindliche Aktionen gegen Menschen gemeldet.

6.10. Oberösterreich. Die rechtsgerichtete, von Jörg Haider geführte Freiheitliche Partei Österreichs (FPÖ) erreicht bei Landtagswahlen überraschende 17,7 %. Haider hatte einen Wahlkampf mit ausländerfeindlichen Parolen geführt. Bei den folgenden Wahlen setzt sich der Trend fort: etwa bei den Gemeinderatswahlen in Wien, bei denen die FPÖ mit 22,54 % der Stimmen zweitstärkste Fraktion wird.

8.10. Kirchenkritik. Der Paderborner Erzbischof Joachim Degenhardt entzieht dem kirchenkritischen Priester und Publizisten Eugen Drewermann die kirchliche Lehrerlaubnis.

10.10. Mammuthochzeit. Die Friedrich Krupp GmbH (Essen) gibt bekannt, daß sie 24,9 % der Aktien des Dortmunder Hoesch-Konzerns erworben habe und eine Fusion der beiden Stahlkonzerne geplant sei. Der Zusammenschluß erfolgt tatsächlich im Jahr 1992. Beschäftigte der Hoesch AG geben mit Demonstrationen der Angst um ihren Arbeitsplatz Ausdruck.

14.10. Akteneinsicht. In Bonn beschließt der Deutsche Bundestag mit breiter Mehrheit – nur PDS und Bündnis 90 votieren dagegen –, daß Opfer des Ministeriums der Staatssicherheit der früheren DDR Einblick in die über sie angelegten Akten erhalten dürfen. Die Akteneinsicht geschieht in der Behörde des Sonderbeauftragten der Bundesregierung für Stasi-Unterlagen, Joachim Gauck.

9.12. Maastricht-Gipfel. Die zwölf Staats- und Regierungschefs der Europäischen Gemeinschaft (EG) beschließen im niederländischen Maastricht auf einem bis zum 11. Dezember dauernden Gipfel die Gründung der Europäischen Union (EU). Kernstück des Vertragsentwurfs ist die Einrichtung einer Wirtschafts- und Währungsunion mit einer gemeinsamen Währung ab 1999.

23.12. Anerkennung. Die Bundesrepublik Deutschland erkennt als erster Staat formell die staatliche Unabhängigkeit der ehemaligen jugoslawischen Teilrepubliken Kroatien und Slowenien an. Die Anerkennung ist umstritten, da sie nach Meinung der Kritiker den Balkankonflikt verschärft.

Kultur – Medien – Sport

1.1. Musik. Die Jubiläumsfeierlichkeiten um Wolfgang Amadeus Mozart, dessen Todestag sich am 5. Dezember zum 200. Mal jährt, werden in Salzburg mit einem Konzert des Mozarteum-Orchesters eröffnet. Das ganze Jahr über steht Mozart im Mittelpunkt des musikalischen Geschehens und öffentlichen Interesses.

11.1. Literatur. Das Schweizerische Literaturarchiv, dem der am 14. Dezember 1990 verstorbene Schriftsteller Friedrich Dürrenmatt eine umfangreiche Sammlung hatte zukommen lassen, wird in Bern eröffnet.

13.1. Schwimmsport. Mit einer Gold- und drei Silbermedaillen verabschiedet sich »Albatros« Michael Groß aus Offenbach bei der Schwimmweltmeisterschaft in Australien vom aktiven Sport.

27.1. Tennis. Boris Becker wird mit einem Viersatzsieg über Ivan Lendl bei den Internationalen Tennismeisterschaften von Australien erstmalig die Nummer eins der Weltrangliste.

1.2. Theater. An den Münchner Kammerspielen hat das Stück »Schlußchor« von Botho Strauß seine Uraufführung; es stellt eine Momentaufnahme der deutschen Gesellschaft zum Zeitpunkt der Wiedervereinigung dar.

21.2. Journalismus. Der Deutsche Presserat in Bonn bemängelt die Zensur, der die Berichterstattung über den Golfkrieg durch das amerikanische Militär unterliegt. Die von den Zensoren ausgewählten Bilder sollen den Eindruck eines »sauberen«, unblutigen Kriegs erzeugen.

4.4. Literatur. Einer der bedeutendsten Vertreter der deutschsprachigen Literatur, der Schweizer Max Frisch, stirbt kurz vor seinem 80. Geburtstag in Zürich. Zu seinen bekanntesten Werken zählen der Roman »Homo Faber« und das Theaterstück »Biedermann und die Brandstifter«.

6.4. Oper. In Frankfurt am Main wird mit einem Festakt die wiederaufgebaute Alte Oper eingeweiht. Das Gebäude war 1987 durch Brandstiftung zerstört worden.

19.4. Ausstellung. Im Berliner Martin-Gropius-Bau wird die Ausstellung »Metropolis« eröffnet, die Auskunft über die Kunsttendenzen der 90er Jahre geben will.

2.5. Presse. Westverlage drängen auf den ostdeutschen Pressemarkt. Die Allgemeine Zeitungsverlag GmbH unter Beteiligung von Burda bringt die Boulevardzeitung »Super!« mit einer Startauflage von 500.000 heraus. Das Blatt, das als »Ossi«-Sprachrohr daherkommt, zeichnet sich durch aggressive Stimmungsmache gegen die »Wessis« aus.

25.5. Fußball. Der FC Hansa Rostock wird Meister der Fußball-Oberliga Nordost, die das Gebiet der neuen Bundesländer abdeckt, und qualifiziert sich damit für die erste gesamtdeutsche Bundesliga. Tabellenzweiter Dynamo Dresden, letzter DDR-Meister, ist die zweite Mannschaft, die aus dem Osten ins Bundesliga-Oberhaus einziehen darf.

19.6. Doping. Ein in Bonn veröffentlichter Report der unabhängigen Doping-Kommission stellt fest, daß im deutschen Sport vor der Vereinigung umfassend gedopt worden ist, und zwar mit Wissen und Mitwirkung vieler Funktionäre. Maßnahmen zur Eindämmung des Dopings sollen das Ansehen des Sports verbessern.

7.7. Tennis. In Wimbledon stehen sich beim Finale im Herreneinzel erstmals zwei Deutsche gegenüber: Michael Stich besiegt in diesem Duell Boris Becker in drei Sätzen.

14.8. Fernsehen. In Koblenz erklärt das Oberverwaltungsgericht die Spielshow »Glücksrad« des Fernsehsenders SAT 1 zur Werbesendung – Symptom einer Entwicklung, in der immer mehr die gewerblichen Aspekte redaktionelle Inhalte und Programmgestaltung vor allem der Privatsender bestimmen.

17.8. Fernsehen. Medienspektakel des Jahres wird die Überführung des Sarkophags Friedrichs II. des Großen (1712-1786) vom schwäbischen Hechingen nach Potsdam, mit der sich der letzte Wille des »Alten Fritz« erfüllt. Gleichzeitig finden die Gebeine seines Vaters, Friedrich Wilhelms I. (1688-1740), die letzte Ruhestätte in Potsdam.

26.8. Sprache. Nach 40 Jahren ist der »Duden« wieder vereinigt. Mit 115.000 Stichwörtern weist das Nachschlagewerk den größten Textbestand seiner 111jährigen Geschichte auf.

19.9. Wissenschaftssensation. In einem Schmelzwassersee des Similaun-Gletschers in den Ötztaler Alpen (Österreich) wird von Bergtouristen zufällig eine mumifizierte männliche Leiche aus der Jungsteinzeit (5000-1500 v. Chr.) gefunden. Der Gletschermann – »Ötzi« getauft – hält in den darauffolgenden Monaten und Jahren Wissenschaftler und Öffentlichkeit in Atem.

9.10. Schlagermusik. Der beliebte Schlagersänger Roy Black (»Ganz in Weiß«) erliegt mit 48 Jahren einem Herzleiden.

19.10. Literaturpreis. Der 1976 aus der DDR ausgebürgerte Liedermacher und Schriftsteller Wolf Biermann erhält den mit 60.000 DM dotierten Georg-Büchner-Preis in Darmstadt. In seiner Dankesrede kritisiert er die Larmoyanz der Ostdeutschen angesichts der veränderten Lage nach dem Mauerfall.

23.11. Film. Der Schauspieler Klaus Kinski, bekannt aus Verfilmungen trivialer (Edgar Wallace) wie künstlerisch ambitionierter Stoffe (»Fitzcarraldo«), stirbt im Alter von 65 Jahren in Luganita bei San Francisco.

8.12. Fußball. Durch eine Umfrage des Weltfußballverbandes FIFA unter 65 Nationaltrainern wird Lothar Matthäus zum zweiten Mal nach 1990 zum Weltfußballer des Jahres gewählt.

10.12. Nobelpreis. In Oslo wird den Deutschen Erwin Neher und Bert Sakmann für ihre Entdeckungen auf dem Gebiet der Zellularpathologie der Nobelpreis für Medizin verliehen.

10.12. Medienöffentlichkeit. Der Filmemacher Rosa von Praunheim weist im Fernsehen auf die homosexuelle Neigung zweier prominenter TV-Entertainer hin und stößt damit eine breite Diskussion über das sogenannte »Outing« von Prominenten an.

18.12. Fußball. Durch ein 4:0 über Luxemburg sichert sich Weltmeister Deutschland die Qualifikation zur Fußball-Europameisterschaft 1992 in Schweden.

1992

Politik – Wirtschaft – Zeitgeschehen

18.1. IM »Sekretär«. Der brandenburgische Ministerpräsident Manfred Stolpe (SPD) schildert im Nachrichtenmagazin »Der Spiegel« seine Kontakte zum Staatssicherheitsdienst der DDR als Repräsentant der evangelischen Kirche. Wie ein Untersuchungsausschuß feststellt, wurde Stolpe bei der Stasi unter dem Decknamen »Sekretär« als inoffizieller Mitarbeiter geführt. Der brandenburgische Landtag spricht dem Ministerpräsidenten jedoch am 30. Januar das Vertrauen aus.

20.1. Mauerschützen. Beim ersten Prozeß gegen Todesschützen an der früheren deutsch-deutschen Grenze werden mehrjährige Freiheitsstrafen gegen zwei DDR-Grenzsoldaten ausgesprochen. Bis Mitte 1994 ergehen in 15 Gerichtsverfahren Urteile gegen Grenzschützer der DDR, fast immer wegen Totschlags.

7.2. Maastricht-Vertrag. Die Außen- und Finanzminister der EG-Mitgliedsstaaten unterzeichnen die 1991 vereinbarten Verträge von Maastricht zur Bildung einer politischen und wirtschaftlichen europäischen Union.

10.2. Mielke-Prozeß. Das Landgericht Berlin eröffnet den Prozeß gegen den ehemaligen Chef des DDR-Staatssicherheitsdienstes, Erich Mielke, wegen Mordes an zwei Polizisten im Jahr 1931. Mielke ist der bislang ranghöchste DDR-Funktionär vor einem gesamtdeutschen Gericht. Am 26. Oktober ergeht gegen ihn eine Haftsstrafe von sechs Jahren.

3.5. Europäischer Wirtschaftsraum. In der portugiesischen Hafenstadt Porto vereinbaren die Außenminister der zwölf EG-Staaten und der sieben Staaten der Europäischen Freihandelsassoziation EFTA das größte Wirtschaftsbündnis der Welt: den Europäischen Wirtschaftsraum (EWR). Abgezielt wird damit auf eine Stärkung des europäischen Binnenmarkts.

11.5. UNO-Einsatz. Bundesverteidigungsminister Volker Rühe verabschiedet die ersten deutschen Soldaten, die sich an einer Mission der UNO beteiligen; sie brechen am 23. Mai zu einer Friedensmission nach Kambodscha auf.

17.5. Genscher-Rücktritt. Hans-Dietrich Genscher, mit 18 Amtsjahren dienstältester Außenminister der Welt, tritt aus Altersgründen zurück. Den Höhepunkt seiner Amtszeit hatte er 1989/90 mit der deutsch-deutschen Vereinigung erlebt, zu deren Architekten er gehört hatte.

26.6. Abtreibungsregelung. Der Deutsche Bundestag beendet vorläufig einen jahrzehntelangen Streit um das Abtreibungsrecht und beschließt eine Fristenlösung mit Beratungszwang.

30.6. Pflegeversicherung. Die Bundesregierung einigt sich auf die Einführung einer Pflegeversicherung, die gegen das Risiko der Pflegebedürftigkeit absichern soll.

1.7. Aufschwung. Zum zweiten Jahrestag der deutsch-deutschen Wirtschafts- und Währungsunion räumt Bundeskanzler Kohl ein, daß der »Aufschwung« für die Ostdeutschen länger auf sich warten läßt, als er es erwartet hatte.

29.7. Honecker-Verhaftung. Erich Honecker kehrt nach fast achtmonatigem Aufenthalt in der Moskauer Botschaft Chiles nach Berlin zurück, wo er in das Gefängnis Moabit gebracht wird.

22.8. Rechtsradikale Gewalt. Fünf Nächte lang üben Rechtsextremisten vor dem zentralen Flüchtlingsheim in Rostock-Lichtenhagen Terror gegen Asylbewerber aus. Die weltweit ausgestrahlten Bilder schädigen das internationale Ansehen der Bundesrepublik.

25.8. Hauptstadt-Vertrag. Der Berliner Regierende Bürgermeister Eberhard Diepgen und Bundeskanzler Kohl unterzeichnen den »Hauptstadt-Vertrag«, der den Ausbau Berlins zum deutschen Parlaments- und Regierungssitz vorbereiten soll.

8.9. Wachsende Armut. Die Deutsche Caritas legt eine Studie vor, nach der die Armut in Deutschland immer mehr um sich greift. Zunehmend sind im Unterschied zu früher auch viele junge Menschen und Kinder davon betroffen.

26.9. Brandanschlag. In der Nacht zerstören Brandstifter ein Museumsgebäude in der KZ-Gedenkstätte Sachsenhausen. Der brandenburgische Landtag verurteilt den Anschlag als »Akt der Barbarei und Schande für Deutschland«.

2.10. Schnelle Truppe. In Bielefeld wird die »Schnelle Eingreiftruppe« der NATO gebildet. Sie umfaßt 70.000 bis 110.000 Mann und soll in Krisenfällen jede Region des Bündnisgebiets in wenigen Tagen erreichen können.

8.10. Brandt stirbt. Altbundeskanzler und Friedensnobelpreisträger Willy Brandt stirbt im Alter von 78 Jahren nach langem Krebsleiden.

8.10. Hirntote Mutter. Eine hirntote, aber im vierten Monat schwangere Frau soll in der Erlanger Klinik ihr Kind austragen, indem ihre Lebensfunktionen künstlich aufrechterhalten bleiben. Doch vergebens – am 16. November kommt das Kind tot zur Welt.

23.11. Rechtsextremistischer Anschlag. Einem von Rechtsextremisten verübten Brandanschlag fallen in Mölln drei Türken – eine 51jährige Frau und zwei Mädchen im Alter von 10 und 14 Jahren – zum Opfer. Wenige Tage später verhaftet die Polizei die Täter.

6.12. Lichterkette. Als Reaktion auf die Morde von Mölln protestieren in München 400.000 Menschen mit einer Lichterkette gegen Ausländerfeindlichkeit in Deutschland.

Kultur – Medien – Sport

18.1. Film. Der Kinofilm »Hitlerjunge Salomon« des deutschen Produzenten Arthur Brauner und der polnischen Regisseurin Agnieszka Holland erhält in Los Angeles einen »Golden Globe« als bester ausländischer Film.

8.2. Leichtathletik. Heike Henkel stellt bei den Deutschen Leichtathletikmeisterschaften mit 2,07 m einen Weltrekord im Hochsprung auf.

8.2. Olympische Winterspiele. Im französischen Albertville werden die 16. Olympischen Winterspiele eröffnet. Erstmals geht wieder eine gesamtdeutsche Mannschaft an den Start.

15.2. Doping. Die Sprinterinnen Katrin Krabbe, Grit Breuer und Silke Möller werden vom Deutschen Leichtathletik-Verband wegen Dopingverdachts gesperrt.

23.4. Schach. Der deutsche Schach-Champion Robert Hübner besiegt beim »Chess Meeting ′92« in Dortmund sensationell Weltmeister Gari Kasparow.

6.5. Film. Die in Berlin geborene Marlene Dietrich stirbt in Paris. Berühmt geworden war sie in ihrer Rolle in Josef von Sternbergs Film »Der blaue Engel« (1929/30). Sie ging nach Hollywood und blieb nach der Machtergreifung der Nazis in Amerika und lehnte eine Rückkehr nach Deutschland ab.

6.5. Fußball. Mit einem 2:0 über den AS Monaco in Lissabon gewinnt Werder Bremen unter Trainer Otto Rehagel den Fußball-Europapokal der Pokalsieger.

26.5. Musical. Im Berliner Theater des Westens erlebt das Musical »Der blaue Engel« mit Ute Lemper in der Hauptrolle seine Urauffürung. Regie führt Peter Zadek.

4.6. Literatur. Der Friedenspreis des Deutschen Buchhandels geht an den israelischen Schriftsteller Amos Oz.

4.6. Film. Helmut Dietls »Schtonk«, die Verfilmung der größten »Ente« in der deutschen Pressegeschichte, die angeblichen »Hitler-Tagebücher«, erhält den begehrten Deutschen Filmpreis in Gold.

13.6. Kunst. Die Kunstausstellung »documenta IX« in Kassel öffnet ihre Tore. 186 Künstler aus aller Welt stellen rund 1000 Werke aus.

26.6. Fußball. Dänemark gewinnt sensationell die Fußball-Europameisterschaft in Schweden. Die Mannschaft schlägt Deutschland im Finale 2:0.

9.8. Olympische Sommerspiele. Zum Abschluß der Spiele in Barcelona belegt das deutsche Team im inoffiziellen Medaillenspiegel mit 33 Gold-, 21 Silber- und 28 Bronzemedaillen den dritten Platz hinter der GUS (45/38/28) und den USA (37/34/37).

27.8. Presse. Der Hamburger Bauer-Verlag stellt die seit 1948 zur deutschen Presselandschaft gehörende Illustrierte »Quick« wegen drastischen Anzeigenrückgangs ein.

30.8. Formel 1. Der deutsche Formel-1-Pilot Michael Schumacher gewinnt mit dem Großen Preis von Spa in Belgien seinen ersten Grand Prix. Es ist erst der dritte Grand-Prix-Sieg eines Deutschen überhaupt.

12.10. Kunstraub. Diebe stehlen beim spektakulärsten Kunstraub der deutschen Nachkriegsgeschichte aus dem schlecht gesicherten Schloßmuseum Weimar acht Gemälde von Lucas Cranach dem Älteren im Wert von 63 Millionen DM. Werke Dürers bleiben dagegen hängen.

5.12. Kunstgalerie. Nach fünfjähriger Restaurierung öffnet die Gemäldegalerie »Alte Meister« am Dresdener Zwinger wieder ihre Tore.

9.12. Trennung. Was auch die Leser der deutschen Boulevard- und Regenbogenpresse bewegt: Premierminister John Major teilt vor dem Unterhaus mit, daß Thronfolger Prinz Charles und seine Frau Diana sich getrennt haben.

17.12. Sprache. Die Gesellschaft für Deutsche Sprache kürt in Wiesbaden den Ausdruck »Politikverdrossenheit« zum Wort des Jahres 1992. Es beschreibt das unter anderem durch Korruptionsskandale gesunkene Ansehen der Politiker in der Bevölkerung.

1993

Politik – Wirtschaft – Zeitgeschehen

1.1. Binnenmarkt. In den Mitgliedsstaaten der Europäischen Gemeinschaft (EG) tritt der sogenannte Binnenmarkt in Kraft, der die politische Integration Europas beschleunigen und die Wirtschaft fördern soll.

13.1. Haftentlassung. Nach einer Entscheidung des Berliner Verfassungsgerichts wird der inhaftierte frühere DDR-Staats- und Parteichef Erich Honecker wegen seines schlechten Gesundheitszustands aus der Haft entlassen. Honecker reist zu seiner Familie nach Chile aus.

13.3. Solidarpakt. In Bonn einigen sich Bundesregierung, SPD und die Länderchefs auf den Solidarpakt zur Finanzierung des Aufbaus in Ostdeutschland. Für die Bundesbürger kommt es dadurch zu einer höheren Steuerlast.

7.4. Verfahrenseinstellung. Das Landgericht Berlin stellt das Strafverfahren gegen den aus der Haft entlassenen Erich Honecker endgültig ein.

14.5. Zusammenschluß. Ein gemeinsamer Parteitag von Grünen und Bündnis 90 beschließt in Leipzig die Vereinigung beider Orgnisationen. Der Zusammenschluß war zuvor von der Basis in einer Urabstimmung gebilligt worden.

29.5. Brandanschlag. Bei einem Brandanschlag rechtsextremistischer Gewalttäter kommen in Solingen fünf türkische Frauen und Mädchen ums Leben. Die Tat löst bundesweit Protestkundgebungen gegen Fremdenfeindlichkeit aus.

1.7. Postleitzahlen. Die Deutsche Bundespost führt fünfstellige Postleitzahlen ein, die das System mit vier Stellen aus dem Jahr 1961 ablösen. Nach der deutschen Vereinigung hatte es mehr als 800 gleiche Postleitzahlen gegeben.

2.7. Bundeswehreinsatz. Der Deutsche Bundestag stimmt in Bonn dem Einsatz von Bundeswehrsoldaten im Rahmen der UN-Friedensmission im ostafrikanischen Somalia zu.

13.7. Truppenabzug. Bundesverteidigungsminister Volker Rühe verabschiedet in Lahr (Baden-Württemberg) die letzten kanadischen Einheiten auf deutschem Boden. Damit geht die rund 40jährige kanadische Militärpräsenz in Deutschland zu Ende.

17.8. Verfahrenseinstellung. Das Landgericht Berlin stellt aus Gesundheitsgründen das Verfahren gegen den früheren Ministerpräsidenten der DDR, Willi Stoph, ein. Wie der einstige Partei- und Staatschef Erich Honecker war Stoph wegen der Todesschüsse an der innerdeutschen Grenze und der Berliner Mauer angeklagt gewesen.

1.9. Freispruch. Ein Potsdamer Gericht spricht im zweiten sogenannten Mauerschützenprozeß gegen ehemalige DDR-Grenzsoldaten die Angeklagten aus Mangel an Beweisen von der Anklage des Totschlags frei.

16.9. Urteile. Das Berliner Landgericht verurteilt den früheren DDR-Verteidigungsminister Heinz Keßler, dessen Stellvertreter Fritz Streletz und den ehemaligen DDR-Bezirkschef von Suhl, Hans Albrecht, wegen der Todesschüsse an der innerdeutschen Grenze zu mehrjährigen Haftstrafen.

29.9. Weltsicherheitsrat. In einer Rede vor der UN-Vollversammlung in New York bekundet Außenminister Klaus Kinkel (F.D.P.) erstmals offiziell den Wunsch Deutschlands nach einem ständigen Sitz im Weltsicherheitsrat. Das deutsche Ansinnen wird von den Großmächten teils mit Zurückhaltung, teils wohlwollend aufgenommen.

8.10. DAX. Nach anhaltenden Kurssteigerungen an den Börsen überschreitet der Deutsche Aktienindex (DAX) erstmals die 2000-Punkte-Marke. In den folgenden Jahren erreicht der DAX rasch immer höhere Rekordmarken.

26.10. Verurteilung. Das Landgericht Berlin verurteilt den ehemaligen DDR-Minister für Staatssicherheit, Erich Mielke, wegen Doppelmordes zu sechs Jahren Haft.

6.12. Landesverrat. Das Oberlandesgericht Düsseldorf verurteilt den früheren DDR-Spionagechef Markus Wolf wegen Landesverrats und Bestechung von Amtsträgern zu sechs Jahren Haft. Der gegen den 70jährigen bestehende Haftbefehl bleibt jedoch außer Kraft.

17.12. Privatisierung. Der Bundesrat, die Vertretung der Länder, billigt die Bahnreform, deren Kernstück die Zusammenlegung und Privatisierung der Deutschen Bundesbahn und der Deutschen Reichsbahn ist. Sie tritt am 1. Januar 1994 in Kraft.

22.12. Überschwemmung. Der Rhein tritt nach anhaltenden Regenfällen in Köln über die Ufer und überschwemmt die Altstadt. An Rhein, Mosel, Saar und Neckar gibt es die schwersten Überschwemmungen seit Jahrzehnten.

Kultur – Medien – Sport

10.1. Schwimmsport. Beim Schwimm-Weltcup in Shanghai und Peking stellt die 14jährige Berlinerin Franziska van Almsick innerhalb von vier Tagen drei Kurzbahn-Weltrekorde auf.

18.1. Nachrichtenmagazin. In München gibt der Burda-Verlag die erste Ausgabe des Nachrichtenmagazins »Focus« heraus; es soll dem Hamburger Magazin »Der Spiegel« Konkurrenz machen.

25.1. Fernsehen. In Köln nimmt der zunächst als anspruchsvoller Informations- und Unterhaltungskanal konzipierte Privatsender Vox den Sendebetrieb auf.

2.2. Fernsehen. Die ARD zeigt die erste Folge der Fernsehserie »Motzki« von Wolfgang Menge. Die Ost-West-Satire mit Jürgen Holtz in der Hauptrolle löst in der Öffentlichkeit heftige Diskussionen aus.

3.2. Rockmusik. In mehreren Städten der Bundesrepublik durchsucht die Polizei Wohn- und Geschäftsräume von rechtsradikalen Musikern und Schallplattenproduzenten. In den vergangenen Monaten hatten Gruppen wie »Störkraft« und »Böhse Onkelz«, die in ihren Texten neonazistisches Gedankengut verbreiten, für Schlagzeilen gesorgt.

7.2. Eisschnellauf. Zum dritten Mal in Folge wird in Berlin die Thüringerin Gunda Niemann Eisschnellaufweltmeisterin im Großen Vierkampf.

20.3. Boxsport. Henry Maske aus Frankfurt an der Oder besiegt in Düsseldorf den US-Boxer Charles Williams nach Punkten und wird damit Weltmeister im Halbschwergewicht (IBF).

30.4. Tennis. Während eines Matches beim Internationalen Damenturnier am Hamburger Rothenbaum wird die Tennisspielerin Monica Seles von einem geistesgestörten Anhänger der deutschen Konkurrentin Steffi Graf mit einem Messerstich verletzt.

28.5. Oper. In Leipzig wird »Dienstag aus Licht«, der vierte Teil eines siebenteiligen Opernzyklus des Komponisten Karlheinz Stockhausen, uraufgeführt.

4.7. Basketball. Durch einen Sensationssieg über die Mannschaft Rußlands wird die deutsche Basketball-Nationalmannschaft in München Europameister.

26.7. Schriftstellerehrung. Der deutsche Schriftsteller Günter Grass wird zum Ehrenbürger seiner Heimatstadt Danzig (heute Gdansk) ernannt.

8.8. Schwimmsport. Mit insgesamt sechs Siegen und einem zweiten Rang ist die 15jährige Franziska van Almsick aus Berlin die erfolgreichste Teilnehmerin bei den 21. Schwimm-Europameisterschaften in der englischen Stadt Sheffield, die am 30. Juli begonnen haben.

25.8. Popstar. US-amerikanische Justizbehörden leiten Ermittlungen gegen den Popstar Michael Jackson wegen des Verdachts auf sexuellen Mißbrauch von minderjährigen Jungen ein. Beweise werden dafür nicht erbracht. Die Popularität des Stars bleibt trotz dieser Affäre auch in Deutschland ungebrochen.

2.9. Film. In Deutschland kommt Steven Spielbergs Dinosaurier-Film »Jurassic Park« in die Kinos und bricht innerhalb weniger Wochen sämtliche Besucherrekorde. Durch den Verkauf von Dino-Artikeln wird das in westlichen Kinderzimmern grassierende Dino-Fieber weiter angeheizt.

17.12. Tennis. Der Tennisstar Boris Becker heiratet in seinem Heimatort Leimen die Schauspielerin Barbara Feltus.

1994

Politik – Wirtschaft – Zeitgeschehen

12.1. Schwangerschaftsabbrüche. Der frühere Frauenarzt Horst Theissen aus Memmingen wird wegen illegaler Schwangerschaftsabbrüche zu eineinhalb Jahren Haft auf Bewährung verurteilt.

31.1. Rover. Der Münchener Autohersteller BMW übernimmt 80 % der Aktien der Rover Cars (Birmingham) und steigt damit in ein britisches Traditionshaus ein.

31.1. Arbeitslosigkeit. Die Zahl der Arbeitslosen in der Bundesrepublik überschreitet erstmals die Vier-Millionen-Grenze, wobei der Osten prozentual stärker beteiligt ist als der Westen.

24.2. Fusion. Das Bundeskartellamt in Berlin billigt die Ende 1993 beschlossene Übernahme von Hertie durch die Karstadt AG. Durch die Fusion entsteht ein Handelsriese mit einem Gesamtjahresumsatz von rund 28 Milliarden DM.

25.2. Abitur. Die Kultusministerkonferenz beschließt, das Ost-Abitur, das bereits nach zwölf Schuljahren vergeben wird, bis zum Jahr 2000 bundesweit anzuerkennen.

28.2. NATO-Einsatz. Beim ersten Kampfeinsatz der NATO seit ihrer Gründung 1949 schießen zwei F-16-Maschinen vier in die Flugverbotszone über dem Norden von Bosnien-Herzegowina eingedrungenene serbische Militärmaschinen ab.

2.3. Transrapid. Das deutsche Bundeskabinett billigt den Bau einer Anwendungsstrecke der Magnetschwebebahn Transrapid zwischen Hamburg und Berlin. Der Transrapid soll vom Jahr 2005 an die beiden größten deutschen Städte miteinander verbinden; das Projekt bleibt jedoch umstritten.

25.3. Brandanschlag. Bei einem Brandanschlag auf die Synagoge in Lübeck entsteht erheblicher Sachschaden. Die Polizei nimmt fünf Wochen später vier mutmaßliche Täter fest. Der Anschlag löst öffentliche Diskussionen über die Verantwortung »geistiger Brandstifter« (Ignatz Bubis) aus.

1.4. Emanzipation. Auf dem Stützpunkt Lohmar-Heide bei Köln übernimmt Verena von Weymarn die »Dienststelle Generalarzt«. Sie ist die erste zum General beförderte Frau in der deutschen Militärgeschichte.

15.4. Schneider-Skandal. Das Amtsgericht Königstein im Taunus eröffnet ein Konkursverfahren gegen das Immobilien-Imperium des flüchtigen Bauunternehmers Jürgen Schneider.

15.4. Überschwemmung. Der Pegel der Saale steigt auf 6,37 m, den höchsten Stand seit 1889. Regen und Schneeschmelze setzen Teile von Thüringen, Sachsen-Anhalt, Bayern und Baden-Württemberg unter Wasser.

22.4. Erpressung. In Berlin wird der als »Dagobert« bekannte, seit zwei Jahren gesuchte Kaufhauserpresser festgenommen. Er hatte die Polizei seit 1992 durch Sprengstoffanschläge auf Karstadt-Warenhäuser in Atem gehalten.

28.4. Entlastung. Der Landtag von Brandenburg billigt gegen die Stimmen von CDU und Bündnis 90/Die Grünen den Abschlußbericht des Untersuchungsausschusses, der Regierungschef Manfred Stolpe weitgehend entlastet.

23.5. Präsidentenwahl. Im dritten Wahlgang wählt in Berlin die Bundesversammlung den Präsidenten des Bundesverfassungsgerichts, Roman Herzog (CDU), zum Bundespräsidenten. Herzog ist Nachfolger des zum 30. Juni ausscheidenden Richard von Weizsäcker (CDU).

29.5. Honecker stirbt. Im Alter von 81 Jahren stirbt in Santiago de Chile Erich Honecker an einem Leberkrebsleiden.

12.6. Europawahl. Bei den Wahlen zum Parlament der Europäischen Union ist in Deutschland die CDU/CSU der klare Sieger, die SPD verliert stark.

21.6. DDR-Devisenbeschaffer. Der sogenannte Schalck-Untersuchungsausschuß des Bundestages legt nach dreijähriger Ermittlungsarbeit seinen Abschlußbericht vor. Danach hat DDR-Devisenbeschaffer Alexander Schalck-Golodkowski mit teilweise illegalen Mitteln mindestens 29 Milliarden DM an Devisen für sein Land beschafft.

30.6. Reichstagskuppel. Der Ältestenrat des Deutschen Bundestages entscheidet sich in Berlin für den Bau einer Kuppel auf dem Reichstagsgebäude. Mit dem Umbau ist der britische Architekt Norman Foster beauftragt.

14.7. Truppenparade. Erstmals nehmen deutsche Soldaten des Eurokorps an der Truppenparade zum französischen Nationalfeiertag auf den Champs-Élysées in Paris teil.

26.7. Ozonalarm. Hessen löst als erstes Bundesland Ozonalarm aus und verhängt Tempolimits von 90 km/h auf Autobahnen und 80 km/h auf Landstraßen.

31.8. Abschied. Mit einem Festakt, an dem auch Rußlands Präsident Boris Jelzin teilnimmt, werden die letzten russischen Truppen aus Deutschland verabschiedet. Mit dem Abzug der Streitkräfte der drei Westalliierten aus Berlin am 8. September nimmt das letzte Kapitel der Nachkriegszeit sein Ende.

16.10. Bundestagswahl. Die Regierungskoalition aus CDU/CSU und F.D.P. behauptet bei den Bundestagswahlen ihre Mehrheit. Der Vorsprung gegenüber der Opposition beträgt allerdings nur noch zehn Mandate statt zuvor 134.

20.10. Weltsicherheitsrat. Die Bundesrepublik Deutschland und vier weitere Länder werden von der UNO-Vollversammlung ab 1. Januar 1995 für die Dauer eines Jahres zu nichtständigen Mitgliedern des Weltsicherheitsrates ernannt.

3.11. Verfahrenseinstellung. Das Landgericht Berlin stellt das Verfahren wegen der Tötung von DDR-Flüchtlingen gegen den früheren Stasi-Chef Erich Mielke ein. Der 86-jährige gilt als verhandlungsunfähig.

10.11. Alterspräsident. Mit einer Rede des Alterspräsidenten, des parteilosen PDS-Bundestagsabgeordneten und Schriftstellers Stefan Heym, wird in Berlin der 13. Deutsche Bundestag eröffnet.

11.11. Operation. Beim ersten Eingriff dieser Art in Deutschland wird in einem Hamburger Krankenhaus ein Fötus im Mutterleib mit Hilfe eines Laserstrahls operiert.

16.11. Feiertag. In vielen evangelischen Kirchen in Deutschland gibt es Protestaktionen gegen die Abschaffung des Buß- und Bettages als offiziellen Feiertag, wie sie von den meisten Landesparlamenten zur Finanzierung der Pflegeversicherung beschlossen wurde.

31.12. Treuhand. Die 1990 gegründete Treuhandanstalt in Berlin, die rund 95 % der Volkseigenen Betriebe der früheren DDR in Privateigentum überführt hat, beendet ihre Tätigkeit. Wichtigste Nachfolgegesellschaft wird die Bundesanstalt für Vereinigungsbedingte Sonderaufgaben (BVS).

Kultur – Medien – Sport

22.1. Fechten. In Tauberbischofsheim erringt Anja Fichtel-Mauritz zum achten Mal den Titel einer Deutschen Fechtmeisterin und stellt damit einen Rekord auf.

22.2. Kabarett. Die deutsche Kabarettistin Lore Lorentz, die zusammen mit ihrem 1993 verstorbenen Mann Kay das Düsseldorfer »Kom(m)ödchen« betrieb, stirbt im Alter von 73 Jahren in Düsseldorf.

16.3. Wintersport. Die deutsche Olympiasiegerin Katja Seizinger gewinnt in Vail (US-Bundesstaat Colorado) die alpinen Weltcups in der Abfahrt und im Super-G.

22.3. Film. Steven Spielbergs Film »Schindlers Liste« wird in Los Angeles bei der 66. Vergabe der »Academy Awards« mit sieben der begehrten Oscars geehrt. Der Film porträtiert einen sudetendeutschen Unternehmer, der viele Juden vor dem sicheren Tod bewahrte.

6.4. Fußball. Der englische Fußballverband sagt das für den 20. April, dem Geburtstag Hitlers, in Berlin geplante Länderspiel gegen Deutschland aus Sorge vor rechtsradikalen Ausschreitungen ab.

8.4. Pop. Der Musiker Kurt Cobain, Leadsänger der Gruppe »Nirvana« und Ikone der Popkultur der 90er Jahre, verübt in seiner Heimatstadt Seattle Selbstmord.

17.4. Marathon. Die Berlinerin Uta Pippig gewinnt den Boston-Marathon in 2:21,45 h, der drittschnellsten von einer Frau gelaufenen Zeit über die Distanz von 42,195 km.

1.5. Formel 1. Der brasilianische Formel-1-Pilot Ayrton Senna stirbt nach einem Unfall beim Großen Preis von San Marino im italienischen Imola.

20.5. Presse. Angesichts erheblicher Auflagenrückgänge und Anzeigenverluste wird der 1986 gestartete deutsche »Wiener«, eines der erfolgreichsten Zeitgeist-Magazine der 80er Jahre, eingestellt.

14.6. Ausstellung. Das von Bundeskanzler Helmut Kohl (CDU) bereits 1982 angekündigte Haus der Geschichte der Bundesrepublik Deutschland wird in Bonn eröffnet. Es stellt anhand von ausgewählten Exponaten die Entwicklung in Deutschland seit dem Ende des Zweiten Weltkrieges dar.

10.7. Fußball. Deutschland scheidet bei der WM in den USA im Viertelfinale gegen Bulgarien aus.

14.8. Literatur. Der deutschsprachige Schriftsteller bulgarischer Herkunft Elias Canetti stirbt in Zürich; 1981 hatte er den Literaturnobelpreis erhalten.

2.10. Theater. Im Hamburger Schauspielhaus erlebt der »Große Gesang vom ausgerotteten jüdischen Volk« von Jizchak Katzenelson in der Übersetzung von Wolf Biermann seine Uraufführung.

3.10. Film. Im Alter von 92 Jahren stirbt der populäre deutsche Filmschauspieler Heinz Rühmann in seinem Haus am Starnberger See.

13.11. Formel 1. Trotz seines vorzeitigen Ausscheidens beim Großen Preis von Australien in Adelaide wird der Deutsche Michael Schumacher auf Benetton-Ford Weltmeister in der Formel 1.

17.11. Film. In Berlin startet der Walt-Disney-Zeichentrickfilm »König der Löwen«, der trotz des späten Anlauftermins noch zum meistgesehenen Film des Jahres 1994 in Deutschland wird.

23.11. Rechtschreibreform. Kultusbeamte und Wissenschaftler aus Deutschland, Österreich und der Schweiz legen in Wien ein Regelwerk zur Vereinfachung der deutschen Rechtschreibung vor.

2.12. Musical. In einem eigens erbauten Erlebnis-Center in Stuttgart hat das Musical »Miss Saigon« von Claude-Michel Schönberg und Alain Boublil deutsche Premiere. Am 16. Dezember startet im Hamburger Hafen »Buddy – Die Buddy-Holly-Story« und setzt damit den Boom in der Musicalbranche fort.

1995

Politik – Wirtschaft – Zeitgeschehen

16.2. Verschwendung. Der Bundestag befaßt sich mit der möglichen Vergeudung von Steuergeldern in den neuen Bundesländern, nachdem das Hamburger Nachrichtenmagazin »Der Spiegel« am 13. Februar von 65 Milliarden DM verschwendeter bzw. mißbrauchter Fördermittel berichtet hatte.

4.3. Deutschlandreise. Mit rund 135.000 verkauften Fahrkarten verzeichnet die Deutsche Bahn AG den bisher größten Erfolg ihres Billig-Tickets »Schönes Wochenende«, mit dem fünf Personen für 15 DM quer durch Deutschland reisen können.

26.3. Grenzkontrollen. Zehn Jahre nach seiner Unterzeichnung tritt das sogenannte Schengener Abkommen zur Beendigung systematischer Grenzkontrollen zwischen sieben Staaten der Europäischen Union (EU) in Kraft: Deutschland, Frankreich, Benelux-Staaten, Spanien und Portugal.

11.4. Stasi-Pläne. Eine Studie der Gauck-Behörde ergibt, daß die DDR-Staatssicherheit bereits seit 1967 Pläne vorliegen hatte, wonach über 10.000 Regimegegner im Falle von Unruhen oder Krieg in Internierungslagern gefangengehalten werden sollten.

27.4. Länder. Die Regierungschefs von Berlin und Brandenburg, Eberhard Diepgen (CDU) und Manfred Stolpe (SPD), vereinbaren den Zusammenschluß ihrer Länder.

28.4. Kriegsende. Im Plenarsaal des Deutschen Bundestages in Bonn veranstalten Bundestag und Bundesrat eine gemeinsame Feierstunde zum 50. Jahrestag des Endes von Krieg und nationalsozialistischer Gewaltherrschaft. Hauptredner ist der polnische Außenminister Wladyslaw Bartoszewski.

29.4. Gartenschau. Bundespräsident Roman Herzog eröffnet die Bundesgartenschau in Cottbus. Sie dauert bis zum 8. Oktober und ist die erste Ausstellung dieser Art in den neuen Bundesländern.

13.5. Ebola. Panikstimmung auch bei manchen Deutschen: Im fernen Zaire bricht in der Stadt Kikwit eine Ebola-Epidemie aus, der 244 Menschen zum Opfer fallen.

23.5. Spionage. Das Bundesverfassungsgericht entscheidet, daß die Bestrafung von ehemaligen DDR-Spionen, die von der DDR aus die Bundesrepublik ausgespäht haben, gegen das Grundgesetz verstößt.

28.6. Geburtstag. Mit einer Feier im Berliner Schauspielhaus begeht die CDU ihren 50. Geburtstag. Der Parteivorsitzende Helmut Kohl würdigt die 670.000 CDU-Mitglieder als »erfolgreichste Bürgerinitiative Deutschlands«.

29.6. Abtreibungsrecht. Der Deutsche Bundestag billigt mit großer Mehrheit einen interfraktionellen Gruppenantrag zur Neuregelung des Abtreibungsrechts. Ein Schwangerschaftsabbruch ist danach in den ersten zwölf Wochen straffrei, wenn sich die Schwangere zuvor einer Pflichtberatung unterzogen hat.

19.7. Stasi-Kontakte. Das Verwaltungsgericht Berlin lehnt einen Antrag des PDS-Bundestagsabgeordneten Gregor Gysi auf Erlaß einer einstweiligen Anordnung gegen den Bundesbeauftragten für die Stasi-Unterlagen, Joachim Gauck, ab. Gysi wollte Gauck untersagen lassen, weiter auf Stasi-Kontakte des früheren Rechtsanwalts hinzuweisen.

26.7. Katalysator. In der Bundesrepublik tritt das neue bundeseinheitliche Ozongesetz in Kraft. Für Autos und Motorräder ohne Katalysator gilt fortan bei einem Ozonwert über 240 mg/m^3 ein Fahrverbot.

2.8. Steuerhinterziehung. Unter dem dringenden Verdacht der Steuerhinterziehung in Millionenhöhe wird Peter Graf, der Vater der Tennisspielerin Steffi Graf, in seinem Haus in Brühl festgenommen. Ermittlungen und Verfahren gegen ihn beeinträchtigen in der Folgezeit auch die sportlichen Leistungen seiner Tochter.

6.8. Chaos-Tage. Die dreitägigen »Chaos-Tage 95«, zu denen rund 1700 Punker aus der gesamten Bundesrepublik nach Hannover gekommen sind, führen zu gewalttätigen Auseinandersetzungen mit der Polizei, deren Führung anschließend heftiger Kritik ausgesetzt ist.

9.8. Wahlfälschung. Wegen seiner Beteiligung an der Fälschung der DDR-Kommunalwahl im Mai 1989 verurteilt das Dresdener Landgericht den früheren SED-Bezirkschef und DDR-Ministerpräsidenten Hans Modrow zu einer Freiheitsstrafe von neun Monaten auf Bewährung und 5000 DM Geldstrafe.

2.11. Auslieferung. Der Oberste Gerichtshof Argentiniens in Buenos Aires billigt die Auslieferung des früheren SS-Hauptsturmführers Erich Priebke nach Italien. Er soll sich dort für die Ermordung von 335 italienischen Zivilisten im März 1944 verantworten. Priebke wird am 20. November nach Rom überführt.

7.11. Ladenschluß. Im Streit um den Ladenschluß einigt sich die Bonner Koalition aus CDU/CSU und F.D.P. auf eine Änderung des Ladenschlußgesetzes. Danach dürfen alle Geschäfte werktags von 6 bis 20 Uhr und samstags bis 16 Uhr geöffnet haben.

16.12. Euro. In Madrid endet ein zweitägiger Gipfel der Staats- und Regierungschefs der Europäischen Union. Die künftige europäische Währungseinheit soll die Bezeichnung »Euro« erhalten.

Kultur – Medien – Sport

1.2. Eiskunstlauf. Die Chemnitzer Mandy Wötzel/Ingo Steuer gewinnen bei den Europameisterschaften der Eiskunstläufer das Paarlaufen vor Radka Kovarikova/Rene Novotny (Tschechische Republik) und den amtierenden Weltmeistern Jewgenia Schischkowa/Wadim Naumow aus Rußland.

23.2. Malerarbeiten. Der Bundesgerichtshof in Karlsruhe entscheidet, daß Künstler, welche die Berliner Mauer bemalt haben, am Erlös aus dem Verkauf der von ihnen bearbeiteten Mauerstücke beteiligt werden müssen.

5.3. Eisschnellauf. Die Erfurterin Gunda Niemann gewinnt im norwegischen Savalen zum vierten Mal die Eisschnellauf-Weltmeisterschaft im Großen Vierkampf.

24.3. Kulturerbe. Die über 1000 Jahre alte Stadt Quedlinburg im Bundesland Sachsen-Anhalt wird von der UNESCO offiziell in die Liste des Weltkultur- und Naturerbes der Menschheit aufgenommen.

26.3. Fußball. In Kaiserslautern werden die deutschen Fußball-Frauen durch ein 3:2 gegen Schweden zum dritten Mal nach 1989 und 1991 Europameister.

29.3. Geburtstag. Mit einem Festessen zu seinem 100. Geburtstag wird der Schriftsteller Ernst Jünger geehrt. Unter den 160 Gästen sind auch Bundeskanzler Kohl und Bundespräsident Herzog.

22.4. Boxsport. Durch einen umstrittenen Punktsieg über den deutschen Herausforderer Axel Schulz verteidigt George Foreman (USA) in Las Vegas den Titel des Schwergewichtsweltmeisters des Weltboxverbandes IBF.

29.4. Fußball. Englische Sportjournalisten wählen Jürgen Klinsmann (Tottenham Hotspur) zum »Fußballer des Jahres«.

9.6. TV-Star. Im Münchener Studio des Fernsehsenders Pro Sieben explodiert eine in Österreich aufgegebene Briefbombe, die an die farbige Moderatorin Arabella Kiesbauer adressiert ist. Dabei wird eine Assistentin Kiesbauers verletzt.

20.6. Rockmusik. 70.000 Zuschauer erleben im Müngersdorfer Stadion in Köln den Auftakt zur Deutschland-Tournee der britischen Rockgruppe »Rolling Stones«.

23.6. Kunst. Der Reichstag in Berlin wird nach den Plänen der Künstler Christo und Jeanne-Claude verhüllt. Die Kunstaktion, die bis zum 6. Juli dauert, entwickelt sich zu einer Publikumsattraktion.

6.7. Werbung. Der Bundesgerichtshof in Karlsruhe erklärt drei Anzeigenmotive des italienischen Textilherstellers Benetton für sitten- und damit wettbewerbswidrig, darunter eine Abbildung eines menschlichen Hinterteils mit dem Aufdruck »H.I.V. positive«.

16.8. Formel 1. Der italienische Formel-1-Rennstall Ferrari gibt die Verpflichtung von Michael Schumacher bekannt. Der Weltmeister von 1994 startet 1996 und 1997 für Ferrari und verdient dort rund 35 Millionen DM pro Jahr.

21.8. Literatur. Das Hamburger Nachrichtenmagazin »Der Spiegel« veröffentlicht einen Verriß von Marcel Reich-Ranicki an dem neuen Roman von Günter Grass, »Ein weites Feld«, Auftakt zu einer polemisch bis unsachlich geführten Debatte über das Buch.

27.8. Schwimmen. Mit 13 Titeln ist Deutschland nach Rußland die erfolgreichste Nation bei den 22. Schwimm-Europameisterschaften in Wien. Die Berlinerin Franziska van Almsick ist fünfmal siegreich.

9.9. Film. Bei den 52. Internationalen Filmfestspielen von Venedig wird Götz George für seine Darstellung des Massenmörders Fritz Haarmann in dem deutschen Festival-Beitrag »Der Totmacher« von Romuald Karmakar mit dem Coppa Volpi als bester Hauptdarsteller ausgezeichnet.

22.10. Formel 1. Durch seinen Sieg beim Großen Preis des Pazifik in Aida (Japan) verteidigt der Kerpener Michael Schumacher auf seinem Benetton-Renault vorzeitig den Titel eines Formel-1-Weltmeisters.

30.12. Literatur. In Berlin stirbt der deutsche Dramatiker Heiner Müller, der eine der größten literarischen Leistungen der »DDR-Literatur« hervorgebracht hat.

1996

Politik – Wirtschaft – Zeitgeschehen

31.1. Verurteilung. Wegen illegaler Waffengeschäfte verurteilt das Berliner Landgericht den früheren Devisenbeschaffer der DDR, Alexander Schalck-Golodkowski, zu einem Jahr Haft auf Bewährung.

29.2. Arbeitslosigkeit. Mit 4.270.426 Erwerbslosen wird in der Bundesrepublik der Höchststand der Arbeitslosigkeit seit Ende des Zweiten Weltkriegs erreicht. Im Osten (18,6 %) ist die Quote fast doppelt so hoch wie im Westen (10,7 %).

13.3. Amoklauf. Erschütternde Bilder gelangen über den Ärmelkanal: Ein Amokläufer erschießt im schottischen Dunblane 16 Schulkinder und ihre Lehrerin und nimmt sich anschließend das Leben.

14.3. CeBIT-Home. In Hannover beginnt die CeBIT '96. Die weltweit größte Computerschau dauert bis zum 20. März. Erstmals wird eine gesonderte CeBIT-Home Electronics als Messe für private Computerfans veranstaltet.

14.3. Fusion. Die Kölner Metro AG und die mit ihr durch Mehrheitsbeteiligung verbundenen Unternehmen Asko Deutsche Kaufhaus AG, Deutsche SB Kauf AG und Kaufhof Holding geben ihre Fusion bekannt.

3.4. BSE. Die Agrarminister der Europäischen Union beschließen in Luxemburg ein umfangreiches Programm zur Eindämmung der Rinderseuche BSE. Britische Rinder, die älter als 30 Monate sind, sollen nicht mehr zum Verzehr gelangen.

12.4. Leipziger Messe. Bundespräsident Roman Herzog eröffnet das neue Messezentrum in Leipzig. Es wurde in dreijähriger Bauzeit für 1,3 Milliarden DM errichtet.

26.4. Entführung. Der entführte Hamburger Multimillionär Jan Phillipp Reemtsma kommt nach 33 Tagen gegen ein Lösegeld von 30 Millionen DM frei.

5.5. Volksabstimmung. Am Nein der Wähler in Brandenburg scheitert bei einer Volksabstimmung der geplante Zusammenschluß der Bundesländer Brandenburg und Berlin; sie stimmten mit 62,7 % dagegen.

12.9. Konsumtempel. In Oberhausen wird das »CentrO« eröffnet, die größte Shoppingmeile Europas mit Freizeit- und Gewerbepark.

27.9. Umzugsbeschluß. Auf Antrag von Bayern und Bremen billigen 13 der 16 Bundesländer einen Umzug des Bundesrats gemeinsam mit Bundestag und Regierung zur Jahrtausendwende nach Berlin. Nur Nordrhein-Westfalen, Rheinland-Pfalz und das Saarland setzen sich für den Verbleib der Länderkammer in Bonn ein.

23.10. Stolpe-Vergangenheit. Nach insgesamt vierjährigen Ermittlungen stellt die Staatsanwaltschaft Potsdam die Untersuchungen gegen den Brandenburger Ministerpräsidenten Manfred Stolpe (SPD) und zwei ehemalige Stasi-Offiziere im Zusammenhang mit der angeblichen Tätigkeit Stolpes für die DDR-Staatssicherheit ein.

31.10. Rekordkanzler. Auf seiner Asienreise feiert Bundeskanzler Helmut Kohl (CDU) in Manila Jubiläum: Mit 5145 Tagen ist er länger im Amt als jeder seiner Vorgänger.

1.11. Ladenschluß. In Deutschland tritt das novellierte Ladenschlußgesetz in Kraft, das werktags die Ladenöffnung bis 20 Uhr und an Samstagen bis 16 Uhr erlaubt.

8.11. Stasi-Akten. Die bislang unbegrenzte Auskunftserteilung der Gauck-Behörde über ehemalige Stasi-Mitarbeiter wird eingeschränkt. So sollen bei Personalüberprüfungen nur noch Tätigkeiten für den DDR-Staatssicherheitsdienst nach dem 1. Januar 1976 mitgeteilt werden. Das beschließt der Bundestag mit den Stimmen von CDU/CSU, SPD und F.D.P..

18.11. Börsengang. Die Aktien der Deutschen Telekom werden erstmals an allen acht deutschen Wertpapierbörsen sowie in New York und Tokio gehandelt. Ein massiver Werbefeldzug hat dazu geführt, daß dieser Börsengang auch bei Privatanlegern auf großes Interesse stößt.

16.12. Verurteilung. Das Landgericht Dresden verurteilt den früheren SED-Bezirkschef und PDS-Ehrenvorsitzenden Hans Modrow wegen fahrlässigen Meineids zu zehn Monaten Haft auf Bewährung. Es ging bei dem Verfahren um Aussagen Modrows vor einem Untersuchungsausschuß des sächsischen Landtages im April 1992 über seine Rolle im »Wendejahr« 1989.

24.12. Selbstmord. Während eines Weihnachtsgottesdienstes in der evangelischen Kirche des Frankfurter Stadtteils Sindlingen sprengt sich eine psychisch kranke Frau in die Luft und reißt zwei Menschen mit in den Tod.

Kultur – Medien – Sport

26.1. Musical. Im neuen Duisburger Musicaltheater erlebt das Musical »Les Misérables« seine deutsche Erstaufführung.

1.2. Film. In den deutschen Kinos läuft die Knast-Komödie »Männerpension« von und mit Detlev Buck an.

18.2. Literatur. Im Hamburger Thalia-Theater beginnt der österreichische Schriftsteller Peter Handke eine Vortragsreihe mit Lesungen aus seinem umstrittenen Text »Gerechtigkeit für Serbien«.

28.2. Theater. Einen Tag nach der Beisetzung des österreichischen Schauspielers Josef Meinrad wird bekannt, daß der Iffland-Ring an den gebürtigen Schweizer Bruno Ganz übergehen soll.

14.3. Musik. Der Filmstar und Hobby-Klarinettist Woody Allen gastiert mit seiner Oldtime-Jazz-Band in Frankfurt.

21.3. Film. In den deutschen Kinos startet der erste komplett am Computer entstandene abendfüllende Spielfilm, die Walt-Disney-Produktion »Toy Story«.

13.5. Tennis. Steffi Graf entthront Martina Navratilova (USA) als Rekordhalterin auf Platz eins der Tennis-Weltrangliste der Damen. Graf steht in der 332. Woche an der Spitze, davon zwischen August 1987 und März 1991 ununterbrochen 186 Wochen lang.

15.5. Literatur. Der deutsche Schriftsteller Wolfgang Koeppen stirbt 89jährig in München; sein Hauptwerk ist die Romantrilogie »Tauben im Gras«, »Das Treibhaus« und »Der Tod in Rom« aus den 50er Jahren.

15.5. Fußball. Nach dem 2:0 im Hinspiel siegt der FC Bayern München 3:1 über Girondins Bordeaux und erringt erstmals in der Vereinsgeschichte den UEFA-Pokal.

29.6. Freizeit. In Bottrop-Kirchhellen wird der Freizeitpark »Movie World« des US-Filmkonzerns Warner Brothers eröffnet.

30.6. Fußball. Durch das erste »Golden Goal« der Fußballgeschichte gewinnt die deutsche Nationalelf in London das Finale der Europameisterschaft gegen die Tschechische Republik 2:1 nach Verlängerung.

19.7. Theater. Mit Bruno Ganz in der Rolle des Odysseus wird an den Münchener Kammerspielen Botho Strauß' Schauspiel »Ithaka« in der Regie von Dieter Dorn uraufgeführt.

25.7. Presse. Das Hanseatische Oberlandesgericht in Hamburg spricht Prinzessin Caroline von Monaco 180.000 DM Schmerzensgeld zu. Die Zeitschrift »Bunte« des Burda-Verlages hatte ein erfundenes Interview mit der Prinzessin veröffentlicht.

28.7. Fernsehen. Mit einer Übertragung des Formel-1-Rennens auf dem Hockenheimring startet in Deutschland das Digital-Fernsehen DF 1.

4.9. Geschichte. In den Hamburger Kammerspielen diskutiert der US-Sozialwissenschaftler Daniel Jonah Goldhagen erstmals in Deutschland öffentlich über sein Buch »Hitlers willige Vollstrecker«, in dem er den Durchschnittsdeutschen als typischen Nationalsozialisten bezeichnet hat.

19.9. Film Der Science-Fiction-Film »Independence Day« des deutschen Regisseurs Roland Emmerich kommt zweieinhalb Monate nach dem erfolgreichen Start in den USA auch in die deutschen Kinos.

23.11. Boxsport. Henry Maske verliert den letzten Kampf seiner Box-Karriere. Er unterliegt vor 12.500 Zuschauern in München dem US-Amerikaner Virgil Hill und büßt den Titel eines IBF-Weltmeisters im Halbschwergewicht ein.

1997

Politik – Wirtschaft – Zeitgeschehen

17.1. Börse. Zum ersten Mal in seiner Geschichte steigt der Deutsche Aktienindex DAX über die Marke von 3000 Punkten.

24.1. Steuerhinterziehung. In einem der spektakulärsten Steuerprozesse der deutschen Rechtsgeschichte wird Peter Graf zu drei Jahren und neun Monaten Gefängnis verurteilt. Das Landgericht Mannheim befand den Vater der Tennisspielerin Steffi Graf für schuldig, 12 Millionen DM an Steuern hinterzogen zu haben.

28.2. Arbeitslosigkeit. Die Zahl der Arbeitslosen in Deutschland ist im Februar auf den Nachkriegsrekord von 4,67 Millionen gestiegen.

18.3. Übernahme. Zum ersten Mal in der deutschen Wirtschaftsgeschichte wird der Versuch einer feindlichen Übernahme unternommen. Der Krupp-Hoesch-Konzern will unter Umgehung des Managements der Thyssen AG die Thyssen-Aktionäre für die Übernahme gewinnen, scheitert jedoch.

23.3. Himmelskörper. Der Komet Hale-Bopp erreicht seinen erdnächsten Punkt. Sein imposanter Schweif ist von der Erde aus mit bloßem Auge gut zu beobachten.

3.4. Kanzlerschaft. Bundeskanzler Helmut Kohl will 1998 zum fünften Mal als Kanzlerkandidat der Union antreten. Das kündigt er in einem ARD-Interview an seinem österreichischen Urlaubsort Bad Hofgastein an.

26.4. Rede. Bundespräsident Roman Herzog wirft in seiner ersten »Berliner Rede« den Eliten in Politik und Wirtschaft Versagen bei dringenden Reformen vor. Durch Deutschland müsse »ein Ruck« gehen, sagt er.

8.5. Karlspreis. Bundespräsident Roman Herzog wird mit dem Internationalen Karlspreis der Stadt Aachen ausgezeichnet. Er erhält den Preis in Anerkennung seiner Verdienste um die europäische Einigung.

15.5. Gen-Food. Die sogenannte Novel-Food-Verordnung, der zufolge u. a. gentechnisch veränderte Lebensmittel gekennzeichnet werden müssen, tritt in der EU in Kraft.

15.5. Rehabilitation. Mehr als 50 Jahre nach Kriegsende rehabilitiert der Bundestag Opfer der NS-Militärjustiz. Die gemeinsam von Koalition und SPD vorgelegte Entschließung stellt fest, daß die von der Wehrmachtsjustiz verhängten Urteile wegen Kriegsdienstverweigerung, Desertion oder Fahnenflucht sowie Wehrkraftzersetzung Unrecht waren. Überlebende sollen eine symbolische Entschädigung von 7500 DM erhalten.

26.5. Übernahme. Der Schweizer Chemiekonzern Hoffmann La Roche übernimmt das Diagnostika- und Pharmaunternehmen Boehringer Mannheim.

27.5. Verurteilung. Der frühere DDR-Spionagechef Markus Wolf wird wegen der Entführung von vier Menschen zwischen 1955 und 1962 zu zwei Jahren Haft auf Bewährung verurteilt.

30.5. Verurteilungen. Vier frühere DDR-Spitzenmilitärs werden vom Berliner Landgericht wegen der Todesschüsse an Mauer und innerdeutscher Grenze zu Haftstrafen bis zu drei Jahren und drei Monaten verurteilt. Der frühere stellvertretende DDR-Verteidigungsminister Joachim Goldbach und drei weitere Ex-Generäle werden der Beihilfe zum vollendeten und versuchten Totschlag an DDR-Flüchtlingen schuldig gesprochen. Mit dem Prozeß endet nach 21 Monaten eines der wichtigsten Verfahren gegen Verantwortliche in der DDR-Führung.

23.7. Hochwasser. Im Hochwassergebiet am deutschen Teil der Oder verschärft sich die Lage dramatisch. Erstmals brechen Deiche auf der deutschen Seite des Flusses. Insgesamt 45.000 Helfer verhindern in den kommenden Tagen jedoch das Schlimmste.

25.8. Urteil. Der letzte Staats- und Parteichef der DDR, Egon Krenz, wird wegen der Todesschüsse an der früheren deutsch-deutschen Grenze zu sechseinhalb Jahren Haft verurteilt.

31.8. Schock. Ein Ereignis, das die Weltöffentlichkeit bewegt: Die britische Prinzessin Diana stirbt in Paris an den Folgen eines Autounfalls.

21.10. Elchtest. Ein Auto der neuen A-Klasse von Mercedes kippt bei einer extrem scharfen Kurven-Testfahrt (»Elchtest«) in Schweden um. Nach einer heftigen Debatte um die Sicherheit des kleinsten Mercedes-Modells stoppt die Konzernleitung am 11. November vorerst die Auslieferung.

23.10. Kurseinbrüche. Ein Börsenkrach in Hongkong, der im Zusammenhang mit der Wirtschaftskrise in Südostasien steht, führt zu schweren Kurseinbrüchen an den internationalen Aktienmärkten und verängstigt auch deutsche Anleger.

5.11. Entschädigung. Das Bonner Landgericht verurteilt die Bundesrepublik Deutschland erstmals zur Zahlung einer individuellen Entschädigung an eine jüdische Zwangsarbeiterin für den entgangenen Arbeitslohn in der Zeit der NS-Herrschaft.

7.11. Geburtstag. Der »Trabi«, das einstige Erfolgsauto der DDR, inzwischen Kult, wird 40 Jahre alt. Der Geburtstag wird in Zwickau, dem Sitz der Achsenring-Werke, begeistert gefeiert.

12.11. Eröffnung. Der in großem Stil umgebaute Hauptbahnhof der sächsischen Metropole Leipzig wird seiner Bestimmung übergeben. Er beherbergt nun auch eine große Einkaufsmeile.

10.12. Telefonnetz. Mit einem Festakt in Neubrandenburg schließt die Deutsche Telekom den Aufbau des Telefonnetzes in Ostdeutschland offiziell ab. Die Telekom hat insgesamt 50 Milliarden DM in das nun vollständig digitalisierte Netz investiert. Die Zahl der Telefonanschlüsse in Ostdeutschland erhöhte sich von 1990 bis Ende 1997 von 1,9 Millionen auf 8,7 Millionen.

23.12. Urteil. Das Landgericht Frankfurt am Main verurteilt den gescheiterten Baulöwen Jürgen Schneider wegen schweren Betrugs, Kreditbetrugs und Urkundenfälschung zu einer Haftstrafe von sechs Jahren und neun Monaten. Die Richter üben harsche Kritik am Verhalten der Banken in der Schneider-Affäre.

Kultur – Medien – Sport

23.1. Film. Die Filmkomödie »Rossini oder die mörderische Frage, wer mit wem schlief« kommt in die deutschen Kinos.

26.1. Oper. Auf eine geteilte Aufnahme bei Publikum und Kritik trifft die Uraufführung der Oper »Das Mädchen mit den Schwefelhölzern« des deutschen Komponisten Helmut Lachenmann in der Hamburgischen Staatsoper.

2.2. Eisschnellauf. Die 22jährige Franziska Schenk aus Erfurt ist neue Sprint-Weltmeisterin im Eisschnellauf. Mit Siegen über je zweimal 500 m und 1000 m im »Wikingerschiff« im norwegischen Hamar sichert sie sich ihren ersten WM-Titel im Vierkampf.

23.2. Kunsthalle. Bundespräsident Roman Herzog eröffnet die »Galerie der Gegenwart«, den Erweiterungsbau der Hamburger Kunsthalle.

24.2. Ausstellung. In München wird die umstrittene Ausstellung über die Beteiligung der deutschen Wehrmacht an Verbrechen während des Zweiten Weltkriegs eröffnet.

27.2. Musik. Die Wiener Philharmoniker brechen mit einer 155 Jahre alten Tradition und billigen die Aufnahme von Frauen in ihr Orchester.

9.3. Formel 1. Erster Sieg für einen »Silberpfeil« nach über 40 Jahren: Beim Großen Preis von Australien in Melbourne siegt der Schotte David Coulthard im McLaren-Mercedes.

15.4. Musik. Die Single »Time To Say Goodbye« verkaufte sich in Deutschland so oft wie kein Einzeltitel zuvor: 2,7 Millionen Mal. Die beiden Interpreten Sarah Brightman und Andrea Bocelli werden mit fünffachem Platin ausgezeichnet.

20.4. Museum. In einem bundesweit beachteten Bürgerentscheid lehnen die Einwohner von Feldafing in Oberbayern das »Museum der Phantasie« des Schriftstellers und Kunstsammlers Lothar-Günther Buchheim ab.

21.4. Theater. Der Direktor des Wiener Burgtheaters, Claus Peymann, wird neuer Intendant des Berliner Ensembles. Darauf einigen sich der Regisseur und die traditionsreiche Brecht-Bühne in Berlin-Mitte.

8.5. Ausstellung. Im Rahmen des Hamburger Hafengeburtstages wird unter dem Titel »Expedition Titanic« die weltweit größte Ausstellung mit 600 Fundstücken aus dem Wrack des 1912 untergegangenen Luxusliners eröffnet.

13.5. Kunst. Zum ersten Mal seit dem Zweiten Weltkrieg taucht wieder ein Kunstwerk aus dem legendären, verschollenen russischen Bernsteinzimmer auf.

28.5. Fußball. Zum ersten Mal in der Vereinsgeschichte gewinnt Borussia Dortmund den Fußball-Europacup der Landesmeister. Im Finale der Champions League besiegt der amtierende Deutsche Meister Titelverteidiger Juventus Turin 3:1. Bereits am 21. Mai hatte der FC Schalke 04 den UEFA-Cup gewonnen. Damit verzeichnet der Revier-Fußball sein bislang erfolgreichstes Jahr.

7.7. TV-Aktien. Mit der stimmrechtslosen Pro-7-Vorzugsaktie werden an der Frankfurter Börse erstmals Aktien eines deutschen Fernsehsenders notiert.

27.7. Radsport. Jan Ullrich gewinnt als erster Deutscher die Tour de France.

28.8. Fernsehen. Nach zehn Jahren Dienstzeit moderiert Sabine Christiansen zum letzten Mal die »Tagesthemen« in der ARD. Ihre Nachfolgerin und damit neue Partnerin von Moderator Ulrich Wickert wird Gabi Bauer.

6.9. Fernsehen. TV-Übertragung des Jahres: Die an den Folgen eines Autounfalls in Paris am 31. August gestorbene britische Prinzessin Diana wird nach einer Trauerfeier in der

Westminster Abtei in London, an der 2000 Ehrengäste teilnehmen, im engsten Kreise auf dem Familiengut der Spencers in Althorp bei Northampton beigesetzt.

11.9. Weltkulturerbe. Die barock geprägte Altstadt von Salzburg wird offiziell in die UNESCO-Liste des Weltkulturerbes aufgenommen.

7.10. Tennis. Der Deutsche Tennisbund (DTB) übergibt Boris Becker das Amt des Daviscup-Teamchefs.

22.10. Preisverleihung. Der japanische Kulturpreis »Praemium Imperiale«, der seit 1988 an Künstler für ihr Lebenswerk verliehen wird, geht 1997 an den deutschen Maler Gerhard Richter.

24.10. Fernsehen. Der »Fernseh-Fahnder« Eduard Zimmermann moderiert zum letzten Mal die ZDF-Sendung »Aktenzeichen XY ... ungelöst«.

21.11. Pop. Ein vor der Presse ausgetragenes heftiges Wortgefecht bedeutet das endgültige Aus für die deutsche Girlie-Band »Tic Tac Toe«.

1998

Politik – Wirtschaft – Zeitgeschehen

1.1. Liberalisierung. In Deutschland endet das staatliche Postmonopol. Der Briefverkehr wird schrittweise bis Ende 2002 liberalisiert, im Telefonverkehr fällt das bisherige Monopol der Deutschen Telekom.

16.1. Lauschangriff. Der Deutsche Bundestag billigt die Verfassungsänderung zur Einführung des sogenannten Lauschangriffs.

28.3. Entführer. Der als mutmaßlicher Drahtzieher der Reemtsma-Entführung gesuchte Thomas Drach wird in Buenos Aires gefaßt.

4.4. Umverteilung. Die PDS lehnt die gegenwärtige Wirtschaftsordnung in Deutschland ab. Mit großer Mehrheit stimmen die Delegierten des Bundesparteitages in Rostock dafür, die Vorherrschaft des Kapitals durch eine Umverteilungspolitik zurückzudrängen.

9.4. Gen-Untersuchung. Im Mordfall der elfjährigen Christina aus dem niedersächsischen Strücklingen startet die Polizei die größte Gen-Reihenuntersuchung in der deutschen Kriminalgeschichte. Etwa 18.000 Männer zwischen 18 und 30 Jahren aus dem Landkreis Cloppenburg sind zur Abgabe ihrer Speichelprobe aufgefordert.

17.4. Kanzlerkandidat. Mit 93,01 % der Stimmen wählt der SPD-Sonderparteitag in Leipzig Niedersachsens Ministerpräsidenten Gerhard Schröder zum Kanzlerkandidaten.

7.5. Fusion. Daimler-Benz und Chrysler geben in London ihre Fusion zum drittgrößten Autokonzern der Welt bekannt.

3.6. Katastrophe. Bei dem schwersten Zugunglück in der Geschichte der Bundesrepublik kommen im niedersächsischen Eschede 101 Menschen ums Leben.

8.7. Börse. Der deutsche Aktienindex (DAX) übersteigt erstmals in seiner zehnjährigen Geschichte die Marke von 6000 Punkten. In den letzten zwölf Monaten hat der DAX damit um 50 % zugelegt.

13.7. Kopftuch. Auf Weisung der baden-württembergischen Kultusministerin Annette Schavan (CDU) wird die muslimische Referendarin Fereschta Ludin nicht als Lehrerin in den Schuldienst übernommen, weil sie auch im Unterricht nicht auf ein Kopftuch verzichten will.

14.7. Rechtschreibreform. Die Rechtschreibreform ist mit dem Grundgesetz vereinbar. Zu diesem Urteil kommt das Bundesverfassungsgericht in Karlsruhe. Damit können die neuen Regeln wie vorgesehen am 1. August in Kraft treten.

15.7. Armut. Etwa 12 % der Kinder und Jugendlichen in den alten und 22 % in den neuen Bundesländern leben in Armut. Zu diesem Ergebnis kommt der 10. Kinder- und Jugendbericht der Bundesregierung.

17.8. Medienereignis. US-Präsident Bill Clinton gibt in einer Fernsehansprache zu, eine »unangemessene Beziehung« zu einer Ex-Praktikantin im Weißen Haus unterhalten zu haben.

1.9. NS-Zwangsarbeiter. Ehemalige NS-Zwangsarbeiter verklagen in den USA zwölf große deutsche Unternehmen auf Entschädigung. Betroffen sind u. a. Siemens, Henkel, BMW, Daimler-Benz, VW und Leica. Nach Ansicht der Kläger haben die Unternehmen im Zweiten Weltkrieg durch die Ausbeutung von Zwangsarbeitern beträchtliche Gewinne erzielt.

27.9. Regierungswechsel. Bei den Wahlen zum 14. Deutschen Bundestag wird erstmals eine amtierende Regierung abgelöst. SPD und Bündnis 90/Die Grünen erringen zusammen die absolute Mehrheit.

1.10. Viagra. In Deutschland kommt die Potenzpille Viagra in die Apotheken und findet reißenden Absatz.

26.10. Großkreuz. Bundespräsident Roman Herzog entläßt die Mitglieder der alten Bundesregierung aus ihren Ämtern. Zuvor überreicht Herzog dem bisherigen Regierungschef Helmut Kohl (CDU) das Großkreuz des Verdienstordens mit Lorbeerkranz, das vorher nur der erste Bundeskanzler Konrad Adenauer (CDU) erhalten hatte.

14.11. Abschiebung. Der in Deutschland aufgewachsene 14jährige türkische Serienstraftäter »Mehmet« wird aus München nach Istanbul abgeschoben.

Kultur – Medien – Sport

17.1. Fernsehen. Karin Tietze-Ludwig präsentiert in der ARD nach 30 Jahren zum letzten Mal die Ziehung der Lottozahlen.

31.1. Fußball. Der Brasilianer Giovane Elber erzielt das schnellste Tor der Bundesligageschichte: 11,48 Sekunden nach dem Anpfiff trifft er beim Heimspiel des FC Bayern München gegen den HSV (Endstand: 3:0).

22.2. Olympiade. In Nagano gehen die XVIII. Olympischen Winterspiele zu Ende. Mit zwölf Gold-, neun Silber- und acht Bronzemedaillen schneiden die deutschen Sportler am erfolgreichsten ab.

10.3. Fußball. Durch einen Wutausbruch bei einer Pressekonferenz wird Bayern-Trainer Giovanni Trapattoni zur Kultfigur und sein »Ich habe fertig!« zum geflügelten Wort.

18.3. Fernsehen. Die Ministerpräsidenten der Bundesländer einigen sich auf eine Liste bedeutender Sportereignisse, darunter die Olympischen Spiele und die Fußballweltmeisterschaften, deren Live-Übertragung nicht allein auf Pay-TV beschränkt sein darf. Hintergrund ist das Ziel der Münchner Kirch-Gruppe, über wichtige Veranstaltungen live nur im Bezahl-Kanal zu berichten.

9.5. Pop. Guildo Horn und seine Band »Die Orthopädischen Strümpfe« belegen beim europäischen Schlagerwettbewerb in Birmingham Platz sieben. Mit 12,6 Millionen Zuschauern erreicht die ARD-Live-Übertragung einen Marktanteil von 50,8 %.

13.5. Fußball. Der deutsche Fußballnationalspieler Oliver Bierhoff wechselt für 25,5 Millionen DM von Udinese Calcio zum AC Mailand. Dies ist die bisher höchste Ablösesumme für einen deutschen Spieler.

15.5. Schriftsteller. Der westdeutsche Schriftstellerverband PEN stimmt in München mit großer Mehrheit dem seit 1990 strittigen Zusammenschluß mit dem Ost-PEN zu.

12.6. Museum. In Berlin wird die neue Gemäldegalerie nach sechsjähriger Bauzeit eröffnet. Der 285 Millionen DM teure Neubau beherbergt Meisterwerke der europäischen Malerei vom Beginn des 13. Jahrhunderts bis zum Ende des 18. Jahrhunderts.

21.6. Fußball. Gewaltausbrüche deutscher Hooligans überschatten das zweite WM-Spiel der deutschen Fußballnationalmannschaft gegen Jugoslawien. Der französische Polizist Daniel Nivel wird bei den Krawallen im nordfranzösischen Lens lebensgefährlich verletzt.

4.7. Fußball. Mit einer 0:3-Niederlage im Viertelfinale gegen Kroatien ist die Fußballweltmeisterschaft in Frankreich für die deutsche Elf beendet und kurze Zeit später (am 7. September) auch die Ära Berti Vogts.

22.7. Musik. Der Sänger Hermann Prey stirbt 69jährig in Krailing/Oberbayern.

1.8. Sprache. In Deutschland, Österreich und der Schweiz treten die neuen Rechtschreibregeln in Kraft.

14.8. Fernsehen. Der deutsche Schauspieler, Entertainer und Quizmaster Hans-Joachim Kulenkampff stirbt 77jährig in Seeham bei Salzburg.

9.9. Fußball. Erich Ribbeck und Uli Stielike werden gemeinsam Nachfolger des zurückgetretenen Berti Vogts als »Teamchef« bzw. Trainer der deutschen Nationalmannschaft.

10.9. Film. Bundespräsident Roman Herzog zeichnet in Berlin den US-Filmregisseur Steven Spielberg für dessen Verdienste um die geschichtliche Aufarbeitung des Holocaust mit dem Bundesverdienstkreuz aus.

11.10. Friedenspreis. Der Schriftsteller Martin Walser erhält in der Frankfurter Paulskirche den Friedenspreis des Deutschen Buchhandels. Seine Ausführungen zum Umgang mit der deutschen Vergangenheit lösen eine hitzige öffentliche Debatte aus.

12.10. Theater. Mit 93 Jahren stirbt einer der größten deutschen Theaterschauspieler des Jahrhunderts, Bernhard Minetti, in Berlin.

16.10. Fernsehen. Mit der 281. Folge der Krimiserie »Derrick« verabschiedet sich Horst Tappert als Oberinspektor vom Bildschirm. Die Serie ist weltweit der größte Verkaufserfolg des deutschen Fernsehens.

23.10. Film. Das weltweit erste U-Bahn-Kino hat in Berlin Premiere. Die Fahrgäste der Linie 9 fahren im Tunnel an einer 545 m langen Folge von Einzelbildern vorbei.

1999

Politik – Wirtschaft – Zeitgeschehen

1.1. Währungsunion. Die erste Etappe der Währungsunion tritt für Deutschland und weitere zehn Länder Europas in Kraft. An den Börsen werden Aktien nunmehr in Euro gehandelt.

23.1. Adel. Prinzessin Caroline von Monaco heiratet den Welfenprinzen Ernst August von Hannover.

16.2. Entschädigungsfonds. Bundeskanzler Gerhard Schröder und die Chefs von zwölf deutschen Konzernen beschließen einen Fonds zur Entschädigung ehemaliger Zwangsarbeiter der Nazi-Diktatur.

11.3. Rücktritt. Bundesfinanzminister und SPD-Vorsitzender Oskar Lafontaine tritt überraschend von all seinen Ämtern zurück. Er begründet seinen Rücktritt mit »schlechtem Mannschaftsspiel«; seine Abrechnung veröffentlicht er später im Jahr unter dem Titel »Das Herz schlägt links«.

12.3. NATO-Osterweiterung. Die ehemaligen Warschauer-Pakt-Staaten Polen, Tschechien und Ungarn treten der NATO bei. Das Bündnis hat nun 19 Mitglieder.

24.3. Kosovo-Krieg. Die NATO beginnt mit den seit Monaten angekündigten Luftangriffen auf strategische Ziele in Jugoslawien, um Serbien zum Einlenken im Kosovo-Konflikt zu bewegen. Erstmals seit dem Ende des Zweiten Weltkriegs sind auch deutsche Soldaten wieder direkt in Kampfhandlungen verwickelt.

12.4. Schwebebahn. Beim Absturz eines Zuges der Wuppertaler Schwebebahn werden drei Fahrgäste getötet und 47 zum Teil schwer verletzt.

19.4. Eröffnungssitzung. Der Bundestag tritt in Berlin zu seiner ersten Sitzung im umgebauten Reichstagsgebäude zusammen.

23.5. Bundespräsidentenwahl. Der SPD-Politiker Johannes Rau wird in Berlin als Nachfolger von Roman Herzog zum Bundespräsidenten gewählt.

24.5. Jubiläum. Mit einem Staatsakt wird im Berliner Reichstag das 50jährige Bestehen der Bundesrepublik gefeiert.

10.6. Kriegsende. Die NATO beendet nach 79 Tagen ihre Luftangriffe auf Jugoslawien, nachdem Belgrad in die Bedingungen für einen Abzug aus dem Kosovo eingewilligt und diesen in die Wege geleitet hat.

13.6. Europawahl. Überragender Sieger der Europawahl in Deutschland ist die CDU/CSU, die vor allem vom desolaten Zustand der Schröder-Regierung profitiert. Die Konservativen legen dabei fast um zehn Prozent zu.

25.6. Mahnmal. Der Bundestag spricht sich für die Errichtung eines Holocaust-Mahnmals in Berlin aus.

11.8. Sonnenfinsternis. Mittags kurz vor halb eins ist in Deutschland eine totale Sonnenfinsternis zu beobachten; wegen starker Bewölkung bleibt das Schauspiel den meisten jedoch verborgen.

13.8. Todesfall. Ignatz Bubis, Präsident des Zentralrats der Juden in Deutschland, stirbt 72jährig.

19.8. Festnahme. Der monatelang bundesweit mit großem Aufwand gesuchte mehrfache Mörder Dieter Zurwehme wird in Greifswald festgenommen.

23.8. Regierungs-Umzug. Bundeskanzler Gerhard Schröder und sein Kabinett nehmen ihre Arbeit am neuen Parlaments- und Regierungssitz in Berlin auf.

1.11. Amoklauf. Ein 16jähriger Amokschütze richtet in Bad Reichenhall ein Blutbad an. Drei Menschen werden getötet, sechs verletzt.

4.11. Wehrmachtsausstellung. Die umstrittene Wehrmachtsausstellung des Hamburger Instituts für Sozialforschung, in der Fehler nachgewiesen worden waren, wird gestoppt.

5.11. Parteispendenaffäre. Der mit Haftbefehl gesuchte Ex-CDU-Schatzmeister Walther Leisler Kiep, dem die Hinterziehung von Steuern zur Last gelegt wird, stellt sich der Justiz. Es ist der Beginn der Parteispendenaffäre um die frühere CDU-Führung.

9.11. Attentat. In einer Schule in Meißen wird eine Lehrerin vor den Augen der Schüler einer Klasse von einem 15jährigen Jungen erstochen.

24.11. Konzernrettung. Unter Vermittlung von Bundeskanzler Schröder gelingt die Rettung des überschuldeten Baukonzerns Philipp Holzmann.

30.11. CDU-Spendenaffäre. Unter starkem Druck auch aus den eigenen Reihen bestätigt Alt-Bundeskanzler Helmut Kohl den nicht gesetzmäßigen Umgang mit Parteispenden.

22.12. Urteil. Zum zweiten Mal wird Monika Böttcher – frühere Weimar – wegen der Ermordung ihrer beiden Töchter zu lebenslanger Haft verurteilt.

26.12. Orkan. Ein Orkan mit Windgeschwindigkeiten von mehr als 200 Kilometern in der Stunde fegt über Westeuropa und Süddeutschland hinweg; die Katastrophe fordert 80 Menschenleben.

Kultur – Medien – Sport

1.1. Kulturstadt. Weimar, einst Wohn- und Arbeitsort von Goethe, Schiller, Herder und Wieland, wird Kulturstadt Europas.

22.1. Museum. Nach sechsjähriger Bauzeit wird in Berlin das Jüdische Museum feierlich eröffnet.

21.2. Film. In Berlin gehen die 49. Internationalen Filmfestspiele mit der Vergabe des Goldenen Bären an den US-Film »Der schmale Grat« von Terence Malick zu Ende.

26.5. Fußball. Bayern München verliert das Finale der Champions League in Barcelona gegen Manchester United nach einer 1:0-Führung in den Schlußminuten noch 1:2.

23.6. Musik. Der britische Dirigent Simon Rattle wird zum Nachfolger von Claudio Abbado als neuer Chefdirigent der Berliner Philharmoniker gewählt.

30.6. Tennis. Nach seiner Achtelfinal-Niederlage in Wimbledon gibt Boris Becker das Ende seiner Karriere als Profi-Tennisspieler bekannt.

10.7. Pop. In Berlin brechen 1,5 Millionen Raver bei der Love Parade, der größten Open-Air-Disco der Welt, alle Rekorde.

11.7. Formel 1. Michael Schumacher verunglückt beim Großen Preis von England in Silverstone und fällt mit Beinbruch bis kurz vor Ende der Saison aus.

1.8. Sprache. Die neue Rechtschreibung hält Einzug in den deutschen Tageszeitungen und setzt sich damit in der Öffentlichkeit endgültig durch.

13.8. Tennis. Nach Boris Becker erklärt auch Steffi Graf auf einer Pressekonferenz ihren Rücktritt vom Profi-Tennissport.

20.9. Theater. Willy Millowitsch, beliebter Volksschauspieler aus Köln, stirbt 90jährig.

2.10. Literatur. Heinz G. Konsalik, in Deutschland auflagenstärkster Bestsellerautor, stirbt 78jährig.

26.10. Schlagermusik. Rex Gildo, beliebter Schlagersänger vor allem der 70er Jahre, begeht 63jährig Selbstmord.

14.11. Fußball. Lothar Matthäus stellt mit seinem 143. Einsatz in der Nationalmannschaft (gegen Norwegen) den Rekord des schwedischen Torhüters Thomas Ravelli ein.

19.11. Leichtathletik. Olympiasieger Dieter Baumann, Vorkämpfer eines »sauberen« Sports, gerät selbst unter Dopingverdacht. Eine Probe ergab einen positiven Befund.

10.12. Literatur. Dem Schriftsteller Günter Grass wird in Stockholm der Nobelpreis für Literatur verliehen; zu seinen größten Werken zählen der Roman »Die Blechtrommel« und die Erzählung »Hundejahre«.

Kurzbiographien der Autoren

Reinhard Appel

Geboren am 21. Februar 1927 in Königshütte (Oberschlesien) als Sohn eines Kaufmanns, aufgewachsen in Berlin-Spandau. Nach der Mittelschule Besuch einer Lehrerbildungsanstalt in Brandenburg. 1945 als Wehrmachtssoldat eingezogen und in sowjetische Kriegsgefangenschaft geraten, noch im gleichen Jahr entlassen. 1946 als Volontär zur »Stuttgarter Zeitung«. Seit 1949/50 Bonner Korrespondent. Von 1971 bis 1973 Leiter des Bonner Büros der »Süddeutschen Zeitung«. 1973 wurde Appel Intendant des Deutschlandfunks, und von 1976 bis 1988 war er Chefredakteur des ZDF. Von 1992 bis 1994 war er Hörfunkbeauftragter des ZDF beim ehemaligen Ostberliner »Deutschlandsender Kultur«, den er mit dem »RIAS« zum »DeutschlandRadio« vereinte. Dem Fernsehpublikum wurde Appel als Kommentator und vor allem durch die Sendung »Journalisten fragen – Politiker antworten« bekannt, der er, mit Unterbrechungen, fast drei Jahrzehnte lang seine Prägung gab.

Kurt Biedenkopf

Der Wirtschaftsjurist und Politiker Kurt Hans Biedenkopf ist in Ludwigshafen am 28. Januar 1930 geboren. Von 1964 bis 1970 war er Ordinarius an der Ruhr-Universität Bochum und dort zudem von 1967 bis 1969 Rektor. 1971 wechselte er in die Wirtschaft und war bis 1973 als Geschäftsführer der Henkel GmbH, Düsseldorf, tätig. Biedenkopf war für die CDU viele Jahre Mitglied des Bundestages und hatte darüber hinaus mehrere wichtige Ämter in seiner Partei inne, deren Mitglied er seit 1965 ist. So bewirkte er in seiner Zeit als Generalsekretär der CDU von 1973 bis 1977 eine weitgreifende Modernisierung der Partei. Von 1986 bis 1987 war er Landesvorsitzender der CDU in NRW. Seit Oktober 1990 ist er Ministerpräsident von Sachsen. Der populäre Landesvater gilt als einer der wichtigsten wirtschaftspolitischen Sachverständigen in Deutschland.

George Bush

Der ehemalige US-Präsident George Herbert Walker Bush ist am 12. Juni 1924 in Milton (Massachusetts) geboren. 1941 meldete er sich freiwillig zum Kriegseinsatz und war bis 1945 als Marineflieger im Dienst. Nach Abschluß des Studiums der Nationalökonomie in Yale 1948 wurde er Firmenmitbegründer in der Ölindustrie. 1966 wurde er Senator für Texas, 1970 UNO-Delegierter. 1972 übernahm er den Parteivorsitz der Republikaner. 1976/77 war er Direktor des Geheimdienstes CIA. Als amerikanischer Vizepräsident unter Ronald Reagan von 1981 bis 1989 erwarb sich Bush das Image eines gemäßigten Konservativen. 1989 schließlich wurde er zum 41. Präsident der Vereinigten Staaten gewählt. Bush hat entscheidenden Anteil an den friedlich verlaufenen Umwälzungen der Jahre 1989 und 1990 und an der Ermöglichung des deutschen Einheitsprozesses. Bushs Erinnerungen erschienen 1991 in Deutsch unter dem Titel »Blick nach vorn«.

Eberhard Diepgen

Geboren am 13. November 1941 in Berlin. Nach dem Abitur 1960 bis 1967 Studium der Rechtswissenschaften an der Freien Universität Berlin. 1965/66 stellvertretender Vorsitzender des Verbandes Deutscher Studentenschaften. 1972 Zulassung als Rechtsanwalt. Eintritt in die CDU 1962. 1971 Wahl ins Berliner Abgeordnetenhaus und Aufnahme in den Landesvorstand der Berliner CDU. 1983 Wahl zum Landesvorsitzenden und Mitglied des Bundesvorstandes. Von 1980 bis 1984 und 1989 bis 1991 war Diepgen Fraktionsvorsitzender der CDU im Berliner Abgeordnetenhaus. 1984 bis 1989 war er als Regierender Bürgermeister von West-Berlin tätig. Seit 1991 ist er Regierender Bürgermeister des wiedervereinten Berlins.

Roland Dumas

Der französische Jurist und Politiker Roland Dumas, geboren am 23. August 1922 in Limoges, wurde als Verteidiger so prominenter Mandanten wie Simone de Beauvoir, Jean-Paul Sartre und Pablo Picasso bekannt, bevor er zum engsten Vertrauten des Staatspräsidenten François Mitterand avancierte. Sein Jurastudium absolvierte er mit großem Erfolg in Paris und London. 1950 ließ er sich in der französischen Hauptstadt als Rechtsanwalt nieder. Von 1956 bis 1958 sowie 1967/68 war er Abgeordneter in der Nationalversammlung, 1983/84 Europaminister und von 1984 bis 1986 erstmalig französischer Außenminister. Seit 1988 ein zweites Mal Vertreter Frankreichs im Ausland, hatte er entscheidenden Anteil an den Zwei-plus-Vier-Verhandlungen zwischen den beiden deutschen Staaten und den Siegermächten des Zweiten Weltkriegs.

Heinz Eggert

Geboren am 6. Mai 1946 in Rostock. Nach einer Lehre und mehrjährigen beruflichen Tätigkeit bei der Reichsbahn nahm er 1969 in Rostock das Studium der evangelischen Theologie auf, das er 1974 abschloß. Während seiner Tätigkeit als Pfarrer in der Sächsischen Landeskirche war Eggert beständiges Ziel der Stasi-Beobachtung. In der Endphase der DDR engagierte er sich als Mitglied des Neuen Forums am »Runden Tisch«. Obwohl er sich am Aufbau demokratischer Parteien beteiligte, blieb er selbst zunächst parteilos und trat erst Ende 1990 der CDU bei. In der sächsischen Landesregierung unter Ministerpräsident Kurt Biedenkopf war Eggert von 1991 bis 1995 Innenminister. Seit November 1999 ist Eggert stellvertretender Parteivorsitzender der sächsischen CDU. Außerdem moderiert er gemeinsam mit Erich Böhme seit 1997 die TV-Sendung »Der grüne Salon«.

Hans Eichel

Geboren am 24. Dezember 1941 in Kassel als Sohn eines Architekten. Nach dem Abitur von 1961 bis 1968 Studium der Germanistik, Politologie, Philosophie und Geschichte in Marburg an der Lahn und in Berlin für das Lehramt. Von 1968 bis 1970 absolvierte er ein Referendariat an Gymnasien in Marburg und Kassel. 1970 wurde er Studienrat. Von 1969 bis 1972 war Eichel stellvertretender JUSO-Vorsitzender. 1970 wurde er im Stadtparlament Kassel SPD-Fraktionsvorsitzender und war ab 1975 bis 1991 Oberbürgermeister der Stadt. 1989 wurde er Landesvorsitzender der SPD Hessen; Mitglied des Landtags seit 1991; Ministerpräsident des Landes Hessens 1994 bis 1998. Seit April 1999 ist Eichel Bundesfinanzminister.

Uwe Förster

Der Sprachforscher Dr. phil. Uwe Förster ist 1935 in Dresden geboren. 1954 machte er sein Abitur in Altenberg im Osterzgebirge. Zunächst arbeitete er als Hilfsarbeiter, studierte dann aber Germanistik, Philosophie und Theaterwissenschaft an der Freien Universität in Westberlin. Seit 1967 ist Förster wissenschaftlicher Mitarbeiter der Gesellschaft für deutsche Sprache in Wiesbaden. Er ist Leiter des Sprachberatungsdienstes und wissenschaftlicher Berater der Zweigvereine.

Joachim Gauck

Geboren am 24. Januar 1940 in Rostock als Sohn eines Kapitäns. In kritischer Haltung zum DDR-Staat schloß er sich weder den Jungen Pionieren noch der FDJ an. Er wollte mit dem Berufswunsch Journalist Germanistik studieren, erhielt aber keinen Studienplatz. Statt dessen studierte er nach dem Abitur evangelische Theologie. Nach seinem Vikariat ab 1965 in der Evangelisch-Lutherischen Landeskirche von Mecklenburg wurde er 1967 ordiniert. Er arbeitete als Pfarrer in Lüssow (Kreis Güstrow) und ab 1970 in Rostock. Von 1982 an leitete er die Kirchentagsarbeit in Mecklenburg. 1989 gehörte Gauck zu den Mitbegründern des Rostocker Neuen Forums. Als Abgeordneter zog er bei der ersten freien Volkskammerwahl in das DDR-Parlament ein. Er wurde mit der Verwaltung der Stasi-Akten betraut und leitet seit 1990 die sogenannte »Gauck-Behörde«. Am 20. Januar 1999 wurde ihm von der Universität Rostock die Ehrendoktorwürde verliehen, am 6. Dezember 1999 erhielt er in Budapest vom Präsidenten der Republik Ungarn Árpád Göncz die Imre-Nagy-Gedenkplakette.

Hans-Dietrich Genscher

Geboren am 21. März 1927 in Reideburg (Thüringen) als Sohn eines Syndikus. Noch vor Abschluß des Abiturs 1943 Kriegseinsatz. Nach dem Abitur 1946 trat Genscher der liberalen Partei bei, studierte bis 1949 Rechtswissenschaften und arbeitete danach als Gerichtsreferendar in Halle. 1952 Übersiedlung nach Westdeutschland und Eintritt in die F. D. P. 1965 Wahl in den Bundestag, dem er bis 1998 angehörte. Unter Willy Brandt von 1969 bis 1974 Innenminister, war Genscher von 1974 bis 1992 in wechselnden Koalitionsregierungen Außenminister und Vizekanzler. Krönung der von Genscher betriebenen Entspannungspolitik war die Deutsche Einheit 1990. Nach dem Rücktritt als Außenminister Engagement in der F. D. P., deren Parteivorsitzender er von 1974 bis 1985 war. Seit Ende 1998 ist er als Rechtsanwalt tätig.

Bronisław Geremek

Geboren am 6. März 1932 in Warschau. Er studierte Geschichte an der Historischen Fakultät der Universität zu Warschau. 1960 promovierte er in der Polnischen Akademie der Wissenschaften zum Doktor der Geschichte und habilitierte sich 1972. 1989 zum außerordentlichen Professor ernannt. Seine Bücher, die in der Mehrzahl der Geschichte des Mittelalters gewidmet sind, wurden in zehn Sprachen übersetzt. Seit den 50er Jahren politisch engagiert. 1980 war Geremek einer der führenden Berater der Danziger Streikbewegung, aus der die Gewerkschaft Solidarność hervorgegangen ist. Wegen seiner politischen Aktivitäten 1981/82 interniert, war er nach der Haft, der eine weitere folgte, enger Berater von Lech Wałesa. 1989 wurde er ins polnische Parlament gewählt. Seit 1997 ist er polnischer Außenminister. Geremek hat zahlreiche Ehrungen im In- und Ausland erhalten, u. a. auch das Große Verdienstkreuz mit Stern des Verdienstordens der Bundesrepublik Deutschland.

Wilfried Goosmann

Geboren am 1. Oktober 1943 in Dortmund. Nach der Realschule in Essen absolvierte er von 1960 bis 1963 eine Lehre als Verlagskaufmann bei der NRZ (Neue Ruhr/Rhein Zeitung), wo er bis 1967 als Stadtvertriebsleiter tätig war. Von 1967 bis 1969 studierte er an der Werbefachschule Ruhr parallel zu seiner Tätigkeit als Vertriebsleiter beim Essener Stadtanzeiger und Sportbeobachter. Danach arbeitete er als Vertriebsleiter und Vertriebswerbeleiter wieder bei der NRZ. 1976 übernahm er die Vertriebsleitung Verkauf der Zeitungsgruppe WAZ in Essen. Seit 1990 ist Goosmann Geschäftsführer der Zeitungsgruppe Thüringen in Erfurt.

Michail Gorbatschow

Michail Sergejewitsch Gorbatschow wurde am 2. März 1931 in Priwolnoje (in der Region Stawropol im Nordkaukasus) als Sohn eines Mähdrescherfahrers geboren. Ab 1950 studierte er Rechtswissenschaften in Moskau. Nach seiner Promotion an der Lomonossow-Universität kehrte er 1955 in seine nordkaukasische Heimat zurück und begann eine Parteikarriere in der KPdSU. 1970 wurde er Mitglied des Obersten Sowjet, 1971 Vollmitglied des Zentralkomitees der KPdSU. 1978 wurde er zum ZK-Sekretär als Chef der Abteilung Agrarwirtschaft berufen. 1980 Vollmitglied des Politbüros. Als Generalsekretär der KPdSU ab 1985 leitete er einen umfangreichen Reformkurs ein, der schließlich mit der Auflösung der UdSSR endete. Mit der gleichzeitigen Gründung der GUS am 25. Dezember 1991 trat Gorbatschow von allen seinen politischen Ämtern zurück. Gorbatschow ist Friedensnobelpreisträger 1990.

Gregor Gysi

Geboren am 16. Januar 1948 in Berlin als Sohn einer alteingesessenen Familie mit jüdischen Vorfahren. Mit dem Abitur 1966 gleichzeitig Abschluß als Facharbeiter für Rinderzucht. Von 1966 bis 1970 Jurastudium an der Humboldt-Universität Berlin. 1971 Zulassung zum Rechtsanwalt und 1976 Promotion. Ab 1967 Mitglied der SED. In der Wendezeit zunächst Vorsitzender der SED/PDS, dann bis Januar 1993 der PDS. Mitglied der Volkskammer 1990 und Vorsitzender der PDS-Gruppe. Seit 1990 ist Gysi Mitglied des Bundestages; er war Vorsitzender zunächst der Abgeordnetengruppe PDS/Linke Liste bis 1992, seit der Bundestagswahl 1998 führt er die PDS-Fraktion. Seine Autobiographie erschien 1995 unter dem Titel »Das war´s noch lange nicht! Autobiographische Notizen«.

Karl-Günther von Hase

Geboren am 15. Dezember 1917 in Wangern (Niederschlesien) als Sohn eines Polizeioffiziers. Nach Abitur und Arbeitsdienst 1936 Eintritt in die Wehrmacht. 1944 mußte er aus dem Generalstab ausscheiden, da sein Onkel, Generalleutnant Paul von Hase, am gescheiterten Putschversuch vom 20. Juli beteiligt war. Nach der Rückkehr aus sowjetischer Kriegsgefangenschaft 1949 Besuch der Diplomatenschule und Arbeit für das Auswärtige Amt. Dort ab 1958 Leiter des Pressereferats. 1962 bis 1967 leitete von Hase das Presse- und Informationsamt der Bundesregierung. 1967 bis 1969 Staatssekretär im Verteidigungsministerium. 1970 deutscher Botschafter in London. Danach von 1977 bis 1982 als Intendant des ZDF tätig. 1982 erhielt von Hase das Große Bundesverdienstkreuz mit Stern und Schulterband.

Volker Hassemer

Geboren am 20. Januar 1944 in Metz (Frankreich). Nach dem Abitur 1963 studierte Hassemer Rechtswissenschaften in Mainz, Saarbrücken und Berlin. Ab 1972 war er als Rechtsanwalt tätig, 1973 promovierte er im Fach Jura, 1973/74 war er Assessor im Bezirksamt Wedding und beim Senator für Schulwesen. Von 1974 bis 1981 im Umweltbundesamt Berlin tätig, wurde er 1981 Senator für Stadtentwicklung und Umweltschutz. Nach einer Zeit von 1983 bis 1989 als Senator für Kulturelle Angelegenheiten wurde er 1991 wiederum Senator für Stadtentwicklung und Umweltschutz. Hassemer, seit 1968 Mitglied der CDU, war außerdem von 1983 bis 1996 stellvertretender Landesvorsitzender der CDU Berlin. Seit März 1996 ist er als Geschäftsführer der Marketinggesellschaft »Partner für Berlin« tätig.

Regine Hildebrandt

Geboren am 26. April 1941 in Berlin. Studium der Biologie an der Humboldt-Universität in Ost-Berlin, abgeschlossen mit Diplom 1964; Promotion zum Dr. rer. nat. 1968. 25 Jahre lang war sie in der pharmakologischen Industrie als Biologin und in der medizinischen Betreuung von Diabetikern tätig. 1990 wurde sie Ministerin für Arbeit und Soziales in der ersten frei gewählten DDR-Regierung. Von 1990 bis 1999 in der Landesregierung Brandenburg Ministerin für Arbeit, Soziales, Gesundheit und Frauen. 1999 schied sie aus der Regierung aus. Regine Hildebrandt wurde 1991 vom Deutschen Staatsbürgerinnen-Verband zur »Frau des Jahres« gewählt. Außerdem erhielt sie zahlreiche Auszeichnungen, so etwa 1993 den Gustav-Heinemann-Bürgerpreis. Sie ist engagiertes Mitglied der evangelischen Kirche.

Reinhard Höppner

Geboren am 2. Dezember 1948 in Haldensleben als Sohn eines Pfarrers. Nach der Erweiterten Oberschule absolvierte Höppner eine Berufsausbildung zum Elektromonteur, studierte im Anschluß dann Mathematik an der TU Dresden. Schon früh in der evangelischen Kirche engagiert, war er seit Anfang der 70er Jahre Mitglied und von 1980 bis 1994 Präses der Synode der Evangelischen Kirche der Kirchenprovinz Sachsen. Das gesellschaftliche Engagement reichte auch in den politischen Bereich hinein: Höppner ist mit Richard Schröder Autor des Textes »Mehr Gerechtigkeit in der DDR«, ein »Wegweiser« zu den Umgestaltungen in der DDR. Ende 1989 trat der bis dahin Parteilose der SPD bei. Er war Abgeordneter und Vizepräsident der ersten frei gewählten Volkskammer, bis 1994 Vorsitzender der SPD-Landtagsfraktion in Sachsen-Anhalt. Seit 1994 ist er in diesem Bundesland Ministerpräsident.

Helmut Kohl

Alt-Bundeskanzler Dr. Helmut Kohl wurde am 3. April 1930 in Ludwigshafen als Sohn eines Finanzbeamten geboren. Er ist Mitbegründer der Jungen Union und seit 1947 Mitglied der CDU. Nach dem Abitur (1950) studierte er Geschichte, Rechts- und Staatswissenschaften; 1958 schloß er das Studium mit der Promotion ab. Zunächst als kaufmännischer Angestellter arbeitend, war er von 1954 bis 1961 stellvertretender Landesvorsitzender der Jungen Union in Rheinland-Pfalz und ab 1959 Mitglied des Landtags. 1966 wurde er Landesvorsitzender der Partei und 1969 Ministerpräsident von Rheinland-Pfalz, 1973 Bundesvorsitzender der CDU. 1982 wurde er zum Bundeskanzler gewählt. Die Wiedervereinigung 1990 machte ihn zum ersten gesamtdeutschen Kanzler (bis 1998). Neben zahlreichen Ehrungen im In- und Ausland und mehreren Ehrendoktorwürden erhielt Kohl 1998 das Großkreuz des Verdienstordens der Bundesrepublik Deutschland mit Lorbeerkranz.

Lothar de Maizière

Geboren am 2. März 1940 in Nordhausen. Als Absolvent der Musikhochschule in Ostberlin zunächst in verschiedenen Orchestern tätig, nahm de Maizière nach einem juristischen Fernstudium 1976 eine Tätigkeit als Rechstanwalt auf. Schon als Schüler war er 1956 der Ost-CDU beigetreten. 1989 wurde er in die von Hans Modrow neugebildete Regierung der DDR als Minister für Kirchenfragen berufen. Unter de Maizières Führung wurde die CDU der DDR bei der ersten freien Volkskammerwahl am 18. März 1990 stärkste Partei. De Maizière führte als Ministerpräsident eine große Koalition mit SPD und Liberalen. Auf dem ersten gesamtdeutschen CDU-Parteitag am 1./2. Oktober 1990 wurde de Maizière zum Stellvertreter des Vorsitzenden Helmut Kohl gewählt. Im Herbst 1991 zog sich de Maizière aus der aktiven Politik zurück. 1996 erschien sein Buch über den Einigungsprozeß: »Anwalt der Einheit«.

Gisela May

Geboren am 31. Mai 1924 in Wetzlar/Lahn als Tochter des Schriftstellers und Dramaturgen Ferdinand May und der Schauspielerin Käthe May. Das antifaschistische Engagement der Eltern prägt Kindheit und Jugend. 1940 – 42 erhält sie in Leipzig eine Schauspielausbildung und debütiert am Komödienhaus in Dresden. Nach Stationen in Danzig, Görlitz, Leipzig, Schwerin und Halle holt Wolfgang Langhoff sie 1951 ans »Deutsche Theater« in Berlin. Klassische Rollen bis zur Gegenwartsliteratur umfaßt das reiche Repertoire von Gisela May. Gleichzeitig beginnt die Mitwirkung in Film- und Fernseh-Produktionen und ihre umjubelten Abstecher auf die Musical-Bühne. Aber immer mehr rückt im Laufe der Jahre Bertolt Brecht ins Zentrum der künstlerischen Arbeit. So beginnt nach zehn Jahren Zugehörigkeit am »Deutschen Theater« die Karriere als Brecht-Darstellerin am »Berliner Ensemble«. Hier wurde die Gestaltung der Mutter Courage zum Höhepunkt der 30jährigen Zugehörigkeit zum berühmten Ensemble. Das schließt die Songinterpretation ein, die durch den Komponisten Hanns Eisler ermutigt, bald zu internationalen Erfolgen führte: Gastspiele mit Brecht-Abenden in ganz Europa, den USA, Australien. Höhepunkte: Konzerte in der Mailänder Scala, der Carnegie-Hall New York, dem Opernhaus Sydney. Diverse Schallplattenproduktionen. »Die sieben Todsünden der Kleinbürger« von Brecht/Weill erhielten den »grand prix du disce« in Paris. Der Deutsche Kleinkunstpreis, das Filmband in Gold und viele weitere Auszeichnungen wurden der Künstlerin zuteil. Auf dem Gebiet der Song- und Chanson-Interpretation ist Gisela May in Workshops und Meisterkursen an diversen in- und ausländischen Hochschulen und Akademien eine gefragte Dozentin (Stockholm, Helsinki, Brüssel, Florenz, Graz, Stuttgart, Darmstadt, Berlin). Sie ist Mitglied der Akademie der Künste Berlin-Brandenburg.

Markus Meckel

Geboren am 18. August 1952 in Müncheberg bei Frankfurt/Oder als Sohn eines Pfarrers. Wurde 1969 aus politischen Gründen von der Erweiterten Oberschule verwiesen. Erlangte dann auf dem Kirchlichen Oberseminar Potsdam-Hermannswerde die Hochschulreife. Von 1971 bis 1978 studierte er evangelische Theologie in Naumburg und Berlin. Nach seinem Vikariat war er von 1982 bis 1988 Pfarrer in Vipperow/Müritz. Von 1988 bis 1990 war Meckel Leiter einer ökumenischen Begegnungs- und Bildungsstätte in Niederdodeleben (Sachsen-Anhalt). Gleichzeitig stark engagiert in der kirchlichen Friedens- und Menschenrechtsbewegung der DDR, wurde er zum Mitbegründer der Sozialdemokratischen Partei der DDR (SPD) 1989. Zeitweilig war er 1990 amtierender Vorsitzender der SPD-Ost und Mitglied der Volkskammer, zudem von April bis August 1990 Außenminister der DDR. Meckel ist Mitglied des Bundestags seit 1990. Seit 1998 ist er Leiter der deutschen Delegation in der Parlamentarischen Versammlung der NATO.

Angela Merkel

Geboren am 17. Juli 1954 in Hamburg, aufgewachsen in Templin. Ihr Studium der Physik schloß sie 1978 mit Diplom ab. 1986 promovierte sie zum Dr. rer. nat. In der Endphase des DDR-Regimes wurde sie als Mitglied und Pressesprecherin des Demokratischen Aufbruchs politisch aktiv. Von März bis Oktober 1990 war sie stellvertretende Regierungssprecherin der Regierung de Maizière. Seit August 1990 Mitglied der CDU, wurde sie im Dezember 1990 in den ersten gesamtdeutschen Bundestag gewählt. Seitdem bekleidete sie mehrere wichtige Ämter in Partei und Regierung. Unter anderem war sie von 1991 bis 1994 Bundesministerin für Frauen und Jugend und von 1994 bis 1998 Bundesministerin für Umwelt, Naturschutz und Reaktorsicherheit. Seit November 1998 ist sie Generalsekretärin der CDU.

Metropolit Augoustinos

Am 7. Februar 1938 auf Kreta geboren, erhielt der Metropolit seine kirchliche und theologische Ausbildung in Chalki (Konstantinopel/Istanbul), Salzburg, Münster und Berlin. 1964 wurde Augoustinos (Labardakis) zum Priester und 1972 zum Bischof geweiht. Von 1972 bis 1980 war er Vikarbischof der Griechisch-Orthodoxen Metropolie von Deutschland. 1980 wurde er einstimmig zum Metropoliten von Deutschland gewählt und leitet seitdem diese wichtige Eparchie des Ökumenischen Patriarchats. 1980 wurde Metropolit Augoustinos mit dem Bundesverdienstkreuz und 1992 mit dem Verdienstorden des Landes Nordrhein-Westfalen ausgezeichnet. 1994 erhielt er die höchste Stufe des Ehrenordens der Republik Griechenland.

Gabriele Muschter

Geboren am 6. Oktober 1946 in Oranienbaum bei Dessau. Nach dem Abitur 1965 absolvierte sie bis 1967 zunächst ein Volontariat beim Fernsehen der DDR in Berlin und arbeitete dann in Presseredaktionen. Von 1974 an studierte sie Kunstwissenschaft/Ästhetik an der Humboldt-Universität in Ostberlin, wo sie 1979 mit Diplom abschloß. Nun für zehn Jahre als Kunstwissenschaftlerin tätig (u.a. zeitweilig als Leiterin der Galerie Mitte in Dresden), wechselte sie 1990 in die aktive Politik. Vom 2. Mai bis 2. Oktober 1990 war sie Staatssekretärin im Ministerium für Kultur der DDR. Bis 1992 unterstützte sie in verschiedenen Beratungs- und Gutachterfunktionen die Bundesregierung und die CDU. Seit 1992 ist sie freiberuflich u.a. als Kulturberaterin für Unternehmen und als Autorin, Herausgeberin sowie Kuratorin großer Ausstellungsprojekte tätig. Seit 1994 ist sie Mitglied der Geschäftsleitung in der Kulturbrauerei in Berlin. Bei »Partner für Berlin« ist sie für den Bereich Mittel- und Osteuropa verantwortlich.

Gunda Niemann-Stirnemann

Die Erfurterin Gunda Niemann-Stirnemann wurde am 7. September 1966 in Sondershausen geboren. Seit 1983 betreibt sie aktiv Leistungssport, wobei sie über Umwege zum Eisschnellauf kam. Für die Olympiade qualifizierte sie sich erstmalig 1988 und erreichte dort zwei beachtliche siebte Plätze für das DDR-Team. Bei den folgenden olympischen Winterspielen der Jahre 1992, 1994 und 1998 wurde sie mit mehreren Gold- und Silbermedaillen eine der erfolgreichsten Sportlerinnen der nun vereinten deutschen Olympiaauswahl. Zu ihren Erfolgen gehören auch Europa- und Weltmeisterschaftstitel; ihren 15. Weltrekord errang sie im Januar 2000 über 3000 m. Die familienverbundene Ausnahmesportlerin ist mit ihrem langjährigen Manager Oliver Stirnemann verheiratet.

Lutz Rathenow

Geboren am 22. September 1952 in Jena. Studium der Germanistik und Geschichte ab 1973. 1977 wurde er aus politischen Gründen zwangsexmatrikuliert. Zunächst u. a. als Transporthilfsarbeiter tätig, konnte er Ende 1977 Arbeit am Theater finden. Nach ersten literarischen Erfolgen Anfang der 70er Jahre konnte er wegen seiner kritischen Auseinandersetzung mit dem System der DDR kaum mehr veröffentlichen. Wichtige Bücher kamen deshalb in der Bundesrepublik heraus, u. a. »Mit dem Schlimmsten wurde schon gerechnet« (1980) und »Ostberlin – Die andere Seite einer Stadt« (1987). Nach der Wiedervereinigung setzte sich Rathenow mit anderen Bürgerrechtlern sehr für die Öffnung der Stasi-Akten ein. Zu seiner neuesten Veröffentlichung gehört: »Der Wettlauf mit dem Licht. Gedichte«. In diesem Jahr erscheint ein autobiographischer Text.

Harald Ringstorff

Geboren am 25. September 1939 in Wittenburg. Die Grundschule besuchte er in seiner Geburtsstadt, die Oberschule in Hagenow. Nach Abitur und Wehrdienst studierte er von 1960 bis 1965 Chemie an der Universität Rostock. Nach seiner Promotion 1969 war er als Chemiker in der Industrie tätig. Ringstorff war 1989 Gründungsmitglied der SDP in Rostock. Seit März 1990 hatte er mehrere wichtige Ämter in der SPD inne. Unter anderem war er Vorsitzender des SPD-Landesverbandes und Fraktionsvorsitzender im Landtag von Mecklenburg-Vorpommern. Von 1994 bis 1996 war Ringstorff Minister für Wirtschaft und Angelegenheiten der Europäischen Union des Landes Mecklenburg-Vorpommern. Seit November 1998 ist er Ministerpräsident.

Dieter Roth

Geboren am 16. Oktober 1938 in Ludwigshafen am Rhein. Nach einer Lehre zum Bankkaufmann studierte Roth Volkswirtschaftslehre, Soziologie und Politikwissenschaften an den Universitäten zu Heidelberg, Frankfurt am Main und Mannheim sowie der Cornell University, Ithaca (New York) und der University of Michigan, Ann Abor (Michigan). In Heidelberg erwarb er den akademischen Grad des Diplom-Volkswirts, in Mannheim promovierte er zum Dr. phil. Roth ist Vorstandsmitglied der Forschungsgruppe Wahlen in Mannheim und seit ihrer Gründung 1974 Honorarprofessor an der Universität Heidelberg. Er ist Autor mehrerer Bücher und Hunderter Veröffentlichungen in Fachzeitschriften, Sammelwerken sowie Tages- und Wochenzeitschriften.

Günter Schabowski

Geboren am 4. Januar 1929 in Anklam (Vorpommern). Nach dem Abitur arbeitete er als Journalist und erwarb zudem das journalistische Diplom an der Universität Leipzig. Von 1967 bis 1968 besuchte er die Parteihochschule der KPdSU in Moskau, wodurch er sich die Qualifikation für hohe Parteiämter in der DDR erwarb. Ab 1968 war er beim SED-Zentralorgan »Neues Deutschland« tätig, dessen Chefredaktion er 1978 schließlich übernahm. 1981 wurde er Mitglied des ZK und 1984 Vollmitglied des Politbüros. Er galt lange Zeit als möglicher Nachfolger Erich Honeckers. In der Zeit des Niedergangs des SED-Regimes ging er als einziges Politbüromitglied auf die Straße, um sich den Diskussionen zu stellen. Am 9. November 1989 verkündete er die sensationelle Öffnung der Grenze. Seit Dezember 1999 ist er in Haft.

Dagmar Schipanski

Geboren am 3. September 1943 in Sättelstädt (Thüringen). Nach ihrem Abschluß der erweiterten Oberschule in Ilmenau 1962 studierte sie bis 1967 Angewandte Physik in Magdeburg. An der Technischen Hochschule Ilmenau war sie zunächst wissenschaftliche Assistentin; die Promotion erfolgte 1976 und ihre Habilitation 1985. Seit 1990 ist sie Professorin für Festkörperelektronik. Dagmar Schipanski war zeitweilig Dekanin der Fakultät für Elektrotechnik und Informationstechnik und Rektorin. Von 1996 bis 1998 war sie Vorsitzende des Wissenschaftsrates der Bundesrepublik Deutschland. Als herausragende Wissenschaftlerin ist sie Mitglied in zahlreichen Gremien und hat viele Auszeichnungen erhalten. 1999 war sie für die CDU Kandidatin für das Bundespräsidentenamt. Seit 4. Oktober 1999 ist sie Ministerin in Thüringen. Seit 2000 ist sie Präsidentin der Deutschen Krebshilfe.

Friedrich Schorlemmer

Geboren 1944, aufgewachsen in der Altmark. Von 1962 bis 1967 studierte Schorlemmer evangelische Theologie in Halle. Seine ersten beruflichen Stationen in der evangelischen Kirche führten ihn über Halle-Neustadt zunächst nach Merseburg, schließlich nach Wittenberg, wo er von 1978 bis 1992 Prediger der Schloßkirche und zudem Dozent am Evangelischen Predigerseminar war. Seit 1992 ist er Studienleiter an der Evangelischen Akademie Sachsen-Anhalt in der Lutherstadt Wittenberg. Der streitbare Bürgerrechtler der Wendezeit hat zahlreiche Bücher über gesellschaftliche und ethische Probleme veröffentlicht. Er ist seit 1991 Mitglied des P.E.N. 1989 wurde ihm die Carl-von-Ossietzky-Medaille der Internationalen Liga für Menschenrechte verliehen, 1993 erhielt er den Friedenspreis des Deutschen Buchhandels.

Gerhard Schröder

Geboren am 7. April 1944 im lippischen Mossenberg als Sohn eines Arbeiters. Nach der Volksschule bis 1961 Lehre als Einzelhandelskaufmann. 1964 Abschluß der Mittleren Reife und 1966 Abitur auf dem 2. Bildungsweg. Danach Studium der Rechtswissenschaften. Von 1978 bis 1990 Tätigkeit als selbständiger Rechtsanwalt in Hannover. Seit 1963 Mitglied in der SPD, war Schröder von 1978 bis 1980 Bundesvorsitzender der Jungsozialisten. Danach bis 1986 SPD-Bundestagsabgeordneter. 1986 wurde er Vorsitzender der niedersächsischen SPD-Landtagsfraktion und war von 1990 bis 1998 niedersächsischer Ministerpräsident. Er gehört seit 1986 dem SPD-Vorstand und seit 1989 dem SPD-Präsidium an. 1998 Wahl zum Bundeskanzler. Seit 1999 zudem Vorsitzender der SPD.

Richard Schröder

Geboren am 26. Dezember 1943 in Frohburg (Sachsen). Er studierte evangelische Theologie und promovierte zum Dr. theol. 1991 habilitierte er an der Kirchlichen Hochschule Leipzig. Schröder war als Pfarrer (ab 1973) wie auch als Dozent für Philosophie (ab 1977) tätig, bevor er 1989 den Weg in die Parteipolitik fand. Am 20. Dezember 1989 trat er in die Ost-SPD ein und gehörte der Verfassungskommission des »Runden Tisches« an. Bei der ersten freien Volkskammerwahl erhielt Schröder ein Mandat und wurde zum Fraktionsvorsitzenden der SPD gewählt. 1990 zog er sich wieder aus der Parteipolitik zurück. Als kritischer Beobachter der Gesellschaft gibt er öffentlichen Debatten immer wieder wichtige Anstöße. So sprach er sich mehrfach gegen eine generelle Stasi-Amnestie aus. 1999 regte Schröder im Streit um das in Berlin geplante Holocaust-Mahnmal an, das fünfte Gebot »Nicht morden« zu dessen Kern zu machen.

Tino Schwierzina

Geboren am 30. Mai 1927 in Königshütte (Kralowska Huta) in Oberschlesien. Nach dem Krieg studierte er an der Ostberliner Humboldt-Universität bis 1953 Rechtswissenschaften und arbeitete danach als Wirtschaftsjurist in verschiedenenen Großhandelsbetrieben. Tino Schwierzina gehört zu den Mitbegründern der SDP, der Ost-SPD, im Jahr 1989. Im Januar 1990 wurde er Schatzmeister der Berliner SDP. In der Übergangsphase zwischen der Kommunalwahl in Ost-Berlin im Mai 1990 und den ersten gesamtberliner Wahlen im Dezember des Jahres war Schwierzina der erste frei gewählte Oberbürgermeister Ost-Berlins. Durch seine Amtsführung trug er entscheidend dazu bei, das Vertrauen der Bürger im Ostteil der Stadt in die öffentliche Verwaltung und in demokratische Strukturen zu stärken.

Christoph Singelnstein

Der studierte Theaterwissenschaftler Christoph Singelnstein ist am 23. Juni 1955 in Greifswald geboren. Nach seinem Diplomabschluß 1982 arbeitete er bis 1990 als Kulturredakteur und Hörspieldramaturg für den Rundfunk der DDR. 1989 wurde Singelnstein, der in der kirchlichen Friedensbewegung engagiert war, in der Mediengesetzgebungskommission der Regierung Hans Modrow tätig und wirkte für die »Initiative Frieden und Menschenrechte« am Runden Tisch mit. Im August wurde er zum Geschäftsführenden Intendanten des Rundfunks der DDR – dem späteren Funkhaus Berlin – berufen. Von 1992 bis 1996 war er Chefredakteur der ORB-Kulturwelle Radio Brandenburg. 1996 übernahm er die Chefredaktion der ORB-Landeswelle Antenne Brandenburg.

Lothar Späth

Geboren am 16. November 1937 in Sigmaringen. Nach einer Ausbildung im Verwaltungsdienst war er ab 1960 in der Finanzverwaltung der Stadt Bietigheim tätig und wurde in dieser Stadt 1967 schließlich Bürgermeister. Von 1970 bis 1978 arbeitete er in der Privatwirtschaft. Seit 1968 Mitglied des Landtags von Baden-Württemberg, wurde er 1972 Vorsitzender der CDU-Fraktion. 1978 zunächst als Innenminister von Baden-Württemberg vereidigt, wurde er noch im selben Jahr zum Ministerpräsidenten gewählt. Dieses Amt bekleidete er bis 1991. Im Juni 1991 übernahm er die Leitung der Jenoptik GmbH in Jena. 1996 wurde er Vorstandsvorsitzender der Jenoptik AG. Seit 1992 ist Späth zudem Königlich Norwegischer Generalkonsul für Thüringen und Sachsen-Anhalt. Außerdem übernahm er 1996 das Amt des Präsidenten der Industrie- und Handelskammer Ostthüringen.

Manfred Stolpe

Geboren am 16. Mai 1936 in Stettin. Nach dem Abitur in Greifswald 1955 studierte er Rechtswissenschaften in Jena (1959 juristisches Staatsexamen). Danach war er bei der Evangelischen Kirche Berlin-Brandenburgs tätig, unter anderem als Konsistorialpräsident der Ostregion von 1982 bis 1990. Seit Juli 1990 ist Stolpe Mitglied der SPD. Im Oktober des Jahres wurde er in den Brandenburgischen Landtag und am 1. November 1990 zum Ministerpräsidenten gewählt. Er ist seit Mai 1991 Mitglied im Vorstand der SPD. Bei den Landtagswahlen 1994 und 1999 wurde er im Amt des Ministerpräsidenten bestätigt. Stolpe ist seit 1989 Ehrendoktor der Universität Greifswald, seit 1991 der Universität Zürich und seit 1996 der Universität Szczecin; außerdem wurde ihm 1991 der Carlo-Schmid-Preis verliehen.

Wolfgang Thierse

Der Anwaltssohn Wolfgang Thierse wurde am 22. Oktober 1943 in Breslau geboren und wuchs in Thüringen auf. Nach dem Abitur absolvierte er zunächst eine Schriftsetzerlehre in Weimar. Danach studierte er an der Berliner Humboldt-Universität Kulturwissenschaften und Germanistik (Diplom 1969) und wurde anschließend wissenschaftlicher Assistent im Bereich Kulturtheorie/Ästhetik der Berliner Universität. Von 1975 bis 1976 war er als Mitarbeiter im Ministerium für Kultur der DDR tätig. 1977 wurde er wissenschaftlicher Mitarbeiter an der Akademie der Wissenschaften der DDR. Bis Ende 1989 parteilos, war Thierse dennoch politisch engagiert. Anfang 1990 trat er der SPD bei, in der er bald als Mitglied der Volkskammer und dann des Bundestages wichtige Ämter übernahm, unter anderem den stellvertretenden Parteivorsitz. Seit dem 26. Oktober 1998 ist Thierse Bundestagspräsident.

Bernhard Vogel

Geboren am 19. Dezember 1932 in Göttingen. Nach dem Abitur 1953 studierte Vogel Politische Wissenschaft, Geschichte, Soziologie und Volkswirtschaft in Heidelberg und München. 1960 promovierte er zum Dr. phil. Von 1961 bis 1967 war er Lehrbeauftragter am Institut für Politische Wissenschaften der Universität Heidelberg, seit 1965 zudem Bundestagsabgeordneter. 1967 wurde er Kultusminister, 1976-88 Ministerpräsident von Rheinland-Pfalz. Neben dem Vorsitz in der Ministerpräsidentenkonferenz von 1981 bis 1983 und der zweimaligen Präsidentschaft im Bundesrat hatte Vogel auch wichtige Parteiämter in der CDU inne. 1992 wurde er zum Ministerpräsidenten des Freistaates Thüringen gewählt und 1999 im Amt bestätigt. Er ist seit 1993 zudem Landesvorsitzender der CDU Thüringen.

Richard von Weizsäcker

Geboren am 15. April 1920 in Stuttgart. Bis 1949 Studium der Rechtswissenschaften und Geschichte in Oxford, Grenoble und Göttingen, unterbrochen vom Militär- und Wehrdienst von 1938 bis 1945. Von 1950 bis 1966 war er als Rechtsanwalt in der Industrie tätig. Von 1964 bis 1970 war er Präsident des Evangelischen Kirchentages und von 1967 bis 1984 Mitglied der Synode und des Rates der Evangelischen Kirche in Deutschland. Seit 1950 Mitglied der CDU, in der er verschiedene wichtige Ämter übernahm. Von 1969 bis 1981 gehörte er als Abgeordneter dem Deutschen Bundestag an, danach leitete er bis 1984 als Regierender Bürgermeister die Geschicke Berlins. Von 1984 bis 1994 trug er als Bundespräsident sehr zum Ansehen Deutschlands im Ausland bei und begleitete den deutschen Einigungsprozeß in seiner entscheidenden Phase. Richard von Weizsäcker ist Träger vieler internationaler Auszeichnungen.